SECCIÓN OBRAS DE ECONOMÍA

COORDINACIÓN DE POLÍTICAS MACROECONÓMICAS EN EL MERCOSUR

Jorge Carrera
Federico Sturzenegger

COORDINACIÓN DE POLÍTICAS MACROECONÓMICAS EN EL MERCOSUR

GS

FUNDACION
GOBIERNO Y
SOCIEDAD

cfe

FONDO DE CULTURA ECONÓMICA

Primera edición, 2000

En tapa: Pablo Siquier, S/T, acrílico s/papel, 1998, 49 x 69 cm.

D.R. © 2000, Fundación Gobierno y Sociedad

D.R. © 2000, Fondo de Cultura Económica de Argentina s.a.
      El Salvador 5665; 1414 Buenos Aires, Argentina
      e-mail: fondo@fce.com.ar
      Av. Picacho Ajusco 227; 14200 México D.F.

ISBN: 950-557-369-3

Impreso en Argentina
Hecho el depósito que marca la ley 11.723

En memoria de DANIEL VAZ, *quien se desempeñó como gerente de Investigaciones Económicas del Banco Central del Uruguay, fue su representante en el Grupo Mercado Común del Mercosur y coordinador uruguayo del Subgrupo de Trabajo 4 (Asuntos financieros) del Mercosur hasta su fallecimiento pocos días después de asistir a la conferencia compilada en este volumen. Aquellos que lo conocimos tanto en la actividad profesional como en sus años de estudiante en la Universidad de California, Los Ángeles, pudimos compartir su frescura, honestidad intelectual y gran sentido de la amistad.*

Prefacio

Este libro está motivado por la creciente relevancia que tiene el debate sobre coordinación macroeconómica en el Mercosur. Como resultado de la mayor integración económica, aumentaron la interdependencia entre los países y los efectos de las políticas domésticas sobre las economías vecinas, por lo que se ha hecho ineludible estudiar con mayor profundidad las implicancias de la coordinación macroeconómica en el bloque. Un ejemplo de coordinación es el proyecto de unificación monetaria dentro del Mercosur, surgido en la reunión anual de los presidentes en abril de 1997. Otros ejemplos son las propuestas de un Maastricht regional, emulando el éxito europeo de coordinación y convergencia macroeconómicas, y la reciente propuesta de coordinación de estadísticas y metas fiscales a implementar a partir de 2001.

Después de la devaluación brasileña, la necesidad de coordinar no ha perdido vigencia, sino que, por el contrario, se ha convertido en la discusión clave para el futuro del Mercosur. Avanzar hacia el mercado común, discutir un Área de Libre Comercio en América o con la Unión Europea, o ampliar el Mercosur a otros países de la región, son todas cuestiones supeditadas a la forma en que los países miembro resuelvan la armonización de sus políticas macro. De la misma manera, tópicos como la dolarización, la cesta de monedas, la flexibilidad cambiaria, el contagio financiero y la inserción en la economía internacional no pueden soslayar la existencia del Mercosur.

Este libro aborda el tema de la coordinación macroeconómica en el Mercosur de manera autocontenida. Para lograr esta meta, los primeros dos capítulos brindan los instrumentos necesarios para entender la lógica de los procesos de integración económica en su aplicación al Mercosur. El resto del libro está compuesto de artículos escritos por diversos autores sobre temas específicos. Finalmente, y a modo de cierre, se presentan las reflexiones de los *policy-makers* y banqueros centrales quienes discuten las implicancias prácticas de la coordinación macroeconómica para el caso del Mercosur.

La idea de realizar este trabajo surgió a partir de la Conferencia sobre Coordinación de Políticas Macroeconómicas en el Mercosur organizada por la Fundación Gobierno y Sociedad en el Banco Central de la República Argentina (BCRA) y en la Universidad Torcuato Di Tella durante junio de 1998. Agradecemos la colaboración de Miguel Ángel Broda, presidente de la Fundación Gobierno y Sociedad, quien apoyó este proyecto en todas sus etapas, así como la de Mariano Tappatá, quien armó, desarmó y revisó varias veces el manuscrito hasta que llegara a su versión definitiva.

Capítulo 1
Los resultados de la integración en el Mercosur

Jorge Carrera* y Federico Sturzenegger**

Introducción

A partir de 1986 comienza el proceso de integración económica entre la Argentina y el Brasil, que sienta las bases para un acuerdo más amplio: el Mercosur. Aunque en términos históricos se ha evolucionado muy rápidamente, generando amplios consensos, también se han planteado ciertas dudas respecto de los límites y de la conveniencia de esta integración.

A la luz de la trayectoria latinoamericana de grandes iniciativas que no logran concretarse o sostenerse, el Mercosur se ha destacado por constituir una experiencia institucional original ya que ha "sobrevivido" a cambios de gobierno y a crisis macroeconómicas, y su importancia fue más allá del mero acuerdo comercial. Sin embargo, en la etapa actual, el Mercosur se halla en una "meseta" y ante severas disyuntivas. Es por ello que se hace necesario un estudio de la situación del Mercosur ante las distintas opciones que el propio avance de la integración genera.

El objetivo de este capítulo es indagar los aspectos principales de la integración económica regional como base para el estudio posterior de la coordinación de políticas macroeconómicas en el Mercosur.

Se parte de la descripción del Mercosur como proceso de integración, resumiendo su recorrido institucional, su actual conformación y su importancia internacional. A continuación, se presenta una evaluación de sus resultados en el comercio y las inversiones, ejes importantes del proceso de integración. Como el Mercosur presenta una dimensión mayor a la de una mera unión aduanera, se analizan sus efectos como ámbito de internacionalización para las empresas de la región, su papel en la política exterior de los socios para la discusión con otros bloques, y se evalúan el estado actual y las perspectivas futuras del Mercosur. Finalmente, se plantea una justificación de los motivos que impulsan la demanda de coordinación macroeconómica entre los países que llevan adelante un proceso de integración.

* Profesor de Finanzas Internacionales y Macroeconomía II en la Universidad Nacional de La Plata y director del área Mercosur del CACES-UBA.

** Federico Sturzenegger es director de la Escuela de Economía Empresarial de la Universidad Torcuato Di Tella.

En los anexos de este capítulo se ofrecen una breve discusión sobre la teoría de los procesos de integración, una síntesis de los aspectos jurídicos y un resumen de la experiencia europea y de su recorrido desde sus comienzos hasta la coordinación macroeconómica plena.

La experiencia del Mercosur

Evolución del proceso de integración

El proceso de integración comienza con la suscripción por parte de la Argentina y del Brasil del Acta de Cooperación e Integración Argentino-Brasileña en julio de 1986, establecida dentro del marco de la Asociación Latinoamericana de Integración (ALADI).[1]

En noviembre de 1988, fecha en que se suscribe el Tratado de Integración, Cooperación y Desarrollo, la integración deja de ser sectorial y se convierte en global. Este tratado no solo implica la conformación de un área de libre comercio entre los países sino que también menciona la importancia de coordinar en forma gradual las políticas monetaria, fiscal y cambiaria. En julio de 1990 se decide adelantar la fecha de conformación del área de libre comercio entre la Argentina y el Brasil para fines de 1994.

Posteriormente, en 1991, se firma el Tratado de Asunción, que da comienzo al Mercosur. Instituye una zona de libre comercio entre los países firmantes: Argentina, Brasil, Paraguay y Uruguay, y establece el objetivo de un mercado común que comenzaría a funcionar el 1 de enero de 1995. El Tratado de Asunción acuerda una rebaja inicial del 40% en los aranceles entre los países del bloque que empieza a regir en junio de 1991, con reducciones semestrales programadas para llegar a una situación sin tarifas bilaterales en el momento de establecer el mercado común en 1995, el que a su vez tendría un arancel externo común.

El Mercosur también tiene entre sus objetivos establecer la libre circulación de bienes, servicios y factores productivos entre los países miembro, imponer un arancel externo común, adoptar una política comercial común con relación al resto de los países y, por último, coordinar las políticas macroeconómicas y sectoriales entre los países asociados.

En diciembre de 1994 se realiza la Cumbre de Ouro Preto, donde se modifica el cronograma establecido y se determina la constitución de una unión aduanera en forma previa al establecimiento del mercado común. La unión aduanera finalmente comienza a funcionar el 1 de enero de 1995 con la definitiva eli-

---

[1] Nótese que la forma en la cual comienza la integración entre la Argentina y el Brasil es similar a la de la integración europea, dado que el libre comercio no fue automático sino que se suscribió una lista taxativa de los bienes que podrían ser intercambiados. En el caso de la Comunidad Económica Europea (CEE) la integración comenzó en 1951 con un régimen semejante, a partir del establecimiento de la Comunidad Europea del Carbón y del Acero (CECA).

CUADRO 1.1. *Arancel externo común*

	Tarifa
Productos minerales	2,4%
Productos de la industria química	7,2%
Productos de la agricultura	7,5%
Plástico y sus manufacturas	11,9%
Maquinaria eléctrica	12,6%
Alimentos	14,7%
Materiales de transporte	14,9%
Textiles	17,1%

Fuente: CEI, 1999b.

minación de las trabas arancelarias y paraarancelarias en el comercio entre los socios, junto con el establecimiento de un arancel externo común, cuya distribución sectorial se encuentra en el cuadro 1.1.

Sin embargo, se negocia un régimen de adecuación mediante el cual ciertos productos comerciados dentro del Mercosur continuarían pagando aranceles. Paglieri y Sanguinetti (1998) mencionan que en esta lista la Argentina incluyó 223 categorías de las cuales el 57% correspondía a la industria del acero, el 19% al sector textil, el 11% al papel y el 6% al calzado. Por su parte, el Brasil incorporó 29 ítems entre los cuales se encontraban productos derivados de la madera, vinos, petróleo, y otros. El Paraguay incorporó 272 rubros, la mayoría de ellos textiles, productos agrícolas, madera y acero. Por último, el Uruguay fue el país que más excepciones incorporó a la lista: un total de 1.018 productos, de los cuales el 22% correspondió al sector textil, el 16% a productos químicos y farmacéuticos, y el 8% a maquinaria eléctrica y metalúrgica.

En 1995 se establece el régimen de adecuación de esta lista. Se define un calendario por el cual las tarifas se irán reduciendo en forma gradual hasta que, finalmente, en el año 2001 rija plenamente el libre comercio entre los miembros. Este cronograma establece que los países deberán reducir los gravámenes el 25% en 1996, el 50% en 1997, el 75% en 1998 y, finalmente, el 100% en 1999, salvo el Paraguay y el Uruguay que contarán con un año de gracia y por consiguiente llegarán a la reducción total recién en el año 2000.

A su vez, cada país tiene asegurado un grupo de 300 productos para ser incluidos en una lista de excepción a la tarifa externa común. Esta lista también tiene establecido un cronograma según el cual serán eliminadas las excepciones para el año 2001, con la excepción del Paraguay, que deberá converger a la tarifa externa común en el año 2006. Por lo tanto, en el año 2006 todas las excepciones desaparecerán y la unión aduanera entrará en plena operación.

Sin embargo, los sectores azucarero y automotor han recibido un tratamiento *ad hoc* dentro del Mercosur debido, principalmente, a las divergencias inicia-

CUADRO 1.2. *La historia del Mercosur*

1986	Suscripción por parte de los países del Acta de Cooperación e Integración Argentino-Brasileña.
1988	Firma del Tratado de Integración, Cooperación y Desarrollo entre la Argentina y el Brasil.
1990	La Argentina y el Brasil deciden adelantar la fecha de conformación del área de libre comercio para fines de 1994. El Paraguay y el Uruguay solicitan la incorporación al tratado.
1991	Se firma el Tratado de Asunción entre Argentina, Brasil, Paraguay y Uruguay, que establece la creación del Mercado Común del Sur (Mercosur). Reducción del 40% en las tarifas entre socios y cronograma de reducciones para llegar al 100% de desgravación el 1/1/1995.
1994	Protocolo de Ouro Preto, que establece las instituciones del Mercosur.
1995	Comienza a regir la Unión Aduanera dentro del Mercosur, aunque algunos bienes continúan sujetos a aranceles, y el comercio de azúcar y automóviles queda bajo regímenes especiales.
1996	Asociación de Bolivia y Chile con el Mercosur.
2000	Zona de Libre Comercio entre la Argentina y el Brasil.
2001	Zona de Libre Comercio completa entre todos los miembros del Mercosur (excepto Bolivia y Chile) y vigencia de la tarifa externa común entre Argentina, Brasil y Uruguay.
2006	Argentina, Brasil, Paraguay y Uruguay tendrán una tarifa externa común para todos sus bienes, completando la unión aduanera. Existirá una Zona de Libre Comercio entre los países del Mercosur, Bolivia y Chile.

les entre las políticas nacionales sobre estas industrias. Ante esta situación, se han creado sendos regímenes especiales con el fin de producir la convergencia rápida de estos sectores hacia el libre comercio.

En forma posterior a la constitución del Mercosur, Chile y Bolivia se incorporan al acuerdo como economías asociadas, es decir, que negocian en forma bilateral con el Mercosur qué cláusulas aceptan. Sin embargo, en el último tiempo se está negociando con mayor intensidad la entrada de Chile como miembro pleno del Mercosur y no se descarta una futura integración completa por parte de Bolivia. En el cuadro 1.2 se resume el cronograma del Mercosur.

El Mercosur como camino a la apertura

El Mercosur se planteó desde una perspectiva de regionalismo abierto (véase el anexo 1) en contraposición al planteo de fortaleza proteccionista con altos aranceles externos. Tuvieron lugar dos tipos de apertura: una preferencial que se dio

CUADRO 1.3. *Arancel externo promedio*

	Argentina	Brasil	Paraguay	Uruguay
1985	26,0%	80,0%	71,7%	32,0%
1991-1992	15,0%	21,1%	16,0%	12,0%
1994-1995	11,9%	12,3%	10,2%	10,5%
1997-1998	13,8%	14,6%	9,5%	10,0%

Fuente: CEI, 1999b.

dentro del Mercosur y otra unilateral anterior al Mercosur pero que se consolidó mediante la fijación de un arancel externo común relativamente bajo (12,5% en promedio).[2] Esta característica es una diferencia significativa respecto de los comienzos del proceso de integración europeo, ya que la Comunidad Económica Europea (CEE) funcionó en forma contraria, abaratando costos intrazona, pero aumentando las barreras extrazona.

En el caso de la Argentina, la apertura comercial comenzó a darse a partir de fines de los años ochenta, como se puede observar en el cuadro 1.3, e incluyó, además de la reducción de aranceles, la eliminación de barreras de tipo no arancelarias. Este proceso, sin embargo, estaba completo hacia 1991, por lo que las reducciones sucesivas son puramente atribuibles al avance de la integración regional. Para el caso del Brasil, el proceso de liberalización comenzó también en los años ochenta y se profundizó con el Mercosur, como también se observa en el cuadro.

El Mercosur funcionó en los países como una "tecnología de compromiso" para atarse las manos en materia de apertura comercial ya que, al existir una obligación externa de cada país, es más difícil para los sectores particulares presionar para una reversión de la apertura. Adicionalmente, como obligación externa, el Mercosur parece recoger en la opinión pública mayor consenso que otros compromisos como los asumidos regularmente con el Fondo Monetario Internacional (FMI) o la Organización Mundial del Comercio (OMC).

Estructura institucional

Durante la mencionada Cumbre de Ouro Preto, se firmó el Protocolo de Ouro Preto que estableció la estructura institucional del Mercosur:[3]

---

[2] Para la Argentina el arancel externo común implicó una suba marginal en la protección pero es sustancialmente más bajo que el negociado por el país con la Organización Mundial del Comercio (OMC) (Garriga y Sanguinetti, 1996).

[3] Para la composición de estos grupos véase http://www.mercosur.org.

1. El Consejo del Mercado Común: órgano encargado de la conducción política del proceso de integración y de la toma de las decisiones pertinentes para que se cumpla el Tratado de Asunción; está compuesto por los ministros de Relaciones Exteriores y de Economía de cada país.

2. El Grupo Mercado Común: propone proyectos al Consejo del Mercado Común.

3. La Comisión de Comercio del Mercosur: asiste al Grupo Mercado Común y vela por la aplicación de los instrumentos de política comercial común acordados en forma previa.

4. La Comisión Parlamentaria Conjunta: remite recomendaciones al Consejo del Mercado Común.

5. El Foro Consultivo Económico-Social: representa a los sectores económicos y sociales y tiene una función de asesoramiento.

6. La Secretaría Administrativa del Mercosur: presta servicios a los demás órganos del Mercosur y está encargada de la publicación y la difusión de las normas adoptadas en el marco del Mercosur.

En la figura 1.1 se presenta el organigrama del Mercosur.

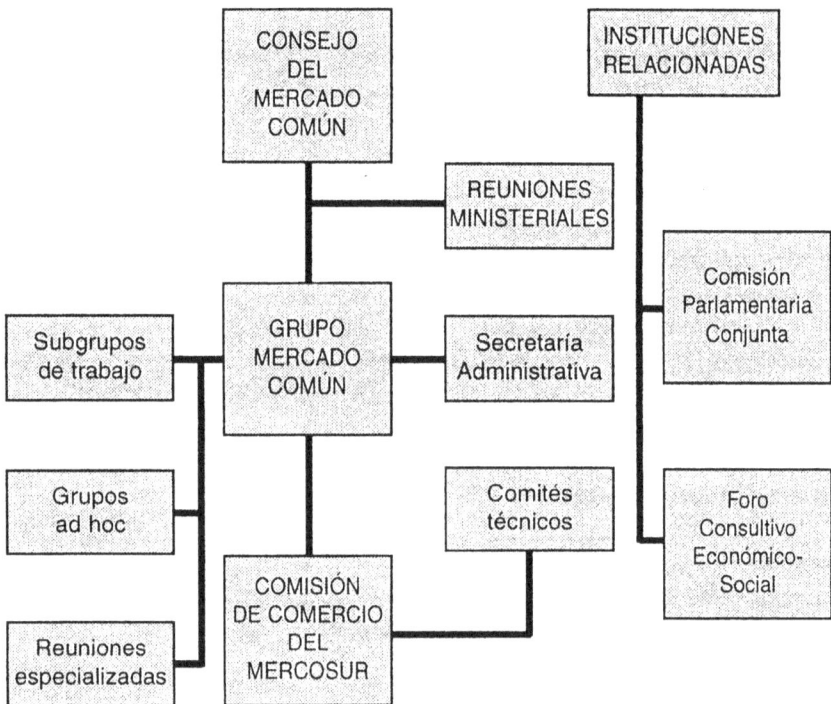

Fuente: CEI, 1999b.

FIGURA 1.1. *Estructura institucional del Mercosur*

El Mercosur en la economía internacional

La importancia mundial del Mercosur se puede determinar mediante el estudio de distintas variables (cuadro 1.4). En primer lugar, si se considera la cantidad de habitantes, el bloque económico que conforman Argentina, Brasil, Paraguay y Uruguay contiene el 3,6% de la población mundial, cifra que se eleva al 4,0% cuando se incluyen a Bolivia y Chile (Mercosur ampliado), próximo del 5,0% que corresponde a la Unión Europea (UE) y del 6,7% del North American Free Trade Agreement (NAFTA).

Por otra parte, el Mercosur también presenta una dimensión geográfica considerable. Su territorio representa el 9% del territorio mundial, que es inferior a la proporción del NAFTA pero muy superior al territorio ocupado por los países de la Unión Monetaria Europea (UME).

Aunque desde la óptica poblacional o territorial el Mercosur es relativamente importante, el producto bruto nacional de los países del Mercosur (ya sea en su versión reducida o en la amplia) contribuye con una participación escasa en el producto bruto mundial. El Mercosur participa con el 3,7% o el 4,0% del producto bruto mundial, según se lo observe desde su integración reducida o amplia, mientras que la UE contribuye con el 22,8% y el NAFTA lo hace con el 28,8%.

A pesar de ser bastante más pequeño que el NAFTA y la UE, la figura 1.2 muestra que la suma de los productos brutos de los países del Mercosur es superior a la de economías de gran tamaño como China o Rusia. Si se considera el Mercosur en sentido ampliado (junto con Bolivia y Chile), su producto llega a ser levemente inferior al del Reino Unido y supera en tres veces el de países como Australia o la India. En términos de área económica se ubica en cuarto lugar detrás del NAFTA, la UE y el Japón.

Además del nivel de producto doméstico total, la producción industrial suele ser identificada como un parámetro de desarrollo relativo. Se observa en la figura 1.3 que también en este caso el Mercosur presenta una importancia significativa en términos comparativos.

CUADRO 1.4. *Participación de cada bloque dentro del total mundial*

	Mercosur	Mercosur ampliado	NAFTA	UE
Población (1997)	3,6%	4,0%	6,7%	5,0%
Superficie (1995)	9,0%	10,5%	15,6%	1,8%
Producto bruto nacional (1997)	3,7%	4,0%	28,8%	22,8%
Intercambio comercial (1997)	1,7%	2,0%	22,8%	37,0%

Fuente: Banco Mundial y FMI, *Estadísticas Financieras Internacionales.*

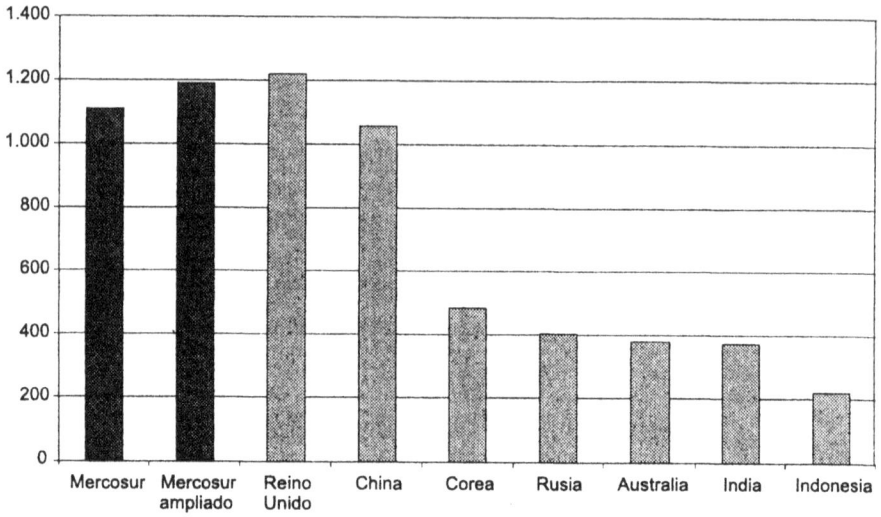

Fuente: CEI, 1999b.

FIGURA 1.2. *Comparación del tamaño del Mercosur según* PBI, *1997*
(en miles de millones de dólares)

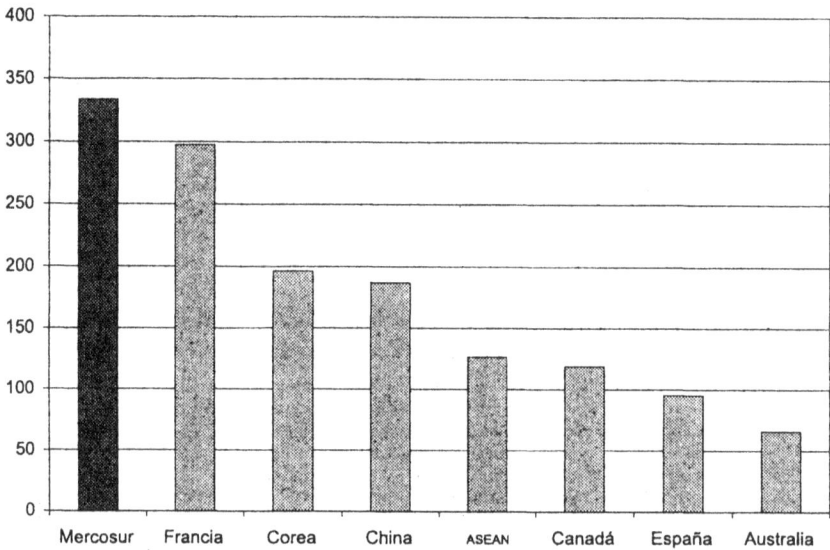

Fuente: CEI, 1999b.

FIGURA 1.3. *Producción industrial, 1997*
(en miles de millones de dólares)

El impacto del Mercosur en el comercio global

Para evaluar en forma integral los resultados comerciales del Mercosur se debe: 1) analizar la evolución del comercio total del bloque, 2) sopesar la importancia del comercio intrarregional para cada uno de los integrantes a efectos de capturar asimetrías, 3) comparar con algún referente externo como la UE, 4) estudiar en detalle los comportamientos de exportaciones e importaciones, y 5) examinar si ocurrieron desvíos de comercio significativos.

En el cuadro 1.5 figura un resumen de la dinámica comercial del bloque desde su inicio formal. Los flujos totales de comercio se han más que duplicado, aumentando la participación del bloque en el comercio internacional. Esto se debe más al fuerte aumento de las importaciones totales (179%) que al aumento de las exportaciones (76%).

Al distinguir entre flujos intraMercosur y extraMercosur, se observa que los primeros han crecido mucho más que los segundos. Existe además una importante diferencia cuando se analizan por tipo de operación. Las exportaciones (y por ende las importaciones) intraMercosur han crecido el 300% entre 1991 y 1998, en cambio, con el resto del mundo las exportaciones crecieron el 48% y las importaciones el 157%.

CUADRO 1.5. *Intercambio comercial del Mercosur (en millones de dólares)*

	1990	1991	1992	1993	1994	1995	1996	1997	1998	Var. 1991/1998
Exportaciones intraMercosur	4.127	5.103	7.214	10.065	12.049	14.441	17.033	20.701	20.429	300%
Exportaciones extraMercosur	42.306	40.808	43.272	43.981	50.078	56.054	57.913	62.610	60.460	48%
Exportaciones totales	46.433	45.911	50.486	54.046	62.127	70.495	74.946	83.311	80.889	76%
Importaciones intraMercosur	4.241	5.247	7.408	10.232	12.031	14.132	17.160	20.685	20.956	299%
Importaciones extraMercosur	25.060	29.017	33.241	39.199	50.688	65.729	66.282	78.078	74.598	157%
Importaciones totales	29.301	34.264	40.649	39.431	62.719	79.861	83.442	98.763	95.554	179%
Saldo comercial con el resto del mundo	17.246	11.791	10.031	4.782	-610	-9.675	-8.369	-15.468	-14.138	
Total comercio	75.734	80.175	91.135	93.477	124.846	150.356	158.388	182.074	176.443	120%

Fuente: FMI, *Estadísticas Financieras Internacionales*, y CEI, 1999b.

El saldo comercial global del bloque con el resto del mundo se ha revertido fuertemente pasando de un superávit de US$ 11.791 millones en 1991 a un déficit de US$ 14.138 millones en 1998. Este resultado refleja que, simultáneamente con la implementación del Mercosur, los países han tenido un fuerte cambio en su contexto macroeconómico respecto de los años ochenta debido a la apertura y a la desaparición del racionamiento en el financiamiento externo.

El comercio de los países

Aunque las características estructurales del Mercosur y de los países de la Unión Europea son muy diferentes, es útil compararlos ya que, si los pasos futuros del bloque latinoamericano pretenden profundizar el grado de integración entre los países, ello significaría emular, de alguna manera, el proceso de integración que concretaron los países europeos.

La primera característica que se observa dentro de los países del Mercosur es que su interdependencia económica es menor que la de los miembros de la UE, e incluso que la que caracterizaba a la CEE cuando se planteó por primera vez la posibilidad de una integración monetaria con el Reporte Werner en 1976. Esto se debe, en gran medida, a la característica de economías cerradas que presentan los países del Mercosur. Por ejemplo, si se analizan las exportaciones como porcentaje del PBI, los países del Mercosur son mucho menos abiertos que los países europeos. El cuadro 1.6 muestra la participación de las exportaciones dentro del PBI

CUADRO 1.6. *Exportaciones como porcentaje del* PBI

	1991	1992	1993	1994	1995	1996	1997
Argentina	6	5	5	6	8	8	8
Brasil	8	9	9	8	7	6	7
Paraguay	12	10	11	10	10	11	14
Uruguay	16	14	12	12	12	13	14
Bolivia	16	13	13	17	16	16	14
Chile	26	24	21	23	25	21	22
Promedio	14	13	12	13	13	12	13
Alemania	23	21	20	21	22	22	24
Bélgica	59	55	56	59	62	62	68
Francia	18	18	17	18	19	19	21
Holanda	46	44	44	46	49	50	53
Italia	15	15	17	19	22	21	21
Promedio	32	30	31	32	35	35	37

Fuente: FMI, *Estadísticas Financieras Internacionales.*

para los países del Mercosur y la compara con la de algunos países de Europa. Mientras que para los países del Mercosur las exportaciones representan tan solo el 13% del producto, el equivalente para Europa alcanza el 37%. La diferencia es aun más significativa si se toma en cuenta que las economías del Mercosur son en general más pequeñas que las de Europa, por lo que en principio se esperaría que fueran más abiertas. En línea con estos resultados, otra medida de apertura, la suma de las exportaciones y las importaciones sobre dos veces el PBI, confirma que las economías del Mercosur permanecen bastante cerradas (cuadro 1.7).

Si se consideran las exportaciones de cada país con respecto a sus socios comerciales (medidas como porcentaje del PBI), se observa en el cuadro 1.8 que ese

CUADRO 1.7. *Índice de apertura: (exportaciones+importaciones)/(2 PBI)*

	1991	1992	1993	1994	1995	1996	1997
Argentina	5,1	5,6	5,4	6,3	7,0	7,7	8,2
Brasil	6,5	7,2	7,2	7,0	6,9	6,5	7,1
Paraguay	16,1	14,7	16,0	18,9	20,7	20,4	21,4
Uruguay	16,1	15,8	14,4	14,5	13,8	15,0	16,1
Bolivia	16,3	15,2	16,0	18,0	17,6	18,0	17,6
Chile	23,6	23,1	21,8	22,1	23,5	22,3	22,8
Promedio	14,0	13,6	13,5	14,5	14,9	15,0	15,5
Alemania	22,7	20,7	18,8	19,6	20,2	20,6	22,4
Bélgica	59,2	55,3	54,0	56,4	59,3	59,3	66,1
Francia	18,2	17,6	16,2	17,2	18,1	18,2	19,7
Holanda	44,8	42,7	42,3	44,3	47,2	48,1	52,1
Italia	15,2	15,0	16,0	17,7	20,2	18,9	19,4
Promedio	32,0	30,3	29,5	31,0	33,0	33,0	35,9

Fuente: FMI, *Estadísticas Financieras Internacionales*.

CUADRO 1.8. *Exportaciones hacia los países socios como porcentaje del PBI*

	1991	1992	1993	1994	1995	1996	1997
Argentina	1,4	1,3	1,7	2,2	3,3	3,4	3,3
Brasil	0,8	1,3	1,6	1,3	1,1	1,1	1,4
Paraguay	4,6	4,2	4,6	5,9	5,6	6,7	7,2
Uruguay	5,7	5,3	5,3	5,8	5,7	6,3	6,3
Bolivia	4,9	2,9	2,6	3,1	2,6	2,9	3,0
Chile	2,5	2,7	2,7	3,0	2,9	2,7	2,7
Promedio	3,3	3,0	3,1	3,5	3,6	3,8	4,1

Fuente: FMI, *Estadísticas Financieras Internacionales*, y CEPAL, 1998.

porcentaje (4,1% en 1997) es menor al 9% que tenía la CEE en 1970 y al 14% que esta tenía en el momento de firmarse el Tratado de Maastricht. Aunque es cierto que este valor es menor en el caso del Mercosur, la tendencia observada ha sido creciente a lo largo del período.

¿El Mercosur incentivó el comercio regional?

Los resultados presentados en los cuadros 1.6, 1.7 y 1.8 muestran una primera fotografía del comercio regional. No obstante, el dato más relevante es la tendencia que despliega, ya que el proceso de integración es muy reciente y existe margen para que pueda profundizarse en el futuro. El cuadro 1.9 muestra cómo se incrementó la participación del comercio intrarregional en el total del comercio de los países miembro del bloque. En todos los casos las variaciones son importantes en puntos porcentuales.

Cuando se considera el punto de partida, se ve que hay una relación directa entre el tamaño del país y la participación de los socios. Los países pequeños ya tenían un comercio significativo con los dos más grandes, mientras que la importancia de los socios para el Brasil era baja.[4] Sin embargo, aun cuando el Brasil continúa teniendo el menor coeficiente, este experimentó un aumento del 100% en 7 años convirtiendo al Mercosur en su tercer socio comercial luego de la UE y los Estados Unidos.

Dada una situación inicial de economías excesivamente cerradas, cualquier avance en pos de la apertura comercial genera un incremento del comercio que se refleja en enormes tasas de crecimiento. Sin embargo, como muestra el cuadro 1.8, en términos del PBI, los incrementos son considerables pero no tan importantes. En el caso del Paraguay, la razón de exportaciones sobre el PBI se incrementó en 2,6 puntos, mientras que ese incremento fue del 1,9% del PBI para la Argentina y solo del 0,6% para el Uruguay y el Brasil.

El aumento de la integración entre los países del Mercosur se puede observar también en el incremento sufrido por las participaciones de las exportaciones de cada país a los países asociados, ya sea considerando o no a Bolivia y Chile (cuadro 1.10). Desde el comienzo del Mercosur hasta el año 1997, la participación de las exportaciones hacia los países socios sobre el total de exportaciones creció más que el doble en la Argentina y el Brasil, al tiempo que en el Paraguay y el Uruguay dicho ratio se incrementó en aproximadamente 30 y 15 puntos, respectivamente.

Sin embargo, antes de hacer conclusiones definitivas sobre el impacto del Mercosur en el comercio, es necesario analizar si existen diferencias entre la

---

[4] Sin embargo, en el caso de Argentina-Brasil se había observado un aumento generado por los acuerdos preMercosur iniciados en 1986.

CUADRO 1.9. *Comercio intrarregional sobre el total del comercio de los socios*

	1991	1992	1993	1994	1995	1996	1997	Variac. puntos
Argentina	18,4%	22,4%	26,4%	25,7%	27,5%	28,7%	29,7%	11,3
Brasil	8,6%	11,0%	13,3%	13,7%	13,5%	15,4%	16,6%	8,0
Paraguay	31,0%	36,3%	37,5%	44,3%	44,5%	56,7%	53,3%	22,3
Uruguay	38,6%	37,9%	45,4%	48,3%	46,5%	45,7%	46,1%	7,5

Fuente: CEPAL, 1998.

evolución del comercio intra y extrarregional. De hecho, los países experimentaron un fuerte crecimiento del comercio como consecuencia de dos fenómenos. Por un lado, tanto tarifas como impuestos a las exportaciones fueron reducidos enormemente durante este período. Adicionalmente, una fuerte entrada de capitales indujo un crecimiento muy pronunciado del consumo y la inversión, que implicó un crecimiento rápido de las importaciones (cuadro 1.11). La Argentina es el país donde más creció el comercio durante el período 1991-1997; las importaciones aumentaron el 279% y las exportaciones el 106%. El Brasil y el Paraguay son los países donde la diferencia entre crecimiento de las importaciones y las exportaciones fue más marcada, las importaciones aumentaron casi tres veces más que las exportaciones.

Debido a la existencia de costos de transporte, al incrementarse el comercio total del país es de esperar que los países aumenten en mayor medida las com-

CUADRO 1.10. *Participación de las exportaciones hacia los socios en el total (%)*

	1991	1992	1993	1994	1995	1996	1997
Argentina	16,5	19,0	28,1	29,1	32,0	33,0	35,5
Brasil	7,3	11,1	13,9	13,6	13,2	15,4	17,7
Paraguay	32,7	34,7	37,4	52,0	57,5	63,3	62,1
Uruguay	35,1	33,6	41,6	46,9	46,9	48,1	49,6
	1991	1992	1993	1994	1995	1996	1997
Argentina	21,6	25,1	34,0	36,3	40,0	41,6	44,1
Brasil	10,3	14,4	17,9	16,9	16,9	18,7	21,3
Paraguay	39,0	41,7	43,2	56,4	61,3	66,0	66,0
Uruguay	36,6	36,9	44,8	49,2	48,9	50,0	51,8
Bolivia	40,0	22,9	20,8	18,2	16,2	18,3	20,8
Chile	9,8	11,2	13,1	13,0	11,9	12,7	12,3

Fuente: CEPAL, 1998.

CUADRO 1.11. *Crecimiento de exportaciones e importaciones totales (1991-1997) (%)*

	Crecimiento de las exportaciones (1991-1997)	Crecimiento de las importaciones (1991-1997)
Argentina	106	279
Brasil	68	192
Paraguay	42	123
Uruguay	70	127
Bolivia	33	62
Chile	89	121

Fuente: FMI, *Estadísticas Financieras Internacionales.*

pras de sus vecinos (Frankel, Stein y Wei, 1997; Garriga y Sanguinetti, 1995, 1996). Por ello se debería observar un incremento en la participación de las importaciones desde los países vecinos en las importaciones totales, mayor aun si se considera que la apertura de los países ha sido preferencial y, por consiguiente, los costos de las importaciones desde los países vecinos bajaron en mayor medida que los costos de las importaciones del resto del mundo.

En el cuadro 1.12 se presentan los cocientes entre las importaciones desde los países vecinos sobre el total de las importaciones. Dichos ratios crecieron en los cuatro países del Mercosur, aunque el incremento fue de menor magnitud que el aumento en la participación de las exportaciones. La participación de los socios

CUADRO 1.12. *Participación de las importaciones desde los socios en el total (%)*

	1991	1992	1993	1994	1995	1996	1997
Argentina	21,0	25,3	25,1	23,1	22,7	24,4	24,8
Brasil	10,4	10,9	12,5	13,9	13,8	15,4	15,7
Paraguay	30,0	37,2	37,5	41,4	40,4	54,3	50,2
Uruguay	42,3	41,4	48,1	49,2	46,1	44,0	43,5
	1991	1992	1993	1994	1995	1996	1997
Argentina	26,8	30,5	29,9	27,5	25,6	27,3	27,5
Brasil	12,8	13,4	14,3	15,7	16,1	17,2	17,3
Paraguay	32,8	40,0	40,4	45,1	43,1	56,6	51,9
Uruguay	44,0	43,1	49,9	50,8	47,9	45,7	45,3
Bolivia	32,6	30,7	31,5	32,4	28,7	26,9	32,0
Chile	17,6	17,8	16,2	17,9	17,5	16,3	17,2

Fuente: CEPAL, 1998.

en las importaciones totales crece significativamente en el Paraguay, exhibe un aumento de tan solo 4 puntos para el Brasil, y se incrementa aún en menor cuantía para la Argentina y el Uruguay.[5]

El hecho de que simultáneamente los países hayan visto aumentar en forma más pronunciada la participación de los socios en el total de las exportaciones que en el total de las importaciones es utilizado por Heymann y Navajas (capítulo 3) para argumentar que la mayor intensidad del comercio entre la Argentina y el Brasil por el lado de las exportaciones no se debió a que cada país reorientó sus compras hacia el otro, sino a que ambos países incrementaron significativamente su comercio total. En particular, para explicar esta aparente contradicción solo basta con que las importaciones de los países miembro se incrementen a una tasa superior a la de las exportaciones.[6] Los datos respecto del crecimiento de las exportaciones y las importaciones para los países del Mercosur presentados en el cuadro 1.11 respaldan este argumento.

Otra interpretación fue sugerida por Leamer (1998), quien argumenta que las dotaciones factoriales de los países del Mercosur son similares (en particular las de la Argentina y el Brasil), de modo que no debería esperarse un efecto significativo de la liberalización comercial regional sobre el patrón de comercio. En el mismo sentido, Garriga y Sanguinetti (1995), al estudiar empíricamente los determinantes del comercio, encuentran que si bien el Mercosur ha sido una variable importante para explicar el incremento del comercio regional, la apertura unilateral y la cercanía geográfica de los países socios fueron los determinantes fundamentales del intercambio regional.

Sin embargo, existen otros argumentos menos negativos respecto del desempeño del Mercosur que explican el reducido impacto de este sobre la participación de los socios en las importaciones. En primer lugar, los países miembro vivieron en los años noventa procesos de estabilización exitosos que generaron apreciaciones reales en sus monedas.[7] Estas apreciaciones se produjeron respecto del resto del mundo pero no fueron tan marcadas respecto de los propios socios comerciales, de modo que es razonable que generasen mayores importaciones desde los países externos a la región, en desmedro de aumentos en las importaciones desde los socios comerciales.

---

[5] En el caso de los datos para el Mercosur ampliado, se debe focalizar el análisis en los últimos dos años porque es reciente la asociación de Bolivia y Chile.

[6] Consideremos, por ejemplo, dos países A y B. Si se mantiene constante la participación de A en las importaciones de B y estas crecen a una tasa mayor a la de las exportaciones de A, esto implica que las exportaciones de A a B crecen a la tasa de las importaciones de B y como estas crecen a una tasa mayor a la del total de las exportaciones de A, la participación de B en las exportaciones de A tiene que subir. De hecho, sería de esperar que la mayoría de los *partenaires* comerciales de los miembros del Mercosur hayan visto incrementar la participación de estos en sus exportaciones.

[7] En el capítulo 2 se realiza una discusión acerca de los cambios macroeconómicos ocurridos en la región durante este período.

Por otra parte, tampoco debe necesariamente mantenerse constante el patrón de bienes que una economía importa de otra. Específicamente, el auge importador de los años noventa tiene un porcentaje importante explicado por la demanda de bienes de capital destinada a renovar el stock de capital que en gran medida se había tornado obsoleto por la restricción en el acceso al ahorro externo durante los años ochenta. Esta demanda, mayor a lo que sería esperable durante un proceso normal de crecimiento sostenido, se orientó hacia los oferentes relevantes, que son los países en desarrollo. En ese contexto, que la participación de los socios del Mercosur se haya mantenido constante puede ser una señal de un impacto positivo de la integración regional, y no de su fracaso.

Como se puede apreciar sobre la base de la discusión realizada, existe evidencia mixta sobre las reales magnitudes de los efectos del Mercosur sobre la integración comercial. Es posible intuir que algunos de los resultados actuales se habrían registrado igualmente por la fuerza de la gravitación geográfica, la apertura unilateral y las mayores tasas de crecimiento. Sin embargo, el hecho de que el comercio intrarregional haya crecido aun en un contexto de fuerte apreciación y con un patrón de comercio sesgado hacia los bienes de capital extrarregionales sugiere que el Mercosur podría haber tenido un efecto estimulante del comercio intrarregional.

Creación y desvío de comercio

Más allá del éxito o no del Mercosur para estimular el comercio regional, es importante identificar si el aumento, como explica el anexo 1, corresponde a una creación o a un desvío de comercio. Dornbusch (1987) menciona que si los países que integran un bloque comercial se benefician aumentando sus exportaciones hacia sus socios, pero estas ventas representan desvío de comercio e implican una disminución del bienestar de estos, esa unión comercial difícilmente sea duradera, debido a que los beneficios de uno implican costos para el otro, y viceversa. Si el desvío es muy importante, la integración no solamente puede ser un juego de suma cero, sino que ambos países pueden terminar en una situación peor a la que vivían con anterioridad a la consolidación del bloque comercial. Para que una integración comercial sea duradera, debe generar beneficios para cada uno de los integrantes del bloque, razón por la cual es necesario que prevalezca la creación de comercio dentro del área.

El estudio más polémico sobre desvío y creación de comercio en el ámbito del Mercosur fue realizado por Alexander Yeats (1997), quien, mediante la elaboración de índices de ventaja comparativa revelada, concluye que en el Mercosur ha prevalecido el efecto de desvío de comercio sobre el de creación de comercio. Según Yeats, los productos más dinámicos desde la creación del Mercosur fueron los bienes intensivos en capital que los miembros de la unión no han sido capaces de exportar hacia terceros mercados. Estos bienes, que aumentaron sensiblemente sus volúmenes exportados y que fueron reorientados hacia el in-

terior del Mercosur, presentan índices muy bajos de ventaja comparativa revelada. Yeats responsabiliza a las "fuertes" barreras comerciales del Mercosur como
causantes de este desvío de comercio, en el que restricciones de tipo no arancelario han creado rentas para los productores locales que optaron por reorientar
su producción hacia el interior del Mercosur.

Sin embargo, existen varias objeciones al análisis de Yeats (Nogués, 1996).
En primer lugar, el resultado está en gran medida influido por el comercio de au-
tomotores dentro de la región, el cual, en efecto, estaba amparado por un régimen especial de protección, realizado en forma independiente de la unión aduanera. Por ello, no es posible utilizar el comercio en el sector automotor para argumentar la existencia de desvío de comercio en el Mercosur, dado que posee un
régimen particular y no es producto de la baja de aranceles entre los países. Por
otra parte, el autor analiza el período 1988-1996, mientras que el Mercosur comenzó recién en 1991. Resulta inapropiado entonces tomar como referencia los
índices de ventaja comparativa de 1988, cuando las economías estaban aún fuertemente cerradas.

Por lo tanto, en cuanto a desvío y creación de comercio, la evidencia que
ofrecen los estudios empíricos está lejos de ser concluyente, y mucho más lejos
se está aún de tener un estudio integral que conjugue este tipo de análisis está-
tico con un análisis de las ventajas o desventajas dinámicas de la integración en
el Mercosur.

El Mercosur en el plano sectorial

Sectores conflictivos

Existen dos sectores industriales que han quedado fuera del marco de libre comercio que establece el acuerdo del Mercosur: el automotor y el azucarero. Tienen un tratamiento especial dentro del Mercosur debido principalmente a las
marcadas diferencias en las políticas que han promovido los países (especialmente las discrepancias entre la Argentina y el Brasil). Son justamente dos sectores muy críticos internacionalmente y los únicos que tuvieron problemas para
su plena incorporación a la unión aduanera.

Sector azucarero

El comercio dentro del sector azucarero está excluido de la unión aduanera hasta el año 2001, momento en el que debería comenzar a regir el libre comercio.
En el ámbito del Grupo Mercado Común se creó un comité especial para que
propusiera un régimen de adecuación mediante el cual se eliminen las distorsiones que posee cada país en el sector y que unificase las políticas específicas.

La mayor objeción surge aquí de los productores argentinos que señalan que el Brasil subsidia a la producción fundamentalmente por medio del programa Proalcohol, que promueve la utilización de alcohol mezclado con combustible. Recientemente, para cumplir con los acuerdos previos, la Argentina ha intentado medidas como la reducción de aranceles, pero la estructuración final del sector es todavía un proceso abierto. En cierto modo, el problema azucarero es una manifestación de problemas regionales que el Mercosur tal vez tenga que contemplar específicamente con políticas *ad hoc* como hace la UE con el Fondo Europeo de Desarrollo Regional (FEDR).

Sector automotor

En el sector automotor se han registrado algunos de los conflictos más importantes dentro del Mercosur. Esto indica que todos los países, y especialmente la Argentina y el Brasil, otorgan singular relevancia a consolidar y expandir una industria automotriz doméstica. En Llach *et al.* (1997) se ha calculado en torno de los US$ 5.000 millones el costo del régimen automotor argentino en el período 1992-1997, lo que muestra lo particular de esta industria, ya que estos beneficios se otorgaron en un contexto de desregulación generalizada de todas las actividades económicas.[8] Como unión aduanera, el Mercosur ofrece para los países la posibilidad de contar como propio un mercado más grande. Pero, paralelamente, el acceso al mercado ampliado genera el riesgo de que en caso de existir asimetrías muy notorias, alguno de los países viera desmantelada parte o toda su industria automotriz.

El cuadro 1.13 muestra la importancia relativa del Mercosur en las exportaciones automotrices de los dos principales socios. El 94% de las ventas externas argentinas están destinadas al Mercosur. En la mayoría de los casos, el comercio es entre compañías que poseen plantas en ambos países.

Durante la Cumbre de Ouro Preto, que dio lugar a la unión aduanera "imperfecta", se aprobó la Resolución 29/94 destinada a corregir las imperfecciones del comercio automotor. En la misma se creó un comité técnico *ad hoc* para elaborar la propuesta del régimen común automotor que se debe implementar en el bloque regional. Dicho régimen debía contener los siguientes puntos básicos: el libre comercio entre los miembros del Mercosur, el establecimiento de un aran-

---

[8] El régimen automotor argentino inicialmente tuvo las siguientes características: a) establece índices máximos de contenido importado de partes y piezas; b) establece un régimen de exportación e importación compensadas, con créditos generados por las exportaciones que podían asignarse a importaciones con un arancel preferencial del 2%; c) dispone de un régimen de importaciones compensadas para las empresas terminales no radicadas en el país, y d) establece un régimen general de importaciones de vehículos, diferentes a los comercializados por las empresas terminales, con cupos. En forma posterior, el régimen sufrió modificaciones pero mantuvo su estructura básica. Véase Llach *et al.*, 1997.

CUADRO 1.13. *Distribución de las exportaciones de vehículos y autopartes*

	Al Mercosur	A Chile y a la CAN	A otros mercados
Argentina	93,9%	2,0%	4,1%
Brasil	47,9%	16,5%	35,5%

Nota: CAN, Comunidad Andina de Naciones.
Fuente: CEI, 1998.

cel externo común, la eliminación de incentivos domésticos que provoquen distorsiones y la determinación de los niveles de contenido doméstico.

Pero desde esa decisión existieron varios avances y retrocesos. En 1995, el gobierno del Brasil estaba muy preocupado por el déficit de la balanza comercial del sector automotor y por eso estableció medidas proteccionistas que afectaban también a los socios comerciales. Ante las protestas, el Brasil exceptuó del sistema al Mercosur. La frustración con las distintas políticas que se habían probado y la eficacia del régimen argentino para atraer inversiones llevaron al Brasil a plantear un sistema similar.

La Argentina aceptó el régimen brasileño en 1996, estableciendo un mecanismo de compensación. Paradójicamente, en un área excluida de la unión aduanera funcionaba de facto una coordinación explícita muy fuerte. Pero como el régimen brasileño llegó tarde a la notificación ante la OMC, surgieron presiones diplomáticas que se cristalizaron en el acuerdo Brasil-Estados Unidos por el que se obligaba al Brasil a terminar con el régimen.

Por otro lado, más grave en términos de equilibrio entre países, el Brasil inició una política de subsidios destinada a capturar inversiones internacionales para las zonas de menor desarrollo relativo. Estas baterías de incentivos regionales (aceptadas por la OMC) generaron en el Brasil una disputa entre los propios estados que se lanzaron a ofrecer mayores incentivos. Esta situación ha generado una tensión muy alta entre los socios y también otra fuente de reclamo acerca de la coordinación de políticas económicas, en este caso fiscales, para evitar las guerras de incentivos.

La PAC como coordinación de políticas industriales

A fines de 1998, la Argentina y el Brasil llegaron a un principio de acuerdo para establecer una política automotriz común (PAC) con vigencia desde el año 2000 y hasta el 2004. Los objetivos son regular el comercio para tender al intercambio equilibrado entre los socios principales y avanzar hacia el libre comercio intraMercosur para 2004. Los puntos centrales de la PAC son la fijación de un arancel externo común del 35% para autos terminados, el establecimiento de un contenido regional del 60% que debe tener el vehículo y la eliminación de incentivos fiscales distorsivos a partir del año 2000. También prevé dar un tratamiento diferenciado a los socios menores.

A la hora de finalizar esta obra, el nuevo régimen, llamado Política Automotriz del Mercosur (PAM), estaba casi definido y solo faltaba la aceptación del Uruguay y del Paraguay. Sin duda, los resultados finales de la negociación y el funcionamiento de una política sectorial activa en un sector tan crítico como el automotor serán cruciales como caso testigo para evaluar la posibilidad de avanzar en la integración cuando hay fuertes intereses contrapuestos.

El Mercosur como ámbito de internacionalización empresaria

El Mercosur parece haber sido un factor muy importante para explicar la evolución sufrida por las exportaciones de las pequeñas y medianas empresas (Pymes) durante los últimos años. En primer lugar, el bloque regional ha permitido el comienzo de una potencial actividad exportadora para un gran número de pequeñas empresas que antes no conseguían acceder a los mercados externos. A su vez, este inicio de la actividad exportadora podría ser usado como un paso intermedio para acceder a nuevos mercados.

La base de este fenómeno se encuentra en la combinación de determinantes económicos, organizativos y culturales. Por un lado, el acceso preferencial que tienen a los mercados de los socios; por otro, la mayor facilidad para establecer contactos con empresas de un país cercano que es más barato (por la menor incidencia del transporte) y que tiene patrones similares de consumo. Para una Pyme, esta transición tiene mayor naturalidad que plantear su internacionalización saltando directamente al mercado norteamericano, europeo o asiático. Obviamente, habrá que analizar cuántas empresas logran utilizar el bloque como trampolín de aprendizaje y pasan a competir en mercados más amplios, y cuántas solamente logran aprovechar las preferencias comerciales sin generar ganancias dinámicas.

Aunque las exportaciones de las Pymes no son una proporción elevada del monto total que exportan los países, es importante estudiarlas debido al gran número de empresas involucradas. Por ejemplo, en la Argentina, las empresas que exportaron menos de dos millones de dólares durante el año 1996 representaron una proporción menor al 8% de las exportaciones pero en total sumaron el 90% de las empresas exportadoras.

La figura 1.4 muestra la participación relativa de las pequeñas y medianas empresas en las exportaciones totales a cada bloque (eje horizontal) y la proporción que cada bloque representa en el destino de sus exportaciones (porcentajes dentro de cada barra). La Unión Europea absorbe el 14,9% de las exportaciones de las pequeñas y medianas empresas y el 19,4% de las exportaciones de las grandes empresas. A su vez, del total de las exportaciones a la UE, solo el 45% son Pymex

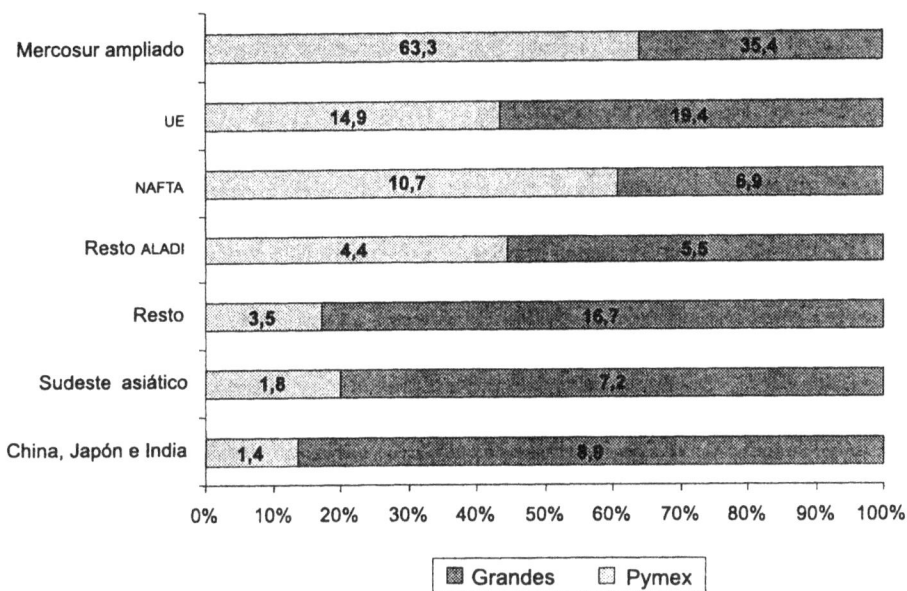

Fuente: CACES, 1999.

FIGURA 1.4. *Destino de las exportaciones por tipo de empresa, 1997*

(pequeñas y medianas empresas exportadoras). El Mercosur (incluidos Bolivia y Chile) recibe el 35% de las ventas de las grandes empresas exportadoras, mientras que la proporción de las exportaciones hacia ese bloque en las pequeñas y medianas empresas exportadoras se incrementa al 63%. El mercado exportador de las pequeñas y medianas empresas es más concentrado geográficamente, pero esta característica contrasta con la mayor diversificación en la variedad de productos que estas últimas empresas exportan en relación con las de mayor tamaño.

A lo largo del tiempo, aumentó significativamente la importancia relativa del Mercosur dentro del total de las exportaciones de Pymes. En 1992, el Mercosur absorbía el 47% de las exportaciones de este tipo de empresas; cuatro años más tarde, su participación aumentó al 63%. Las exportaciones de estas empresas pasaron de un monto de 820 millones de dólares en 1992 a 1.700 millones en 1996. De este aumento, el 77% se dirigió a los países miembro del Mercosur.

Según una encuesta realizada por FIEL (1997) sobre factores que determinan la competitividad de empresas manufactureras, se destaca como crucial el papel que desempeñó el acceso al bloque regional en su evolución exportadora. También se observa que las empresas con mayores tasas de variación en sus ventas externas son las que tenían como predominante ese destino.

También para los grandes grupos de origen nacional con proyección internacional el Mercosur, y el Brasil en especial, es el ámbito de recepción de los ma-

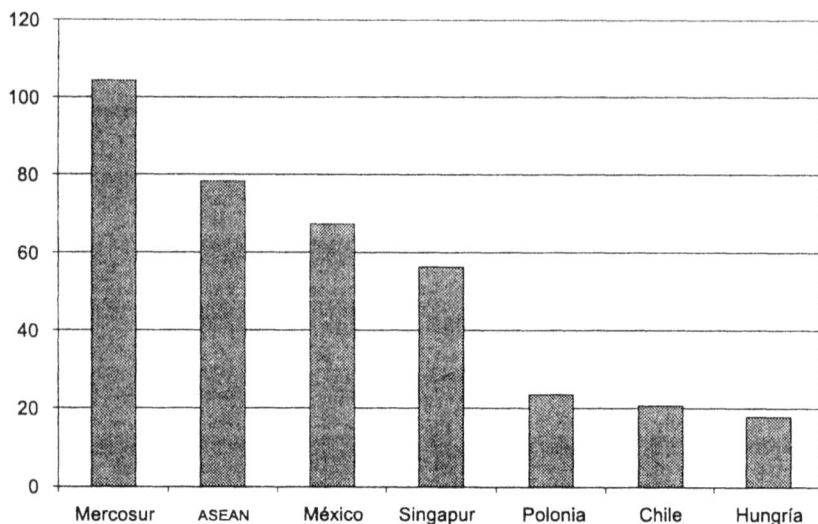

Fuente: CEI, 1998.

FIGURA 1.5. *La inversión extranjera directa en el Mercosur
y otros países emergentes, 1990-1998 (en miles de millones de dólares)*

yores flujos de inversión directa (Kosacoff, 1999). Mientras que en el período de
sustitución de importaciones las empresas argentinas no se expandían hacia el
Brasil sino hacia países de menor desarrollo relativo, a partir de las preferencias
generadas por el Mercosur, deciden incursionar en un mercado más competitivo como el brasileño. Como consecuencia aumenta la eficiencia doméstica de
estas compañías y la posibilidad de su paso posterior a otros mercados más desarrollados.

La inversión en el Mercosur

En el proceso de integración del Mercosur, es de especial relevancia analizar si
ha actuado como un bloque incentivador de inversiones desde otros países. La
figura 1.5 presenta el fuerte proceso de inversión extranjera directa (IED) que vivieron los países del Mercosur durante la década del noventa. El monto total de
IED superó los US$ 100.000 millones, cifra muy superior a la de otros países
emergentes latinoamericanos, como México, o de países fuera de la región como
Singapur o el bloque de la Association of South East Asian Nations (ASEAN).

La mayor importancia del Mercosur como polo de atracción de los flujos de
inversión extranjera directa también se puede observar en el cuadro 1.14. El
Mercosur ha ido ganando terreno a costa del resto de los países en cualquier

CUADRO 1.14. *Participación del Mercosur dentro de los ingresos netos por inversión extranjera directa (%)*

Respecto de:	1991	1992	1993	1994	1995	1996	1997	1998*
América Latina y Caribe	23,7	35,6	23,3	21,4	22,4	37,3	41,0	61,0
Países en desarrollo	8,8	12,3	5,6	6,9	9,3	11,8	15,5	22,4
Mundo	2,3	3,6	1,9	2,7	2,9	4,5	5,7	9,0

* Estimado.
Fuente: UNCTAD, 1998; CEI, 1999a.

comparación que realicemos. Dentro de la región latinoamericana, el Mercosur atraía en 1991 el 23,7% de la IED de la región. En 1998, esa proporción se incrementó al 61%. Por su parte, la proporción de IED hacia el Mercosur dentro del total de los países emergentes se elevó del 8,8% al 22,4% durante el período bajo consideración. Por último, a escala mundial, el Mercosur representaba el 2,3% de los destinos de la IED en 1991, cifra que se incrementó al 9% en 1996. El notable aumento de la participación en el bienio 1997-1998 puede atribuirse al efecto de la crisis asiática y de las privatizaciones brasileñas, ya que aun con la crisis internacional en marcha en el año 1998 el valor absoluto de la inversión extranjera directa al Mercosur fue superior en un 41% respecto del de 1997.

En términos del producto de los países miembro, la IED aumentó en importancia relativa. Como se observa en el cuadro 1.15, la IED en términos del producto bruto interno se incrementó para la Argentina del 1,3% en 1990 al 2,0% del PBI en 1997, mientras que para el Brasil la inversión extranjera directa pasó del 0,4% en 1990 al 2,6% en 1997.

Ahora bien, cabe preguntarse si el Mercosur tuvo incidencia en el fuerte incremento de la inversión extranjera directa. En primer lugar, se debe mencionar que la inversión está fuertemente relacionada con el ciclo económico de los países y que presenta mayor volatilidad que el resto de las variables económicas. Durante la década del noventa, las economías del Mercosur vivieron un fuerte período de crecimiento, como se verá más adelante en el capítulo 2 (en promedio,

CUADRO 1.15. *Inversión extranjera directa neta como % del PBI*

	1990	1991	1992	1993	1994	1995	1996	1997
Argentina	1,3	1,3	1,7	1,3	1,1	1,8	1,8	2,0
Brasil	0,4	0,5	0,6	0,4	0,8	0,9	1,4	2,6

Fuente: CEPAL, 1998.

los países del Mercosur crecieron a una tasa del 3,6% desde 1990 hasta 1998). Este período de fuerte crecimiento y la menor incertidumbre macroeconómica han sido, evidentemente, factores determinantes para explicar un agudo proceso de entrada de capitales y de inversión, como efectivamente vivió la región durante este período. El Mercosur implicó restricciones más severas respecto de la realización de las reformas necesarias para estabilizar las economías de cada integrante y, sobre todo, para evitar las reversiones en la apertura comercial; ambos factores probablemente estimularon la inversión extranjera directa.

Por la simultaneidad de los procesos es difícil diferenciar cuánto de la IED y del aumento en la inversión doméstica es atribuible al Mercosur y cuánto a las reformas estructurales y la estabilidad macroeconómica. El citado estudio de FIEL (1997), que presenta encuestas a empresarios, permite señalar que en el caso argentino el proceso de desregulación y privatizaciones fue determinante en la inversión en servicios, mientras que el mercado ampliado con una relativa protección funcionó para atraer inversiones, principalmente en los sectores transables. En el Brasil, según una encuesta realizada por la Asociación de los Ejecutivos de Finanzas, Administración y Contabilidad, el 41% de los empresarios afirmó que el Mercosur proporcionó un aumento significativo en sus negocios y el 34% acreditó aumentos superiores al 5% causados por el bloque comercial (Auerbug, 1998).

Al analizar la descomposición sectorial se observa que la mayor parte de la inversión extranjera directa en el Mercosur se produjo en el sector de servicios privatizados (telecomunicaciones, energía eléctrica y distribución de gas). Otros sectores en gran parte beneficiados por la IED han sido los de gas y petróleo, manufacturas y minería. El sector automotor también es otro destino principal de la IED, aunque su participación individual (9%) es cercana a la del resto de la industria manufacturera (11%), según se ve en el cuadro 1.16.

CUADRO 1.16. *La inversión extranjera directa en el Mercosur por destino sectorial, 1998-2000E*

Sector	Participación
Telecomunicaciones	23%
Gas y petróleo	14%
Energía eléctrica	12%
Manufacturas	11%
Vehículos y autopartes	9%
Infraestructura	9%
Servicios y comercio	9%
Minería	7%
Bancos y finanzas	4%
Otros	2%

Fuente: CEI, 1998; CEP, 1999.

Por el contrario, los flujos de IED entre los países socios son relativamente menores. Según datos del CEI (1998), entre 1990 y 1997 los grandes proyectos de inversión de la Argentina en el Brasil significaron un volumen superior a los US$ 1.100 millones, mientras que las inversiones brasileñas en la Argentina superan los U$S 950 millones, es decir, aproximadamente el 2% del total.

El Mercosur como instrumento de política internacional

La ampliación del Mercosur: los acuerdos con Chile y Bolivia

El Mercosur ha firmado sendos acuerdos comerciales con Bolivia y Chile. Estos acuerdos se basan en la necesidad de fortalecer el proceso de integración de América Latina, uno de los objetivos primordiales expresados por la Asociación Latinoamericana de Integración (ALADI) en el Tratado de Montevideo de 1980. Los textos de ambos acuerdos comerciales expresan que la conformación de áreas de libre comercio en América Latina constituye un elemento relevante para aproximar los esquemas de integración existentes, además de ser una etapa fundamental del proceso de integración y de establecimiento de un área de libre comercio hemisférica.

Los plazos previstos para las conformaciones de las áreas de libre comercio fueron en ambos casos de diez años, aunque existe un cronograma complejo de desgravaciones arancelarias y no arancelarias que prolonga la protección en algunos sectores hasta un período de quince años. En el caso del tratado entre el Mercosur y Chile, la entrada en vigencia del libre comercio para todos los bienes (salvo aquellos incluidos en la lista de excepciones, que poseen un cronograma de desgravaciones específico) está pautada para el 1 de enero de 2004. Por otro lado, el cronograma establecido en el tratado de asociación entre el Mercosur y Bolivia acuerda la plena vigencia del área de libre comercio entre ambas partes a partir del 1 de enero de 2006 (con la excepción de los bienes que poseen un cronograma especial de desgravaciones).

Otros países sudamericanos, como el caso de Venezuela, han manifestado su voluntad de incorporarse al acuerdo, pero estas negociaciones están en una etapa embrionaria.

El acuerdo Mercosur-Chile

En septiembre de 1994 se concretó la primera ronda de negociaciones que finalmente concluiría en el acuerdo de libre comercio entre el Mercosur y Chile, que se firmó en junio de 1996 y entró en vigencia el 1 de octubre del mismo año (cuadro 1.17).

El acuerdo firmado en 1996 establece un cronograma de liberalización comercial que contempla desgravaciones progresivas. El tratado fija una desgrava-

CUADRO 1.17. *Acuerdo comercial Mercosur-Chile*

	Cien principales productos exportados por el Mercosur a Chile	Cien principales productos exportados por Chile al Mercosur
Desgravación general	54%	56%
Desgravación a 10 años	23%	26%
Desgravación con tres años de gracia	3%	3%
Desgravación a 15 años	18%	15%
Otros	2%	0%

Fuente: Ministerio de Relaciones Exteriores de Chile.

ción general del 40%, para luego incrementarla al 48% el 1 de enero de 1997, al 55% en 1998 y, progresivamente, estas rebajas se incrementan al 63% en 1999, 70% en 2000, 78% en 2001, 85% en 2002, 93% en 2003, para concluir con una desgravación total del 100% en el año 2004.

Por otra parte, se establece una lista de productos que cuentan con una desgravación inicial del 30% por el lapso de tres años, que a partir del cuarto año sufre reducciones lineales y alcanza la desgravación total el décimo año. Otros productos poseen una desgravación distinta debido a que mantienen tres años de gracia y solo comienzan a sufrir rebajas arancelarias a partir del cuarto año. Por último, también existe una lista de productos que comienzan a sufrir desgravaciones en el décimo año y que finalizan en el año quince. El trigo y la harina de trigo poseen un régimen especial que les permite mantener aranceles hasta el año dieciocho, contados a partir de la entrada en vigencia del acuerdo.

En los artículos quinto y sexto, el acuerdo prohíbe que se establezcan nuevos gravámenes por encima de los existentes en el momento de su firma. Con respecto a las prácticas desleales de comercio, establece que las partes deben ajustar sus legislaciones a los compromisos acordados por las rondas del General Agreement on Tariffs and Trade (GATT) y la OMC.

El acuerdo Mercosur-Bolivia

En diciembre de 1996, el Mercosur y Bolivia celebraron un acuerdo de liberalización comercial. El tratado establece que las partes firmantes conformarán una zona de libre comercio en un plazo de diez años por medio de un programa de liberalización comercial que consiste en desgravaciones progresivas y automáticas aplicables sobre los gravámenes vigentes.

La entrada en vigencia de este tratado se inició el 28 de febrero de 1997 con una desgravación general del 30% para todos los bienes no incluidos en una lista de excepción que tiene un trato especial (al igual que en el acuerdo entre el Mercosur y Chile). Esta desgravación inicial del 30% se irá incrementando al 35% a partir del 1 de enero de 1998 y, en forma posterior, continuarán las desgravaciones: 40% en 1999, 45% en 2000, 50% en 2001, 60% en 2002, 70% en 2003, 80% en 2004, 90% en 2005, para finalmente arribar a una desgravación total en el año 2006.

Existe un grupo especial de bienes, dividido en varios subgrupos, que alcanzarán la desgravación total también en el año 2006, cuyo cronograma de liberalización es más suave en los primeros años (se mantiene constante durante los tres primeros años en la mayoría de los casos) para luego profundizarse en los años siguientes. Por otra parte, otro grupo de bienes tiene establecido un régimen especial de desgravaciones que comenzará el 1 de enero de 2005 y finalizará el 1 de enero de 2011. Además, existe un conjunto de bienes –los productos que intervienen en la cadena productiva del azúcar y las oleaginosas– que recién se liberalizarán en forma total en el plazo de dieciocho años a partir de 1997. Estos dos últimos grupos, sin embargo, no son muy significativos, por lo cual el programa de liberalización comercial acuerda que casi el 95% del universo arancelario eliminará los gravámenes a la importación en el año 2006.

La discusión triangular de la política comercial

Uno de los parámetros más importantes para evaluar el Mercosur es el de su peso estratégico como actor en la negociación global con los bloques comerciales de los países desarrollados.

La existencia del Mercosur implica constituir un actor que es más importante que la suma de los países miembro, que asume una representación implícita del resto de América del Sur y que puede mantener una estrategia triangular de negociación con la Unión Europea y con los Estados Unidos. La clave es que el acceso a un mercado de 210 millones de habitantes con un grado de desarrollo y de ingreso relativamente alto para los mercados emergentes depende de una decisión única, en la misma forma en que es única la decisión de acceso al NAFTA o a la UE. Además, la discusión triangular parece adecuada porque en el centro de las discusiones del Mercosur con los Estados Unidos y la UE están los subsidios que ambos bloques otorgan a la agricultura y las barreras paraarancelarias (lo que en realidad es el eje de la disputa comercial central entre los propios Estados Unidos y la UE).

Sobre la base de esta estrategia, el Mercosur ha abierto negociaciones en varios frentes, entre las que se destacan sobre todo las llevadas adelante con los Estados Unidos para la realización de una zona de libre comercio en el continente y con la UE para la realización de una zona de libre comercio entre ambos bloques. Las negociaciones con el área asiática tienen un grado menor de avance, incluso por la menor coordinación existente en ese continente.

El ALCA y el Mercosur

A fines de 1990, el presidente George Bush impulsó un proceso de integración comercial con su Iniciativa de las Américas en la que propuso una zona de libre comercio en el continente. Posteriormente, antes de la Cumbre Presidencial de las Américas que se realizó en diciembre de 1994, en los Estados Unidos se debatió en el ámbito interno el grado de apertura que debería tener esta nación respecto del comercio hemisférico. En 1994, en la conferencia que reunió a los 34 jefes de Estado de América en la ciudad de Miami, Bill Clinton avanzó por la misma senda lanzando el proyecto de un Acuerdo de Libre Comercio Americano (ALCA), el cual debería comenzar a funcionar en el año 2005. El Acuerdo respaldaba la plena e inmediata instrumentación de la Ronda Uruguay del GATT, las negociaciones multilaterales en la OMC y los acuerdos bilaterales o regionales regulados por las disposiciones del GATT y de la OMC. Sin embargo, este impulso inicial se estancó debido a la oposición dentro de los Estados Unidos de los sectores sindicales, de los productores agrícolas y del acero, entre otros, y en los países latinoamericanos, por las presiones proteccionistas generadas por la crisis económica en 1995.

A principios de 1997 comenzó a discutirse formalmente la creación del ALCA. En la ciudad de Recife (Brasil) se realizó la primera reunión preparatoria, en la cual participaron representantes de 34 países americanos. Durante esta reunión se presentaron tres propuestas: la de los Estados Unidos, la del Canadá y la del Mercosur (que decidió en conjunto con Chile y Bolivia). La diferencia más marcada entre ellas fue que el Canadá pretendía terminar las discusiones en 2003 para poner en marcha las correspondientes desgravaciones al comenzar el año 2005, mientras que los Estados Unidos proponían hacerlo en dos etapas; en la primera, se trataría el acceso a los mercados tanto de bienes industriales como agrícolas, y en la segunda, la eliminación de los subsidios a la agricultura (medida norteamericana que afecta a las economías del Mercosur). La propuesta del Mercosur se presentó con tres etapas: la primera de ellas estaría comprendida entre los años 1998 y 1999, durante la cual se produciría una facilitación de negocios (armonizaciones, reconocimientos mutuos); en la segunda, de 2000 a 2002, se tratarían las normas y disciplinas; y en la última etapa, de 2003 a 2005, se realizaría una discusión completa sobre la reducción de las tarifas aduaneras que entrarían en vigencia en 2005.

En la siguiente reunión del ALCA, realizada en mayo de 1997 en Belo Horizonte, el Mercosur y los Estados Unidos no lograron determinar en común las condiciones en que se negociaría el lanzamiento del Acuerdo. En el fondo de la disputa se encontraba la presión de los Estados Unidos para que los países del Mercosur abriesen sus mercados, principalmente los de servicios, pero sin que estos exigieran la eliminación de los subsidios a los productos agrícolas. Además, el Mercosur fundamentó su dureza con los Estados Unidos en el hecho de que el gobierno de Bill Clinton aún no había recibido del Congreso las instrucciones sobre los aranceles y las modalidades que lo autorizaban a negociar el proceso del ALCA.

En todos los casos, el principio impulsado por el Mercosur plantea discutir todos los puntos y poner en marcha los acuerdos una vez que el conjunto esté acordado. El objetivo es evitar arreglos parciales de apertura de mercados que no se vean compensados por reducciones en los subsidios agrícolas.

El destino del ALCA dependerá del impulso y del grado de compromiso que aporten los Estados Unidos en primer lugar y el Mercosur, en segundo. Debido al debate interno que se ha planteado en los Estados Unidos, el gobierno norteamericano aún no ha podido definir una posición clara que permita profundizar y concretar el proyecto del ALCA. Por su parte, en la Cumbre de Santiago de Chile en abril de 1998, los respectivos discursos de los presidentes de Argentina, Brasil y Chile expresaron en forma clara su posición de priorizar el Mercosur. Parecería que existe un importante consenso interno en estos países de demorar el proceso de integración del ALCA hasta tanto el Mercosur no se consolide y realice la Unión Aduanera que se pactó en el Protocolo de Ouro Preto en 1994. De esta manera, se puede concluir que en el corto plazo es poco probable un avance importante en un proceso de integración comercial de toda América.

La capacidad de negociación del Mercosur como interlocutor global en estas primeras discusiones ha sido muy relevante para conseguir una discusión más simétrica que maximice la capacidad de obtener beneficios en el acuerdo final.

La Unión Europea y el Mercosur

Las intenciones de comenzar un proceso de integración entre el Mercosur y la Unión Europea han sido claras, especialmente a partir del surgimiento del proyecto del ALCA. En junio de 1996 se realizó en Bruselas la primera reunión de la Comisión Mixta de la Unión Europea y el Mercosur, preestablecida en un acuerdo realizado en diciembre de 1995.

La Comisión Mixta es el órgano encargado de impulsar las relaciones comerciales entre ambos bloques, de intercambiar opiniones sobre todas las cuestiones de interés común con relación al proceso de liberalización comercial y cooperación, y de presentar propuestas de integración. Esta Comisión está integrada por miembros del Consejo y de la Comisión Europea y por representantes del Grupo de Mercado Común del Mercosur.

Aunque se ha dado un primer paso y se ha puesto énfasis en el proceso de integración entre la Unión Europea y el Mercosur (por ejemplo, en la Cumbre Europa-América realizada en Rio de Janeiro en 1999, el vicepresidente de la Comisión Europea, Manuel Marín, ha expresado oficialmente el deseo de este bloque de firmar un acuerdo de libre comercio con el Mercosur y ha criticado las presiones de los Estados Unidos para avanzar con su propuesta interamericana de integración, en detrimento de la consolidación del Mercosur), la realización de este acuerdo requiere una serie de reformas en el sector agrícola por parte de la Unión Europea, sector fuertemente subsidiado. De no cumplirse esta eliminación de los subsidios, difícilmente el Mercosur acceda a una liberalización comercial.

La reunión de Rio de Janeiro muestra una dificultad similar a la señalada en el caso del ALCA para avanzar en una discusión equilibrada de un acuerdo de libre comercio. En efecto, también en el caso europeo los subsidios a la agricultura y las barreras paraarancelarias son el principal escollo, si bien la existencia del Mercosur aumenta la probabilidad de un resultado equilibrado para sus miembros.

El futuro del Mercosur y su agenda de mediano y largo plazo

Al igual que lo ocurrido en Europa entre fines de los años setenta y los años ochenta, se vive en el Mercosur una ola de "mercopesimismo" generado por el menor avance relativo en comparación con los pasos iniciales y, sobre todo, por la variedad de alternativas y dudas sobre cómo y a qué velocidad avanzar.

Uno de los principales escollos del Mercosur para progresar en la definición de políticas comerciales y de inversión es la escasa experiencia que poseen las economías que lo integran en el manejo de los nuevos instrumentos. Incluso, varios de los nuevos temas que se están planteando o discutiendo se vinculan en forma estrecha con reformas económicas actualmente en curso en estos países (defensa de la competencia, prácticas desleales, reformas del sector público, regulación de los servicios privatizados, reformas de la previsión social, políticas sociales compensatorias).

En los últimos años se han comenzado a discutir las alternativas que enfrenta el Mercosur y que en suma se pueden encuadrar en dos grandes alternativas:

1. consolidación y profundización;
2. estancamiento y dilución.

La primera alternativa significa la profundización del proyecto avanzando hacia el mercado común; la segunda alternativa es el congelamiento en el actual estado de unión aduanera e incluso su virtual languidecimiento por diversas "perforaciones" que los países realicen al arancel externo común y/o por privilegiar otras alternativas de integración.

En términos generales, elegir la primera opción significaría extender la unión aduanera a los dos únicos sectores excluidos, reforzar el cumplimiento de todos los acuerdos de adecuación y homogeneizar las normativas sanitarias y de calidad. También se debería avanzar en puntos de gran dificultad como la eliminación de las barreras paraarancelarias y la liberalización en el comercio de servicios. Esto sería la antesala de la puesta en marcha de una segunda generación de medidas de integración.

En esta línea, el objetivo futuro sería la creación de un Mercado Común; esto, como demuestra la experiencia europea, llevará varios años de una compleja ingeniería comercial en la que abundarán los avances y retrocesos.

El Mercado Común en sentido pleno generaría mayores beneficios de eficiencia y debería comprender la facilitación gradual de la movilidad de factores, incluido el trabajo, la paridad de tratamiento a los inversores de los países del bloque, y una mayor uniformidad en las regulaciones y en el tratamiento tributario. Se debería facilitar asimismo la movilidad de los ciudadanos entre los países, incluidas la instalación de actividades productivas, la coordinación de los aspectos de seguridad social como el reconocimiento de aportes y cobertura en salud, la validación de títulos universitarios y, en suma, la adopción de todas las medidas que allanen la circulación entre los países miembro.

Para garantizar este sendero hacia el proyecto de integración, sin embargo, se requieren algunos compromisos importantes por parte de los países. En primer lugar, como norma de conducta, deberán comprometerse a no realizar en forma individual "perforaciones" de la unión aduanera o acuerdos bilaterales que debiliten la capacidad negociadora del bloque. Respecto de las relaciones intrabloque, se deberán asumir compromisos destinados a evitar guerras de incentivos fiscales y a impulsar políticas que aumenten la transparencia de las gestiones públicas y de los mercados.

Desde la perspectiva institucional se debería también elaborar una normativa más adecuada que la actual para la resolución de los conflictos que tienden a crecer como subproducto de la mayor integración, sobre todo en las fases negativas del ciclo económico. Este objetivo requiere el establecimiento de una institucionalidad más intensa. Hasta el presente, el Mercosur se ha basado en las relaciones interpresidenciales fuertes, que, si bien le han dado gran dinamismo a la hora de dirimir conflictos, lo debilitan en cuanto a la solidez institucional de los compromisos asumidos.

Otra cuestión decisiva que aparecerá en distintos momentos del proceso tendrá relación con la posible incorporación de nuevos socios y con las condiciones bajo las cuales se realice. Dadas las dificultades de asentamiento del Mercosur, convendría primeramente consolidar una estructura institucional con los países iniciales para luego, eventualmente, ampliar el número de integrantes plenos.

La alternativa de languidecimiento significaría, por ejemplo, la realización de acuerdos individuales de los países con otros extrabloque o la implementación de políticas de apertura unilateral. El Mercosur había sido pensado como una propuesta de regionalismo abierto, que evitaba la existencia de una barrera tarifaria muy alta respecto del resto del mundo (como fue el caso europeo). La marcha a dos velocidades hacia la apertura plena implicará que, para no diluirse, el Mercosur deberá ir siempre más adelante en la integración.[9]

La falta de coordinación macroeconómica, puesta de manifiesto, por ejemplo, mediante devaluaciones o la implementación de esquemas de incentivos fiscales sectoriales o locales, puede ser motivo para que un país elija eventualmente abrirse del Mercosur e implementar una estrategia de apertura unilateral. Sin coordinación macroeconómica el riesgo de involucrarse en una "guerra de subsidios" puede llevar al país a un equilibrio subóptimo que haga que el abandono de la política de integración regional mejore su bienestar. La devaluación brasileña de 1999 y la implementación en ese país de subsidios regionales son en efecto puntos clave a la hora de evaluar la sostenibilidad del acuerdo.

Sin embargo, aun el caso de debilitamiento del Mercosur no excluye la necesidad de plantear el problema de la coordinación macroeconómica. La coordinación en sentido amplio, es decir, considerar qué efectos tendrían sobre los socios las políticas propias diseñadas, es una necesidad tanto en un proceso de apertura como en uno de integración regional.

Cuando se abre nuestra economía (unilateral o preferencialmente), es natural que los vecinos pasen a ser más importantes y que, por lo tanto, el interés por la coordinación se encuentre más allá de la existencia de acuerdos preferenciales. El caso de Chile es un paradigma interesante, ya que como consecuencia de su apertura unilateral los países vecinos aumentaron su participación en el comercio chileno. Simultáneamente, se profundizó la interdependencia macro. Por ejemplo, un shock en la Argentina tendría hoy mayores implicancias en la economía chilena que el mismo shock en los años setenta. La necesidad de coordinar surge de la mayor interdependencia entre países, de la cual los acuerdos regionales son tan solo un caso particular.

---

[9] La lentitud en ciertos aspectos no ha implicado, sin embargo, una parálisis del Mercosur en otros temas que van más allá de los inherentes al acuerdo comercial. En primer lugar hay que mencionar que, en el plano de las políticas internas, el Mercosur ha logrado un gran número de acuerdos en distintos temas como el Protocolo de Defensa de la Competencia del Mercosur, el Protocolo de Salvaguardias para Importaciones de Terceros Países, la Institucionalización del Régimen de Origen Mercosur, la Institucionalización de Controles Integrados en Frontera, el Reglamento Común contra Prácticas de Dumping para Importaciones de Terceros Países, el Protocolo para la Liberalización del Comercio de Servicios y la Institucionalización del Procedimiento de Reclamaciones ante la Comisión del Comercio del Mercosur. En el plano internacional se logró el ya referido Acuerdo de Zona de Libre Comercio con Chile y Bolivia, se iniciaron las negociaciones tendientes a la conformación del Área de Libre Comercio Americana, y se lograron el Acuerdo Marco Interregional con la Unión Europea, el Acuerdo Marco para la creación de una Zona de Libre Comercio con la Comunidad Andina, el Acuerdo Marco de Comercio e Inversión con el Mercado Común Centroamericano y el Acuerdo Marco de Comercio e Inversión con el Canadá. Vale remarcar que no solo en el plano económico se han conseguido avances. También hubo acuerdos en materia cultural y política como el Protocolo de Reconocimiento de Títulos Universitarios entre los países del Mercosur, el Protocolo para la Incorporación de la Cláusula Democrática en la región y el Mecanismo de Consulta y Concertación Política de los países del Mercosur más Chile y Bolivia.

Es por ello que, independientemente del futuro del Mercosur, surgen natural-mente algunas preguntas. ¿Puede sobrevivir el proceso de integración sin coor-dinación de las políticas macroeconómicas? ¿Es realmente necesario comprome-ter la autonomía macroeconómica de los países para asegurar que la integración tenga beneficios netos? ¿Es un camino de una sola vía el que va de la integra-ción a la coordinación macroeconómica? ¿Qué relación existe entre estabilidad macroeconómica e integración? Todos estos interrogantes son los que se discu-ten en los siguientes capítulos del libro. En lo que resta del presente capítulo se trata con mayor profundidad la conexión entre integración real y coordinación macroeconómica.

Integración económica e interdependencia macroeconómica: ¿dinámica irreversible?

Relación entre integración económica e interdependencia monetaria

La figura 1.6 analiza empíricamente la relación que existe entre distintos nive-les de integración comercial y económica, y el grado de interdependencia mo-netaria correspondiente. En el eje horizontal figuran los tipos de acuerdo de in-tegración posibles, identificando en cada caso un grado de compromiso crecien-te. Se distingue una gama que va desde las meras preferencias aduaneras hasta la constitución de un mercado común (véanse los anexos 1 y 2 para una descrip-ción de los mismos). En el eje vertical se indica el tipo de interdependencia mo-netaria. El grado mínimo es el de independencia monetaria; la zona de influen-cia monetaria es entendida como una situación en la que la política monetaria de un país del acuerdo tiene efectos importantes sobre la economía del socio; un grado superior de interdependencia monetaria es cuando existen acuerdos mo-netarios formales y, por lo tanto, los países "coordinan" sus políticas monetarias; el grado máximo de interdependencia monetaria es cuando dos países usan la misma moneda.

Como regularidad general se observa que los mayores niveles de integración comercial están asociados con grados mayores de interdependencia (y coordina-ción) monetaria.[10] Cuando hay solo preferencias aduaneras se encuentra gene-ralmente independencia monetaria entre los países, mientras que un área de in-fluencia monetaria se asocia a acuerdos preferenciales de intercambio. En cam-bio, un grupo de países donde hay coordinación macro, como por ejemplo la fijación del cambio de común acuerdo, corresponde a acuerdos comerciales más

---

[10] Crockett (1991) también sugiere cierta correlación entre la evolución de los acuerdos co-merciales y las características monetarias de la región.

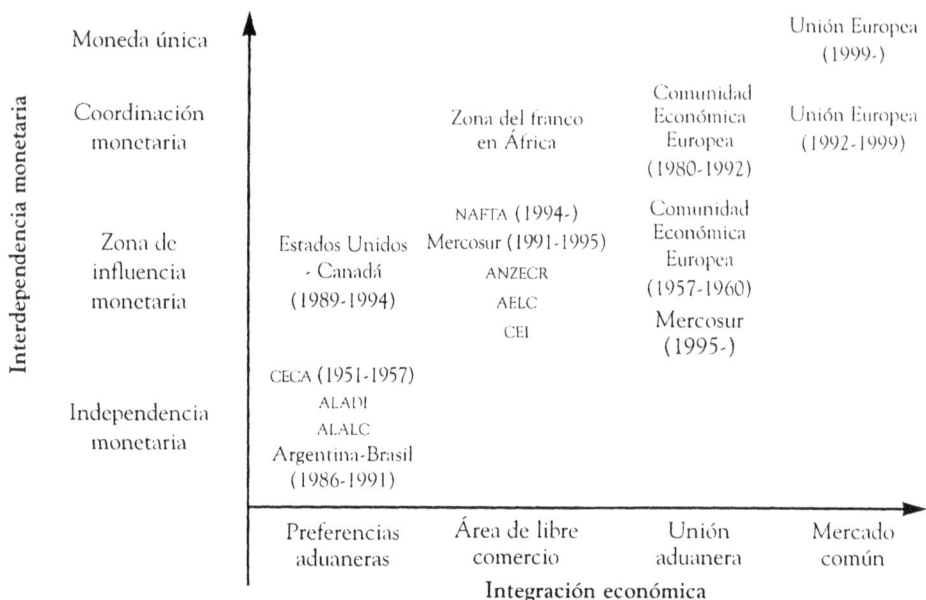

Nota: ANZECR: Acuerdo de Cooperación entre Australia y Nueva Zelanda; AELC: Asociación Europea de Libre Comercio; CEI: Confederación de Estados Independientes; NAFTA: North America Free Trade Agreement; ALADI: Asociación Latinoamericana de Integración; ALALC: Asociación Latinoamericana de Libre Comercio.

FIGURA 1.6. *Relación empírica entre integración económica*
e interdependencia monetaria

estrechos del tipo uniones aduaneras. Por último, en general, un mercado común o mercado único está asociado a una moneda única.[11]

El siguiente esquema brinda una secuencia temporal estilizada del proceso de incremento en la interdependencia:

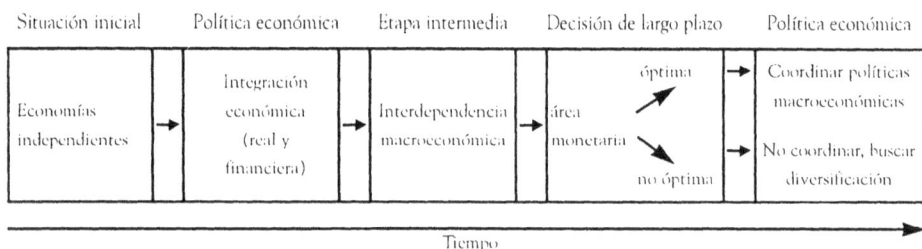

[11] En general, en los procesos de integración las fuerzas principales de empuje son el comercio y las inversiones directas, mientras que la integración financiera es menos relevante y se realiza en un estadio sucesivo, sobre todo porque la liberalización financiera genera problemas de sostenibilidad de los cambios fijos al facilitar los ataques especulativos. En América Latina, sin embargo, la integración financiera, entendida como la presencia de bancas extranjeras y un libre movimiento de los capitales, es muy grande. Este es, en cierto modo, un proceso antitético al que se dio en el caso de la integración europea.

Dos economías que en principio son autónomas optan por una política económica que consiste en acrecentar preferencialmente su intercambio comercial, la inversión y la movilidad de factores entre ellas. Esto genera después de un tiempo un nivel de interdependencia macroeconómica inexistente al inicio y se forma así un área de influencia monetaria. En este momento se debe analizar si el área monetaria que se ha formado es óptima o no. En caso de que sea óptima, según distintos criterios que se verán detalladamente en el próximo capítulo, la política de largo plazo debería ser la de coordinar las políticas macroeconómicas. Si el área no es óptima, la decisión sería no coordinar y diversificar el riesgo macroeconómico.

Una mayor interdependencia monetaria impulsa a que una zona de integración comercial se deba interrogar sobre la conveniencia de coordinar políticas macroeconómicas.

Motivos para la coordinación: el papel de los canales de transmisión

¿Cuál sería el motivo de la señalada regularidad entre aumento de la integración regional y mayor interdependencia macroeconómica?

La clave es que mayores relaciones económicas implican mayor intercambio comercial y mayor inversión en activos físicos o financieros en el socio (y viceversa). Todo esto genera canales de interdependencia más amplios para la transmisión de los shocks de un país a otro.

Una variación en el gasto público, una devaluación, una variación en la tasa de interés, un shock fiscal, un shock de productividad, un aumento en la inflación son algunos de los ejemplos de los múltiples tipos de shock que se derramarán hacia el socio comercial, y la dimensión de los efectos de derrame es mayor ante un mismo shock cuanto mayor es la integración real. Por ejemplo, Carrera *et al.* (1998) muestran que un aumento del 1% en el gasto público brasileño tenía un mayor efecto porcentual sobre el PBI argentino en 1997 que en 1987.

Sobre la base de esta realidad objetiva de incremento en la integración real y financiera, los motivos para que aumente el beneficio neto de una mayor coordinación son:

1) *Minimizar la vulnerabilidad externa generada por el mayor comercio.* Para un cierto país, dado el alto costo que tendría evitar que se transmitieran los shocks desde el socio, es deseable participar conjuntamente con el socio en políticas destinadas a evitarlos y/o contrarrestarlos.

2) *Dar protección contra los comportamientos oportunistas.* La existencia de canales de interdependencia que se están ensanchando es una tentación para que uno de los miembros descargue en el socio los shocks idiosincrásicos que lo afectan. Un ejemplo es el caso de México en 1995 respecto de los Estados Unidos,

que se benefició de su acceso preferencial al mercado norteamericano para estimular su sector de transables con la devaluación. Claro que muchas veces ni siquiera la coordinación puede evitar estos efectos, como muestra el ejemplo de transmisión negativa de Alemania al resto de Europa luego de la reunificación, pero el deseo de coordinar surge de la necesidad de tener reglas que limiten este comportamiento.

3) *Establecer con consenso barreras a los* lobbies *domésticos.* Los acuerdos internacionales son, por lo general, una barrera más eficiente que las decisiones estrictamente nacionales contra las presiones de los *lobbies* domésticos. En el plano macro, esto se ve reflejado, por ejemplo, en presiones devaluatorias o proteccionistas. La integración parece ser una barrera más aceptable en términos sociales y políticos que los compromisos ante organismos multilaterales.

4) *Responder a shocks comunes.* La integración genera una mayor probabilidad de tener shocks comunes y simétricos. Ante un shock que afecta en forma idéntica a los socios, coordinar implica evitar la actuación de políticas autónomas de compensación individual sin internalizar que, al realizar todos la misma política, el resultado final lleva a una situación peor.

5) *Aumentar o mantener la credibilidad y la reputación.* Si la integración se da entre países con baja reputación, al aumentar la integración se potencia el riesgo de cada uno, porque cuando dos países están muy integrados los mercados financieros suelen hacer expectativas de comportamientos macro similares con lo que el riesgo de cada país pasa a ser el mayor de los riesgos. Aquí juega un papel importante no solo el canal real de transmisión de los impulsos macro sino, sobre todo, el canal financiero. La coordinación sobre pautas consistentes es en este caso un requisito ineludible, de lo contrario, la integración aumenta la inestabilidad macro conjunta. En el caso de que la integración se realice entre un país creíble y uno con baja reputación, la coordinación es positiva para ambos por motivos diferentes; para el primero, a fin de evitar los comportamientos oportunistas, para el segundo (el país no creíble), le ofrece la posibilidad de importar reputación del otro.

6) *Limitar el contagio de la inestabilidad macro.* La estabilidad macroeconómica tiene como efecto microeconómico facilitar los negocios en cada país y también entre socios. Típico ejemplo son las ganancias de eficiencia que significó la reducción de la inflación. Con mayor integración, la inestabilidad macro se transmite con mayor facilidad e intensidad por lo que, en este caso, la coordinación significa imponer límites a los costos de eficiencia microeconómicos que la discrecionalidad macro de un socio pueda tener en los demás.

7) *Obtener beneficios micro de la previsibilidad cambiaria.* La estabilidad cambiaria (nominal y real) suele ser importante cuando aumenta la integración entre países para el desarrollo de contratos comerciales o de proyectos de inversión. Coordinar para reducir los cambios abruptos en los precios relativos reduce los costos de la incertidumbre asociada al uso de monedas distintas que no son fácilmente asegurables en el mercado de futuros.

En el caso del Mercosur se ha visto que el impacto sobre los flujos comerciales fue limitado y que la inversión extranjera directa es un porcentaje mínimo de la que experimentaron los países miembro. Todo esto explica por qué el Mercosur no ha generado todavía los incentivos para buscar una mayor coordinación de políticas macroeconómicas. Aun así, el nivel de integración alcanzado, así como el que se proyecta en caso de cumplirse los acuerdos, torna de gran relevancia analizar la conveniencia, las posibilidades y las formas que puede adoptar la coordinación de políticas.

Con el objeto de plantear las bases para el análisis de este problema, en el próximo capítulo se dará una visión de la macroeconomía de la región que es el campo de aplicación de la potencial coordinación de políticas. Luego se discutirá qué dice la teoría económica existente respecto de los criterios para tomar decisiones de coordinación, y finalmente se discutirán los costos y beneficios de coordinar algunas políticas macro específicas para el Mercosur. Con esto se completará la base de análisis para la discusión realizada por los distintos autores en el resto del libro.

Anexo 1. La teoría y la política económica de la integración: marco analítico

La teoría tradicional de apertura discriminatoria

En un modelo con tres economías (A, B y el resto del mundo), se analizan las consecuencias de las distintas alternativas para un país (A) que debe decidir qué política comercial implementar. La economía A se plantea la disyuntiva respecto de comerciar con todos los países o comerciar preferencialmente con la economía B. Ante la hipótesis de que el país ya comercia libremente con B y estudia la conveniencia de hacerlo también con el resto del mundo, los argumentos tradicionales acerca de los beneficios del libre comercio sugieren que la apertura al resto del mundo mejorará el bienestar de la economía A.

Sin embargo, qué ocurre si se plantea el ejercicio desde la óptica inversa, es decir, si se parte de la existencia de protección con todos los países y el país A considera la posibilidad de comerciar en forma libre solamente con la economía B. En este caso, se verá que el efecto de bienestar es ambiguo.

Teoría de las uniones aduaneras

Este caso fue el que comenzó estudiando Jacob Viner en la década de 1950. Planteó que, si se parte desde un nivel exógeno de proteccionismo no discriminatorio (es decir, para todos los países por igual), una integración regional que elimine los aranceles entre unos pocos países es beneficiosa si la creación de comercio supera al desvío de comercio.

Los efectos de creación de comercio y de desvío de comercio se pueden entender mejor mediante un ejemplo. Se supone que inicialmente la economía A tiene un arancel del 50% sobre las importaciones que se realizan desde cualquier economía. Luego A decide abrir su comercio con la economía B, de modo que cualquier importación desde B ya no debe pagar ninguna tarifa. Es evidente que ciertos productos que antes el país A producía en forma interna ahora podrán ser adquiridos desde B si este último es un productor más eficiente de ese bien. Este efecto se conoce como creación de comercio y genera beneficios puesto que la economía A adquiere el bien de un productor más eficiente. En este sentido, la disminución de los aranceles del país A hacia otro país es un paso a favor del libre comercio.

Pero, por otro lado, la disminución de aranceles de las importaciones desde B provoca que ciertos bienes, que anteriormente eran importados desde terceras economías, comiencen a ser importados desde el país B. Se podría argumentar que esto es beneficioso puesto que los consumidores del país A adquieren esas importaciones a un precio menor; sin embargo, también se debe considerar que el gobierno deja de recaudar la tarifa por las importaciones, con lo cual en rea-

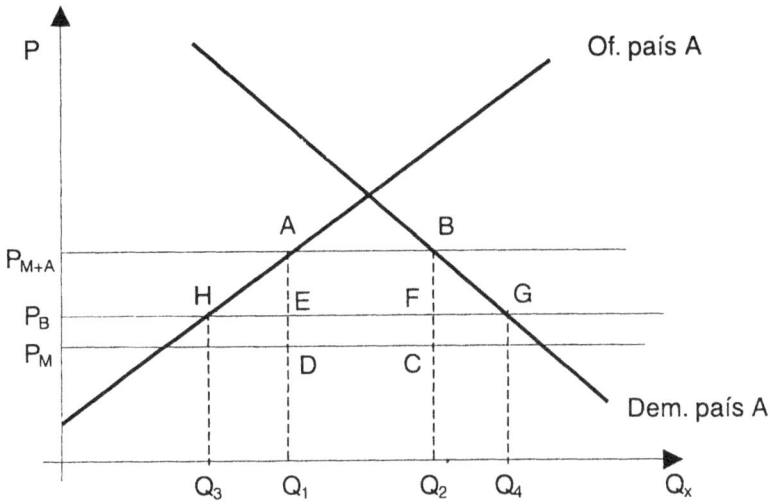

FIGURA A1

lidad no hay una disminución en el precio social que paga el país A (el precio de importación sin el arancel), sino que por el contrario este precio ahora es mayor que el que anteriormente pagaba el país A por importar el bien de un tercer país. Este efecto se conoce como desvío de comercio.

Tanto el efecto de creación de comercio como el de desvío de comercio se pueden observar en la figura A1.

Al considerar la situación inicial de protección no discriminatoria, el precio relevante del producto x es P_{M+A}. A dicho precio, la demanda excede la oferta interna y el total de importaciones del resto del mundo está representado por el segmento Q_2-Q_1. Con la integración, a pesar de la ineficiencia productiva del país B respecto del resto del mundo, al eliminarse la tarifa los consumidores enfrentan un precio más bajo (P_B). A ese nuevo precio la demanda aumenta a Q_4 y la producción local disminuye a Q_3. A su vez, debido a que las importaciones provienen enteramente de B, el gobierno de A no tiene recaudación por la tarifa a las importaciones.

El efecto de creación de comercio está dado por el aumento de las importaciones de Q_2-Q_1 a Q_4-Q_3. Con esto, los consumidores del país A mejoran su bienestar (área $P_{M+A}BGP_B$), mientras que los productores lo disminuyen (área $P_{M+A}AHP_B$). El efecto neto será positivo (ABGH) puesto que el país B es más eficiente que A en la producción del bien x. El desvío de comercio se presenta al sustituir las importaciones (Q_2-Q_1) que en la situación inicial provenían del resto del mundo por importaciones que provienen de B, con la consecuente pérdida de recaudación por la eliminación de la tarifa externa (área ABCD). El efecto de bienestar neto de la integración entre A y B dependerá de que los beneficios de la creación de comercio superen o no las desventajas del desvío de comercio (es decir, de que la suma de las áreas AEH y BGF sea mayor o menor que el área EFCD).

Como se mencionó anteriormente, el análisis tradicional acerca de los beneficios y costos de una unión aduanera o de un área de libre comercio siempre concluye que cualquier eventual beneficio es una situación subóptima (de segundo mejor) respecto de la opción de libre comercio indiscriminado. Desde esta perspectiva no se podría entender por qué los países construyen zonas de preferencia comercial. Ante esto se han planteado distintas respuestas que intentan explicar que, para algunos sectores, una zona de preferencia comercial otorga beneficios adicionales a los que da el libre comercio.

Wonnacott y Wonnacott (1981) se preguntaron cuál era el efecto de un área de libre comercio o de una unión aduanera por el lado de las exportaciones de un país, dado que el análisis tradicional solo se concentraba en las importaciones. La respuesta es que permiten que las exportaciones de nuestro país accedan en forma preferencial a los mercados de los países socios (pagando una tarifa menor o nula). La figura A2 muestra este caso. Con la integración comercial, las exportaciones de A (nuestro país) al país B aumentan de X_0 a X_1. Este aumento no sería posible sin la existencia de una unión aduanera que dé acceso preferencial a los productos de A en el país B ya que la curva de oferta de exportaciones del país A muestra mayor ineficiencia productiva que el resto del mundo (para cantidades mayores a X_0). La ganancia para el país A por acceso preferencial está dada por el área $P_{M+A}E'EP_M$.

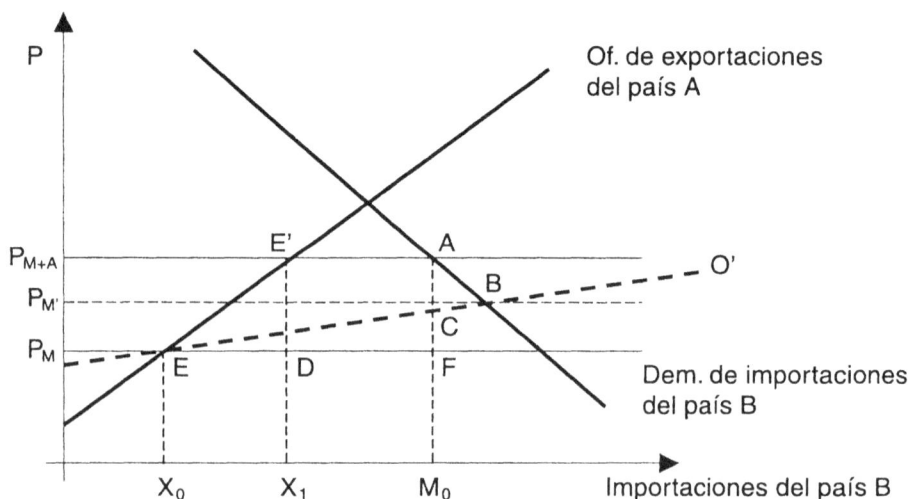

FIGURA A2

En el caso expuesto no hay creación de comercio, con lo cual los beneficios por las mayores exportaciones se basan en pérdidas de recaudación de las tarifas por parte del país B (nótese que las importaciones de B permanecen constantes en M_0). Si con la unión aduanera nuestro país puede proveer todas las importaciones de B a un precio menor que P_{M+A} (curva O'), entonces habrá creación y desvío de comercio. La ganacia para el país A por acceso preferencial en este caso está dada por el área $P_M \cdot BEP_M$. Sin embargo, como existe creación de comercio mediante transferencias de recursos entre los socios puede aumentar el bienestar respecto de la situación inicial si ABC > ECF.

El análisis anterior se aplica tanto a uniones aduaneras como a áreas de libre comercio. La diferencia entre ambas radica en que en la primera todos los países integrantes de la unión fijan un arancel externo común, mientras que en la segunda, los países conservan su independencia en la fijación de sus aranceles con el resto del mundo. Esta característica genera un efecto perjudicial entre los países miembros del área, ya que los países del área pueden importar los bienes desde aquel socio que posea la menor tarifa. Esto produce un efecto de triangulación de comercio con fuertes efectos redistributivos entre los socios comerciales ya que el país de menor tarifa obtiene un beneficio que se canaliza por medio de la recaudación de la tarifa externa.

Una profundización de la integración entre dos economías sería el establecimiento de un mercado común. En un mercado común, no solo hay libertad de movimiento de bienes (como en la unión aduanera), sino también de los factores productivos. Si en forma previa al establecimiento del mercado común las economías asociadas podían comerciar sus productos con un arancel nulo, es posible que la formación del mercado no agregue ni costos ni beneficios a los países. Esta conclusión se desprende del teorema de Stolper-Samuelson que indica que el comercio internacional tiende a igualar los precios de los factores aunque estos últimos no pueden desplazarse.

Un tema relevante en la discusión acerca de la formación de un mercado común es que la elevada movilidad de factores determina que su distribución geográfica dentro del mercado común no esté en función de sus ventajas comparativas sino de sus ventajas absolutas. Aunque es conocido que los países tienen ventaja comparativa en la producción de algunos bienes, no necesariamente un país debe tener ventaja absoluta en algún bien. Un país sin ventajas absolutas que crea un mercado común con otro inducirá a sus factores a migrar a la otra región.

Una integración aún mayor que la que ofrece un mercado común se puede encontrar en la formación de una unión económica, que se caracteriza por poseer instituciones supranacionales que determinan las políticas de los miembros de la unión.

El regionalismo abierto

Impulsado por la Comisión Económica para América Latina (CEPAL) (1995) y decisivo en la conceptualización del Mercosur, el regionalismo abierto intenta incentivar la interdependencia proveniente de los acuerdos preferenciales sin descuidar las señales que proporciona el mercado cuando produce una apertura no discriminatoria. Según la CEPAL, la implementación del regionalismo abierto es la alternativa menos costosa para los países que deben enfrentar un contexto externo desfavorable, al mismo tiempo que se realizan progresos en pos de una mejora en la competitividad externa. En otras palabras, el regionalismo abierto impulsa la integración en dos velocidades: apertura más veloz con los socios regionales y apertura simultánea pero más lenta hacia los países desarrollados. Esto permitiría aprovechar las economías de escala regionales que aumentan la competitividad extrazona, y favorecería también un proceso de reasignación de factores más ordenado y con menores costos sociales y laborales para enfrentar el contexto más competitivo de mediano plazo.

Anexo 2. Marco jurídico de los distintos procesos de integración

Los distintos tipos de procesos de integración analizados están contemplados por el marco jurídico del GATT y de la OMC. En general, la norma básica que regula el comercio entre los países es la cláusula de nación más favorecida. Esta cláusula obliga a los países a reconocer a otras naciones o a los individuos de esas naciones un trato no menos favorable que el reconocido en las mismas circunstancias a otro Estado o a sus individuos en la materia a la cual se refiera. La reglamentación genera que cualquier privilegio otorgado a una economía o a sus habitantes sea automáticamente extendido al resto de los Estados. La obligación de respetar la cláusula de nación más favorecida está regulada por el artículo 1 del GATT para el comercio de bienes y por el artículo 2 para el comercio de servicios. En el caso de las inversiones entre países, ya sea en su versión de inversión extranjera directa o en simples inversiones de portafolio, aún no existe una obligación multilateral de respetar el trato de nación más favorecida.

Sin embargo, en los acuerdos de integración regionales existen disposiciones que contemplan excepciones a la cláusula de nación más favorecida. Estos tratos favorables hacia ciertas economías y que no necesariamente deben ser extendidos hacia el resto de los Estados pueden ser diferenciales o preferenciales. Los tratos preferenciales implican el otorgamiento de ventajas mayores y no extensivas en favor de aquellos países que son considerados como de menor desarrollo con relación a otros países que son parte del esquema. Por otro lado, los tratos diferenciales se basan en el otorgamiento de compensaciones especiales en favor de países de menor desarrollo debido a problemas suscitados en el marco de las mismas preferencias negociadas entre todos los países. Las zonas de preferencias económicas se establecieron en la Ronda Tokio del GATT bajo el nombre de área de preferencia económica, la cual consiste en negociaciones de preferencias comerciales entre países en desarrollo y países menos desarrollados, sin que la materia negociada deba abarcar necesariamente lo sustancial del comercio entre los países que formalizan el acuerdo.

Las zonas de libre comercio, tratados comerciales de liberalización entre dos o más países, tienen la particularidad de que eximen a las naciones que acuerdan la conformación de esa zona de aplicar el trato de nación más favorecida a las economías que no están integradas al área. Los acuerdos de libre comercio están regulados por el artículo 24 del GATT, y tienen como características esenciales que la liberalización debe abarcar una parte sustancial del comercio y que el cronograma de liberalización no puede extenderse en forma indefinida.

Las uniones aduaneras son zonas integradas por países en las cuales existe un área de libre comercio junto con una política comercial externa común a todos los miembros, que se basa en el establecimiento de un nivel de aranceles externos comunes a todos los países miembro con respecto al comercio con los Estados que no integran la unión aduanera. Este tipo de proceso de integración comercial se encuentra regulado por el artículo 24 del GATT y también exime a los países miembro de la aplicación del régimen de nación más favorecida.

El Mercado Común implica la libre movilidad de bienes, servicios, capital y mano de obra entre los Estados miembro; en este caso no deberían existir obstáculos determinados por la nacionalidad de los ciudadanos del bloque. Obviamente, esto requiere una mayor armonización legislativa del mercado laboral y de las normas previsionales e impositivas. En la actual situación, la movilidad de personas con fines laborales es el campo donde ha habido menor desarrollo en el Mercosur.

La unión económica implica el máximo grado de integración entre países y trasciende hacia aspectos como la homogeneización fiscal y la coordinación de políticas cambiarias, monetarias y regulatorias. Dada la fuerte cesión de soberanía implicada en este tipo de acuerdos, en general, la unión económica está asociada con un alto grado de coordinación político-institucional.

Anexo 3. La construcción europea y otros ejemplos de integración

Etapas previas en la integración latinoamericana

En forma previa a la conformación del Mercosur, América Latina procuró llevar a cabo varios intentos, en su mayoría fallidos, de integración regional.

El primer proceso integrador tuvo lugar en la década de 1960 con la firma del Tratado de Montevideo, el cual dio origen a la Asociación Latinoamericana de Libre Comercio (ALALC), que fracasó en parte por sus ambiciosos objetivos y en parte a causa de las adversas condiciones externas. Luego de la creación de la ALALC, algunos países latinoamericanos conformaron el Pacto Andino. Ya en la década de 1980 surgió la Asociación Latinoamericana de Integración (ALADI), basada en negociaciones bilaterales entre los miembros.

La integración europea

Recientemente, ha comenzado la última etapa del proceso de integración en Europa, que tiene como último objetivo la consolidación de un área monetaria, en la que finalmente participarán once países. Es el proceso más ambicioso que se ha encarado mundialmente y merece una atención especial, mayor aún en la medida en que los países del Mercosur pretendan alcanzar objetivos similares a la Unión Monetaria Europea. Por esto se describirá a continuación en forma sintética la historia recorrida por los países europeos para arribar a la moneda única.[12]

Los comienzos de la integración

Luego de la finalización de la Segunda Guerra Mundial, los Estados Unidos adoptaron un plan de reconstrucción de los países de Europa Occidental que habían sido devastados por la guerra: el Plan Marshall. En forma conjunta a esa asistencia, los Estados Unidos sugirieron a los gobiernos europeos que combinasen sus recursos económicos y sus políticas a fin de lograr una unión económica y política entre sus economías. Esta unión no estaba basada en un beneficio desde el punto de vista económico sino en beneficios geopolíticos como, por un lado, la conversión de Alemania en una federación democrática que impidiese una nueva disputa con sus vecinos, y, por otro, la cohesión de las economías europeas como forma de protección contra la amenaza soviética de esa época.

---

[12] Para una descripción más completa, véanse Eichengreen (1992, 1993); Obstfeld (1997) y Martirena-Mantel (1997).

El primer paso del proceso de cooperación e integración entre los países europeos se produjo en abril de 1951 cuando Alemania, Bélgica, Francia, Holanda, Italia y Luxemburgo fundaron la Comunidad Europea del Carbón y del Acero. Esta comunidad aseguró la conformación de un mercado único dentro del cual existió libre comercio de estos insumos, al tiempo que creó un organismo supranacional para regular la política de precios y las prácticas comerciales.

En forma posterior, los países comenzaron a pensar en una integración más completa que pudiera alcanzar una unión aduanera, es decir, una integración que eliminase la totalidad de las barreras al comercio entre los países y que estableciese una tarifa externa común a todos los socios. El 25 de marzo de 1957, los mismos seis países que años antes habían conformado la Comunidad Europea del Carbón y del Acero firmaron el Tratado de Roma y dieron origen a la Comunidad Económica Europea (CEE). El tratado tenía como principios rectores establecer las bases para una unión cada vez más fuerte entre los pueblos europeos y garantizar por medio de una acción común el progreso de los países, suprimiendo las barreras que dividían a Europa. Además de la conformación de una unión aduanera, el Tratado de Roma contemplaba entre sus objetivos la coordinación de políticas macroeconómicas de los países miembro, identificando a la política cambiaria como un área esencial de preocupación común, al tiempo que también se planteaba levantar las restricciones internas al movimiento de la mano de obra y del capital, y eventualmente unificar sus sistemas monetarios.

Unos años después, en 1960, en el marco del Acuerdo Monetario Europeo, los países miembro de la CEE acordaron limitar los movimientos de los tipos de cambio dentro de bandas preestablecidas del 1,5% de amplitud (inferiores al 4% que establecía Bretton Woods). Las revaluaciones de las monedas alemana y holandesa en 1961, sumadas a otros obstáculos, plantearon ya entonces la preocupación por los efectos perversos que podían tener los capitales especulativos, lo que postergó el objetivo de largo plazo de integrar los mercados de capitales (Obstfeld, 1997). Con el fin de estabilizar los tipos de cambio, en 1964 se creó el Comité de Gobernadores de Bancos Centrales de la Comunidad Económica, pero la demanda por coordinación se hizo sentir solo en momentos puntuales, con las devaluaciones de la libra esterlina en 1967 y del franco respecto del marco en 1969.

En el plano comercial el acuerdo tuvo rápidos progresos y en 1968 la unión aduanera se había completado. Por otra parte, en ese año la Comunidad Económica Europea decidió adoptar una Política Agrícola Común, que establecía precios uniformes para los productos agrícolas e imponía barreras comerciales sobre las importaciones para sostener los mayores precios agrícolas en Europa.

La Política Agrícola Común no comenzó como un subsidio explícito, sino como una medida que garantizase precios elevados para los productores europeos, siempre que los precios de esos bienes cayeran por debajo de ciertos parámetros. Inicialmente fue apoyada por aranceles que compensaban la diferencia entre los precios europeos y los precios internacionales. Pero la distorsión de precios fue tan grande que no solo Europa no importaba en forma neta muchos productos agrícolas sino que existían excesos de oferta que la Comunidad Europea se vio obligada a comprar y a almacenar. Para evitar el crecimiento de los stocks comprados por la Comunidad Europea se decidió implementar una política de subsidios a la exportación.

La Política Agrícola Común ha sido un problema para la Unión Europea desde dos puntos de vista. En primer lugar, internamente siempre fue resistida por el enorme monto presupuestario que representaba su realización (aproximadamente US$ 15.000 millones en 1994, por ejemplo). Por otra parte, siempre se demandó su anulación o disminución en toda negociación bilateral que ha querido implementar la CEE con otros países o bloques.

La coordinación monetaria

En 1970, el Reporte Werner estableció tres etapas que concluirían en 1980 con la fijación irrevocable de los tipos de cambio, primera vez que el proyecto de una moneda común se convertía en un objetivo oficial de la CEE. Como parte del plan, en 1972, se puso en práctica la "espiral de la serpiente", que estableció bandas de flotación con el objetivo de limitar las fluctuaciones de las paridades. No obstante, la inestabilidad macroeconómica que se vivió durante el primer lustro de los años setenta rápidamente tornó impracticable el cronograma.

Recién en 1978 nació el Sistema Monetario Europeo (SME), con ocho miembros: los seis países fundadores más Dinamarca e Irlanda, que se habían incorporado a la CEE en 1973. El SME estableció una unidad de cuenta, el ECU, que se calculaba sobre la base de una canasta de monedas de los países miembro. Los países debían fijar la paridad de su moneda con respecto al ECU y mantener las paridades dentro de una banda del 2,25%.[13] El SME tuvo cierto éxito en el mantenimiento de las paridades, aunque al costo del control de capitales en la mayoría de los países y de ocasionales cambios de las paridades. Entre 1979 y 1987 hubo once realineamientos de las paridades, pero entre 1987 y 1992 los tipos de cambio no volvieron a modificarse. El éxito del SME, en particular entre 1987 y 1992, se puso claramente de manifiesto cuando decidieron incorporarse España (1989), Inglaterra (1990) y Portugal (1992).

En junio de 1985 se firmó el Acta del Mercado Único –también conocida como "1992", o como plan "Delors", por Jacques Delors, el entonces presidente de la Comisión Europea–, que se implementaría en tres etapas. Tenía como primer objetivo alcanzar, hacia fines de 1992, la libre movilidad de bienes, trabajo y capitales. La segunda etapa estaba destinada a intensificar la coordinación de las políticas y prepararía el camino para lograr la unificación monetaria. Por último,

---

[13] Italia, y posteriormente España, Reino Unido y Portugal tenían bandas más amplias del 6%.

el plan contemplaba alcanzar en su tercera etapa la creación de una moneda única que sería administrada por el Banco Central Europeo.

La primera etapa del plan "1992" comenzó el 1 de julio de 1990. Durante esta etapa se completaría el mercado común y se eliminarían los controles cambiarios y al flujo de capitales. Este período fue muy importante porque, al eliminar el control de capitales, dejó a los bancos centrales expuestos a eventuales ataques especulativos. La segunda etapa (comenzaría recién en 1994) fue puesta en peligro por la crisis del SME en 1992. Como se verá, esta crisis fue iniciada por la incertidumbre existente respecto de las posibilidades de aprobación del Tratado de Maastricht que había sido firmado el 10 de diciembre de 1991, con el fin de ratificar el Tratado de Roma y de crear el marco jurídico y político para alcanzar la UME. El tratado establecía que la Unión tendría como objetivo promover el progreso económico y social equilibrado y sostenible, mediante la creación de un espacio sin fronteras interiores, el fortalecimiento de la cohesión económica y social, y el establecimiento de una unión económica y monetaria que implicaría la creación de una moneda única.

El Tratado de Maastricht estableció el cronograma de la unión monetaria, disponiendo el comienzo de la segunda y tercera etapas del plan Delors para el 1 de enero de 1994 y de 1999, respectivamente. Entre sus principales disposiciones, el Tratado estableció la creación del Sistema Europeo de Bancos Centrales y del Banco Central Europeo, definiendo los estatutos de ambos, al tiempo que creó el Instituto Monetario Europeo, que coordinaría la política monetaria durante la transición. A su vez, el Tratado de Maastricht imponía ciertos criterios de convergencia, condiciones necesarias para que los países fuesen admitidos en la tercera etapa de unificación monetaria:

1. Tener una tasa de inflación que no superase en más del 1,5% a la inflación promedio de los tres países miembro con menor inflación.

2. Tener un déficit gubernamental no superior al 3% del PBI y una deuda pública inferior al 60%, salvo ciertas excepciones previamente establecidas.

3. No haber devaluado en los últimos dos años.

4. Tener una tasa de interés de los bonos de largo plazo que no supere en más del 2% a la tasa promedio de los tres países con menor inflación.

Este Tratado debía ser ratificado por los Parlamentos de cada país, lo que introdujo incertidumbre respecto de que efectivamente pudiera alcanzarse ese objetivo, ya que de no lograrse podría caer el proyecto y dejar vía libre a los países para modificar sus paridades cambiarias. Después del rechazo de la población de Dinamarca a la propuesta de moneda única en su primera prueba electoral en junio de 1992, los temores recrudecieron y desembocaron en ataques especulativos exitosos contra ciertas monedas. Entre 1992 y 1993, fueron devaluadas las monedas de España, Inglaterra, Irlanda, Italia y Portugal. En agosto de 1993, las bandas del SME fueron ampliadas al 15% y se permitió que Dinamarca e Inglaterra mantuvieran la opción de estar al margen de la UME. Solo cuando a mediados de 1993 el Bundesbank intervino de manera contundente para defender una corrida contra el franco francés, la volatilidad del mercado de capitales comenzó a disminuir.

El fuerte compromiso de Alemania y Francia con el proceso de integración monetaria permitió seguir adelante con la segunda etapa del Plan Delors, que comenzó el 1 de enero de 1994. Durante esta etapa empezó a operar el Instituto Monetario Europeo (que sería el precursor del Banco Central Europeo), y se prohibió la monetización de déficits fiscales, así como se fortalecieron los mecanismos de control de las instituciones europeas.

Finalmente, a comienzos de 1998 fueron seleccionados los países que habían cumplido con las condiciones establecidas en el Tratado de Maastricht y que podrían participar de la etapa final, en la cual se alcanzaría la unión monetaria: Alemania, Austria, Bélgica, España, Finlandia, Francia, Holanda, Irlanda, Italia, Luxemburgo y Portugal.

La tercera etapa comenzó el 1 de enero de 1999 y finalizará, como máximo, tres años más tarde cuando se introduzca el euro. Desde el 1 de enero de 1999 entraron en vigencia los tipos de cambio irrevocablemente fijos y la política monetaria está siendo conducida por el Sistema Europeo de Bancos Centrales, el cual utilizará al euro como la moneda de pleno derecho y fomentará su utilización en las operaciones que se realicen en los mercados cambiarios. La fecha límite para la entrada en vigencia y la plena circulación de los billetes y monedas del euro es el 1 de enero de 2002, fecha a partir de la cual se fijará un plazo de pocos meses para que se sustituyan las monedas nacionales de cada país por la moneda única.

Referencias bibliográficas

AUERBUG, A. 1998. Mercosul: conjuntura e perspectivas. *Revista do BNED*. Brasil.

CACES. 1999. La competitividad industrial: comercio intraindustrial y ventajas comparativas. ¿Qué cambió en los noventa? Documento Técnico del CACES 7. Buenos Aires.

CARRERA, J., Féliz, M., Panigo, D. 1998. Economic integration and interdependence: the Mercosur case. *Anales de la Asociación Nacional de Posgrados en Economía de Brasil (ANPEC)* 1: pp. 605-626.

CEI (Centro de Economía Internacional). 1998. La negociación del régimen automotriz: una historia con final abierto. *Panorama del Mercosur* (octubre). Buenos Aires.

CEI (Centro de Economía Internacional). 1999a. *Panorama de la Economía Internacional* (mayo). Buenos Aires.

CEI (Centro de Economía Internacional). 1999b. *New trade and investment opportunities* (junio). Buenos Aires.

CEP. 1999. *Síntesis de la Economía Real*, varios números. Buenos Aires.

CEPAL. 1995. América Latina y el Caribe. *Políticas para mejorar la inserción en la economía mundial*. Santiago de Chile.

CEPAL. 1998. *Balance de la economía de América Latina*. Santiago de Chile.

CHUDNOSKY, D., López, A., Kosacoff, B. 1999. *Las multinacionales latinoamericanas: sus estructuras en un mundo globalizado*. Buenos Aires, Fondo de Cultura Económica.

CROCKET, D. 1991. Financial market implications of trade and currrency zones; en: *Policy implications of trade and currency zones*. The Federal Reserve Bank, Kansas City.

DORNBUSCH, R. 1987. Los costos y los beneficios de la integración regional. *Novedades Económicas*, Buenos Aires.

EICHENGREEN, B. 1992. A consumer´s guide to EMU. University of California at Berkeley, Working Paper No. 92-200.

EICHENGREEN, B. 1993. European Monetary Unification. *Journal of Economic Literature* XXXI, septiembre.

FIEL. 1997. Encuesta a la industria manufacturera: evolución reciente de los factores de la competitividad. Informe final, noviembre.

FMI. *Estadísticas Financieras Internacionales*. Varias ediciones.

FRANKEL, J., Stein, E., Wei, S. 1997. *Regional trading blocs in the world economy system*. Washington DC, Institute for International Economics.

GARRIGA, M., Sanguinetti, P. 1995. The determinants of regional exchange in Mercosur. Working Paper No. 16. Buenos Aires, Universidad Torcuato Di Tella.

GARRIGA, M., Sanguinetti, P. 1996. La política comercial y las economías regionales en Argentina: efectos de la apertura unilateral y el Mercosur. Buenos Aires, Universidad Torcuato Di Tella. Mimeo.

LEAMER, E. 1998. Regionalism and/or global free trade. Mimeo.

LLACH, J. J., Sierra, P., Lugones, G. 1997. La industria automotriz argentina. Mimeo.

MARTIRENA-MANTEL, A. 1997. Reflexiones sobre uniones monetarias: pensando el Mercosur desde el caso europeo. *Anales de la Academia Nacional de Ciencias Económicas*.

MINISTERIO DE RELACIONES EXTERIORES DE CHILE. http://www.minrel.cl.

NOGUÉS, J. 1996. Does the analysis of Mr. Yeats paper on Mercosur support his conclusions? Mimeo.

OBSTFELD, M. 1997. Europe´s gamble. *Brookings Papers on Economic Activity 2*.

PAGLIERI, B., Sanguinetti P. 1998. Institutional issues and the results of the tariff and nontariff liberalization in Mercosur. Buenos Aires, Universidad Torcuato Di Tella. Mimeo.

UNCTAD. 1998. *World Investment Report*.

WONNACOTT, P., Wonnacott, R. 1981. Is unilateral tariff reduction preferable to a custom union? The curious case of the Missing Foreign Tariff. *American Economic Review*, septiembre.

YEATS, A. 1997. Does Mercosur´s trade performance raise concerns about the effect of regional trade arrangements? World Bank, Policy Research Working Paper.

Capítulo 2
Las perspectivas de la coordinación macroeconómica en el Mercosur

Jorge Carrera, Eduardo Levy Yeyati* y Federico Sturzenegger

Introducción

En el primer capítulo se ha visto que mayores niveles de integración entre los países de una región llevan, en general, a una mayor interdependencia macroeconómica. Surge así la necesidad de preguntarse sobre la conveniencia y la factibilidad de coordinar políticas macroeconómicas entre los socios.

El presente capítulo tiene como principal objetivo plantear los elementos básicos para discutir este tema. En una primera parte se presenta una rápida descripción de la macroeconomía del Mercosur en la década del noventa. La descripción pretende brindar una lectura comparada de los indicadores de cada país, con el objetivo de detectar homogeneidades relevantes y comparar el comportamiento del ciclo económico en las dos principales economías.

Seguidamente, se analiza la coordinación como mecanismo para la implementación de políticas. En este sentido, se parte de criterios muy amplios y primarios de coordinación para llegar a la discusión sobre la coordinación macroeconómica únicamente en el plano monetario. Inicialmente nos concentramos en la evaluación de una forma extrema de coordinación monetaria, como es el caso del establecimiento de una moneda común. Para ello se toma como parámetro de comparación la experiencia del modelo europeo. *A posteriori* se analizan otras alternativas, que incluyen la dolarización o la extensión de la convertibilidad al resto de la región.

La macroeconomía del Mercosur
Análisis comparativo de las principales variables

Inflación y déficit fiscal

Durante la década del noventa, los países del Mercosur lograron un objetivo fundamental: la estabilidad de precios. Como es posible observar en el cuadro 2.1, el nivel inflacionario promedio de los países miembro del Mercosur disminuyó del 524,6% en 1990 al 6,9% en 1998.

* Director del Centro de Investigaciones en Finanzas. Universidad Torcuato Di Tella.

CUADRO 2.1. *Tasa de inflación (en %)*

	1990	1991	1992	1993	1994	1995	1996	1997	1998
Argentina	1.343,9	84,0	17,5	7,4	3,9	1,6	0,1	0,3	1,0
Bolivia	18,0	14,5	10,4	9,3	8,5	12,6	7,95	6,7	7,8
Brasil	1.585,4	475,8	1.172,0	2.497,6	929,3	22,0	9,1	4,3	2,6
Chile	27,3	18,7	12,7	12,2	8,9	8,2	6,6	6,0	4,3
Paraguay	44,0	11,8	17,8	20,4	18,3	10,5	8,2	6,2	16,0
Uruguay	129,0	81,5	58,9	52,9	44,1	35,4	24,3	15,2	9,4
Promedio	524,6	114,4	214,9	433,3	168,8	15,1	9,4	6,5	6,9

Fuente: CEPAL.

Aun cuando las políticas de estabilización fueron disímiles y abarcaron una gran variedad de experimentos, en todos los casos (con excepción del Paraguay) las estabilizaciones exitosas utilizaron, con mayores o menores "reaseguros", un sistema de anclaje cambiario. En un extremo, por la efectividad y la solidez de su compromiso, se ubica el caso argentino. Se basó en la implementación de un régimen de caja de conversión que aseguró la paridad cambiaria entre el dólar y una nueva moneda local (el peso). Los demás países fijaron el tipo de cambio optando por un régimen que permitiese pequeñas modificaciones de la paridad a fin de limitar los riesgos de apreciación real. Chile, por ejemplo, aplicó un ancla nominal respecto de una canasta de monedas junto con una banda de flotación. El Brasil optó por la fijación al dólar de una nueva moneda (el real), que también se dejó oscilar dentro de una banda de flotación. El Uruguay y Bolivia implementaron un régimen de tipo de cambio reptante. Finalmente, el Paraguay eligió un régimen de tipo de cambio flexible.

Las altas tasas de inflación de los años ochenta fueron el resultado de la imposibilidad de financiar las actividades del sector público en forma genuina mediante una mayor recaudación o tomando deuda en los mercados financieros en forma no compulsiva. En los años noventa, la contracara de la reducción de la inflación fue que los déficits del sector público se hicieron más acotados y más cercanos a los niveles internacionales (cuadro 2.2). En este aspecto sobresale el caso de Chile con superávits. También la Argentina y el Uruguay, con anterioridad a la crisis mexicana de 1994 (conocida como efecto Tequila), lograron resultados positivos o cercanos al equilibrio, para estabilizarse en valores relativamente bajos. El Brasil y Bolivia, por el contrario, han recorrido un camino diferente y presentan en la segunda parte de la década déficits altos y crecientes.

Sector externo

En su inserción internacional, estas economías encontraron gran dificultad durante los años ochenta, sobre todo a partir del *default* mexicano de 1982 que marcó el final

CUADRO 2.2. *Déficit del sector público (como % del PBI)*

	1990	1991	1992	1993	1994	1995	1996	1997	1998
Argentina	-5,1	-1,6	-0,1	1,4	-0,2	-0,5	-1,8	-1,4	-1,4
Bolivia	3,9	-4,3	-4,4	-6,1	-3,0	-2,0	-2,0	-3,4	-4,1
Brasil	1,2	-0,2	-1,8	-0,8	1,1	-4,9	-5,9	-6,2	-7,0
Chile	1,5	1,5	2,2	1,9	1,7	2,5	2,3	1,9	0,7
Paraguay	2,9	0,8	-1,4	-0,7	1,0	-0,3	-0,8	-0,2	-1,5
Uruguay	-0,1	1,3	1,5	-0,8	-2,5	-1,3	-1,2	-1,3	-1,2

Fuente: CEPAL.

de un período de alta liquidez y fácil acceso a los mercados financieros. A partir de ese shock externo negativo, las economías debieron realizar fuertes ajustes que restringieron severamente los grados de libertad de la política económica. En los años noventa, las condiciones de los mercados financieros internacionales cambiaron radicalmente. El Plan Brady culminó un proceso de reestructuración de los pasivos externos y abrió en forma plena el acceso a los mercados. En todos los países del bloque, especialmente en los grandes, este renovado acceso a la financiación externa coincidió con la implementación de estabilizaciones nominales exitosas y la puesta en marcha de una amplia gama de reformas estructurales, entre ellas, la privatización de activos estatales que, en ciertos casos, son canjeados por títulos de deuda. A comienzos de la década, los países ya habían superado el "síndrome de la deuda" y estaban plenamente colocados en el grupo de los llamados "emergentes" junto a los países del sudeste asiático y a las economías del este de Europa. Asimismo, las formas de captación de fondos cambiaron respecto de la experiencia de los años ochenta, en que la deuda era directamente con los bancos, se atomizó mucho más la gama de acreedores, con predominio de la colocación de bonos, obligaciones y acciones.

Los indicadores del sector externo reflejaron el cambio en las condiciones externas y en todos los países la cuenta corriente tendió a mostrar resultados negativos crecientes. En el cuadro 2.3 se destacan los casos de Chile y Bolivia, con promedios superiores al 5% para los últimos años de la serie.

El mayor acceso a los mercados internacionales, tanto del gobierno como de los agentes privados, se observa en la dinámica del endeudamiento externo analizada en el cuadro 2.4 para los casos del Brasil y la Argentina. Superada la breve interrupción de los flujos de capitales privados hacia la región a causa del efecto Tequila, la deuda como proporción del PBI comenzó a crecer, al igual que la deuda como porcentaje de las exportaciones.

La apertura del mercado de capitales y el correlativo aumento de la absorción doméstica tuvieron como implicancia necesaria que el tipo de cambio real de las economías sufriera una apreciación real si se lo compara con los promedios de la década de los ochenta (figura 2.1). Puntualmente, en los casos de la Argentina

CUADRO 2.3. *Déficit de cuenta corriente (como porcentaje del PBI)*

	1990	1991	1992	1993	1994	1995	1996	1997	1998
Argentina	3,2	0,3	-2,4	-3,4	-4,3	-1,9	-2,4	-4,1	-4,8
Bolivia	-4,1	-4,9	-9,5	-8,8	-1,5	-4,5	-5,5	-7,0	-7,9
Brasil	-0,8	-0,4	1,6	-0,2	-0,2	-2,6	-3,0	-3,8	-4,4
Chile	-2,2	-1,2	-3,2	-6,5	-3,8	-2,5	-5,9	-5,6	-6,3
Paraguay	7,4	1,4	-0,9	0,9	-3,5	-3,1	-5,1	-2,5	-1,2
Uruguay	2,2	0,4	-0,1	-1,8	-2,5	-1,2	-1,2	-1,4	-1,9

Fuente: FMI; *Estadísticas Financieras Internacionales*.

CUADRO 2.4. *Relaciones de deuda pública (en %)*

	Deuda / PBI		Deuda / Exportaciones	
	Argentina	Brasil	Argentina	Brasil
1992	22,9	35,1	383,9	379,6
1993	22,7	33,9	414,4	377,5
1994	24,0	27,3	408,1	340,9
1995	26,6	22,6	361,6	342,6
1996	27,7	23,0	356,9	373,1
1997	33,8	24,0	362,7	364,0
1998	34,5	27,4	407,9	397,2

Fuente: Goldman Sachs, 1999.

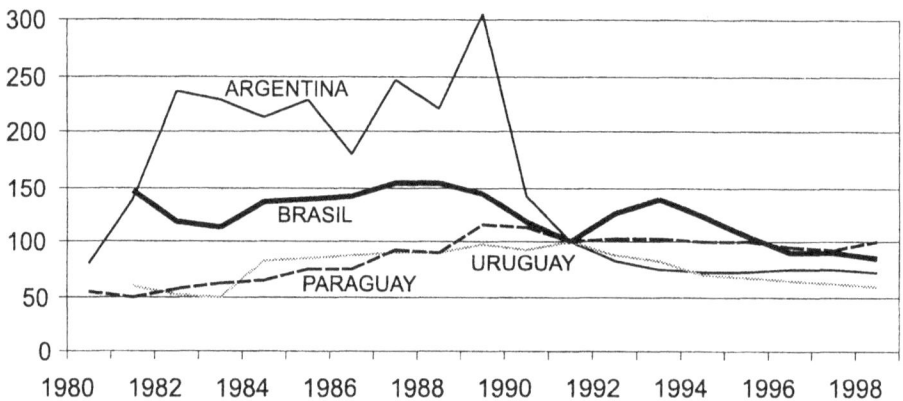

Fuente: CEPAL.

FIGURA 2.1. *Tipo de cambio real, 1991=100*

y del Brasil, la apreciación real se dio simultáneamente con la efectiva reducción de la inflación desde los altos niveles anteriores hasta los respectivos planes de estabilización.

Crecimiento

La apertura comercial, la estabilidad económica, la integración regional, la reducción de la presencia estatal en la economía, la desregulación de gran parte de las relaciones económicas y la consolidación de la democracia representativa como régimen de gobierno se plantearon como las bases internas para un nuevo período de crecimiento que superase la frustrante experiencia de estancamiento de los años ochenta.

La tasa promedio de crecimiento entre los años 1991 y 1998 para los cuatro socios plenos del Mercosur (Argentina, Brasil, Paraguay y Uruguay) fue del 3,6% anual (cuadro 2.5). Si bien existe cierta dispersión, todos los países tuvieron importantes tasas de crecimiento durante la década, y Chile se destaca con un promedio del 7,7%. Los países con menores tasas de crecimiento fueron el Brasil y el Paraguay. Curiosamente, el primero presenta las mayores y más variables tasas de inflación, y el segundo las más estables.

Las diferencias en el PBI per cápita (cuadro 2.6) permiten medir la disparidad de ingresos entre los distintos países de la región. Los casos extremos son los de la Argentina y Bolivia, donde el ingreso per cápita del primero es ocho veces el del segundo. En un rango intermedio se encuentran Brasil, Chile y Uruguay. En algunos países, como el Uruguay y Chile, se nota un aumento importante del ingreso per cápita, que casi se duplicó durante el período de análisis.

Desempleo

A diferencia de lo ocurrido en la década de los ochenta, cuando la inflación era la preocupación excluyente, en los años noventa otro problema económico irrumpió

CUADRO 2.5. *Tasa de crecimiento del PBI (en %)*

	1991	1992	1993	1994	1995	1996	1997	1998	1991-98
Mercosur	3,6	2,8	5,0	6,7	1,2	3,6	4,8	0,7	3,6
Argentina	10,5	10,3	6,3	8,5	-4,6	4,3	8,4	4,6	6,0
Bolivia	5,3	1,6	4,3	4,7	4,7	4,1	4,2	4,5	4,2
Brasil	1,0	-0,5	4,9	5,9	4,2	2,9	3,0	0,5	2,7
Chile	8,0	12,3	7,0	5,7	10,6	7,0	7,1	4,0	7,7
Paraguay	2,5	1,8	4,1	3,1	4,7	1,1	2,6	0,0	2,5
Uruguay	3,2	7,9	2,9	6,4	-1,9	5,0	5,1	2,5	3,9

Fuente: CEPAL.

CUADRO 2.6. PBI *per cápita en dólares*

	1991	1992	1993	1994	1995	1996	1997	1998
Argentina	5.776	6.856	6.983	7.501	7.421	7.727	8.210	8.254
Bolivia	794	818	810	826	906	975	1.021	1.073
Brasil	2.615	2.906	3.100	3.549	4.508	4.885	5.012	4.794
Chile	2.601	3.093	3.230	3.640	4.593	4.755	5.150	4.913
Paraguay	1.443	1.449	1.504	1.671	1.867	1.941	1.888	1.647
Uruguay	3.206	3.770	4.365	5.463	5.603	5.904	6.107	6.333

Fuente: FMI, *Estadísticas Financieras Internacionales.*

CUADRO 2.7. *Tasa de desocupación (en %)*

	1990	1991	1992	1993	1994	1995	1996	1997	1998
Argentina	7,4	6,5	7,0	9,5	11,4	17,5	17,2	14,9	13,2
Bolivia	7,3	5,8	5,4	5,8	3,1	3,6	3,8	4,4	n./d.
Brasil	4,5	4,8	4,8	5,4	4,6	4,6	5,4	5,7	7,8
Chile	7,8	8,2	6,7	6,5	7,4	7,4	6,4	6,1	6,1
Paraguay	6,6	5,1	5,3	5,1	5,3	5,3	8,2	7,1	n./d.
Uruguay	9,2	8,9	9,0	8,4	9,2	10,8	11,9	11,5	10,0

Fuente: CEPAL.

con gran fuerza en la macroeconomía del Mercosur: un creciente y persistente desempleo. El problema adquiere mayor relevancia porque se manifiesta en un período en que la economía creció a tasas altas. Estas tasas, además, vienen acompañadas por una precarización laboral que se refleja en similares aumentos en la subocupación.

El caso más significativo es el de la Argentina, que muestra altas tasas de crecimiento junto con tasas de desocupación que a partir de 1994 superaron los dos dígitos, como se aprecia en el cuadro 2.7. Brasil, Uruguay y Paraguay también sufren un aumento, aunque más moderado. Por el contrario, Chile y, sobre todo, Bolivia logran reducir sus tasas de desempleo.

Síntesis

Los comportamientos macroeconómicos han tenido una convergencia en los países y se han asemejado también los problemas por resolver. En la agenda macroeconómica de los próximos años los objetivos serán disminuir la fragilidad ante shocks externos y resolver los desequilibrios sociales. En este contexto, la necesidad de coordinar surgirá inexorablemente solo si se demuestra que practicar políticas independientes que no tomen en cuenta a los socios termina dejando a todos los países en una situación peor.

El ciclo en las economías principales

A la hora de evaluar los posibles beneficios de la coordinación macroeconómica, además de tener presentes las diferencias en las variables macroeconómicas más importantes del bloque, es relevante analizar los patrones de comportamiento cíclicos de la región. Dada la importancia excluyente que al respecto tienen las dos economías principales dentro del Mercosur, el análisis se concentrará en estudiar las fluctuaciones cíclicas de la Argentina y del Brasil.

La definición de ciclo económico que se usará corresponde a las fluctuaciones de la serie del PBI en torno de una tendencia de largo plazo. La idea subyacente es que, tendencialmente, el producto de la economía está determinado por variables "profundas"[1] que cambian lentamente. En cambio, el valor observado trimestre a trimestre para el producto está afectado por distintos tipos de shocks, que determinan que el PBI esté por arriba o por debajo de su valor tendencial, según los shocks temporarios sean o positivos o negativos.

El comportamiento tendencial de las economías (línea punteada en la figura 2.2) solo parece seguir un patrón común a partir del cambio en las condiciones de acceso a los mercados financieros internacionales desde los años noventa (área sombreada). Se percibe en forma clara cómo el estancamiento de los años ochenta fue muy marcado en la Argentina pero no en el Brasil, que mantuvo, en promedio, tasas de crecimiento positivas. En los años noventa, ambas economías cambian sus tendencias de largo plazo, y sobresale el fuerte salto en el producto argentino entre 1991 y 1994.

En la figura 2.3 se presentan los ciclos de las variables para cada país. El procedimiento es muy simple y consiste en extraer la tendencia de la serie original del PBI. En esa figura, cada línea indica en qué porcentaje el producto efectivamente registrado estuvo por arriba o por debajo de la tendencia de largo plazo.[2]

Para la década del noventa solo en el período que abarca los años de la convertibilidad previos a la implementación del Plan Real en el Brasil (los años 1991-1994 representados por el área no sombreada en la figura 2.3) se encuenta un comportamiento opuesto o asincrónico entre las economías.

Este comportamiento es un dato fundamental por dos razones: 1) existe un consenso en que parte del éxito del Mercosur se debió a là asincronía o complemento de los ciclos en la primera mitad de la década de 1990 (CEI, 1999), y 2) cuando los

---

[1] Estas variables serían la fuerza de trabajo, el stock de capital, los recursos naturales, la capacidad tecnológica, la organización institucional, el contexto externo, entre otras.

[2] Para detalles sobre la técnica de extracción del ciclo véase Carrera, Féliz y Panigo, 1998a.

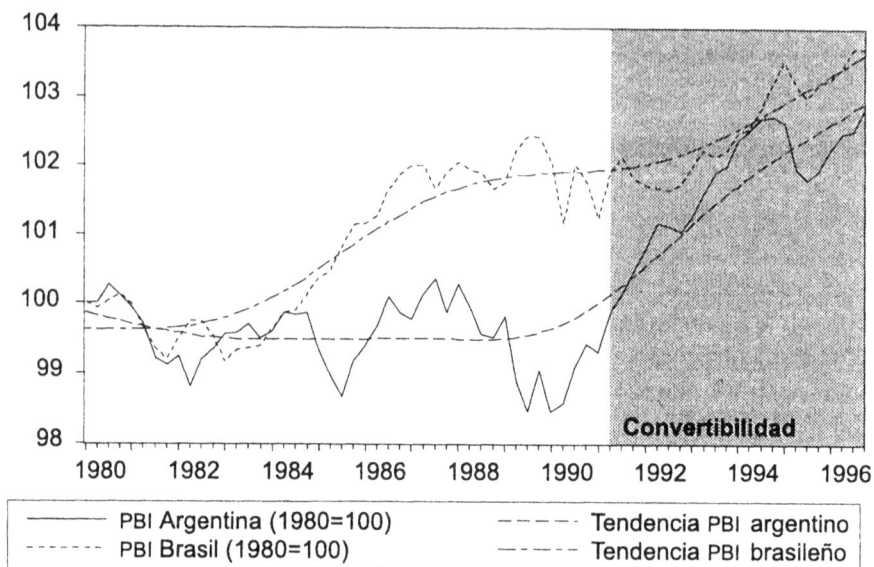

Fuente: Carrera et al., 1998a.

FIGURA 2.2. *El producto en la Argentina y el Brasil*

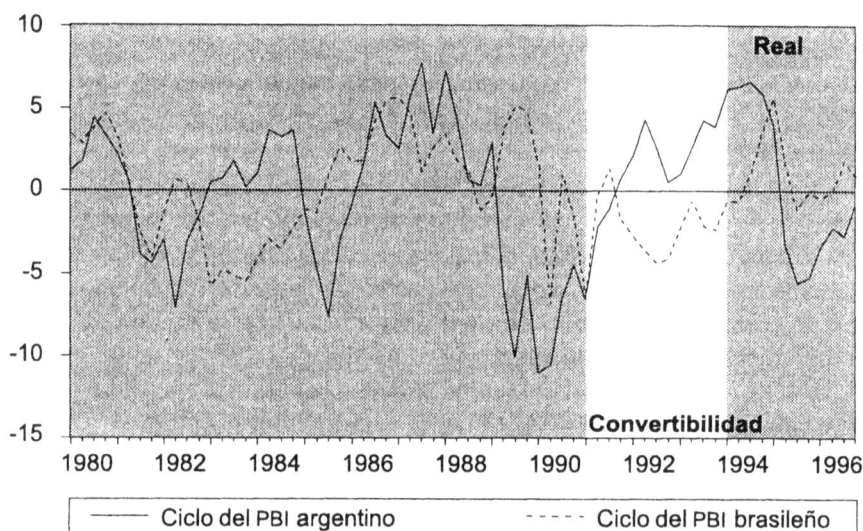

Fuente: Carrera et al., 1998a.

FIGURA 2.3. *El ciclo del PBI en la Argentina y el Brasil (%)*

ciclos son sincrónicos, como ocurre en el área sombreada post 1994, se supone que las dos economías están siendo afectadas por shocks similares y, por lo tanto, tener políticas coordinadas puede ser una respuesta óptima.

La correlación entre los componentes cíclicos del PBI en el total de la muestra es de 0,30, lo que implica que hay una moderada asociación positiva en la serie. Sin embargo, cuando se correlaciona la serie para el período que se inicia en 1994, punto de partida del programa de estabilización monetaria en el Brasil (Plan Real), el valor salta a 0,55. Asimismo, el desenvolvimiento de estas economías latinoamericanas parece estar atravesando su momento de mayor similitud, ya que al retorno de la relación procíclica se le suma la presencia de una tendencia semejante (y creciente) en el producto de ambos países (único caso en la muestra analizada).

Identificación de los ciclos

A continuación, se presentan dos figuras (2.4 y 2.5) en las cuales, siguiendo la metodología planteada en Sachs y Larraín (1993), se identifican los distintos ciclos que han experimentado estos países a lo largo de los diecisiete años analizados.[3]

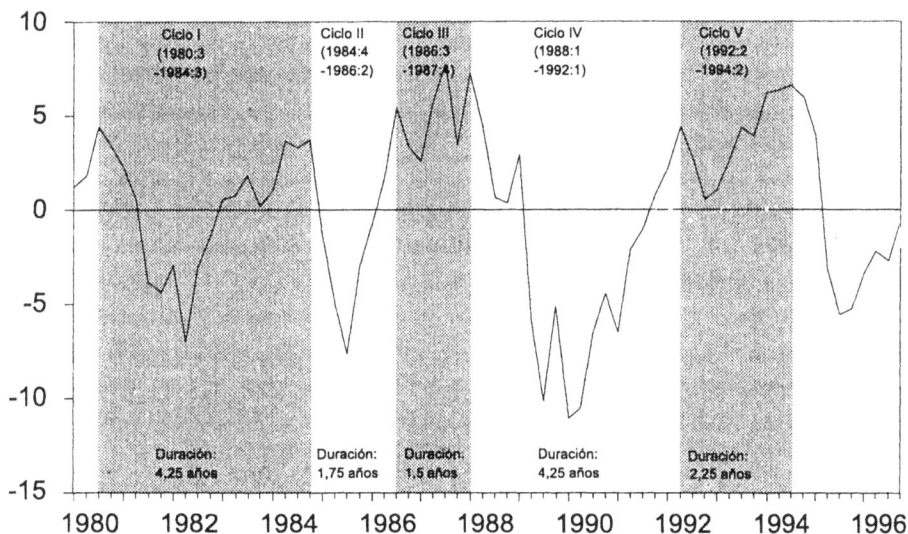

Fuente: Carrera et al., 1998a.

FIGURA 2.4. *Identificación de los ciclos en la Argentina, 1980-1996 (%)*

[3] La metodología que identifica a los picos y cimas como aquellos datos que presenten posteriormente dos trimestres consecutivos con caída o alza respectivamente, en el componente cíclico del PBI.

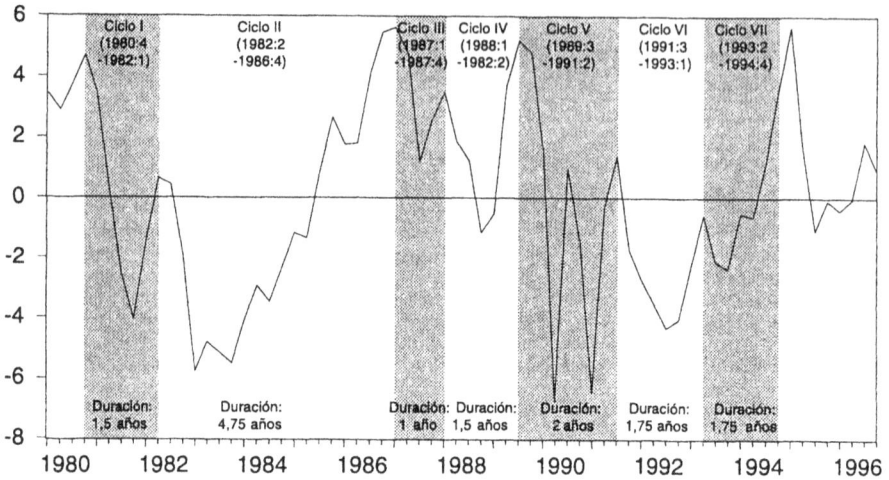

Fuente: Carrera et al., 1998a.

FIGURA 2.5. *Identificación de los ciclos en el Brasil, 1980-1996* (%)

En la comparación con los otros países se destaca la menor duración y la notable amplitud de los ciclos de los países analizados. Justamente, la volatilidad sigue siendo para estas economías una característica fuertemente diferenciada respecto del resto de las economías estables del mundo. Como puede apreciarse en la figura 2.6, en una comparación internacional que incluye catorce países y el promedio europeo, los países latinoamericanos encabezan con un amplio margen el ranking de volatilidad cíclica; la Argentina lidera esta clasificación seguida por el Uruguay y el Brasil. Esta disparidad manifiesta se ve reflejada en el hecho de que el promedio simple de la volatilidad cíclica de la Argentina y el Brasil es 165% y 286% mayor que la volatilidad promedio de los países de la Organización para la Cooperación y el Desarrollo Económico (OCDE) y Europa, respectivamente.

Aun así, cuando se analiza el período de los años noventa en ambos países se percibe una fuerte reducción en la volatilidad con una caída del 41% en el Brasil, y una no menos significativa reducción del 21% en la Argentina.

En síntesis, se pueden extraer varios hechos estilizados relevantes del análisis realizado:

– los ciclos son relativamente más cortos que en los países desarrollados,
– la volatilidad de los ciclos es muy alta en comparación con los países de la OCDE,
– los ciclos de la Argentina son más largos que los del Brasil,
– la amplitud en el desvío cíclico es mayor en la década de 1980 que en la de 1990,
– en la primera etapa del Mercosur los ciclos eran asincrónicos, a partir de la estabilización de ambas economías los ciclos se sincronizan con una alta correlación,

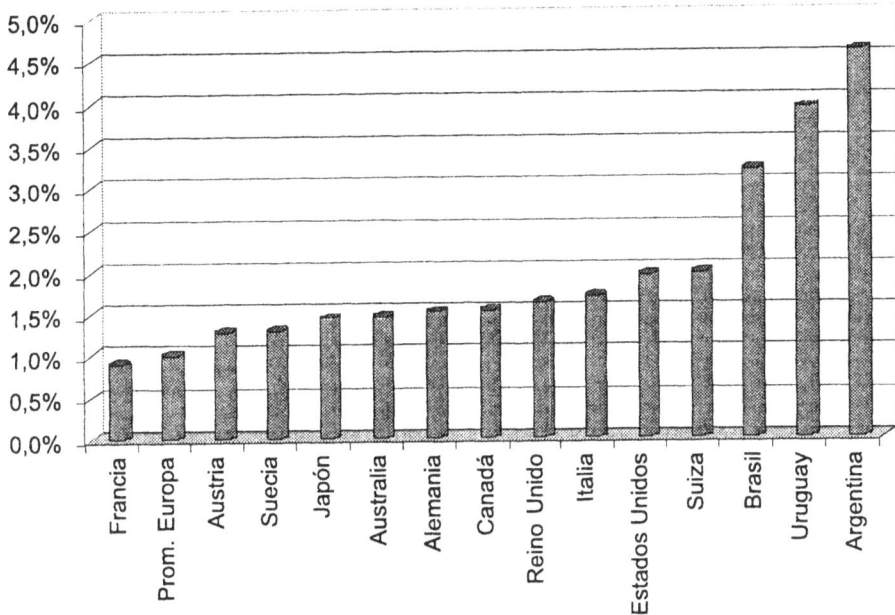

Fuente: Blackburn y Ravn, 1991; Kamil y Lorenzo, 1997; Cooley, 1995; Hassler *et al.*, 1992.

FIGURA 2.6. *Comparación internacional de la volatilidad cíclica del* PBI

– la convergencia en la sincronía se da sobre tendencias de crecimiento coincidentes.

La coordinación: reflexiones generales

Como se describió en el capítulo 1, la integración de los países genera una mayor interdependencia entre las economías y hace que shocks económicos en un país repercutan sobre la economía de otros países. La magnitud del comercio y las características de los sistemas cambiarios de los países son elementos clave a la hora de evaluar el grado de interdependencia económica y las externalidades o efectos derrame que puedan tener shocks externos sobre nuestra economía.

Ahora bien, las decisiones en materia de política de un país producen efectos positivos o negativos en el bienestar de los países vecinos, que son ignorados en la toma de decisiones de cada país individual. Surge así un margen para la coordinación y en el capítulo 1 se ha discutido la motivación que puede tener cada país para efectivizarla. En este capítulo se tratará, por el contrario, el tema de los instrumentos posibles para lograr esa coordinación.

Cuando las ganancias son visibles y compartidas por todos, los mecanismos de coordinación son posibles y fáciles de implementar, ya que el temor de quedar afuera es suficiente para proveer los incentivos para cumplir con los compromisos acordados. El ajuste fiscal realizado por los países europeos tras el Tratado de Maastricht es un claro ejemplo.

Sin embargo, si los beneficios no están claros o no están homogéneamente distribuidos, es más difícil generar compromisos de coordinación que se cumplan posteriormente. Por ello, la coordinación de políticas necesita compromisos que impongan restricciones efectivas sobre la autonomía de los países (pactos o tratados), o arreglos que impongan costos en términos de reputación si se rompe un compromiso o acuerdo.

En el ámbito fiscal se observa un claro ejemplo de cómo la falta de coordinación puede llevar a situaciones subóptimas. Es común ver que los países intenten atraer inversiones hacia sus economías por medio de beneficios impositivos. Si cada país actúa de la misma manera, generando incentivos similares, las empresas eventualmente estarán indiferentes entre establecerse en una región u otra, con lo que los beneficios en términos de atraer inversiones de las exenciones impositivas desaparecen, al tiempo que todas las economías terminan ubicándose en un nivel impositivo menor al óptimo. Otro ejemplo de los costos de la falta de coordinación de políticas se encuentra en las devaluaciones competitivas, que no logran ningún beneficio si todos los países entran en una ronda de devaluaciones, pero que sí imponen un costo en términos de una tasa de inflación superior a la óptima.

Jerarquías y etapas

La coordinación o cooperación puede tomar distintas formas en cuanto a los instrumentos mediante los cuales se lleva a cabo, a su duración temporal y al grado de autonomía decisoria que conservan las partes.[4]

Una primera etapa en la coordinación de políticas es el intercambio de información, que puede ser considerado como el primer paso en la cooperación entre países. Aunque no hay influencia de terceros países en la toma de decisiones, el aumento en la previsibilidad de la conducta de los socios permite reducir la incertidumbre asociada a cambios de política originados en otros países. Esto permitiría tomar medidas anticipadas en pos de amortiguar los impactos de esas políticas. Aun más, el conocimiento de los objetivos, instrumentos y estadísticas de todos los países debería reducir la probabilidad de implementar medidas que extiendan las perturbaciones individuales de cada país al resto de los socios.

---

[4] Aunque a lo largo de este trabajo no se haga hincapié en la diferencia entre cooperación y coordinación, se debe mencionar que, en forma rigurosa, ambas formas de interrelación son distintas. La coordinación se basa en la adopción de decisiones conjuntas mientras que la cooperación se refiere al intercambio de información.

Las consultas y discusiones periódicas y regulares son un segundo escalón. Pese a que no generan un compromiso respecto de la ejecución de ciertas políticas, pueden ayudar a que los países acuerden ciertos parámetros en relación con el manejo de determinados instrumentos.

El paso siguiente es la coordinación de los instrumentos y de las medidas que cada país aplica, de forma tal que se internalicen los efectos derrame que generan las políticas internas de cada economía sobre sus socios. En este nivel, los acuerdos son vinculantes y deben prever sanciones por incumplimiento.

Cuando varios países coordinan sus políticas, se abre un abanico de posibilidades acerca de la duración de la cooperación. En un extremo, los países pueden coordinar sus instrumentos pero conservar la posibilidad de modificar el acuerdo en función de las circunstancias que están atravesando (cláusula de escape). En el otro extremo, la cooperación puede ser establecida en forma rígida como una regla que se fija de común acuerdo pero que no prevé la posibilidad de escape. El debate acerca de la conveniencia de cada forma de coordinación es análogo a la discusión entre reglas versus discreción, solo que en lugar de establecerse entre las políticas internas de un país se aplica a políticas de distintas economías.

En general, la coordinación se produce en etapas, pasando de una menor a una mayor intensidad. Se comienza con un intercambio general de información y con acuerdos no vinculantes, para después empezar a establecer conjuntamente algunos instrumentos comunes de política. La Unión Europea progresó, de esta manera, incrementando el número de instrumentos comunes lentamente. Esto dio origen a la conformación de un proyecto político-económico compartido que iba cimentando las etapas subsiguientes. En el caso del Mercosur, también se ha avanzado por etapas. A medida que se resuelven nuevos problemas (por ejemplo, la primera renegociación del régimen automotor), se van consolidando un conjunto de objetivos comunes a la región que permiten explorar nuevas alternativas de cooperación.

La factibilidad de una moneda común: un marco teórico[5]

Dentro del espectro de políticas monetarias posibles, un país puede optar por una política monetaria independiente, lo que requeriría operar con tipo de cambio flexible, o puede optar por esquemas de tipo de cambio más rígidos, que lo obliguen a tener una política monetaria similar a la de otros países. Una banda cambiaria, por ejemplo, acota en parte la libertad de la política monetaria aunque no la elimina por completo. Con un tipo de cambio fijo, donde el banco central del país cambia la moneda a una paridad determinada con una moneda extranjera (o una

---

[5] El contenido de las secciones siguientes está basado en Levy Yeyati y Sturzenegger (1999).

canasta de monedas), el país pierde toda capacidad de tener una política monetaria propia y pasa a "importar" la del país con el cual ha fijado su tasa de cambio.

En tanto se preserve la moneda nacional, la elección de un tipo de cambio fijo no elimina la posibilidad de que la paridad cambiaria sea modificada en el futuro y la política monetaria diverja eventualmente de la del país con el que se había fijado el tipo de cambio. Algunos países sufren entonces un costo –reflejado, por ejemplo, en mayores tasas de interés–, asociado a la mayor o menor credibilidad que establezca la autoridad monetaria respecto de su compromiso de mantener la paridad cambiaria.[6]

Para evitar los costos de la falta de credibilidad asociada a la existencia de varias monedas, algunos países han concebido la posibilidad de establecer un área monetaria donde exista una moneda común a todos los socios, administrada por un banco central único. Aunque subsiste el riesgo de que un país decida retirarse de una política monetaria común, los costos, en términos de credibilidad, aumentan proporcionalmente al compromiso asumido por el país[7] y es relativamente aceptado que la unión monetaria impone cierta previsibilidad que no caracteriza a los regímenes más flexibles. Este punto es discutido, entre otros, por Krugman (1992), quien menciona como una parte esencial de los beneficios de tener una moneda única la ganancia en términos de credibilidad para aquellos países que por su historia tienen que convivir con mayores expectativas de devaluación. El beneficio proviene del hecho de que tener una moneda única implica un compromiso mayor a la estabilidad cambiaria que fijar las paridades, debido a que su grado de reversibilidad es menor. El beneficio existe, sin embargo, en tanto la política monetaria común tenga a su vez un alto grado de credibilidad. Inmediatamente surge la pregunta sobre cómo se sostiene o construye la credibilidad del banco central encargado de manejar la moneda común. Como sugiere Krugman (1998), en el caso de la UME esta credibilidad se ha logrado haciendo que el BCE se parezca lo más posible al Bundesbank alemán.

Una parte importante de nuestras conclusiones sobre el potencial de una moneda única para el Mercosur estará determinada por un análisis de la potencial mejora en términos de credibilidad y de la menor exposición a los flujos de capitales que una moneda única podría generar en la región. Se verá que justamente en este punto surgen los mayores interrogantes respecto de si el Mercosur podría beneficiarse de una unión monetaria de la misma manera en que lo ha he-

---

[6] La convertibilidad, implementada por la Argentina, fue una manera de fortalecer esa credibilidad, mediante el otorgamiento de una total independencia al banco central y la obligación del mismo de mantener una proporción significativa de la base monetaria respaldada con activos externos. Para una descripción de la experiencia argentina bajo el régimen de convertibilidad véase Sturzenegger (1998).

[7] Cohen (1993) estudia las experiencias de ruptura de áreas monetarias argumentando que se producen cuando colapsa la entidad política que las sostiene. Este resultado sugiere que los costos de retirarse de un área monetaria son elevados.

cho la Unión Europea. Por ejemplo, una vez que los países forman una unión monetaria, si los mecanismos de control del gasto no están bien definidos, algunos países podrían embarcarse en déficits más allá de los niveles óptimos debido a que estiman que la autoridad monetaria o el presupuesto común financiarán el déficit. Si todos los gobiernos actúan en forma no cooperativa, entonces arribarán a un resultado ineficiente con un nivel de gasto o inflación mayores al óptimo. En el Mercosur, donde este problema no ha sido resuelto siquiera en el orden doméstico, el establecimiento de pautas estrictas para el gasto nacional debería ser un aspecto esencial de la coordinación de políticas.[8]

La teoría tradicional de áreas monetarias óptimas (AMO) no hace hincapié en los costos en términos de credibilidad, sino en los beneficios y costos reales. Este enfoque, desarrollado durante la década del sesenta, reconoce entre sus precursores a Robert Mundell (1961), Ronald McKinnon (1963) y Peter Kenen (1969). La teoría de las AMO postula que la adopción de una moneda única depende básicamente de contrastar los beneficios de la reducción de costos de transacción y de la mayor estabilidad en los cambios, que justamente una moneda común permite obtener, con los costos de renunciar al tipo de cambio como herramienta de ajuste macroeconómico. Los diferentes autores ponen el acento en distintos factores para evaluar la capacidad de la economía en ajustar sin recurrir a la flexibilidad cambiaria. Para evaluar si un AMO es óptima, se enfatiza alternativamente la movilidad internacional de factores (Mundell), el grado de apertura económica (McKinnon) o el grado de diversificación de la producción de un país (Kenen).

Mundell plantea que dos países obtendrán mayores beneficios de fijar entre sí el tipo de cambio nominal o tener una moneda única cuanto mayor sea la movilidad de factores entre las economías, mayor sea la flexibilidad de sus precios o más simétricos sean los shocks que las afectan. Consideremos dos países A y B, y que el país A es afectado por un shock transitorio negativo que produce una baja en la demanda de los factores en A. Si los precios son flexibles, los insumos en A bajarán sus precios, con lo cual los bienes producidos en A serán más baratos y se exportarán más bienes desde A hacia B, evitando el desempleo de los recursos de A. Por otra parte, si los precios no son flexibles pero hay una gran movilidad de factores entre A y B, la baja en la demanda de factores en A producirá que estos factores se desplacen hacia B. Si los precios no son flexibles y la movilidad de factores es escasa, la única forma en que la economía A puede ajustarse ante el shock es por medio de su paridad cambiaria. Por lo tanto, cuanto menor es la movilidad de factores y la flexibilidad de precios, y cuanto más disímiles los shocks que recibe cada país, el costo de fijar la paridad cambiaria o de establecer una moneda común aumenta debido a que la flexibilidad del tipo de cambio se convierte en una herramienta esencial para el ajuste macroeconómico.

---

[8] Para una revisión de la bibliografía referida a la cuestión de cómo se generan estas situaciones subóptimas desde una perspectiva de *political-economy*, véase Sturzenegger y Tommasi (1998).

En la teoría de las AMO, el tipo de cambio actúa como mecanismo de ajuste ante la presencia de shocks asimétricos. Por ello, la teoría enfatiza que para poder resignar este instrumento es necesario contar con otros mecanismos de ajuste alternativos; uno de ellos es la política fiscal. La idea consiste en que las transferencias entre países pueden amortiguar el impacto de shocks regionales, actuando como una suerte de seguro para los países que integran la unión monetaria. Esto, no obstante, plantea la necesidad de crear instituciones supranacionales que posibiliten estas transferencias fiscales entre países.[9]

Pero la necesidad de coordinar las políticas fiscales va más allá de la necesidad de generar un sistema de transferencias entre los miembros de la unión. Como menciona Eichengreen (1990), con una moneda común la capacidad de los gobiernos de tener distintas políticas fiscales o de aumentar su nivel de endeudamiento se ve fuertemente condicionada por la movilidad factorial. Si los niveles impositivos difieren, se induce un movimiento de los factores productivos a las regiones con niveles impositivos menores. Por otro lado, si un gobierno opta por el endeudamiento, deberá eventualmente aumentar los impuestos (o disminuir el gasto) con el fin de repagar la deuda, lo que acarrea un desplazamiento anticipado de factores, que dificulta la obtención de esos recursos.

¿El Mercosur es un área monetaria óptima?

Comercio

El capítulo 1 estudió el nivel de integración comercial de la región estableciendo una comparación con los países europeos. La teoría de las AMO indica que cuanto mayor es la integración comercial, mayores son los beneficios de una reducción de los costos de transacción fruto de la eliminación de las monedas nacionales. El capítulo 1 mostró que en este plano el Mercosur exhibe niveles de integración menores a los de Europa. En tanto este represente un criterio válido, se requeriría tener mayores lazos comerciales antes de encarar el proyecto de una moneda común.

El mercado de trabajo

La teoría de las AMO menciona que la movilidad de los factores y, por ende, la integración de sus mercados es una característica fundamental que deben tener dos o más países si quieren formar una unión monetaria. En el caso del factor trabajo, la integración es importante porque si un shock desfavorable de produc-

---

[9] Dentro de un contexto nacional, el presupuesto federal es el instrumento que permite realizar transferencias interregionales a fin de suavizar shocks regionales.

tividad o de términos de intercambio afecta a alguno de los países generando una caída del producto y una disminución en el salario real, los trabajadores de este país se desplazarán hacia los otros países de la unión, deprimiendo los salarios allí y presionando a la recuperación del salario en el país afectado por el shock. Este proceso continuará hasta que los salarios se igualen y el mercado laboral se encuentre en equilibrio. De esta manera, la movilidad factorial permite ganancias en términos de eficiencia, dado que cada trabajador se emplea donde es más productivo, a la vez que permite suavizar el shock, distribuyéndolo entre todos los miembros de la unión.

El mercado de trabajo desempeña un papel fundamental en el éxito de una unión monetaria, ya que la flexibilidad salarial y la movilidad de la fuerza de trabajo facilitan el ajuste de los shocks regionales. Por ejemplo, la movilidad factorial ha sido menor en Europa que en los Estados Unidos, lo cual, combinado con mercados laborales más rígidos, ha conducido a diferencias sustanciales en las tasas de desempleo de los países europeos.[10] Aunque esto no fue suficiente para abortar el proceso de unión monetaria en Europa, una gran divergencia entre las tasas de desempleo impone fricciones en el proceso de integración.

El Mercosur aún se encuentra muy rezagado en el proceso de liberalizar los flujos laborales entre los países. En el Tratado de Asunción se estableció en el artículo 1 la libre circulación de los factores productivos y, por ende, del trabajo, pero esta disposición quedó relegada en el corto plazo después del Tratado de Ouro Preto. Por otra parte, se ha creado dentro del Grupo Mercado Común el Subgrupo de Trabajo Nº10, encargado de los asuntos laborales, el empleo y la seguridad social. Entre los puntos que debe discutir este grupo de trabajo, se encuentran el aseguramiento del cumplimiento de las normativas laborales en cada país (condiciones de trabajo) y la coordinación de los sistemas de seguridad social (con el fin de que se reconozcan los años de aporte en otro mercado laboral o que se pueda seguir aportando en el país de origen). La gran diferencia entre las normativas de los distintos países hace difícil pronosticar una mayor integración en el corto plazo.

¿Cuál es la factibilidad de alcanzar una mayor profundización de la integración de los mercados laborales? Las barreras a este proceso dependen de factores legales, culturales y lingüísticos. Dentro del Mercosur, las barreras culturales no son muy significativas, existe un origen político-cultural común a los países de la región, y hay similitud entre el idioma español y el portugués. Sin embargo, las restricciones legales parecerían ser difíciles de cambiar en el corto o incluso mediano plazo.

Asimismo, los países aceptarían la profundización en la integración de sus mercados laborales solo si no indujera a grandes flujos migratorios, en particular de los países pobres a los ricos. Los cuadros 2.8 y 2.9 muestran las diferencias en

---

[10] Véanse Bottle (1995) y Eichengreen (1992) quienes establecen que la movilidad dentro de los Estados Unidos es entre dos y tres veces mayor que la movilidad dentro de los países de Europa.

los niveles de ingresos, medida como el cociente entre el ingreso per cápita del país más rico y del más pobre de la región. Estas diferencias son mayores en el Mercosur que en la Unión Europea. Mientras que en Europa la razón entre los niveles de ingreso de Alemania y Portugal es de dos veces y media, el nivel de ingreso en la Argentina es ocho veces mayor al ingreso de Bolivia, y cuatro veces y media mayor que el del Paraguay. Estas diferencias representan claramente un obstáculo para la integración del mercado laboral, dado que no es de esperar que el país más rico acepte una apertura irrestricta de su mercado a los trabajadores de otros países. Las implicancias de los flujos laborales son distintas cuando dos mercados de trabajo con productividad y salarios relativamente similares se encuentran integrados. En este caso la migración permanecerá acotada y en su mayoría responderá a shocks regionales transitorios. Pero cuando están presentes grandes diferencias en los niveles de ingreso, la migración será permanente y en una única dirección; para algunas economías (en particular para la Argentina dentro del Mercosur) esto sería políticamente dificultoso.

CUADRO 2.8. *Desigualdad del ingreso (dólares per cápita)*

	1991	1992	1993	1994	1995	1996	1997
Argentina (a)	5.776	6.856	6.983	7.501	7.421	7.727	8.210
Bolivia (b)	794	818	810	826	906	975	1.021
Paraguay (c)	1.443	1.449	1.504	1.671	1.867	1.941	1.888
Desigualdad (a/b)	7,27	8,38	8,62	9,08	8,19	7,92	8,04
Desigualdad (a/c)	4,00	4,73	4,64	4,49	3,98	3,98	4,35
Alemania (d)	22.121	25.090	24.146	25.734	30.148	29.179	25.832
Portugal (e)	7.935	9.576	8.474	8.895	10.542	10.975	10.395
Desigualdad (d/e)	2,79	2,62	2,85	2,89	2,86	2,66	2,49

Fuente: FMI, *Estadísticas Financieras Internacionales.*

CUADRO 2.9. *Desigualdad del ingreso (dólares per cápita* PPP)

	1994	1995	1996	1997
Argentina (a)	8.720	8.310	9.530	9.950
Bolivia (b)	2.400	2.540	2.860	2.821
Paraguay (c)	3.550	3.650	3.480	3.870
Desigualdad (a/b)	3,63	3,27	3,33	3,53
Desigualdad (a/c)	2,46	2,28	2,74	2,57
Alemania (d)	19.480	20.070	21.110	21.300
Portugal (e)	11.970	12.670	13.450	13.380
Desigualdad (d/e)	1,63	1,58	1,57	1,59

Fuente: Banco Mundial.

Si los mercados laborales continúan segmentados, la flexibilidad salarial es el único mecanismo por el cual se puede lograr una convergencia en la tasa de desempleo entre los países. En el caso de la Argentina y el Brasil, la indexación salarial ha sido una respuesta natural a décadas de inflación extrema. Por ello, el grado de correlación entre el salario nominal y el nivel de precios fue extremadamente alto en ambos países. Aunque este hecho puede considerarse consistente con la percepción general de que los mercados laborales en América Latina han sido muy rígidos, esto no es así necesariamente. La figura 2.7 muestra la evolución del salario real y de desocupación para la Argentina desde principios de la década del noventa. Se puede observar que, durante el período de alta inflación, las rigideces del mercado laboral parecerían no haber sido operativas; los datos reflejan una alta volatilidad en los salarios reales junto con una baja tasa de desempleo. La alta inflación permitió que los salarios reales fueran flexibles, dado que una caída en el salario real solo requería que el salario nominal se incrementase a una tasa menor a la que lo hacían los precios. Esta hipótesis supone cierta rigidez nominal de salarios (al alza), la cual paradójicamente puede haber sido generada por la rigidez misma de las instituciones laborales.[11] La estabilización de la década del noventa condujo a una significativa disminución en la flexibilidad del salario real y, en forma poco sorpresiva, el desempleo se incrementó durante el período posterior a la estabilización.

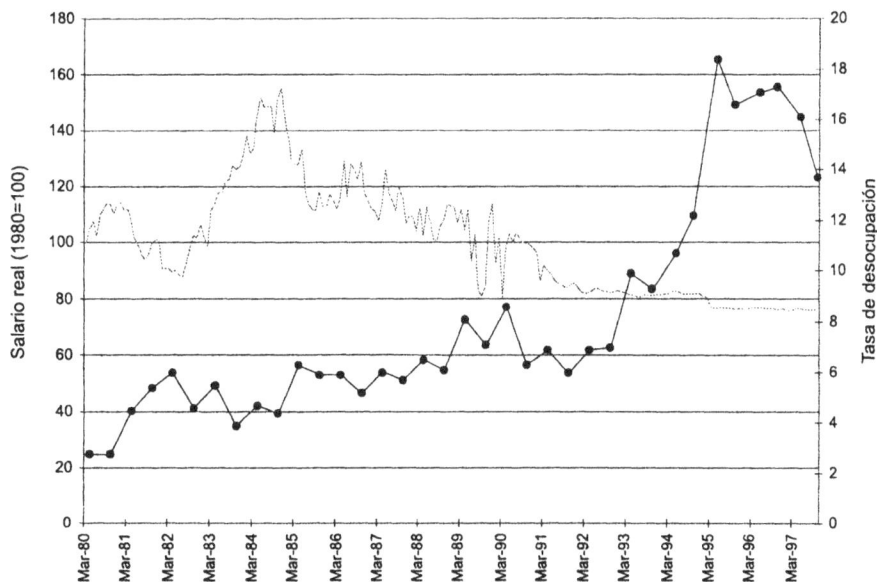

FIGURA 2.7. *Evolución de la desocupación y los salarios*

[11] Por ejemplo, en la mayoría de los países las leyes laborales no permiten reducciones en el salario nominal y requieren negociaciones sindicales para aprobar una suba.

En conclusión, si la movilidad factorial no se puede incrementar y los mercados laborales son rígidos, se debería esperar una gran divergencia en las tasas de desempleo en caso de establecer una moneda única.

El mercado de capitales

Acceso al mercado financiero internacional

Durante las décadas del sesenta y del setenta, la volatilidad en los flujos de capitales retrasó el proceso de integración europeo, debido a que los países intentaban evitar su exposición a estos flujos cerrando sus cuentas de capital. Sin embargo, una vez que fue inevitable operar en un contexto globalizado, la apertura de los mercados de capitales aceleró el proceso hacia una unión monetaria; se suponía que los ataques especulativos desaparecerían bajo una moneda única. Es decir, la liberalización del flujo de capitales actuó como un catalizador para el proyecto de unión monetaria en Europa. En el Mercosur, la volatilidad en los flujos de capitales es más importante aún que en el caso europeo. Durante los años noventa, el desvío estándar de la cuenta corriente para los países del Mercosur fue del 2% del PBI mientras que para los países europeos fue de solo el 0,34%.

¿Es posible extrapolar el argumento de que una mayor integración al mercado de capitales internacionales implica una mayor necesidad de integración monetaria? La figura 2.8 muestra los *spreads* de los bonos PAR de la Argentina y el Brasil sobre los bonos del Tesoro norteamericano. En la misma se demuestra que existe una fuerte correlación en la evolución de estos instrumentos, sugiriendo que los shocks tienden a originarse en factores que son externos a los dos países. Solo al final de 1998, y debido a la devaluación brasileña, los *spreads* entre la Argentina y el Brasil divergen. En este contexto está claro que la liberalización regional de la cuenta corriente sería irrelevante, dado que los flujos de capitales intrarregionales no son cuantitativamente importantes comparados con los flujos de capitales desde fuera de la región. El cuadro 2.10 muestra las participaciones de los flujos de capitales del sector bancario que el Mercosur recibe desde diversos centros financieros, sugiriendo claramente que la importancia de los flujos de capital intrarregionales solo puede ser marginal.

Si los flujos de capitales están fuertemente correlacionados para las economías del Mercosur y si se considera la unión monetaria como una moneda única independiente para los países del Mercosur, parecería no haber a *priori* motivo alguno para anticipar una caída considerable en la volatilidad de los flujos de capitales como resultado de la integración monetaria. Una moneda única en el Mercosur podría eliminar los ataques especulativos que se producirían debido a las expectativas de realineamientos de las paridades entre las monedas de los miembros. Pero, como se ha mencionado, los flujos intrarregionales son limitados y, por ende, solo los realineamientos entre las paridades de los socios con res-

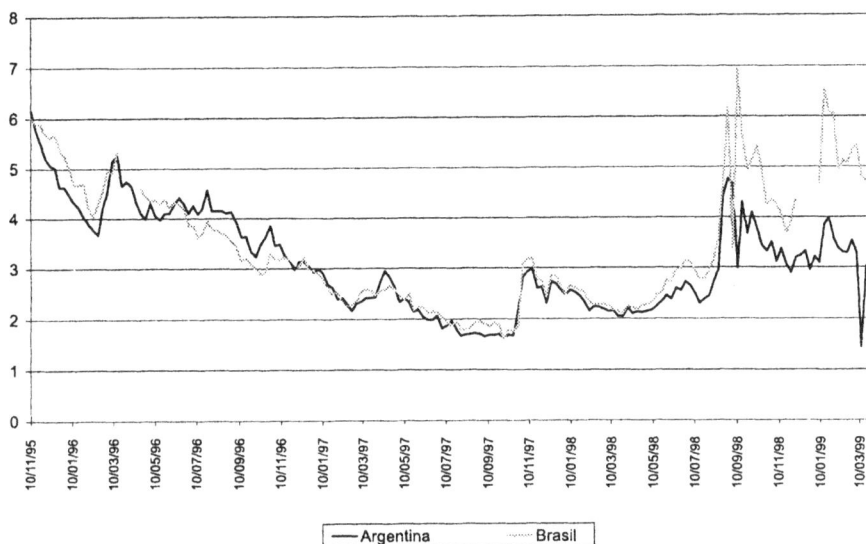

FIGURA 2.8. *Evolución de los* spreads *de la Argentina y el Brasil*
(cientos de puntos básicos)

CUADRO 2.10. *Flujos de capitales del sector bancario (en % del total)*

	I. Desde UE				II. Desde Estados Unidos, Canadá y Japón				Desde I+II			
	1994	1995	1996	1997	1994	1995	1996	1997	1994	1995	1996	1997
Argentina	55	52	52	64	36	36	37	26	91	89	89	90
Brasil	47	46	45	48	36	36	37	31	83	82	82	79
Paraguay	54	46	38	56	5	14	15	6	59	60	53	62
Uruguay	54	60	58	64	35	31	32	24	89	91	90	88
Bolivia	52	30	27	32	26	32	39	37	77	62	66	68
Chile	45	43	51	54	43	44	37	33	88	87	88	87
Promedio	49	48	48	54	33	33	33	28	82	81	81	82

Fuente: BIS.

pecto a monedas externas a la región pueden generar ataques especulativos importantes.[12] Por lo tanto, uno de los mayores beneficios y uno de los catalizadores más importantes de la unión monetaria en Europa estaría ausente en el caso del Mercosur.

---

[12] En la sección siguiente se analiza la alternativa de unión monetaria con los Estados Unidos. Si esa unión monetaria fuera implementada, la volatilidad de los flujos de capitales podría reducirse.

El sector bancario

Las instituciones encargadas de realizar los movimientos de capitales son diversas: bancos, administradoras de fondos de jubilación y pensión, fondos comunes de inversión, etc. En los países del Mercosur, el escaso desarrollo que tuvo en el pasado el mercado de capitales ha generado que la mayor parte de la intermediación financiera fuese realizada a través del sector bancario, por lo cual cualquier análisis de integración financiera se debe concentrar en este. El cuadro 2.11 muestra que tanto en la Argentina como en el Brasil los bancos tienen una participación muy alta en la intermediación financiera.[13] Al mismo tiempo, la participación de los depósitos como porcentaje del PBI, dato presentado también en el cuadro 2.11, muestra que el sector financiero es aún relativamente pequeño, por lo que no debería leerse el resultado como un exceso de bancarización.

En el caso europeo, los mercados financieros en el momento de lanzamiento del euro permanecían relativamente segmentados (McCauley y White, 1997; Prati y Schinasi, 1997). El proceso de integración ha conducido a cierta convergencia en los *spreads* bancarios y a una activa consolidación de la industria bancaria. McCauley y White muestran que el número de instituciones ha caído el 35% en Alemania y el 43% en Francia desde 1980 y que esa tendencia ha sido persistente en el tiempo (y similar a la observada en otros países de Europa). El euro es percibido como una manera de aumentar la competencia en la industria.

CUADRO 2.11. *Sector financiero*

	Depósitos/PBI	Participación de los bancos en la intermediación financiera
Argentina	20%	98%
Brasil	29%	97%
Chile	40%	62%
Finlandia	49%	59%
Francia	68%	73%
Alemania	59%	77%
Italia	46%	81%
Holanda	80%	52%
España	65%	78%
Reino Unido	103%	56%
Estados Unidos	42%	23%
Japón	103%	79%

Fuente: BIS; FMI, *Estadísticas Financieras Internacionales*; Prati y Schinasi, 1997.

[13] En esta comparación, los Estados Unidos son claramente un *outlier* debido a las restricciones regulatorias que en ese país limitan la actividad de los bancos comerciales.

Este incremento en la competencia tuvo lugar por medio de un proceso de fusiones y adquisiciones que condujeron a la internacionalización del sector financiero en los países europeos.

En el Mercosur, el proceso se ha dado de modo diferente. La internacionalización de la banca se produce como consecuencia de la apertura de los mercados de capitales y está asociada a las fuertes entradas de capitales que requieren instituciones financieras de confianza para canalizarlo en los países receptores. En algunos casos, como en la Argentina, la convertibilidad ha acelerado el proceso de internacionalización de la banca, en la medida en que, limitado el papel del banco central como prestamista de última instancia, los bancos locales no pueden ofrecer el mismo respaldo financiero que instituciones internacionales de mayor envergadura. Los depósitos en los bancos internacionales, que eran de alrededor del 20% del total en 1995 en la Argentina, alcanzaron en 1997 una participación del 37%.

En ambos casos, el incremento de la competencia interna y externa condujo a menores *spreads* y generó una caída en los beneficios de los bancos. Pero, en lugar de mejorar la eficiencia, como ocurrió en los Estados Unidos, la industria bancaria en Europa y en América Latina respondió reduciendo el número de participantes en el mercado por medio de un rápido proceso de consolidación e internacionalización.[14]

Sin embargo, en forma distinta de lo ocurrido en el caso europeo, la internacionalización de los intermediarios financieros en América Latina ha tenido la característica de una integración no entre bancos de la región sino con instituciones extrarregionales.[15] Los bancos locales no tenían ni la escala ni el respaldo oficial implícito (por medio de un banco central que actuara como prestamista de última instancia) para convertirse en un gran competidor en este mercado globalizado. Por lo tanto, mientras que la integración monetaria en Europa ha sido bien recibida como una instancia a través de la cual las nuevas instituciones financieras europeas podrían competir en forma directa con los grandes jugadores de los Estados Unidos y el Japón, no es de esperar el mismo resultado de una mayor integración financiera entre los miembros del Mercosur.

Una integración monetaria en el Mercosur sería una fuente de mayor vulnerabilidad financiera si no se implementa después de establecer una serie de reglas que gobiernen la actividad financiera dentro de la unión. Las razones que subyacen a la necesidad de armonizar las regulaciones financieras en un contexto de movilidad de capital irrestricta no son diferentes de las de cualquier otra

---

[14] Véase Brock y Rojas Suárez, 1998. La relación entre la competencia creciente, los menores márgenes de intermediación y la concentración se trata en Levy Yeyati y Cordella (1998) y Schargrodsky y Sturzenegger (1998).

[15] De hecho, a pesar de que existe una mínima inserción de los sectores bancarios de la Argentina y el Brasil en su socio, gran parte de los bancos locales en estos países han sido adquiridos por instituciones de los países de la OCDE.

industria. Si la regulación o el nivel impositivo son menores en alguno de los países asociados, los bancos desplazarán operaciones a este país (de forma similar a lo que pasa con la banca *offshore*) para beneficiarse de los menores costos. Eventualmente, esto puede conducir a una competencia regulatoria ineficiente semejante a la que actualmente se presenta en el área de los beneficios impositivos para la radicación de empresas, con el agravante de que la calidad misma de las instituciones puede verse perjudicada.

Un problema aún más serio es el riesgo moral que se puede provocar si la regulación no es homogeneizada entre los países. Por ejemplo, si el seguro de depósitos difiere entre los países, surge un problema de riesgo moral si el sector financiero más frágil (el que posee una regulación prudencial más laxa) intenta beneficiarse del papel de prestamista de última instancia que eventualmente tendría un banco central único, a costa de los países con reglas más exigentes. Si la regulación prudencial se mantiene descentralizada, su calidad puede deteriorarse y esto puede ser usado como una forma de apropiarse de los recursos de otros países. En la medida en que una unión monetaria estimule el desarrollo de actividades intrarregionales, lo mismo puede decirse de la supervisión prudencial, dado que, como menciona Kane (1998), los supervisores tienden a ser más permisivos en la evaluación de las carteras de subsidiarias externas de bancos locales que con las actividades en el país de origen.[16]

El cuadro 2.12 muestra que la política financiera en los países de la región es sumamente disímil en la actualidad. El cuadro presenta algunos indicadores de regulación prudencial (requerimientos de capitales mínimos, ratios de deu-

CUADRO 2.12. *Costos y regulaciones del sector financiero*

	Regulación prudencial				
	Requisitos de capital legales*	Requisitos de capital efectivos*	Provisión por incobrables**	Incobrables efectivos**	Cobertura
Argentina	12	18,5	10,2	10,5	0,97
Brasil	8	12,9	1,6	5,9	0,27
Chile	8	10,7	3,5	1,0	3,50
Estados Unidos	8	12,8	2,7	1,6	1,69
Japón	8	9,1	1,0	3,3	0,30

* Como % del total de activos.
** Como % del total de préstamos.
Fuente: BIS.

[16] La UME no está inmune a estos problemas de organización, dado que la supervisión financiera ha sido dejada en manos de los organismos de regulación nacional de los países de origen de las respectivas instituciones.

da sobre capital y cobertura de reservas sobre los préstamos riesgosos) y sugiere la existencia de una gran necesidad de homogeneizar las prácticas regulatorias antes de alcanzar las condiciones para el establecimiento de un banco central único.

En síntesis, las ganancias limitadas de largo plazo que se podrían obtener por la consolidación de los bancos regionales como resultado de la integración monetaria parecerían ser superadas por los peligros asociados a la posibilidad de competencia regulatoria y a la existencia de regulaciones heterogéneas.

Simetría de los shocks

Mundell y otros autores han planteado que un determinante principal de los costos que tiene un área monetaria común es la simetría de los shocks que afectan a las economías asociadas. Si los shocks son simétricos, no es necesario cambiar los precios relativos entre las economías y la unión monetaria es más atractiva.

Licandro Ferrando (capítulo 5) analizó las similitudes de los shocks dentro del Mercosur comparándolos con los shocks que afectan a Europa y al NAFTA, y encontró que los shocks en el Mercosur eran menos simétricos que los que afectan a los otros dos bloques comerciales.

Si se consideran además los resultados presentados por Bayoumi y Eichengreen (1994) y Kenen (1995) (cuadro 2.13), es posible observar que el tamaño

CUADRO 2.13. *Desvío estándar de los shocks de oferta*

	Bayoumi y Einchengreen (1994)	Kenen (1995)
Argentina	0,0492	0,0638
Brasil	0,0202	0,0211
Uruguay	0,0615	0,0642
Promedio	0,0436	0,0497
Alemania	0,0016	0,0013
Austria	0,0047	0,0043
Dinamarca	0,0048	0,0040
España	0,0006	0,0003
Francia	0,0012	0,0011
Finlandia	0,0116	0,0109
Holanda	0,0058	0,0051
Italia	0,0013	0,0013
Suecia	0,0359	0,0265
Reino Unido	0,0042	0,0037
Promedio	0,0072	0,0059

Fuente: citado en Licandro Ferrando (véase el capítulo 5 de este volumen).

de los shocks para los países del Mercosur es mayor que los shocks que afectan a los países de la UME, lo que permite concluir que los países del Mercosur pueden enfrentar fricciones importantes al establecer una unión monetaria.

A pesar de lo disímiles que son los shocks dentro del Mercosur, la evidencia indica que han tendido a ser más simétricos a medida que el proceso de integración se concretaba. Por ejemplo, Licandro Ferrando (capítulo 5) analizó los subperíodos 1975-1989 y 1990-1997 y encontró que la integración dentro del Mercosur ha generado un incremento en el coeficiente de correlación entre los shocks del producto de la Argentina y del Brasil. Similar resultado se encuentra en Carrera, Féliz y Panigo (1998b), aunque se remarca allí que los shocks domésticos continúan siendo la principal fuente de fluctuaciones y explican casi el 80% de la variabilidad del producto.

Política fiscal

Convergencia fiscal

Un grupo de economías plenamente integradas no solamente debe coordinar sus políticas comerciales y monetarias sino que también requiere la coordinación de políticas fiscales, por las razones mencionadas en la sección anterior. Allí vimos que la restricción que impone una política monetaria común implica la necesidad de políticas fiscales similares (igual impuesto inflacionario y, eventualmente, estructuras impositivas similares, para evitar el movimiento de factores). Por otra parte, también se discutió que una vez que los países forman una unión monetaria aumenta el incentivo por parte de los países a embarcarse en déficits más allá de los niveles óptimos debido a que los gobiernos estiman que la autoridad monetaria o el resto de los socios eventualmente financiarán el déficit. Este resultado no es ajeno al Mercosur, ya que los países individualmente han lidiado con este problema en el ámbito nacional. El problema del federalismo fiscal es tan significativo que la Argentina no ha logrado establecer un sistema definitivo a pesar de que la Constitución de 1994 daba plazo hasta fines de 1997 para hacerlo. En el caso brasileño, el problema es aún mayor: los estados llegaron, incluso, a declarar moratorias unilaterales en sus compromisos con el gobierno central.[17]

Tan importante es este punto en el marco de una unión monetaria que el Tratado de Maastricht se concentraba básicamente en aspectos fiscales. El Tratado fijó como límite máximo un déficit fiscal del 3% del PBI, y tal vez su mayor éxito fue que los países cumplieran con este objetivo.

Si se compara esto con la evolución de las políticas fiscales en el Mercosur durante la década del noventa, se observa que, con excepción del Brasil, los

---

[17] De particular resonancia fue el *default* anunciado por el gobernador de Minas Gerais, Itamar Franco, que precipitó la caída del Plan Real a principios de 1999.

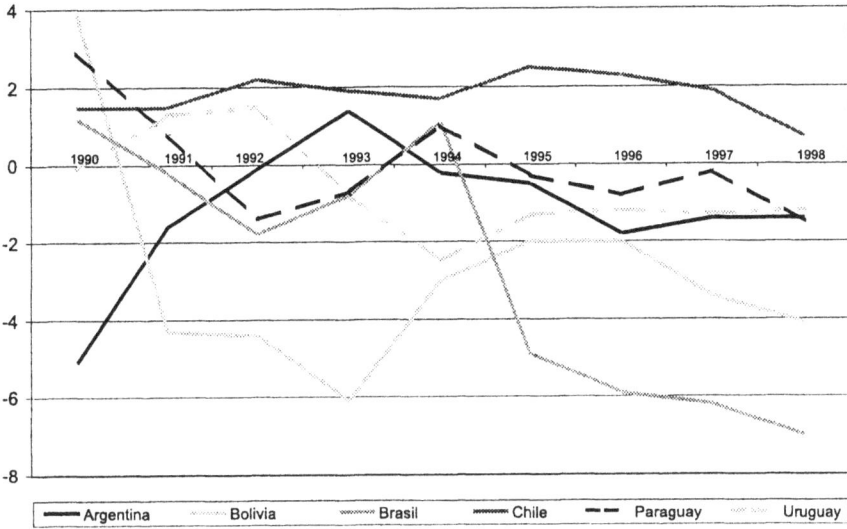

FIGURA 2.9. *Dinámica fiscal en el Mercosur.*
Resultado fiscal como porcentaje del PBI

miembros del Mercosur cumplían los requerimientos fiscales que impone el Tratado de Maastricht (véase la figura 2.9). Sin embargo, esto en parte era la imposición del mercado de capitales renuentes a financiar déficits sustanciales.[18] Asimismo, la estimación del déficit fiscal para el Brasil en 1998 y 1999 indica que la solvencia fiscal está lejos de poder ser garantizada en la región.

Esta disparidad en los resultados fiscales impone un desafío importante a la implementación de algún tratado "a-la-Maastricht", y a su vez lo convierte en un requisito esencial antes de efectuar cualquier tipo de coordinación monetaria.

Transferencias interjurisdiccionales

Al tiempo que una unión monetaria impone ciertas restricciones sobre el financiamiento del sector público, también debe garantizar mecanismos para transferir recursos entre jurisdicciones. En una unión monetaria, las transferencias fiscales son importantes porque pueden amortiguar los efectos que generan los shocks temporarios adversos que afectan a las regiones de la unión.

La importancia de las transferencias se ha reflejado en la experiencia de los Estados Unidos. Bottle (1995) las menciona entre las tres ventajas esenciales que beneficiaron a ese país en el propósito de formar una unión monetaria exi-

---

[18] Esta restricción del mercado de capitales se reflejó en altas tasas de interés, sustancialmente mayores a las determinadas en las cuatro condiciones del Tratado de Maastricht.

tosa. Sachs y Sala-i-Martin (1990) encontraron que, en los Estados Unidos, un descenso de un dólar en el ingreso de una de las regiones producía una reducción de 33 a 37 centavos en el pago de impuestos federales de esa región y aumentaba de 1 a 8 centavos los ingresos que recibía la región afectada en concepto de transferencias. Es decir, las transferencias interestaduales, canalizadas a través del presupuesto federal, permiten en promedio disminuir en más de un tercio las pérdidas en el ingreso que sufren los estados cuando se enfrentan con shocks temporarios negativos.

En el plano fiscal, el Mercosur carece de un esquema de coordinación de políticas y de entidades supranacionales que permitan transferir recursos entre los Estados. Aunque el Tratado de Ouro Preto creó una serie de entidades supranacionales dentro del ámbito del Mercosur, ninguna de ellas tiene entre sus funciones la coordinación de las políticas fiscales entre los Estados miembro y mucho menos la conformación de un presupuesto común. De hecho, hay una carencia total de proyectos con financiamiento común (como fue la Política Agropecuaria Común en el caso europeo), aun en áreas como la de infraestructura donde ciertamente existen proyectos con un interés que abarca a todos los países de la región.

La divergencia en el producto por habitante descrita en los cuadros 2.8 y 2.9 podría inducir presión por generar redistribuciones entre economías ricas y economías pobres. Estas desigualdades, sumadas a la escasa movilidad factorial, ejercerían gran presión sobre la política fiscal para compensar a las regiones más rezagadas, haciendo más difícil el acuerdo sobre un presupuesto común.[19]

La ganancia de credibilidad y alternativas de coordinación monetaria

Como se mencionó anteriormente, uno de los beneficios del proceso de integración monetaria en Europa fue la credibilidad que los países ganaron debido a la fijación de sus paridades cambiarias con respecto al marco alemán. Esto requirió la convergencia de los déficits fiscales y de los niveles de inflación a los niveles alemanes, dado que este era el país que implícitamente actuaba como garante de la disciplina monetaria y fiscal. El euro puede ser considerado como la continuación natural del proceso de coordinación.[20]

[19] Para un análisis de la relación entre la política fiscal y los problemas regionales en Europa véase Carrera (1995).

[20] Una cuestión interesante es evaluar las ganancias de la integración monetaria para los países que proveen la garantía de credibilidad. En el caso europeo, Alemania ganó la estabilidad de los tipos de cambio con respecto a sus socios europeos y una menor volatilidad en los flujos de capitales dentro de la región (y por ende menores intervenciones). Estos factores se apoyan en cierta medida en los beneficios "mundellianos" de una unión monetaria. De esta manera, mientras que el factor de credibilidad puede ser esencial para los países que necesitan mejorar su credibilidad, es necesario apoyarse en ganancias reales para justificar la participación del país que actúa

Para evaluar el posible impacto de la unión monetaria en términos de credibilidad, es esencial especificar el contexto institucional que define el acuerdo. Una alternativa es una moneda única con una política monetaria independiente (y, por ende, con un tipo de cambio flotante) para los miembros de la unión en su conjunto. Para el Mercosur, sin embargo, este esquema tiene un inconveniente: ninguno de los países miembro tiene una tradición monetaria de estabilidad o posee las reservas suficientes como para proveer el respaldo necesario a los otros países (ninguno de los miembros puede cumplir el papel desempeñado por Alemania en la integración monetaria europea). El único país que tiene el tamaño necesario para respaldar al resto es el Brasil, pero es precisamente el más inestable y el que menos intenciones tiene de comprometer su soberanía monetaria. Por ello, una unión monetaria entre la Argentina y el Brasil generaría beneficios limitados en términos de credibilidad (sería comparable, en cierta medida, con una unión monetaria entre España, Italia y Portugal). La única ganancia en términos de credibilidad de un acuerdo como este sería la existencia de una suerte de *peer-control* que permitiera implementar reformas que no son factibles en cada país individual pero que sí lo son como parte de un marco global, que imponga castigos a los países que se desvíen de los acuerdos pactados.[21]

También es difícil creer que los países del Mercosur puedan acordar una política monetaria común, dado que han seguido políticas muy disímiles en el pasado reciente. Por ejemplo, mientras que la Argentina posee una caja de conversión, el Brasil tuvo una flotación de su moneda con ciertas intervenciones frecuentes y pasó a un régimen de flotación, Chile tuvo una banda de flotación atada a una canasta de monedas (dólar, marco y yen) y también pasó a un régimen de flotación y Bolivia tiene un *crawling peg* respecto del dólar. Estas diferencias en las fijaciones de las paridades cambiarias revelan preferencias distintas en el objetivo de sus políticas monetarias, las cuales deben ser conciliadas en forma previa a intentar alcanzar una moneda única.

Mientras que la experiencia de la UME puede ser caracterizada como el establecimiento de una moneda única independiente, creemos que también puede ser pensada como un modelo de país líder estable rodeado de varios países que adoptan su moneda como referencia.[22] Esto, trasladado al caso del Mercosur, su-

---

como ancla nominal. Además es posible que Alemania encontrase conveniente apoyar la construcción de las instituciones que podrían proveer en forma explícita un mecanismo de salvataje dentro de la región, mientras que de otro modo el costo de la intervención implícitamente hubiera recaído en el Bundesbank. Finalmente, Frieden (1998) sugiere la hipótesis de las "políticas relacionadas" donde Alemania apoya el proceso de la UME como parte de un pacto más amplio en el cual el resto de Europa apoyaría sus iniciativas de políticas externas en la Europa del Este.

[21] El Mercosur ha sido efectivo en generar este tipo de consenso para las políticas comerciales.

[22] En el ejemplo europeo el marco alemán no fue adoptado por razones de equilibrio institucional, pero la política monetaria del euro fue construida con la idea de emular el comportamiento del Bundesbank.

giere la idea de que una unión monetaria debería incluir un país como los Estados Unidos, capaz de garantizar efectivamente la estabilidad de la región.

Además, se debe considerar que Ize y Levy Yeyati (1998) muestran que los países que poseen poca volatilidad de su tipo de cambio real *vis-á-vis* el dólar tienden a poseer un significativo grado de dolarización financiera; Argentina, Bolivia y Uruguay son claros ejemplos. En la medida en que la dolarización incrementó los costos de una devaluación, la fijación de su moneda con respecto al dólar implicaría la pérdida de una herramienta (el tipo de cambio) de escasa utilidad práctica.[23]

En la actualidad, la posibilidad de concretar un bloque monetario entre los Estados Unidos y América Latina parece poco probable. Como el tamaño relativo de las dos áreas es tan disímil, es difícil imaginar algún tipo de condicionamiento sobre la política monetaria de los Estados Unidos en pos de reducir la incertidumbre de sus paridades cambiarias con los países latinoamericanos. Este no es el caso en la integración europea, dado que Alemania comercia en forma importante con el resto de los países de Europa y su importancia es baja si se la compara con el agregado de los otros miembros. Ninguna de estas características está presente en el caso americano, ni siquiera cuando se considera una zona de integración monetaria con el dólar como moneda de referencia para toda América. Mientras que la participación del PBI de Alemania dentro del total del PBI de la Unión Europea era aproximadamente un tercio en 1997, la participación del PBI de los Estados Unidos en una eventual asociación con los países del Mercosur rondaría el 90%. Mientras para Alemania era importante reducir la volatilidad de los tipos de cambios respecto de sus socios, la relación costo-beneficio para los Estados Unidos no es tan favorable.

Una alternativa natural sería la adopción unilateral del dólar como moneda de curso legal.[24] Esta alternativa tiene la desventaja de que, por un lado, implica un costo en términos de señoriaje y que, por el otro, debilitaría la habilidad de los bancos centrales locales de actuar como prestamistas de última instancia, incrementando el riesgo del sector financiero doméstico y potenciando la volatilidad de los flujos de capitales a la región. La ventaja vendría por el lado de reducciones en los *spreads* de los países, debido a la menor volatilidad en el flujo de capitales que se esperaría como resultado de la desaparición del riesgo cambiario.[25]

[23] Otros países latinoamericanos (por ejemplo Perú o Ecuador) se encuentran en la misma situación.

[24] Véase Dornbusch *et al.* (1990) para una sugerencia temprana de esta alternativa.

[25] Nótese que las ganancias de bienestar surgen solo si el *spread* sobre los instrumentos denominados en dólares decrece. Obviamente el *spread* de la moneda local desaparecería con este instrumento pero esto incrementaría el costo en términos de bienestar dado que se reduciría el número de instrumentos disponibles (Neumeyer, 1998). En este sentido, una alternativa intermedia como la convertibilidad presenta la ventaja de dejar ambos activos disponibles para cubrir diversos riesgos.

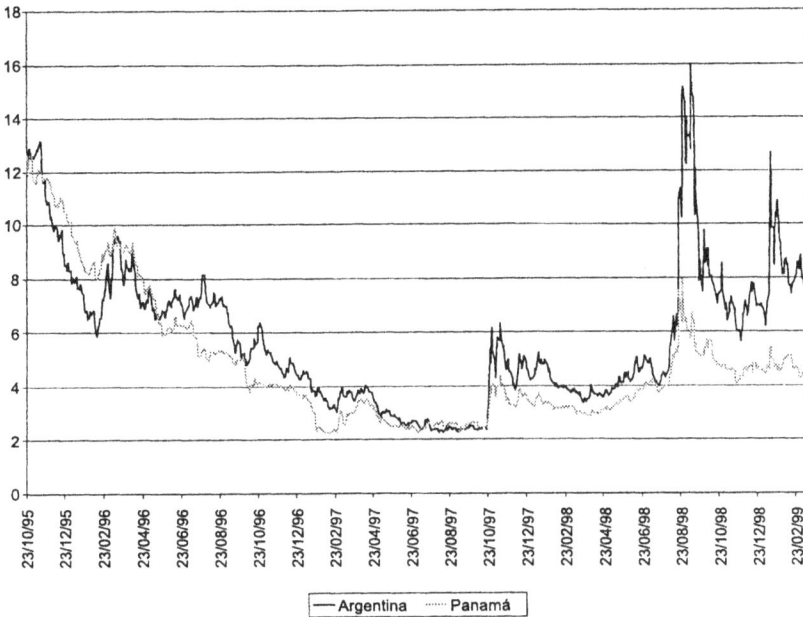

FIGURA 2.10. *Evolución de los* spreads *de la Argentina y Panamá*
(cientos de puntos básicos)

Una forma lógica de observar el efecto de la dolarización en la volatilidad es comparar el comportamiento en los instrumentos de deuda soberana de Panamá con los de otros países. La figura 2.10 muestra los *spreads* para los bonos FRB de la Argentina y PDI de Panamá.[26] Mientras que Panamá parecería haber sufrido en menor cuantía los efectos de la última crisis, es claro que no por estar dolarizados desaparece la volatilidad en su cotización. Frankel (1999) estimó la respuesta de las tasas de interés domésticas ante cambios en la tasa de interés de los Estados Unidos y observó que la respuesta de la tasa de la Argentina era más del doble que la respuesta de la tasa de Panamá, lo que otorga cierta evidencia de que la dolarización reduce la sensibilidad a los flujos de capitales. El cuadro 2.14 replica este ejercicio para los bonos PAR de la Argentina y Panamá y muestra que, durante el período 1995-1999, un incremento en el rendimiento de los bonos del Tesoro norteamericano produce una respuesta más pronunciada en la tasa de interés de la Argentina.[27]

---

[26] Ambos son bonos a tasas flotantes con similares características. Sin embargo la madurez del FRB (31/3/2005) es sustancialmente menor a la del PDI (17/07/2016). La calificación de los bonos panameños es mejor y esto se observa en los menores *spreads*. Sin embargo nuestro argumento está relacionado con la volatilidad y no con el nivel de los *spreads*.

[27] Resultados similares fueron obtenidos tomando el FRB y el PDI. Elegimos el PAR porque los bonos de tasa flotante incorporan automáticamente los incrementos en la tasa de interés internacional.

CUADRO 2.14. *Respuesta de la tasa de interés doméstica ante un cambio en el rendimiento de los bonos del Tesoro*

Argentina (tir bono PAR)	Coeficiente	Error estándar	Estadístico t	Prob.
Bono del Tesoro (USA)	1,34	0,06	19,60	0,00
Constante	1,33	0,44	3,01	0,00
Panamá (tir bono PAR)	Coeficiente	Error estándar	Estadístico t	Prob.
Bono del Tesoro (USA)	0,73	0,06	10,66	0,00
Constante	4,13	0,42	9,71	0,00

Fuente: estimación propia basada en datos provistos por Reuters.

Sin embargo, no hay razones para suponer que los *spreads* de los países deban necesariamente subir o bajar como resultado de la eliminación de la moneda local. Por un lado, se podría argumentar que la eliminación de los flujos especulativos puede reducir el riesgo país al eliminar el riesgo de tener que mantener altas tasas de interés en defensa de la moneda. Para un gobierno o un sistema financiero con descalce de moneda la dolarización podría reducir el riesgo local, de la misma manera que la eliminación de los flujos especulativos lo hizo en Europa. Este beneficio puede ser importante en un contexto de alta inestabilidad de los mercados financieros internacionales y de contagio. Sin embargo, también se puede argumentar que si el tipo de cambio flexible ofrece a los gobiernos la opción de reducir el peso de la deuda mediante la licuación inflacionaria y devaluatoria, la pérdida de esa opción debería incrementar en lugar de reducir el riesgo soberano. Por esto, la dolarización por sí misma no da la seguridad de ganancias significativas en términos de un menor costo de endeudamiento.[28]

Un tema crítico para evaluar los beneficios de la dolarización es realizar una correcta estimación de los costos en términos de señoriaje. El costo en términos de señoriaje viene de dos fuentes. En primer lugar, surge de la necesidad de comprar el stock inicial de moneda extranjera para usar como circulante. Por otra parte, existe un costo anual asociado a la compra de los incrementos en el stock de dinero que los individuos demandan. Estos incrementos son consecuencia de la inflación de los Estados Unidos y del crecimiento del PBI en el orden doméstico. Formalmente, este último componente del señoriaje se puede expresar como:

---

[28] Un segundo argumento apunta a un aspecto más práctico asociado con la simultánea dolarización de los países con un monto sustancial de deuda emitida en moneda doméstica. La repentina conversión de un stock importante de deuda emitida en moneda doméstica estaría restringida por la demanda de deuda en dólares de países emergentes con lo cual posiblemente aumentarían los *spreads* de los retornos.

(1) $s = \dfrac{\Delta M}{P \cdot y}$

Donde s representa el señoriaje como porcentaje del PBI, M es el stock nominal de dinero, P es el nivel de precios (el cual se considera que crece a la tasa de inflación de los Estados Unidos) e y es el producto real. Si el producto crece a una tasa constante g y la inflación de los Estados Unidos es constante a la tasa π se puede demostrar que s es igual a:

(2) $s = \dfrac{m_t}{y_t} - \dfrac{m_{t-1}}{y_{t-1}} \cdot \dfrac{1}{(1 + \pi)(1 + g)}$

Para obtener el costo total de señoriaje se debe sumar al costo de la ecuación (2) el costo de comprar el stock inicial de circulante. Para los países del Mercosur, el cuadro 2.15 muestra que las tenencias de circulante son cercanas al 4% del PBI.[29] Por ejemplo, si se considera para el caso de la Argentina que la razón entre circu-

CUADRO 2.15. *Circulante como porcentaje del* PBI

	1991	1992	1993	1994	1995	1996	1997
Argentina	2,9	3,4	4,3	4,4	4,3	4,3	4,6
Brasil	2,2	2,3	2,4	2,5	1,9	2,0	2,1
Paraguay	4,6	5,5	5,3	5,4	5,4	4,9	5,4
Uruguay	4,2	4,0	4,2	3,8	3,8	3,5	3,4
Mercosur	3,5	3,8	4,1	4,0	3,9	3,6	3,9
Bolivia	3,9	4,0	4,2	5,1	5,3	4,8	4,9
Chile	3,0	3,2	3,2	3,1	3,0	3,0	3,1
Mercosur ampliado	3,5	3,7	3,8	4,1	4,0	3,8	4,0
Austria	6,9	6,9	7,0	7,1	7,1	7,2	7,1
Bélgica	6,5	6,2	6,2	5,5	5,7	5,9	5,8
Finlandia	2,9	3,0	3,0	2,7	2,8	2,9	2,8
Francia	3,8	3,7	3,6	3,5	3,4	3,3	3,2
Alemania	6,0	6,5	6,7	6,8	6,9	7,0	6,8
Holanda	6,8	6,5	6,5	6,3	6,0	5,8	5,5
Irlanda	5,3	5,1	5,2	5,2	5,1	5,1	5,1
Italia	5,3	5,7	5,8	5,9	5,5	5,3	5,5
Portugal	6,2	5,7	5,6	5,5	5,4	5,3	4,3
España	10,2	10,2	10,7	11,1	10,8	10,8	10,8
UME	6,0	6,0	6,0	6,0	5,9	5,9	5,7
México	3,4	3,4	3,5	3,7	3,3	3,0	3,0
Estados Unidos	4,7	4,8	5,0	5,2	5,3	5,3	5,4

Fuente: FMI, *Estadísticas Financieras Internacionales*.

[29] Este es el costo de adquirir el stock inicial de dinero mencionado por Fischer (1982).

CUADRO 2.16. *Costo de señoriaje anual (como % del PBI)*

Crecimiento \ Inflación	0%	3%	5%
0%	0,00%	0,10%	0,17%
1%	0,04%	0,14%	0,21%
3%	0,10%	0,21%	0,27%
5%	0,17%	0,27%	0,33%

lante y PBI permanece constante en su valor de 1992 (3,4%), el cuadro 2.16 muestra los costos anuales de señoriaje.

Sin embargo, el cuadro 2.15 también muestra que las tenencias de circulante en el Mercosur son sustancialmente menores a los niveles de Europa y los Estados Unidos. En este último, por ejemplo, la razón entre circulante y PBI es igual al 5,4%. Por lo tanto, las economías deberán adquirir los incrementos en la demanda de dinero a medida que la razón de circulante sobre el PBI se vaya asimilando a la de los Estados Unidos después de concretada la dolarización. La figura 2.11 muestra los costos de señoriaje como porcentajes del PBI a lo largo del tiempo, considerando una convergencia gradual de las tenencias de dinero a los niveles de los Estados Unidos. Se plantean tres hipótesis para la suma de crecimiento (g) más inflación (π): 0; 5 y 10%.

Se puede mostrar que, con estos mayores niveles de circulante, los costos son mayores en estado estacionario e incluso más durante la transición. En el peor escenario de gran crecimiento del producto y alta inflación en los Estados Unidos, los costos pueden alcanzar al 0,5% del PBI por año.

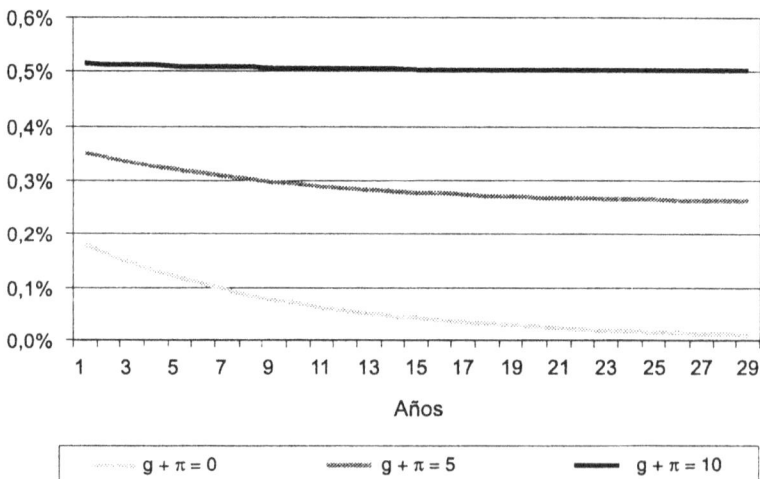

FIGURA 2.11. *Costo de señoriaje anual (% del PBI)*

Un condicionante significativo surge en torno de la provisión inicial de dólares. Para los países que hoy no tienen respaldo para el circulante sería difícil obtener los recursos para la dolarización, ya que no es factible que puedan adquirir con el superávit de la cuenta corriente este circulante en el corto plazo. Una posibilidad sería negociar con la Reserva Federal de los Estados Unidos una devolución parcial de su recaudación por señoriaje. Para los Estados Unidos, el acuerdo es conveniente en tanto puede apropiarse al menos una parte del mismo. Sin embargo, la Reserva Federal enfrenta un problema de inconsistencia temporal. Si provee el dinero en forma gratuita, los gobiernos locales estarán tentados a restablecer su moneda doméstica, imponiendo de esta manera un costo de señoriaje sobre los Estados Unidos. Una forma de solucionar este problema sería que el país le entregase a la Reserva Federal instrumentos de deuda en valor equivalente al de las transferencias de efectivo y que estos bonos pudieran liquidarse en el caso de que el país no cumpliera su promesa de usar al dólar como moneda de curso legal. Si los países emiten nuevos instrumentos de deuda con el único propósito de usarlos como garantía de este acuerdo, el valor de su compromiso será limitado. Si el país piensa romper su acuerdo de usar el dólar como moneda de curso legal, seguramente también incumplirá su obligación con la Reserva Federal, dado que este no pago tendrá un escaso impacto en los rendimientos de los otros instrumentos de deuda.[30] Si, para enfrentar este problema, la Reserva Federal requiere un bono idéntico al resto de los instrumentos transados en el mercado, estos últimos se verían afectados y la posibilidad de que en algún momento se revierta la dolarización ciertamente agregará una prima de riesgo a todos los instrumentos de deuda soberana, frustrando el objetivo de reducir el riesgo país por medio de la dolarización.

La dolarización implica la desaparición de un prestamista de última instancia local. Para contrarrestar esto, el Banco Central argentino ha sugerido que está dispuesto a prender los flujos de señoriaje futuro a cambio de ganar acceso a la ventanilla de redescuento de la FED. Otros, sin embargo, argumentan que el uso de un seguro internacional del mismo tipo del que en la actualidad utiliza el Banco Central argentino, o el uso de los recursos fiscales, debería ser suficiente para evitar una crisis de liquidez del sistema financiero. En síntesis, no obtener acceso a la ventanilla de la FED no debería ser significativo en el análisis costo-beneficio de la dolarización como alternativa.

Una alternativa intermedia al acuerdo con los Estados Unidos es extender la actual caja de conversión que posee la Argentina al resto de la región. La convertibilidad elimina el costo de señoriaje de una dolarización completa dado que

---

[30] Esto es así porque afecta solo a la FED y no al resto de los deudores. Sin embargo, este ejemplo teórico es de baja credibilidad fáctica ya que la FED es un acreedor con alta capacidad de castigo ante un incumplimiento. Como contraargumento a la independencia entre los rendimientos de los bonos se puede decir que los deudores pueden internalizar que un país que no paga a la FED es capaz de no pagar a un acreedor privado.

las reservas del banco central ganan interés y tiene la ductilidad suficiente para implementar una política monetaria contracíclica (por ejemplo, durante la crisis del Tequila [Broda, 1996]). Por otra parte, la convertibilidad implica un menor compromiso a la estabilidad del tipo de cambio que la dolarización completa con sus consiguientes costos.

Si la inestabilidad en la región continúa en los niveles corrientes, la alternativa de la dolarización unilateral se convertirá en una alternativa real. La experiencia de la Argentina muestra hasta qué punto el componente de credibilidad es esencial al momento de decidir el sistema monetario que se debe implementar. De hecho, si se evaluaran las condiciones "mundellianas" respecto de la existencia de un área monetaria óptima entre la Argentina y los Estados Unidos, seguramente se concluiría que la evidencia dará un resultado mucho más negativo que el obtenido en el análisis de la moneda única para los países del Mercosur. Sin embargo, las ganancias de credibilidad han superado cualquier costo de no poder ajustar el tipo de cambio o, dicho de otra manera, de haber tenido que coordinar automáticamente la política monetaria local con la norteamericana.[31]

Una alternativa sugerida por Almansi (capítulo 6) es que la política monetaria es irrelevante en tanto asegura un nivel básico de estabilidad. Desde esta perspectiva, mientras la política monetaria de los Estados Unidos provea estabilidad, el hecho de que no exista la posibilidad de realizar sintonía fina se convierte en irrelevante. Una alternativa es hacer un paralelismo con el funcionamiento del sistema financiero monetario acordado en Bretton-Woods. En este sistema, durante veinticinco años, los países fueron forzados a emular la política monetaria de los Estados Unidos.[32] Sin embargo, esto no parece haber afectado en manera alguna el crecimiento potencial de las economías de la OCDE. Solo cuando los Estados Unidos comenzaron a mostrar una política monetaria con un sesgo inflacionario, los otros países optaron por salir del sistema.

En síntesis

La macroeconomía de los países del Mercosur ha mostrado desde la constitución del Acuerdo importantes cambios. Estos cambios están sedimentando, y solo en el mediano plazo tendremos una idea cabal de su estabilidad y solidez. En las economías hubo importantes factores comunes, como la superación del fenóme-

---

[31] Véase por ejemplo Baliño y Enochs (1997), quienes establecen que las cajas de conversión pueden resultar arreglos convenientes para economías pequeñas y abiertas que desean preservar el beneficio de pertenecer a un área monetaria más amplia. En los círculos políticos la convertibilidad ha sido sugerida para Brasil, Indonesia y México.

[32] Se debe remarcar que Bretton-Woods era más asimilable a un sistema de tipo de cambio fijo tradicional que a una dolarización o una caja de conversión, en cuanto existía la posibilidad de realineamientos. Incluso, el contexto era muy diferente ya que era un mundo de baja movilidad de capitales.

no inflacionario, el mayor acceso a los mercados financieros, un mayor crecimiento que en décadas anteriores y un aumento de la desocupación. Todo esto se dio en forma simultánea con importantes procesos de cambio estructural, como la consolidación institucional de los gobiernos civiles, las privatizaciones, una mayor desregulación de la actividad económica y un aumento de la integración con el mundo y con la región.

Problemas como la credibilidad de las políticas y las instituciones, el dilema entre la rigidez necesaria para garantizar la estabilidad nominal y la flexibilidad necesaria para absorber los shocks externos, la dificultad en alcanzar el equilibrio fiscal y la prioridad en la agenda entre nuevas reformas *versus* la reforma de las reformas ya implementadas son ejes macroeconómicos clave para el mediano plazo.

En este contexto, la pregunta central que intenta responder este libro es ¿cuál es el espacio para la coordinación macroeconómica entre nuestros países? La coordinación macroeconómica excede la cuestión de la moneda única y aunque este capítulo se focalizó en su análisis no hay que perder de vista que esta es solo una opción maximalista.

La cuestión puede y debe ser formulada en un sentido diverso: ¿es posible que países altamente integrados tengan políticas no coordinadas y tomen medidas sin tener en cuenta qué hacen sus socios y cuál será su reacción?

Como se dijo en el capítulo 1, el Mercosur enfrenta dos senderos posibles de evolución. Uno es un avance en el camino de una mayor profundización. En este contexto, la coordinación de políticas macro, lejos de ser excesivamente futurista, será crucial para que este proceso se sostenga a largo plazo. Otro sendero es la alternativa de debilitamiento y disolución, donde las economías se irán alejando y el socio perderá importancia relativa como motor de las políticas domésticas.

Hoy no es claro cuál es el camino que tomará el Mercosur. Así lo atestiguan tanto los trabajos presentados en este libro como la discusión de comentaristas y panelistas, donde se analizan, desde ángulos diversos, la conveniencia, las formas, los tiempos y las probabilidades de éxito de la coordinación macroeconómica en el Mercosur.

Referencias bibliográficas

BALIÑO, T., Enochs, C. 1997. Currency board arrangements. *Issues and Experiences*. International Monetary Fund, agosto.

BANCO MUNDIAL. http://www.worldbank.org.

BANK OF INTERNATIONAL SETTLEMENTS. 1996. Banking crises in emerging economies. Origins and policy options. BIS Economic Papers núm. 46, octubre.

BAYOUMI, T., Einchengreen, B. 1994. One money or many? Analyzing the prospects for monetary unification in various parts of the World. *Princeton Studies in International Finance*, núm. 76, septiembre.

BIS, *Bank for International Settlements*. http://www.bis.org.

BLACKBURN, K., Ravn, M. 1991. Contemporary macroeconomic fluctuations: an international perspective. University of Southampton. WP. 9106.

BOTTLE, R. 1995. The economics of European Monetary Union. HSBC Markets.

BROCK, P., Rojas Suárez, L. 1998. Understanding the behavior of interest rates and bank spreads in Latin America. Mimeo.

BRODA, C. 1996. La flexibilidad del sistema de convertibilidad argentino. Mimeo.

CARRERA, J. 1995. Problemas regionales en un contexto de integración económica: la experiencia europea. Serie de Estudios Fiscales No. 37. Departamento de Economía. Universidad Nacional de La Plata.

CARRERA, J., Féliz, M., Panigo, D. 1998a. Análisis integral de las fluctuaciones macroeconómicas en Argentina y Brasil. *Documento Técnico CACES 1*, Buenos Aires.

CARRERA, J., Féliz, M., Panigo, D. 1998b. Economic integration and interdependence: the Mercosur case. *Anales de la Asociación Nacional de Posgrados en Economía de Brasil (ANPEC)* núm. 1, pp. 605-626.

CEI (Centro de Economía Internacional). 1999. Mercosur: new trade and investmment opportunities.

CEPAL (Comisión Económica para América Latina). http://www.cepal.org.

COOLEY, T. F. (ed.). 1995. *Frontiers of business cycle research*. Princeton University Press.

COHEN, B. 1993. Beyond EMU: the problem of sustainability. *Economics and Politics* 5(2), julio, pp. 187-203.

DORNBUSCH, R., Sturzenegger, F., Wolf, H. 1990. Extreme inflation: dynamics and stabilization. *Brookings Papers on Economic Activity*, pp. 1-84.

EICHENGREEN, B. 1990. One money for Europe? Lessons from the US Currency Union. University of California at Berkeley, Working Paper núm. 90: 132.

EICHENGREEN, B. 1992. A consumer's guide to EMU. University of California at Berkeley, Working Paper núm. 92: 200.

FISCHER, S. 1982. Seigniorage and the case for a national money. *Journal of Political Economy*, núm. 90: 2.

FMI. *Direction of Trade Statistics*, varias ediciones.

FMI. *Estadísticas Financieras Internacionales*, varias ediciones.

FMI. 1998. *Argentina: Recent Economic Developments*.

FRANKEL, J. 1999. Is there a unique optimal exchange rate regime? Mimeo.

FRIEDEN, J. 1998. The political economy of European exchange rates: an empirical assessment. Harvard University, agosto. Mimeo.

GOLDMAN SACHS. 1999. *Emerging Market Research*, varias ediciones.

HASSLER, J., Lundvik, P., Persson, T., Söderlind, P. 1992. The swedish business cycle: stylized facts over130 years. Discussion Paper No. 63. Institute for Empirical Macroeconomics, Federal Reserve Bank of Mineapolis.

IBGE. http://www.sidra.ibge.gov.br.

IZE, A., Levy Yeyati, E. 1998. Dollarization of financial intermediation: Causes and policy implications. International Monetary Fund, Working Paper núm. 98: 28.

KAMIL, H., Lorenzo, F. 1997. Caracterización de las fluctuaciones cíclicas en la economía uruguaya. Mimeo

KANE. 1998. Capital movements, asset values and banking policy in globalized markets. NBER Working Paper, núm. 6633.

KENEN, P. 1969. The theory of optimal currency areas: an eclectic view. En: Mundell, Swoboda (eds.), *Monetary problems of the Internacional Economy*.

KENEN, P. 1995. *Economic and Monetary Union in Europe: moving beyond Maastricht*. Cambridge University Press.

KRUGMAN, P. 1992. Policy problems of a Monetary Union. En: *Currencies and crises*. Cambridge and London: MIT Press.

KRUGMAN, P. 1998. Beware of the euro: you may get what you want. At http://web.mit.edu/krugman/.

LEVY YEYATI, E., Cordella, R. 1998. Financial opening, deposit insurance and risk in a model of banking competition. CEPR *Discussion Paper Series*, núm. 1939.

LEVY YEYATI, E., Sturzenegger, F. 1999. The euro and Latin America: is EMU a blueprint for Mercosur? Business School, Buenos Aires, Universidad Torcuato Di Tella. Mimeo.

LICANDRO FERRANDO, G. 1998. Is Mercosur an optimal currency area. Mimeo.

McCAULEY, R., White, W. 1997. The euro and European Financial Markets. En: Masson, P., Krueger, T., Turtelboom, B., (eds.). EMU and the *International Monetary System*, IMF.

McKINNON, R. 1963. Optimal currency areas. *American Economic Review*, vol. 52.

MUNDELL, R. 1961. A theory of optimum currency areas. *American Economic Review*, vol. 51.

NEUMEYER, P. 1998. The welfare effects of optimum currency areas. *American Economic Review*, vol. 98, núm. 6.

PRATI, A., Schinasi, G. 1997. EMU and international capital markets: structural implications and risks. En: Masson, P., Krueger, T., Turtelboom, B. (eds.), EMU and the *International Monetary System*, IMF.

SACHS, J., Sala-i-Martin. 1990. *Federal fiscal policy and optimun currency area*. Harvard University.

SACHS, J., Larraín, F. 1993. *Macroeconomics in the global economy*. Prentice Hall.

SCHARGRODSKY, E., Sturzenegger, F. 1998. Regulation, concentration and competition in financial intermediation. Buenos Aires, Universidad Torcuato Di Tella, diciembre. Mimeo.

STURZENEGGER, F. 1998. Argentina's experience with capital flows during the 90's. Buenos Aires, Universidad Torcuato Di Tella. Mimeo.

STURZENEGGER, F., Tomassi, M. 1998. *The political economy of reform*. Cambridge: MIT Press.

Capítulo 3
Coordinación de políticas macroeconómicas en el Mercosur: algunas reflexiones*

*Daniel Heymann*** y *Fernando Navajas****

Introducción

La coordinación de políticas macroeconómicas ha sido un tema debatido desde los orígenes del Mercosur. A principios de los años noventa, existía una inquietud bastante difundida sobre los impactos que podrían tener discordancias en la evolución macroeconómica de los participantes del proyecto de integración, ya sea por la generación de incertidumbres que perturbaran los flujos de inversión y de intercambio, sea como fuente de presiones para frenar o revertir la apertura comercial recíproca. De allí se desprendían argumentos a favor de la definición de esquemas formalizados para el manejo coordinado de políticas macroeconómicas, de modo paralelo o aun anticipado respecto del aumento en el volumen de los intercambios. Sin embargo, en aquellos momentos la "demanda" percibida de coordinación estaba limitada por la debilidad de los derrames macroeconómicos (al menos entre la Argentina y el Brasil), mientras que también eran estrechos los márgenes en cuanto a los instrumentos que cada país podía poner en juego a efectos de acordar acciones con los demás (Heymann y Navajas, 1991). Desde esta perspectiva, la coordinación en materia macroeconómica aparecía como un proceso gradual, en el que los participantes irían identificando oportunidades de cooperación de acuerdo con las circunstancias, a medida que se profundizaran las interdependencias, se desarrollara una "rutina" de interacción y las políticas de cada país lograran moderar el grado de turbulencia de las respectivas economías. De hecho, a pesar de los vaivenes macroeconómicos que experimentaron los países socios a lo largo de esta década y de la ausencia de mecanismos de coordinación en cuestiones monetarias y fiscales, se observó un fuerte aumento en la densidad del comercio. Los aspectos macroeconómicos de la relación entre los países de la región volvieron a adquirir prominencia como centro de atención en razón de la inestabilidad de los mercados internacionales de crédito en los últimos años y, particularmente, con motivo de la devaluación de la moneda brasileña a comienzos de 1999, que causó tensiones al proyecto de integración.

---

* Este capítulo es una versión revisada en 1999 de un artículo que formó parte del Documento de Trabajo Nº 81 (julio de 1998) de la Oficina de la CEPAL en Buenos Aires. Las opiniones expresadas por los autores no coinciden necesariamente con las de las instituciones donde trabajan.
** CEPAL.
*** Economista Jefe, FIEL.

A lo largo de los años noventa, las economías de la región ampliaron consi-
derablemente sus intercambios con el exterior (entre 1990 y 1997, el valor del
comercio total de mercancías de la Argentina se multiplicó 3,4 veces y el del
Brasil, 2,3 veces). En este contexto de una mayor apertura externa (a partir de
coeficientes comparativamente bajos) los efectos de "vecindad" y las preferencias recíprocas actuaron de modo tal que creció en forma marcada la importancia de los socios regionales como destino de las exportaciones de cada país, especialmente en lo que respecta a los bienes de mayor grado de elaboración (Garriga y Sanguinetti, 1994). Esta evolución se mantuvo a lo largo de coyunturas
macroeconómicas bien distintas,[1] lo que refuerza la impresión de que se trató de
un cambio de tipo tendencial. Asimismo, la dinámica del Mercosur ha sido in-
corporada en una gran variedad de decisiones de producción y acumulación. En
el caso de la Argentina, en particular, hay evidencias que muestran que el acceso al mercado regional operó como un incentivo relevante para la realización de
inversiones en la industria manufacturera (Chudnovsky et al., 1994; Porta y Kosacoff, 1997; FIEL, 1997).

De cualquier forma, para la Argentina y, sobre todo, para el Brasil el comercio con los socios regionales, pese a su expansión, mantuvo una magnitud relativamente pequeña en relación con la del producto agregado[2] (por contraste, el
Uruguay muestra densidades del intercambio con sus vecinos comparables con
cifras "europeas"). Sin embargo, un grado de apertura comparativamente bajo
no implica que los impulsos sobre los flujos de comercio exterior tengan pocas
repercusiones sobre la economía. Existe bastante evidencia en la región al respecto. Al mismo tiempo, la transmisión de impactos de una economía sobre otra
por medio del intercambio depende no solo del tamaño absoluto de las corrientes de bienes, sino también de su variabilidad, que está asociada a su vez con la
amplitud de los movimientos macroeconómicos de los socios. Por otro lado,
aunque el conocimiento sobre cómo operan los "efectos contagio" en los mercados financieros es bastante limitado, es probable que la demanda de activos de
los países del área esté crecientemente influida por expectativas sobre la evolu-

---

[1] A modo de ilustración, la participación de las exportaciones al Brasil en las ventas totales de
bienes de la Argentina subió en todos los años del período 1990-1997, y se multiplicó por más de
dos veces y media en el período. A lo largo de ese intervalo, se registraron fluctuaciones no sin-
crónicas en el nivel de actividad de ambas economías, y fuertes movimientos en los tipos de cambio reales bilaterales.

[2] En 1997, el 30% de las exportaciones argentinas de bienes se dirigieron al Brasil; su valor representó cerca del 2,5% del PBI (1% en 1990). En el caso brasileño, las ventas a la Argentina (en
1996) fueron de alrededor del 11% del total exportado, o algo menos de tres cuartos puntos porcentuales del PBI. Como referencia, para un conjunto de economías de Europa (Alemania, Francia, Italia y España), la parte de las exportaciones destinadas a miembros de la UE varió entre el
55% y el 70 % (entre el 43% y el 60% si se considera solo a los 11 países del grupo del euro); esas
exportaciones significaron entre el 11,5% y el 13,5% del PBI (en el rango del 9% al 11% del PBI
para las exportaciones al área del euro).

ción de las economías de los otros miembros del Mercosur.[3] Un hecho de observación corriente en la Argentina es que, al analizar las perspectivas de la economía, la evolución macroeconómica del Brasil ha sido en los últimos años un foco de especial interés. Sin duda, la evaluación de la naturaleza y de la intensidad de los derrames macroeconómicos no es una cuestión trivial y, por cierto, no se reduce a la medición de algunos indicadores simples. Pero parece claro que, como consecuencia del incremento del intercambio intrazona, se acentuaron las repercusiones del desempeño macroeconómico de la región sobre las economías individuales, si bien son grandes las asimetrías entre los países a ese respecto, y difícilmente se pueda identificar a los impulsos de origen regional como los determinantes de primer orden del comportamiento de las economías más grandes del área.

Al mismo tiempo que evolucionaron los movimientos comerciales dentro del Mercosur, se produjeron importantes cambios macroeconómicos en los países. En particular, la caída de la tasa de inflación en el Brasil a los valores más bajos en varias décadas como efecto del programa iniciado en 1994 fue un acontecimiento de gran relevancia no solo para la economía de ese país, sino también para las de los socios: al atenuarse la inestabilidad asociada con la inflación se mejora la capacidad de decisión de los agentes y se amplía el horizonte temporal de los planes. La convergencia de los índices inflacionarios a valores reducidos (que en cada país constituye un elemento central de la "reputación" de las políticas económicas) provee un marco básico de previsibilidad, y permite ir explorando oportunidades de acciones cooperativas de un modo que no es factible cuando los movimientos de precios eran altamente volátiles. Sin embargo, es sabido que la consolidación de las estabilizaciones es un proceso que lleva tiempo, y en el cual está comprometido el conjunto de instrumentos macroeconómicos. En este contexto, la súbita modificación de la política cambiaria del Brasil en 1999 tuvo un impacto apreciable como elemento generador de incertidumbre respecto de la evolución de las economías regionales y del proyecto de integración.

Desde el punto de vista institucional, el Mercosur pudo definir dentro de los plazos previstos la estructura del arancel externo común. Más allá de la persistencia de excepciones y regímenes especiales sujetos a negociación, el acuerdo sobre los rasgos básicos del régimen comercial aparece como un hecho altamente significativo; lo mismo vale para la decisión de los países del área de encarar en conjunto las tratativas con otras agrupaciones regionales. Sin embargo, no ha sido igualmente rápido el ritmo de armonización de políticas fuera del ámbito del intercambio externo de bienes. En el campo macroeconómico, se han desa-

---

[3] Los precios de los activos argentinos y brasileños parecen tener una mayor correlación en períodos de perturbaciones que en condiciones en que se observa una evolución "normal" (Ganopolsky y Schmuckler, 1998).

rrollado algunas prácticas de consultas y discusión, y a lo largo del tiempo es posible encontrar ejemplos puntuales de medidas negociadas[4] y situaciones de "coordinación casual", es decir, de acciones adoptadas unilateralmente por una de las partes que tuvieron efectos convenientes para otras. Una instancia especialmente relevante ocurrió en el episodio de 1995, cuando las exportaciones hacia el Brasil se vieron favorecidas por la suba del gasto agregado en ese país y por la revaluación real de su moneda (que se generaron en el contexto del programa de estabilización iniciado en el año previo), lo que contribuyó a moderar el impacto de la contracción del crédito externo dirigido a la Argentina.[5]

Sin embargo, no hubo una definición formal de esquemas de coordinación o de compromisos de política macroeconómica, ni se establecieron procedimientos de decisión compartida (lo cual se corresponde con el hecho de que, en forma general, los socios del Mercosur evitaron la constitución de instituciones supranacionales dentro de la zona). Por otro lado, al margen de las similitudes que hay en la forma en que los distintos países encaran la formulación de políticas económicas, existen varias áreas (por ejemplo, los sistemas de estímulo a las inversiones y, especialmente, la organización de los regímenes monetarios) en las que se identifican diferencias en los enfoques aplicados.

En estas circunstancias parece útil plantear nuevamente como tema de reflexión el de la coordinación de políticas macroeconómicas. Este trabajo intenta contribuir a dicha tarea; más que ofrecer un producto terminado, se busca realizar algún aporte a la discusión de un tema complejo. Dado que las interdependencias macroeconómicas dentro de la región se generan en buena medida por medio de los movimientos comerciales, en la segunda sección se presentan los resultados de un análisis del intercambio bilateral entre la Argentina y el Brasil, con el objeto de indicar a grandes rasgos cómo responden los flujos de bienes a las condiciones macroeconómicas de los países, y de estudiar si esos patrones de respuesta han variado en los últimos años. En la tercera sección se consideran alternativas de coordinación macroeconómica en el ámbito del Mercosur; allí se discuten posibles modalidades de acción concertada en casos de perturbaciones, y se realizan comentarios sobre la posibilidad de establecer regímenes de manejo conjunto de instrumentos, particularmente en el campo monetario. Por último, la cuarta sección incluye unos breves comentarios finales.

---

[4] Por caso, la suba del derecho de estadística sobre las importaciones aplicada por la Argentina en 1992, así como las restricciones financieras para compras al exterior puestas por el Brasil en 1997, dieron lugar a negociaciones entre los socios, en las que los motivos macroeconómicos de las medidas fueron tenidos en cuenta. De todos modos, el mismo hecho de que estos ejemplos se refirieran a instrumentos de política comercial indicaba el carácter incipiente de la interacción en materia macroeconómica.

[5] Este caso, por otro lado, ilustra la proposición que, ante perturbaciones asimétricas, las asincronías en las fluctuaciones de economías vinculadas entre sí no necesariamente tienen consecuencias contraproducentes.

Determinantes macroeconómicos del intercambio comercial entre la Argentina y el Brasil

En un análisis efectuado previamente con información para el período 1970-1991 (Heymann y Navajas, 1992), se encontró que la magnitud de los flujos de bienes entre la Argentina y el Brasil dependía principalmente del estado macroeconómico del país comprador (resumido en el nivel de actividad y el tipo real de cambio con el dólar). Es decir que los datos indicaban que las variaciones período a período de las exportaciones de un país al otro respondían en buena medida al ciclo económico y a los desplazamientos de precios relativos del socio demandante. Al mismo tiempo, se apreciaba que los derrames macroeconómicos directos, además de ser asimétricos, resultaban todavía de relativamente poca intensidad, dado el tamaño alcanzado hasta entonces por el volumen de intercambios.

Dado que se identificó que los movimientos bilaterales de mercancías estaban determinados principalmente por las condiciones de demanda del país receptor de los bienes, resultaba natural medir el grado de intensidad del comercio mediante un indicador sintético definido por la participación de cada país en las importaciones del otro.[6] Al considerar estas participaciones, se observó que ellas no mostraban un movimiento continuo, sino que se podían representar (cualitativamente) como procesos de "escalones", entre los cuales los coeficientes permanecían más o menos constantes. En otro trabajo (Heymann y Navajas, 1993) se indicó que, si las participaciones en la importación total del socio se suponían fijas sobre plazos cortos (dentro de los cuales no se registraba uno de los quiebres mencionados), el resultado del balance del comercio bilateral admitía una descomposición en tres elementos. El primero (una constante) se podía interpretar como un término "estructural", que indicaba el sesgo hacia saldos positivos para uno u otro país (por ejemplo, el Brasil registró superávit en el intercambio bilateral durante la mayor parte de los años setenta y ochenta). El segundo componente se vinculaba con la asimetría de tamaño entre ambos países, representado por el cociente entre los volúmenes totales del comercio exterior de cada uno. El término restante describía el estado macroeconómico de los socios, indicado por sus respectivos balances comerciales totales. Dicha descomposición mostró que la evolución macroeconómica de los países daba cuenta de una parte apreciable (aunque no plena) de las variaciones en el balance bilateral.

Surge naturalmente la pregunta relativa a los cambios durante los años noventa de los patrones de comportamiento observados en las series históricas, teniendo en cuenta la ampliación del comercio internacional de ambos países y el

---

[6] Tanto en aquel trabajo como en este, los flujos bilaterales de comercio se midieron por medio de datos de la estadística argentina de comercio exterior (exportaciones FOB-importaciones CIF). Esto implica que, cuando las cifras se calculan como proporciones de las transacciones totales (de exportación o importación) del Brasil, los numeradores y denominadores no son estrictamente comparables, por provenir de fuentes distintas de información.

proceso de integración en el Mercosur. La cuestión se vincula con el argumento de Frankel y Rose (1996) acerca del carácter endógeno de los mecanismos de derrame macroeconómico[7] (véase también Bayoumi y Eichengreen, 1996; Martirena-Mantel, 1997). En todo caso, se presentan a continuación los resultados de un análisis del intercambio entre la Argentina y el Brasil efectuado sobre datos trimestrales para el intervalo 1970-1997.

La figura 3.1 contiene las series del comercio bilateral en dólares corrientes. Tanto las ventas argentinas al Brasil como las importaciones desde el socio muestran variaciones proporcionalmente considerables en los años ochenta, que sin embargo quedan empequeñecidas frente a los fuertes aumentos del período reciente. Así, las exportaciones e importaciones bilaterales han llegado a aproximarse a niveles de US$ 2.000 millones (varias veces más que algunos años antes). Al mismo tiempo, se aprecia un agudo incremento de la variabilidad del saldo del comercio recíproco, con superávit para la Argentina en los últimos tres años.

Por cierto, el abrupto aumento del intercambio bilateral se registró junto con una rápida suba en los valores totales del comercio exterior de cada país. Las figuras 3.2 y 3.3 grafican, para la Argentina y el Brasil, respectivamente, los indicadores de intensidad del comercio dados por los cocientes entre las variables bilaterales (exportaciones hacia el socio, importaciones desde este y comercio total con el otro país) y las correspondientes variables agregadas (por ejemplo, exportaciones totales del país).

Se puede ver (panel superior de la figura 3.2) que el peso del Brasil en las importaciones de la Argentina era inferior al 10% en los años setenta, y que luego se produjeron dos marcados saltos. El primero tuvo lugar en 1982 (en un momento en que se revirtió el proceso anterior de apertura comercial), al dirigirse más hacia el Brasil las compras de bienes intermedios como los siderúrgicos. De tal modo, la participación del país vecino en las importaciones promedió el 16% en la década del ochenta. El segundo salto ocurrió en 1991 (y se podría asociar con el Mercosur), elevando el coeficiente a un valor cercano al 22%, alrededor del cual ha oscilado en los últimos años. Es decir que aquí también se verifica el comportamiento por escalones antes observado.

El panel medio de la figura 3.2 indica un nítido salto en 1992 de la participación del Brasil en las exportaciones argentinas, con una tendencia ascendente desde entonces. El indicador superó el 30% en 1997, de forma que el intercambio bilateral en ambas direcciones representó cerca de un cuarto del comercio total argentino.

Históricamente, los bienes de origen argentino pesaron poco en las importaciones brasileñas (véase el panel superior de la figura 3.3). Hacia finales de los

---

[7] Dichos autores encuentran, sobre una muestra de varios países, que existe una asociación positiva entre sus comovimientos cíclicos y la intensidad del comercio bilateral, e interpretan esa evidencia como señal de que las interacciones macroeconómicas pueden variar sensiblemente como resultado del avance de la integración comercial.

Exportaciones de la Argentina al Brasil

Importaciones argentinas desde el Brasil

Balance bilateral Argentina-Brasil

FIGURA 3.1. *Intercambio bilateral Argentina-Brasil*
en millones de dólares, 1970:1-1997:4

Participación en importaciones
Totales

Participación en exportaciones
Totales

Participación en comercio
Total

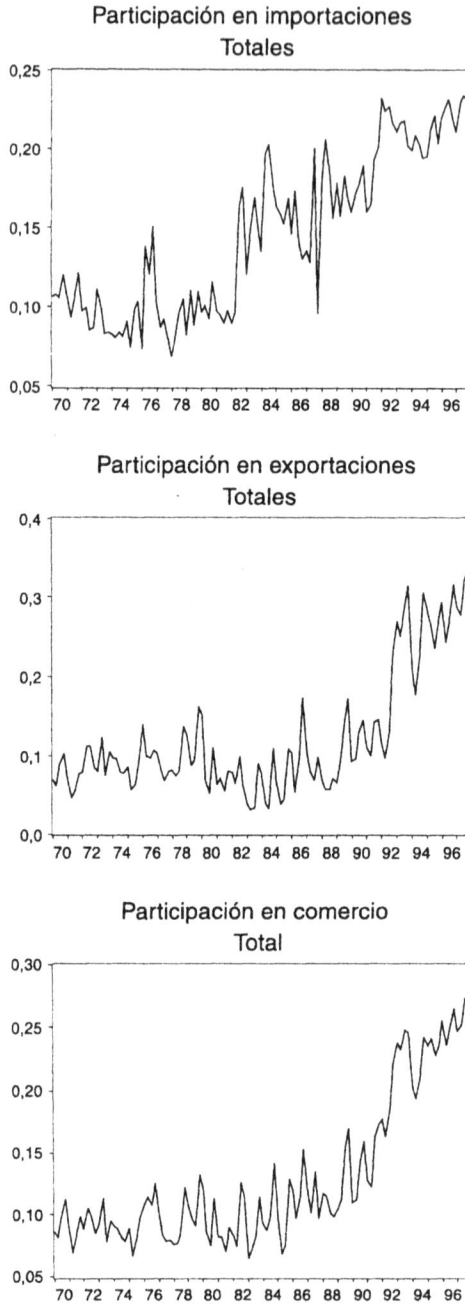

FIGURA 3.2. *Intercambio bilateral Argentina-Brasil relativo al comercio exterior argentino, 1970:1-1997:4*

Participación en importaciones
Totales

Participación en exportaciones
Totales

Participación en comercio
Total

FIGURA 3.3. *Intercambio bilateral Argentina-Brasil relativo al comercio exterior brasileño 1970:1-1997:4*

años ochenta se apreció una variación ascendente, con un nuevo salto en 1992 (hasta un valor cercano al 12%); a partir de entonces, el indicador permaneció más o menos estable. La abrupta suba de la participación argentina en las exportaciones del Brasil se produjo tempranamente en la década (en 1991), con un crecimiento apreciable en los últimos años. En el caso del Brasil, la participación del socio regional se ubicó en 1998 en valores similares para exportaciones e importaciones.

Un hecho interesante lo constituye el que, mientras que para los dos países en el período reciente no se identifica una tendencia en la participación en las importaciones del socio (es decir, ambos mantienen su "grado de penetración" en las compras totales del otro), al mismo tiempo se eleva el peso de la economía vecina en las exportaciones (o sea, aumenta la importancia relativa de la otra economía como demandante de bienes). Esto está asociado con el crecimiento de las compras totales de cada país.[8] Los datos sugieren entonces que, en los últimos años, la mayor intensidad del comercio bilateral medida en las exportaciones se debió no tanto a que los socios regionales orientaron más sus compras hacia el otro, sino a que los dos incrementaron apreciablemente sus adquisiciones de bienes al exterior.

Otra manera de analizar los flujos comerciales es por medio del estudio de la vinculación entre los movimientos de bienes y las variables macroeconómicas de los países. Para ello, se estimaron nuevamente las ecuaciones identificadas algunos años atrás,[9] a fin de investigar la existencia de cambios en la calidad del ajuste o en la magnitud y significatividad de los parámetros. Asimismo, se consideró si, con los nuevos datos, las variables macroeconómicas del país exportador adquirían más peso, o bien si las relaciones quedaban escritas de un modo que seguía permitiendo su interpretación como "funciones de importación bilateral" de cada socio.

La ecuación que mostramos a continuación presenta el ajuste de las importaciones de la Argentina desde el Brasil (MAB), como función de las siguientes variables: (i) el nivel de importaciones bilaterales rezagado; (ii) el PBI de la Argentina (PBIA) y sus rezagos; (iii) el tipo de cambio real de la Argentina referido al dólar (TCA), contemporáneo y rezagado; (iv) términos estacionales, y (v) variables ficticias (dummies), seleccionadas a partir del estudio de la evolución

---

[8] Si, por ejemplo, se mantiene constante la participación argentina en las importaciones del Brasil, la tasa de variación de las exportaciones argentinas al socio es igual a la tasa de incremento de las importaciones totales brasileñas. Cuando esta última tasa tiene un valor alto (específicamente, si supera el incremento proporcional de las exportaciones totales de la Argentina), subirá la ponderación del Brasil en las exportaciones argentinas.

[9] Véase Heymann y Navajas, 1993. La especificación funcional y dinámica de esas ecuaciones se había establecido siguiendo un enfoque de general a particular (propuesto por Hendry; véase Ahumada, 1995). En este ejercicio se efectuó una nueva búsqueda de especificación dinámica de las ecuaciones en función de la ampliación del período muestral. Asimismo, se buscó evaluar cómo se desempeñaban relaciones del tipo encontrado previamente, tal como se comenta en el texto.

de las series, y que indican los cambios de nivel experimentados por las importaciones. Estas últimas variables están asociadas con la apertura comercial que
efectuó la Argentina a fines de los años setenta (APER80, que es una *dummy* para el período 1979:2-1980:4) y con los escalones ascendentes encontrados en las
importaciones desde el Brasil a partir del tercer trimestre de 1982 (DSTEP823)
y del segundo trimestre de 1991 (DSTEP912). Las series macroeconómicas se
expresan en logaritmos, y la muestra tiene 112 observaciones (valores trimestrales entre 1970 y 1997).

$$MAB = -3,93 + 0,48*MAB(-1) + 1,808*PBIA - 0,25*TCA - 0,216*TCA(-4)$$
$$(-2,26) \quad (7,36) \qquad\qquad (4,64) \qquad\quad (-2,58) \qquad\quad (-2,38)$$

$$+ 0,238*APER80 + 0,483*DSTEP823 + 0,177*DSTEP912 - 0,053*SEAS(1)$$
$$(2,70) \qquad\qquad (5,31) \qquad\qquad\quad (1,97) \qquad\qquad\quad (-0,97)$$

$$+ 0,135*SEAS(2) + 0,068*SEAS(3) \hfill (1)$$
$$(0,70) \qquad\qquad (1,52)$$

$R^2 = 0,97$; R^2 ajustado = 0,97; E.S. de la regresión = 0,18; Estadístico Durbin-Watson = 2,14. (No
hay evidencia de autocorrelación a través de tests más generales.) MAB, PBIA y TCA están expresados en logaritmos. La variable SEAS es una variable ficticia estacional. Los estadísticos t de
cada coeficiente están indicados entre paréntesis.

Los resultados muestran un ajuste aceptable. La ecuación es similar a la estimada previamente para el período 1970-1991. Las diferencias con esa estimación
anterior radican en la magnitud de ciertos efectos que, sin ser muy distintos,
muestran algunos cambios que merecen un comentario. En particular, el término autorregresivo es ahora algo más grande que el identificado previamente
(0,48 contra 0,44), lo que indica una mayor persistencia de los movimientos en
las importaciones provenientes del Brasil. Es decir que para un efecto dado de
corto plazo de una variable (PBI o tipo de cambio) las elasticidades de largo plazo son mayores en la estimación que cubre el período completo (respecto de lo
que resultaba para la muestra 1970-1991). Al mismo tiempo, se observa una menor elasticidad de corto plazo de la importación bilateral respecto del PBI argentino (1,81 contra 2,02 en la ecuación para el período terminado en 1991).
Cuando se computa las elasticidad-PBI de largo plazo, la misma resulta muy elevada (3,48), y similar a la obtenida en el trabajo anterior (3,61).[10] Por su parte,

---

[10] Está claro que estos coeficientes "de largo plazo" tienen una interpretación como efectos acu-
mulativos a lo largo de múltiples intervalos trimestrales, pero no pueden considerarse literalmen-
te extrapolables a horizontes "indefinidamente extensos", porque en ese caso se admitirían comportamientos explosivos. El hecho de que la elasticidad estimada se ha reducido a medida que se
amplió el volumen del intercambio indica el movimiento que cabría esperar a lo largo del tiempo
si se sigue incrementando la densidad del comercio.

la elasticidad de corto plazo de las importaciones bilaterales argentinas respecto del tipo de cambio real argentino (TCA) es algo menor (0,46 dentro del año, contra 0,59 obtenida en el trabajo anterior). También en el largo plazo, esta elasticidad es algo más baja (0,88 contra 1,05 de la estimación previa). Es decir que, al extenderse el período, las importaciones bilaterales argentinas continúan mostrando una elevada elasticidad-producto y una no despreciable elasticidad-tipo de cambio. Por otra parte, se aprecian los efectos de desplazamiento de niveles representados por las variables ficticias, lo cual remarca que las funciones de intercambio bilateral están sujetas a cambios debidos a acciones de política comercial u otras influencias.

La ecuación anterior contenía solo variables macroeconómicas de la Argentina. La posibilidad de incluir efectos "de oferta" provenientes de la evolución de la economía brasileña se analiza por la vía de una prueba de variables omitidas. Las estimaciones realizadas indican que el producto (contemporáneo y rezagado) del Brasil no es estadísticamente significativo (al 1% o 5% de confianza) en la ecuación que representa a las importaciones bilaterales de la Argentina. No obstante, a diferencia de lo que ocurría en la estimación para el período 1970-1991, aparecen ahora ciertos indicios, no demasiado robustos (con una significatividad del 10%), de que una caída del PBI brasileño induce un aumento de las ventas a la Argentina; en otras palabras, las exportaciones del Brasil a la Argentina serían contracíclicas. Este efecto de derrame macroeconómico, si bien no resulta cuantitativamente grande (los coeficientes estimados sugieren que una caída del 1% del PBI brasileño aumentaría el 0,6% las importaciones bilaterales argentinas al cabo de un año), parece tener alguna relevancia. Por el lado del tipo de cambio brasileño, no se identifican coeficientes significativos y con el signo esperado. Los tests F y de máxima verosimilitud para evaluar la omisión conjunta del tipo real de cambio del Brasil y de sus rezagos indican que si se deja de lado a esas variables no se afecta apreciablemente a la calidad de la estimación. O sea que, al igual de lo que se observaba para el período 1970-1991, las importaciones argentinas habituales desde el Brasil estarían influidas principalmente por el comportamiento macroeconómico de la Argentina.

La ecuación (2) actualiza la estimación de la función de importaciones brasileñas provenientes de la Argentina (que aquí se mide por las exportaciones argentinas al Brasil, XAB). En la ecuación se especifican como variables independientes a: (i) un término rezagado; (ii) el PBI brasileño (PBIB); (iii) el tipo de cambio real brasileño (TCB); (iv) variables ficticias estacionales, y (v) variables que representan desplazamientos de nivel. Estas últimas son *dummies* asociadas con los escalones ascendentes en las importaciones provenientes de la Argentina (comentados antes; véase el panel superior de la figura 3.3), que se detectan a partir del tercer trimestre de 1989 (DSTEP893) y del cuarto trimestre de 1992 (DSTEP924).

$$XAB = -1,841 + 0,483*XAB(-1) - 0,204*XAB(-2) + 1,848*PBIB - 0,616*TCB(-1)$$
$$\quad (-3,28) \quad (4,98) \qquad\qquad (-2,33) \qquad\qquad (6,64) \qquad\quad (-4,59)$$

$$+ 0,217*DSTEP893 + 0,475*DSTEP924 + 0,176*SEAS(1)$$
$$\quad (-2,28) \qquad\qquad (4,12) \qquad\qquad (-2,50)$$

$$-0,237*SEAS(2) - 0,243*SEAS(3) \tag{2}$$
$$\quad (-3,42) \qquad\qquad (-3,63)$$

$R^2 = 0,96$; R^2 ajustado = 0,95; E.S. de la regresión = 0,25; Estadístico Durbin-Watson = 1,79. (No hay evidencia de autocorrelación a través de tests más generales.) XAB, PBIB y TCB están expresados en logaritmos. La variable SEAS es una variable ficticia estacional.

Nuevamente, los resultados muestran un ajuste aceptable, lo que sugiere que la forma general de la ecuación estimada en su oportunidad tiene aún validez. Al mismo tiempo, se aprecian algunos cambios dignos de mención. En primer lugar, cambian los coeficientes autorregresivos (aparece un efecto de rezago del segundo trimestre que atenúa el efecto del rezago de primer orden). Se observa asimismo una menor respuesta de corto plazo de las importaciones bilaterales respecto del PBI brasileño, sea en niveles (1,84 contra 1,92 estimada anteriormente), sea en tasas de variación (ya que desaparece el efecto "aceleracionista" que se había encontrado en el trabajo anterior). La estimación de la elasticidad-PBI de largo plazo muestra un valor elevado (2,53), pero inferior al parámetro que se encontraba para la muestra que alcanza hasta 1991 (2,91). Por su parte, la elasticidad de corto plazo de las importaciones bilaterales brasileñas respecto del tipo de cambio real (TCB) es más baja que en la estimación previa (0,62 dentro del año, contra 0,86 obtenida antes). En el largo plazo, esta elasticidad también es menor (0,85 contra 1,30 del trabajo anterior). Al extenderse el período muestral se ve entonces que las importaciones del Brasil desde la Argentina registran apreciables respuestas al producto y al tipo de cambio, pero de menor intensidad que en el pasado. También en este caso, la ecuación capta un quiebre ascendente en los niveles en los primeros años de la década.

Se puede estudiar la inclusión de variables asociadas con la macroeconomía argentina mediante una prueba de variables omitidas. El PBI argentino y sus rezagos no resultan estadísticamente significativos. Los tests de evaluación señalan asimismo que la omisión conjunta de esas variables no influye de modo importante en la calidad de la regresión. Lo mismo ocurre con el tipo de cambio real de la Argentina (contemporáneo y rezagado).

En síntesis, los datos muestran muy nítidamente el incremento del intercambio intrarregional que ha tenido lugar en los años noventa. De todos modos, parece útil marcar que, a partir del salto de comienzos de la década en el peso de cada país en las importaciones del otro, esos coeficientes han permanecido más o menos constantes; los aumentos (que sí han sido continuados) en la participación del socio en las exportaciones de ambas economías se vincularían entonces a la suba en la magnitud de las compras externas totales, tanto por parte de la Argentina como del Brasil. Se trataría así de un efecto de ampliación del mercado importador de cada país, más que de un resultado de una mayor "presencia" de cada uno en las adquisiciones del otro. En cuanto al análisis econométrico, los resultados indican que, si se incluyen los datos referidos a los últimos años, sigue siendo válido que las exportaciones bilaterales de cada país responden principalmente a las condiciones macroeconómicas del socio comprador, más que a las del oferente.[11] Asimismo, se observa que la conexión entre evolución macroeconómica y comercio bilateral no ha variado mucho, aunque la inclusión del período reciente tiende a reducir algunas elasticidades que aparecían muy elevadas en la estimación anterior con datos hasta 1991.

Alternativas de coordinación macroeconómica: una breve discusión

Como se sabe, existen diversas formas de coordinación de políticas; el espectro va desde modalidades basadas en el intercambio de información, que no requieren específicamente que se realicen determinadas acciones, hasta, en el otro límite, la delegación de ciertos instrumentos a efectos de su administración conjunta. En todo caso, la coordinación de políticas influye sobre el proceso de decisión que establece las medidas tomadas por los participantes,[12] y puede asimilarse a un intercambio en el que cada parte ejecuta una acción (que no haría autónomamente) a fin de beneficiarse con la acción de otra. Genéricamente, el argumento para la coordinación es que los derrames entre economías generan oportunidades para tales intercambios. Pero este argumento es demasiado amplio: hace falta considerar con algún detalle qué problemas se busca resolver por medio del manejo concertado de políticas.

Conviene distinguir tres casos. En el primero, la gestión no cooperativa de ciertos instrumentos puede llevar a "equilibrios subóptimos" aun en ausencia de perturbaciones exógenas, por los incentivos de los "jugadores" a actuar de manera oportunista en un intento de sacar ventajas en detrimento de los otros. Si esto es así, pueden conseguirse mejoras para todas las partes por medio de algún

---

[11] La evolución del intercambio en los primeros meses de 1999 parece haber respondido aproximadamente a este patrón de comportamiento: en la caída de las exportaciones bilaterales de la Argentina habrían influido la baja del nivel de actividad y la depreciación de la moneda en el Brasil, mientras que la merma de las importaciones argentinas desde el socio habría respondido al debilitamiento de la demanda interna.

[12] Desde esta perspectiva, el concepto se refiere al modo en que se deciden las políticas más que al contenido de estas, y resulta distinto de la noción de "convergencia": no es necesario ni suficiente que dos países sigan cursos de acción similares para que haya coordinación.

tipo de acuerdo sobre "reglas de conducta" que acoten las acciones que ellas realizarán. En un segundo caso (el de los "juegos de estabilización", cf. Canzoneri y Henderson, 1988), no existen necesariamente conflictos de intereses, pero estos pueden aparecer como consecuencia de determinados shocks. Aquí, las oportunidades de coordinación (y la manera en que ellas pueden ser aprovechadas) surgen caso por caso, según el tipo y la intensidad de la perturbación de que se trate. Por último, pueden existir instancias en que los agentes de decisión juzgan que la variabilidad misma de ciertos instrumentos resulta costosa, y es útil entonces limitar concertadamente sus movimientos.

El primer tipo de problemas ha sido extensamente tratado en la literatura, y también pueden encontrarse ejemplos históricos donde la preocupación por ellos influyó sobre la realización de acuerdos internacionales en cuestiones macroeconómicas.[13] Ahora bien, en el caso particular del Mercosur, o más concretamente de la Argentina y el Brasil, en las condiciones actuales es difícil afirmar que existen fuertes "interacciones estratégicas" entre las políticas macroeconómicas (fiscales, monetarias, cambiarias), en el sentido de que las acciones que ejecuta cada país están definidas generalmente y de manera determinante como respuesta a las de la otra parte. Sin embargo, en ciertas áreas particulares es probable que las interacciones tengan mayor intensidad y haya potencialmente tensiones entre objetivos que pueden moderarse mediante acuerdos sobre las medidas a aplicar. Una de las cuestiones que ha recibido atención en los últimos años es la del tratamiento fiscal relativo a la localización de inversiones.[14]

Al margen de lo anterior, desde el punto de vista estrictamente macroeconómico, los beneficios que pueden derivarse de la coordinación (o, expresado de otra manera, los costos provenientes de "conductas no cooperativas") probablemente dependan bastante del estado en el que se encuentran las distintas economías; es decir, de las perturbaciones que experimentan en una situación dada. Para discutir este tema, puede ser útil partir de un ejercicio muy estilizado, que sugiere las condiciones que deberían satisfacerse para una "coordinación óptima" e, indirectamente, las disyuntivas que pueden surgir en instancias prácticas. Supóngase entonces dos economías interdependientes; los objetivos de las respectivas autoridades están dados y fijos; todos los agentes conocen perfectamente (como variables aleatorias) el conjunto de perturbaciones relevantes, y sus repercusiones sobre cada economía (incluidas las respuestas inducidas de las políticas); los dos gobiernos tienen (sin costo) "capacidad de tomar compromisos",

---

[13] Tal vez la instancia más significativa fue la del sistema de Bretton-Woods, en cuya concreción pesó (a partir de la experiencia de los años treinta) la inquietud acerca de la posibilidad de se produjeran espirales de "devaluaciones competitivas".

[14] Por cierto, el tema se plantea también en el interior de un país, si existen jurisdicciones que compiten descentralizadamente para "atraer proyectos". En todo caso, el tema de la armonización de las políticas relativas a las inversiones físicas ha sido enfatizado en discusiones recientes en el contexto del Mercosur (cf., por ejemplo, CEI, 1998).

tanto respecto del otro como del sector privado interno.[15] En tal caso, surge de inmediato que ambas partes tienen incentivos para establecer de una vez y para siempre un conjunto de "reglas contingentes", que defina numéricamente y de manera explícita el valor de los instrumentos de cada una para cualquier realización de las posibles perturbaciones.

Resulta difícil encontrar ejemplos de tales arreglos. Las razones son bastante claras al repasar la lista de hipótesis recién mencionadas, y en especial los supuestos que se refieren al conocimiento de los agentes sobre los shocks potenciales y sobre el modelo de funcionamiento. Si el argumento se especifica al caso de los países del Mercosur, las economías atraviesan períodos de transición (con visibles cambios en sus configuraciones reales), y están potencialmente influidas por una variedad de impulsos externos, para los cuales sería difícil inclusive intentar una enumeración completa. En tales condiciones, no hay una manera operativa de definir un conjunto de reglas contingentes con alguna pretensión de optimización, y de cualquier modo esas funciones de comportamiento tendrían una complejidad tal que sería muy limitada su utilidad como guía para las expectativas. Las opciones abiertas en la práctica no son entonces "de primer mejor", y se reducen, en buena medida, sea a la aplicación de reglas simples (en todo caso, con "cláusulas de contingencia" implícitas o definidas en forma más o menos difusa), sea al empleo de procedimientos de decisión flexibles.

Existe bastante consenso sobre que, al margen de que pueda buscarse definir acuerdos referidos al mantenimiento por parte de los países de ciertas pautas básicas de consistencia macroeconómica y de que se discutan mecanismos más exigentes para el largo plazo, en lo inmediato no resultarían viables en el Mercosur esquemas de coordinación que impliquen compromisos estrictos en materia de manejo de instrumentos macroeconómicos. En todo caso, se trataría de analizar alternativas que tomen como dados a los regímenes de política de cada país (incluyendo, en particular, a las restricciones que existan para los movimientos de ciertas variables) y que tiendan a concertar acciones, en función de los requerimientos del caso, dentro de los marcos institucionales existentes. Estos mecanismos "laxos" parecen aptos para enfrentar circunstancias cambiantes (en las cuales pueden existir asimetrías en las condiciones de las distintas economías, y estas son de difícil previsión), especialmente cuando las partes cuentan todavía con una corta experiencia en la práctica de coordinación. Asimismo, el desarro-

[15] Esta precisión es importante. De hecho, se han desarrollado ejemplos en la literatura (por ejemplo, Rogoff, 1985; Kehoe, 1989) en los que, si no existen "tecnologías de compromiso" para cada gobierno con el respectivo sector privado, la coordinación puede arrojar resultados inferiores a un esquema de decisiones descentralizadas; se intuye que (dependiendo del contexto) es posible que las políticas coordinadas aumenten los incentivos de las autoridades para comportarse de manera oportunista en su "juego" con el sector privado. Más allá de la mayor o menor relevancia de estos ejercicios analíticos, ellos ilustran que la relación entre "compromisos externos" y "credibilidad interna" no es necesariamente sencilla.

llo de capacidad de cooperación macroeconómica surge como una cuestión importante para reducir la probabilidad de que los ajustes frente a shocks recurran a trabas al comercio dentro de la región. Aun así, son claras las limitaciones que existen para los ejercicios de coordinación. La experiencia reciente es ilustrativa al respecto: las respuestas de políticas de los países ante las diversas perturbaciones de origen interno o externo fueron de carácter individual, sin que pudiera identificarse instancias de búsqueda de acciones concertadas. Al mismo tiempo, el hecho de que el régimen para el comercio intrarregional se haya mantenido (aunque no sin grandes presiones) en un período de turbulencia macroeconómica como la de los primeros meses de 1999 también resulta significativo. En todo caso, el episodio ha mostrado en los hechos que el proyecto de integración sigue sujeto a fuertes tensiones de origen macroeconómico.

Conviene enfatizar que aun las formas restringidas de cooperación macroeconómica descansarían en buena medida en la expectativa de interacciones repetidas entre las partes (o sea, en la operación de mecanismos de reputación, que lleve a desarrollar "confianza mutua" sobre la conducta de los socios en un dado ejercicio de coordinación) y que su resultado dependería significativamente de la información de que dispongan las partes. De ahí que, para que pueda haber eventualmente "coordinación en casos puntuales", sería útil que se afiancen las rutinas de intercambio de opiniones entre los responsables de las políticas,[16] y que estos cuenten con acceso a un conjunto suficiente de datos (de tipo cuantitativo y cualitativo), que puedan procesar de acuerdo con su propio esquema analítico. Estas actividades son todavía muy incipientes.

El Mercosur está integrado por economías de muy diferente tamaño; la demanda de coordinación es consiguientemente asimétrica (Carrera, 1995). Esta asimetría condiciona ciertamente las perspectivas de que se definan acciones concertadas por acuerdo. En todo caso, parece existir un interés común a todas las partes en acotar el grado de inestabilidad de la región: como efecto del avance de la integración, la existencia de previsibilidad macroeconómica habría adquirido hasta cierto punto el carácter de un "bien público" a escala de la zona. Esto implicaría que al disminuir el nivel de incertidumbre respecto de una de-

[16] En Heymann y Navajas (1991) se había sugerido que, al margen de los requerimientos circunstanciales, las pautas macroeconómicas contenidas en los respectivos presupuestos nacionales podían servir en principio como marco para organizar tales ejercicios como práctica recurrente. Más allá de la forma particular en que se establezcan los mecanismos de interacción (cf., por ejemplo, Lavagna y Giambiagi, 1998), su especificación significaría un movimiento tendiente a "institucionalizar la base de organización [...] para un proceso de consultas y, de ser necesario, de negociación sobre soluciones" (Ganderberger, 1998, p. 29). En este sentido, se ha señalado (Ganderberger, 1998, p. 24) que en la experiencia alemana de la constitución de consejos compuestos por autoridades de diversas jurisdicciones y áreas de competencia (fiscal y monetaria), aunque esos foros no tienen poder formal de decisión, sus reuniones parecen tener impacto, en parte porque se expresan en documentos públicos donde los participantes anuncian en conjunto las líneas de acción que planean seguir.

terminada economía se generan derrames positivos hacia los socios[17] y, por lo tanto, que podrían emerger beneficios conjuntos de algún tipo de arreglo que aumente la probabilidad de que los miembros del área mantengan un comportamiento macroeconómico ordenado.

El análisis de esquemas de esta naturaleza (que evocarían la experiencia europea con en el Tratado de Maastricht) abre varios temas, vinculados entre sí. Entre ellos: (i) la bien conocida disyuntiva entre el recurso a predeterminar políticas y el mantenimiento de flexibilidad ante perturbaciones o, más generalmente, ante el surgimiento de condiciones no previstas; (ii) la determinación de la lista de variables que estarían comprometidas en el ejercicio (y su definición específica), los criterios para establecer cotas numéricas para su evolución y la eventualidad de fijar algunas cláusulas de contingencia; (iii) los mecanismos de aplicabilidad (*enforcement*) de esos acuerdos y su interacción con la credibilidad de las políticas dentro de cada país, y (iv) la relación con otras posibles formas de coordinación. Estos son temas complejos; aquí solo cabe hacer una referencia rápida y parcial en el contexto particular del Mercosur.

Las dos economías más grandes de la región tienen una historia macroeconómica altamente volátil. En consecuencia, se hace sentir con fuerza la demanda por criterios de política simples y previsibles. En el caso de la Argentina, esto se manifiesta claramente en el estricto régimen monetario y cambiario, que ha operado como un definido elemento de encuadre para un amplio conjunto de decisiones privadas, especialmente en el ámbito de la oferta y la demanda de crédito. Al mismo tiempo, como se comentó antes, las economías del Mercosur están expuestas a perturbaciones (cuyas características y potencial intensidad dependen por cierto de las percepciones acerca del grado de certidumbre sobre las políticas, pero que no parecen ser exclusivamente función de tales expectativas), y vienen experimentando cambios importantes en su funcionamiento. Esto hace que, en muchos casos, la interpretación de los indicadores macroeconómicos resulte problemática y pueda variar apreciablemente según el enfoque analítico que se utilice. La cuestión no es meramente de índole teórica, sino que se expresa en instancias concretas; un ejemplo de esto son las distintas maneras con que a menudo se leen los movimientos en el déficit fiscal o en las cuentas del balance de pagos.[18] Dentro de un marco conceptual determinado, además, es generalmente difícil identificar como óptimas las políticas basadas en fijar valo-

---

[17] Por cierto, también pueden existir elementos competitivos a este respecto; por ejemplo: la estabilidad macroeconómica puede afectar a las elecciones de localización de inversiones en un país u otro (cf. Heymann y Navajas, 1991). No obstante, en la medida en que las decisiones (en particular, las relativas a la tenencia de activos reales y financieros) toman crecientemente en consideración el comportamiento previsto del mercado regional, parece razonable suponer que tienden a prevalecer los efectos de complementariedad.

[18] Algunos problemas vinculados con la interpretación de la magnitud y las variaciones de los pasivos externos están discutidos en Heymann (1994, 1996).

res numéricamente constantes (o independientes del estado) de las variables.[19] Aun si se adopta una visión más restringida basada en la noción de trayectorias sostenibles (Blanchard et al., 1990), la forma en que se juzga a una observación dada dependerá de las proyecciones (opinables) que se formulen sobre el comportamiento futuro de la economía.[20] Por lo tanto, las pautas cuantitativas que podrían definirse serían en todo caso la aplicación de criterios de "sentido común" (por supuesto, informado por consideraciones analíticas y por la experiencia generada en las propias economías), más que el resultado de algún cálculo preciso.

No obstante lo anterior, la determinación por parte de los socios regionales de ciertas pautas de comportamiento futuro en materia macroeconómica puede tener utilidad en varios sentidos, aun cuando esas pautas no representen en la práctica compromisos en términos firmes (lo cual implicaría que las partes establezcan algún mecanismo institucional que respalde "contractualmente" a los anuncios que pudieran formularse).[21] La actividad de búsqueda y definición en común de metas de desempeño macroeconómico sobre horizontes más o menos largos serviría para mejorar la información sobre la evolución prevista del área, de un modo que tendería a incorporar más concretamente las interdependencias entre las economías (en la medida en que, dentro de un ejercicio conjunto, se tendría en cuenta que las acciones de una de las partes repercutirían sobre las oportunidades de las otras). Asimismo, se aclararían orientaciones de política que pueden no quedar explícitas en una perspectiva limitada al corto plazo (por ejemplo, si

---

[19] Por ejemplo, es típico en modelos intertemporales de equilibrio que, a efectos de implementar una trayectoria óptima del consumo, suavizando sus fluctuaciones, deban cambiar en el tiempo la deuda pública y/o la deuda externa.

[20] El punto se vincula en particular con la identificación de los efectos cíclicos sobre el déficit fiscal. Al margen de contar con los valores de los parámetros que describen las elasticidades de ingresos y gastos respecto del nivel de actividad, para determinar el componente "permanente" del déficit, hace falta estimar las contribuciones cíclicas y tendenciales a las variaciones del producto en un período dado. Esto puede resultar bastante difícil en economías que dan signos de atravesar transiciones entre senderos de crecimiento distintos y, por lo tanto, donde la extrapolación de las tendencias pasadas no provee necesariamente indicaciones confiables (cf. Heymann y Sanguinetti, 1998a y b). En tales situaciones, es posible que los cálculos ex ante difieran de los que se harían, retrospectivamente, teniendo a disposición datos sobre períodos posteriores al de la estimación.

[21] Desde este punto de vista, el caso del Mercosur presenta diferencias con el europeo. En este último, es posible identificar un "núcleo" de países grandes que, de hecho, mostraron en los últimos años coincidencias a grandes rasgos sobre la orientación de las políticas económicas (especialmente en materia monetaria) y ejercieron liderazgo en la transición hacia la moneda única. Para los demás países, el incentivo al cumplimiento (aproximado) de los "criterios de Maastricht" estaba fuertemente influido por la capacidad del "núcleo" de incluirlos o no en el área monetaria: no obtener esa "aprobación" habría tenido un alto costo de reputación para las políticas (con consecuencias prácticas apreciables en términos de la disposición a mantener activos en el respectivo país, y tal vez también en cuanto a la fluidez del comercio con los socios). En el Mercosur, las asimetrías de tamaño sugieren que ese "núcleo" no se constituiría a menos que la Argentina y el Brasil coincidan, por propia decisión, y momento a momento, en la aplicación de pautas preestablecidas.

existe un acuerdo sobre un rango estrecho de tasas de inflación en el cual se espera que tiendan conjuntamente a mantenerse las economías); el propio proceso de discusión operaría como una forma para precisar afinidades y diferencias en los criterios y procedimientos de análisis. Es decir que, al margen de la posible función de las pautas de inducir medidas de política concretas (que operaría principalmente por medio de consideraciones relativas a la reputación), es probable que existan beneficios en la elaboración misma de las proyecciones y guías de acción, aunque de todos modos es útil mantener presente que cualquier sistema de objetivos numéricos tendría cierto grado de arbitrariedad en su definición y, en la práctica, su cumplimiento estaría sujeto a contingencias.

Es presumible que un conjunto de pautas macroeconómicas se concentraría en buena medida en indicadores de convergencia nominal, es decir, estaría focalizado en gran parte en los movimientos de precios en cada país y en variables fiscales y monetarias asociadas con el mantenimiento de bajos niveles de inflación. Por cierto, esa convergencia es de especial importancia en economías como las de la región, teniendo en cuenta las fuertes perturbaciones macroeconómicas que induce la inestabilidad de precios, sobre las cuales hay amplia experiencia. Desde el punto de vista de las propuestas de armonización monetaria dentro del Mercosur tendientes, en el límite, a la adopción en algún momento de una moneda regional única, el alineamiento de las tasas de inflación y la existencia de condiciones de solvencia fiscal serían claramente requisitos necesarios. Sin embargo, aparte de su importancia propia para el funcionamiento de las economías, bajos índices inflacionarios están lejos de generar por sí mismos las condiciones para una unificación monetaria[22] (al margen de que la perspectiva de esa unificación pueda en ciertos casos proveer incentivos para que los países hagan tender hacia valores similares sus respectivas tasas de variación de precios). En términos más amplios, economías de inflación reducida y no muy variable pueden tener comportamientos macroeconómicos dispares y, en especial, mostrar gran volatilidad en los tipos de cambio bilaterales.[23] Es decir que la convergencia de los niveles medios de las tasas de inflación y de los déficit fiscales

---

[22] En este punto parece importante señalar que la noción de convergencia puede tener significados distintos según el objetivo que se busque. Si se trata de acotar los derrames macroeconómicos provocados por la inestabilidad de las economías, pueden persistir moderados diferenciales inflacionarios sin que se generen grandes perturbaciones. Una gestión común de la política monetaria requiere un acuerdo definido sobre los ritmos de inflación que se buscaría mantener. Para el caso específico del Mercosur, es probable que en la Argentina el público haya ido desarrollando con el tiempo una muy baja tolerancia a las variaciones de precios agregados, inclusive a tasas que en otros contextos podrían resultar reducidas.

[23] Cf. Eichengreen, 1998: "Algunos miembros del Mercosur pueden preferir un arreglo de caja de conversión bajo el cual pegan su moneda a la de un país de baja inflación en otra región del mundo. Otros pueden preferir políticas de metas inflacionarias que apuntan a su propia tasa de inflación. Deberían entonces cruzar los dedos y aguantar la respiración para que los tipos de cambio intraMercosur producidos por esos arreglos sean relativamente estables".

de los países sería compatible con gestiones (e instituciones) monetarias muy diversas entre sí.

El análisis económico de las uniones monetarias se ha basado típicamente en el concepto de áreas óptimas. El énfasis está puesto en la capacidad de las políticas para servir como instrumento para moderar perturbaciones; la pregunta, entonces, consiste en si es preferible con ese fin que las acciones de estabilización cíclica se realicen a escala regional, o bien si es mejor efectuarlas en forma descentralizada, manteniendo políticas monetarias autónomas y flexibilidad cambiaria dentro de la zona. Las tradicionales condiciones que determinan un área óptima están, como se sabe, referidas a la intensidad de las interdependencias, al carácter común o asimétrico de los shocks entre localizaciones, a la movilidad de factores y a la existencia o no de políticas fiscales compensatorias en la región. Ahora bien: resulta discutible que las instancias concretas de formación o desintegración de uniones monetarias hayan sido guiadas principalmente por consideraciones basadas en la teoría de áreas óptimas (cf., por ejemplo, Bini Smaghi, 1990, para una discusión del caso europeo) o, más generalmente, en criterios relativos a la administración de shocks; a primera vista, jugaron con más fuerza argumentos (a menudo fundados en análisis sin un alto grado de formalización) vinculados con la promoción del intercambio o con la correspondencia entre afinidades de tipo económico o político y la utilización de una misma moneda. De hecho, es probable que esté lejos de haber una superposición plena entre las áreas óptimas determinadas analíticamente y las regiones monetarias observadas en concreto. Por otra parte, puede afirmarse que la naturaleza de las perturbaciones que experimenta una determinada economía no es independiente de las características de su sistema monetario y, por lo tanto, la ausencia de un área óptima inferida de los comportamientos anteriores a una unificación monetaria no prejuzgaría acerca del funcionamiento una vez que esta ha tenido lugar.[24] De todas formas, permanece el hecho de que la gestión de políticas en el marco del ciclo económico sigue siendo una cuestión vigente y de relevancia significativa, especialmente para economías sujetas a shocks de gran amplitud; de ahí que países que proyectan avanzar en su integración tengan que afrontar de una forma u otra la definición de criterios e instrumentos dirigidos a ese propósito.

Es claro que los argumentos para la formulación en común de las políticas monetarias[25] se refuerzan cuanto más intensa sea la movilidad de mercancías;

[24] Por ejemplo, parece probable que los shocks financieros externos (en una u otra dirección) tiendan a asemejarse más cuando los países han integrado sus monedas si todo lo demás permanece constante.

[25] El énfasis está puesto aquí en los mecanismos de coordinación que implican la puesta en práctica de sistemas de decisión conjunta (o, en todo caso, de reglas operadas en común). Por supuesto, existen instancias en que los países adoptan por elección individual políticas monetarias similares, lo que puede venir acompañado inclusive por la fijación del tipo de cambio bilateral: un ejemplo concreto en un contexto histórico sería el de economías que aplican un esquema de patrón oro. En ese caso, es posible que las acciones de un país influyan sobre las del otro, pero a menos que se desarrollen formas de acuerdo o cooperación en cuanto a la entrada y permanencia en el régimen y en cuanto a su administración, sigue tratándose de decisiones unilaterales de cada uno.

a menudo se afirma que el incremento en la densidad de tales flujos conduce naturalmente al empleo de una única "unidad de medida" para precios y contratos, y ello, a su vez, lleva a una gestión monetaria conjunta (cf., por ejemplo, Collignon *et al.*, 1994, citado en Lavagna y Giambiagi, 1998). En estos términos, valdría también la proposición inversa: si no existe un "liderazgo" claro (o sea, que induzca a otros países a alinear sus políticas monetarias con las del líder) parece razonable suponer que la densidad de las transacciones debería pasar cierto umbral antes de que sean grandes los márgenes percibidos entre beneficios y costos de un proceso de unificación monetaria.[26] Al mismo tiempo, también se ha destacado que la integración de los mercados de bienes y factores es un proceso gradual y que esto se aplica particularmente al Mercosur (véase, por ejemplo, Arnaudo y Jacobo, 1998). Aunque la región ha hecho avances en la determinación de políticas comerciales conjuntas, todavía existen fricciones para los movimientos intrarregionales de bienes (dado que no ha llegado a configurarse por completo una zona de libre comercio, y se siguen planteando en ocasiones desacuerdos sobre la aplicación de medidas paraarancelarias) y especialmente de servicios. Es decir que el Mercosur tiene aún considerable margen para la apertura recíproca de mercados, como instancia previa a que existan incentivos económicos fuertes para hacer converger las políticas monetarias.

Cuando dos países acuerdan acciones conjuntas en una coyuntura dada (o sea, efectúan un ejercicio de coordinación ocasional) no necesariamente deben coincidir los esquemas de interpretación que utilizan las partes: basta con que existan "oportunidades de intercambio" de acciones que se identifican mutuamente convenientes. Si se busca definir un régimen de políticas (que, por su naturaleza, implica determinar un conjunto de procesos de decisión para ciertos instrumentos sobre un horizonte temporal presumiblemente largo) los requisitos son más estrictos: las coincidencias deberían alcanzar no solamente a los objetivos generales sino, específicamente, a las funciones que se le asignan a las variables de política y a los arreglos institucionales y los criterios a emplear para establecer sus valores. En el caso de las políticas monetarias, estarían en juego cuestiones básicas del esquema de operación del banco central y características esenciales del funcionamiento de los mercados financieros; una armonización demandaría acuerdos precisos en un amplio rango de temas.[27]

---

[26] Uno de los temas que ha merecido atención a este respecto es la asociación entre soberanía y autonomía monetaria. De todos modos, si se trata de una unificación concertada, la pérdida de capacidad de cada país para ejercer una gestión propia tiene como contrapartida la adquisición de una cuota de poder de decisión sobre las políticas (o, en todo caso, el régimen) del área en su conjunto (cf. Mundell, 1997, y Heymann, 1998).

[27] Por otro lado, el hecho de que se trata de arreglos de largo plazo (con un alto grado de irreversibilidad) implicaría que también harían falta consensos difundidos en el interior de los países participantes.

Ha habido diferencias entre los países del Mercosur en cuanto al régimen para los flujos internacionales de capitales. Ello obedece en parte a diferencias en las experiencias de las economías individuales: en el caso argentino, en especial, la utilización del dólar como depósito de valor y denominador de contratos es un fenómeno de larga data,[28] y resulta probable que la disponibilidad de la opción para mover fondos desde y hacia el mercado local siga constituyendo un factor importante en las decisiones de mantener activos en el país. En todo caso, una condición para que se pueda encarar un proceso de integración monetaria parecería ser que haya funcionado por algún tiempo una "unión aduanera financiera"; esto requeriría no solo que haya libre movilidad de fondos entre los socios, sino también que se establezcan reglas comunes para las transacciones de crédito con terceros.

Por otro lado, si se plantea avanzar hacia una gestión monetaria conjunta y, en el límite, hacia una integración, haría falta determinar el marco institucional para la operación de un banco central a escala de la región. Esa definición demandaría definir varios temas básicos referidos al peso de los países individuales en las decisiones de la política monetaria común (el grado de autonomía de la autoridad monetaria, los mecanismos de representación en la dirección de la entidad, la distribución del señoriaje, entre ellos), y establecer de manera más o menos precisa el régimen al que estaría sujeta: cuáles serían sus objetivos, sus instrumentos, y las restricciones que se fijarían al manejo de las variables. También en estas cuestiones, al margen de que haya ciertos consensos difundidos y de que se puedan utilizar como referencia los antecedentes internacionales, no parece existir un diseño que se muestre unívocamente preferible, independientemente del modelo analítico que se utilice y de las condiciones de las economías a las que se vaya a aplicar. Asimismo, se pueden plantear mecanismos distintos para cumplir la función de prestamista de última instancia (cf. Powell, 1998). En todo caso, parece difícil disociar la elección de un sistema que desempeñe ese papel (cuya vigencia ha quedado remarcada en recientes episodios) del diseño del régimen monetario. De ahí que un proceso de integración monetaria se asociaría también con una definición para el conjunto del área de los esquemas de supervisión bancaria, disposiciones prudenciales y, en términos generales, del marco de funcionamiento de las entidades financieras. Ese tipo de determinaciones implicaría la búsqueda de acuerdos en una amplia gama de cuestiones.

En ese sentido, un punto crucial es por supuesto el del régimen cambiario. Por cierto, los análisis sobre coordinación de políticas económicas en el Mercosur se han referido frecuentemente a los problemas asociados, por un lado, con

---

[28] En este sentido, la economía argentina presenta como característica que su comercio se dirige de modo creciente hacia el Mercosur, pero su "patrón de denominación de contratos" y la moneda de referencia para valuar activos ha venido siendo el dólar. Parece difícil establecer las condiciones en las cuales llegarían a difundirse unidades alternativas como denominadores de contratos.

la variabilidad de los tipos de cambio intrarregionales y, por otro, con la identificación de esquemas viables de gestión concertada (cf. Lavagna, 1996; Echegaray, 1997; Martirena-Mantel, 1997; Rubini, 1998). Las políticas seguidas por los países indican que las visiones acerca del esquema cambiario que se adapta a cada caso no son coincidentes: el Brasil le asigna importancia al mantenimiento de flexibilidad en el tipo de cambio como elemento amortiguador de impulsos, mientras que la Argentina tiene a la paridad externa como rígida variable de anclaje nominal y foco de referencia para las expectativas de precios. Es bien sabido que la elección de un régimen cambiario implica disyuntivas no triviales; difícilmente se pueda identificar un sistema óptimo en cualquier circunstancia. Por esta razón, los criterios de decisión bien pueden variar según la economía. A veces se ha argumentado que podría haber una suerte de complementariedad de enfoques, de modo que la conformación de un área monetaria regional abriría una opción para que la Argentina adquiriera algún grado de flexibilidad cambiaria sin sacrificios significativos en términos de inflación, y a su vez aportara una señal de "compromiso antiinflacionario" para la región en conjunto. Sin embargo, en lo inmediato, el estricto anclaje al dólar de la moneda argentina resultaría difícilmente reversible: en los últimos años, la reacción de las políticas ante shocks ha tendido sin excepciones a reforzar las expectativas con respecto al mantenimiento del tipo de cambio fijo. Por su parte, la definición de un esquema de estabilización sostenible ha vuelto a ser un tema urgente para el Brasil, lo cual compromete al conjunto de los instrumentos macroeconómicos y también dificulta la adopción de una perspectiva regional.

Parece claro que la idea de avanzar hacia un esquema ambicioso de conciliación de políticas macroeconómicas vendría asociada con un conjunto de actividades, que incluye acciones concretas e instancias de discusión y negociación, que a primera vista abarcarían un período de tiempo bastante largo. Mientras tanto, seguiría planteada la búsqueda de mecanismos de coordinación para amortiguar perturbaciones y para limitar la inestabilidad de los derrames macroeconómicos recíprocos. De todos modos, es probable que, independientemente de su resultado último, el intercambio de puntos de vista sobre la configuración de los sistemas monetarios (que, como se argumentó, resultaría una condición necesaria para un ensayo de integración estrecha en la materia) serviría a un propósito útil, como mecanismo para definir con mayor precisión los puntos de coincidencia o discusión y, consecuentemente, como forma de incrementar el grado de información recíproca y de facilitar la identificación de oportunidades específicas de coordinación.

En todo caso, el episodio de comienzos de 1999 mostró, por un lado, la debilidad de los mecanismos existentes para administrar los derrames macroeconómicos regionales y, por otro, provocó diversas expresiones de los gobiernos respecto de la importancia que le asignaban al Mercosur como proyecto a largo plazo. Como se comentó antes, la ausencia de instancias más o menos formales de coordinación macroeconómica no impidió la expansión del comercio hasta 1998. Sin embargo, esto no necesariamente es extrapolable hacia adelante. Si el Mercosur se orienta hacia formas de integración que vayan más allá de una unión aduanera incompleta, la mayor intensidad de los mecanismos de transmisión de impulsos macroeconómicos haría crecer la "demanda" de coordinación (cf. Eichengreen, 1998); recíprocamente, una repetición de casos en que perturbaciones macroeconómicas se propagan de unos países a otros disminuiría los incentivos para seguir profundizando los intercambios de bienes y servicios. Dado ello, al margen de los temas que abren las coyunturas específicas de las economías de la región, la situación del Mercosur plantea tensiones entre los objetivos expresados de mantener el impulso de la integración y la falta de instituciones o procedimientos que vayan facilitando el tratamiento conjunto de cuestiones macroeconómicas. Por cierto, la "oferta de coordinación" sigue siendo escasa: hay grandes asimetrías de tamaño entre las economías, los grados de libertad para el manejo de instrumentos son muy limitados (por distintas razones) en los países y existen manifiestas diferencias de actitud (que responden a motivos no triviales) respecto de temas tan centrales como el del régimen cambiario. Estas son restricciones fuertes, que pueden condicionar el avance del Mercosur como área económica.

Comentarios finales

Al lo largo de la década, las economías del Mercosur han incrementado notablemente el volumen de su intercambio comercial. Ello ha aumentado el grado de interdependencia macroeconómica, tal como queda indicado en la mayor variabilidad de los balances comerciales bilaterales entre la Argentina y el Brasil. Por cierto, en los últimos años no se han observado grandes subas en la participación de cada país en las importaciones del socio, y existen señales de que han disminuido algunas elasticidades de respuesta del comercio recíproco ante cambios de variables macroeconómicas. Sin embargo, esas elasticidades siguen siendo elevadas, y es clara la existencia de un escalón hacia arriba en el nivel del intercambio, que se produjo en los comienzos de los años noventa (si bien en 1999 se observaría un retroceso). Por otro lado, tanto en los ámbitos públicos como en los privados, el Mercosur fue incorporado como un proyecto de largo plazo, lo cual se reveló en una variedad de decisiones concretas. En estas condiciones, es natural que se plantee el reforzamiento de los mecanismos de coordinación macroeconómica.

En algunos episodios operaron efectos de "coordinación casual" (en los que las acciones macroeconómicas de algún país, tomadas autónomamente, se correspondieron a grandes rasgos con lo que hubiera significado una "conducta cooperativa" desde el punto de vista de los otros), y en ciertos casos se emplearon instrumentos de política comercial para amortiguar impactos macroeconómicos recíprocos (cf. Garriga y Sanguinetti, 1996). Sin embargo, el uso de esta clase de instrumentos no es una forma deseable de manejar efectos macroeconómicos, y la consistencia espontánea de acciones adoptadas unilateralmente es más un fenómeno ocasional que un caso generalizable. Asimismo, la experiencia reciente muestra que los países de la región están expuestos a impulsos macroeconómicos de diverso tipo y que pueden tomar una intensidad considerable.

Existen cuestiones, relevantes desde el punto de vista macroeconómico, en las cuales podrían identificarse oportunidades de armonizar políticas a efectos de evitar soluciones subóptimas para las partes como resultado de acciones no concertadas. Un caso sería el de los esquemas y mecanismos que operan sobre la localización de inversiones. En cuanto a la coordinación dirigida a enfrentar perturbaciones sobre las economías (individuales o en su conjunto), parece difícil definir sistemas de tipo general; las formas de cooperación en la materia serían de tipo flexible y estarían sujetas a la "oferta" de instrumentos con que se cuente en la instancia dada. Por su lado, sería posible encarar ejercicios dirigidos a acotar la variabilidad a mediano plazo de los impactos macroeconómicos recíprocos a partir de la definición acordada de pautas de comportamiento sobre un horizonte plurianual; estos ejercicios pueden implicar un grado variable de "compromiso" para las respectivas políticas económicas.

Al margen de sus avances, el Mercosur es un proyecto de integración incipiente: no se ha completado aún el establecimiento de la unión aduanera, y existe una distancia no despreciable entre el estado actual del sistema de intercambios en el área y lo que correspondería a un mercado común (cf. Lucángeli, 1998). Parece haber entonces amplios márgenes para acciones dirigidas a consolidar los aspectos reales de la integración. Ello constituye un requisito para encarar formas exigentes de coordinación macroeconómica, pero también conviene tener en cuenta que una integración de mayor alcance incrementaría las demandas para que las políticas macroeconómicas reconozcan y contemplen sus efectos regionales.

La coordinación macroeconómica por medio de la determinación en común de regímenes de política (por oposición a la basada en acciones puntuales) implicaría el establecimiento de acuerdos permanentes sobre aspectos centrales del funcionamiento de las economías. En el caso de la política monetaria, más allá de los requisitos para la convergencia nominal, ello involucraría a una amplia gama de cuestiones relativas a la organización de los bancos centrales (objetivos, instrumentos, restricciones, forma institucional), a las características de los sistemas de transacciones financieras con el exterior, a los esquemas cambiarios y a la supervisión y regulación de las entidades bancarias. Es probable que la discusión en común de los temas mencionados pueda servir para mejorar la capacidad de previsión de los socios regionales respecto de la evolución macroeconómica de los otros, y para precisar más las posibilidades de obtener beneficios mutuos por medio de comportamientos coordinados. Sin embargo, se aprecian restricciones para el manejo acordado de instrumentos macroeconómicos, inclusive bajo formas laxas de coordinación.

Referencias bibliográficas

AHUMADA, H. 1995. Econometría dinámica: una exposición simplificada. Serie Seminarios 16/95. Buenos Aires, Instituto y Universidad Torcuato Di Tella.

ARNAUDO, A., Jacobo, A. 1998. Policy harmonization in Mercosur. Córdoba, Universidad Nacional de Córdoba. Mimeo.

BAYOUMI, T., Eichengreen, B. 1996. Operationalizing the theory of optimum currency areas. Discussion Paper No. 1484. Centre for Economic Policy Research, Londres.

BINI SMAGHI, P. 1990. Progress towards European Monetary Unification: selected issues and proposals. Serie Temi di Discussione del Servizio Studi, núm. 133. Banca d'Italia.

BLANCHARD, O., Chouraqui, Hagemann, Sartor. 1990. The sustainability of fiscal policy: New answers to an old question. En: OECD Economic Studies, 15.

CANZONERI, M., Henderson, D. 1989. Noncooperative monetary policies in interdependent economies. Cambridge, Massachusetts, MIT Press.

CARRERA, J. 1995. Efectos precio y comercio en un área monetaria asimétrica. Revista Económica, núm. 2, octubre-diciembre.

CEI. 1998. Argentina de cara al mundo. Ministerio de Relaciones Exteriores, Comercio Internacional y Culto, Buenos Aires.

COLLIGNON, S., Bifinger, P., Johnson, C., De Maigret, B. 1994. Europe's monetary future. New Jersey, Rutherford, Fairleigh Dickinson, University Press.

CHUDNOVSKY, D. et al. 1994. La nueva inversión extranjera directa en la Argentina. Privatizaciones, mercado interno e integración nacional. Documento de Trabajo, CENIT, Buenos Aires.

ECHEGARAY, R. 1997. Coordinación de políticas cambiarias en América Latina: una perspectiva desde el Mercosur. En: La coordinación de las políticas macroeconómicas en los procesos de integración. Centro de Formación para la Integración Regional-CEFIR, Montevideo.

EICHENGREEN, B. 1998. Does Mercosur need a single currency? Working Paper 6821, NBER, Cambridge.

FIEL. 1997. Encuesta a la industria manufacturera: evolución reciente de los factores de la competitividad. Informe final, noviembre.

FRANKEL, J., Rose, A. 1996. The endogeneity of the optimum currency area criteria. Discussion Paper 1473, Centre for Economic Policy Research, Londres.

GANDENBERGER, O. 1998. Coordination of nacroeconomic policy and fiscal decentralization. Serie Política Fiscal, núm. 104, ECLAC-GTZ, Santiago de Chile.

GANOPOLSKY, E., Schmuckler, S. 1998. Crisis management in Argentina during the 1994-1995 Mexican crisis: How did markets react? Policy Research Working Paper 1951, The World Bank.

GARRIGA, M., Sanguinetti, P. 1994. Es el Mercosur un bloque natural: efectos de la política comercial y la geografía sobre el intercambio regional. CEI.

GARRIGA, M., Sanguinetti, P. 1996. Coordinación macroeconómica en el Mercosur: ventajas, desventajas y la práctica. Serie Prosur, Fundación Friedrich Ebert, Buenos Aires.

HEYMANN, D. 1994. Sobre la interpretación de la cuenta corriente. *Desarrollo Económico*, núm. 135, octubre-diciembre.

HEYMANN, D. 1996. Una nota sobre indicadores de la deuda externa. *Revista de Economía*, mayo.

HEYMANN, D. 1998. Comments on Mundell: Money and the sovereignty of the State. Mimeo.

HEYMANN, D., Navajas, F. 1991. Coordinación de políticas macroeconómicas. Aspectos conceptuales vinculados con el Mercosur. Documento de Trabajo 45, CEPAL, Buenos Aires.

HEYMANN, D., Navajas, F. 1992. Interdependencias macroeconómicas entre Argentina y Brasil: los flujos comerciales. En: Centro de Economía Internacional, Estudios Argentinos para la Integración del Mercosur, Buenos Aires.

HEYMANN, D., Navajas, F. 1993. Escenarios de coordinación macroeconómica en la transición al Mercosur. CEPAL, Buenos Aires. Mimeo.

HEYMANN, D., Sanguinetti, P. 1998a. Business cycles from misperceived trends. *Economic Notes*, 2.

HEYMANN, D., Sanguinetti, P. 1998b. Quiebres de tendencia, expectativas y fluctuaciones económicas. *Desarrollo Económico*, abril-junio.

KEHOE, P. J. 1989. Policy cooperation among benevolent governments may be undesirable. *Review of Economic Studies*, vol. 56, núm. 2.

LAVAGNA, R. 1996. Coordinación macroeconómica, la profundización de la interdependencia. Oferta y demanda de coordinación. *Desarrollo Económico*, julio-septiembre.

LAVAGNA, R., Giambiagi, F. 1998. Hacia la creación de una moneda común. Una propuesta de convergencia coordinadora de políticas macroeconómicas en el Mercosur. Buenos Aires, febrero.

LUCÁNGELI, J. 1998. La integración de Argentina en el Mercosur. Documento de Trabajo núm. 26, CECE.

MARTIRENA-MANTEL, A. 1997. Reflexiones sobre uniones monetarias: pensando el Mercosur desde el caso europeo. *Anales de la Academia Nacional de Ciencias Económicas*.

MUNDELL, R. 1997. Money and the sovereignty of the State. Mimeo.

PORTA, F., Kosacoff, B. 1997. La inversión extranjera directa en la industria argentina. Tendencias y estrategias recientes. CEPAL, Buenos Aires, febrero.

POWELL, A. 1998. On domestic and international lenders of last resort. Documento de Trabajo, BCRA.

ROGOFF, K. 1985. Can international monetary policy cooperation be counter productive? *Journal of International Economics*, mayo.

RUBINI, H. 1998. Moneda única en el Mercosur: una lectura desde Argentina. Documento presentado en las Terceras Jornadas de Economía Monetaria e Internacional, Facultad de Ciencias Económicas, UNLP, La Plata, mayo.

Capítulo 4
Integración financiera y coordinación macroeconómica en el Mercosur

Roberto Zahler y *Carlos Budnevich*

Introducción

En los últimos años ha habido un profundo proceso de globalización de las economías del mundo, producto de un espectacular avance en las comunicaciones y en la tecnología, al que se sumaron estrategias de creciente apertura externa de la mayoría de los países. Estos factores estimulan la internacionalización de la economía a escala mundial. De modo paralelo, se han creado tres grandes bloques conformados por los Estados Unidos, Europa y el Japón, lo que plantea importantes desafíos a América Latina y al Mercosur. En primer lugar, y de naturaleza estratégica y de negociación, la región deberá definir una posición respecto de la nueva realidad que se generará en materia de coordinación macroeconómica y cooperación internacional. En segundo lugar, a menos que haya un esfuerzo consciente de coordinación entre los tres grandes bloques, es probable que se observe una desincronización más intensa que la registrada hasta ahora de los ciclos económicos entre los países industriales. Ella podría tener implicancias en el ámbito sistémico, derivadas de una visión más "hacia adentro" de parte de los tres bloques, ya que ellos se perciben cada vez más equivalentes en términos de poderío e influencia económica y menos dependientes del desarrollo de la economía internacional que hasta ahora.[1] En tercer lugar, se replantea la opción de una estrategia de desarrollo más "integracionista" en América Latina, sobre todo a la luz de lo que está ocurriendo en materia de integración comercial, financiera y monetaria en Europa.

De hecho, paralelamente a la creciente globalización, y con el principal ejemplo de Europa, en América Latina se han seguido desarrollando esfuerzos,

---

* Presidente de Zahler & Asociados.

** Banco Central de Chile.

[1] En el plano estrictamente económico la Unión Monetaria Europea contribuirá a perfilar con mayor nitidez el papel de los bloques económicos en la economía internacional. Dichos bloques, por su dimensión y naturaleza, deberían ser menos sensibles a la repercusión económica externa de su desarrollo y de sus políticas. Ello puede llevar a una mayor frecuencia de asincronía en sus ciclos económicos así como de volatilidad cambiaria, y eventualmente de tasas de interés de las principales monedas. En consecuencia, América Latina debería prepararse para enfrentar en los próximos años una probable mayor inestabilidad en los precios de las principales monedas así como, eventualmente, de las tasas de interés internacionales.

con diferentes grados de compromiso e intensidad, de integración económica regional y subregional. Es evidente que dichos esfuerzos no han tenido el mismo avance que los de Europa con posterioridad a la Segunda Guerra Mundial. En efecto, Europa ha llevado a cabo un experimento de integración comercial y financiera que, sin haber estado exento de problemas, está a punto de acceder a un estado superior de desarrollo, inédito por su profundidad y extensión, y con fuertes implicancias sistémicas, políticas y económicas, en el ámbito nacional, regional e internacional.

Cabe destacar, sin embargo, que la coordinación y la cooperación macroeconómicas en Europa, así como la integración financiera en dicho continente, se dieron a lo largo y sobre todo al final de cuarenta años de integración comercial exitosa y luego de un profundo proceso de liberalización, adecuada regulación y coordinación, además de tener en funcionamiento en forma ininterrumpida un mercado único. Nuestra región está aún muy lejos de haber avanzado en la integración con el nivel, la profundidad, la fluidez y el ritmo de los europeos. En particular, en los acuerdos de cooperación e integración que se han establecido en América Latina no se han materializado esquemas de integración financiera ni monetaria, ni siquiera de coordinación macroeconómica.[2] Lo que existe son acuerdos en el campo de los mecanismos de pagos internacionales y créditos recíprocos, que están muy lejos de algo que pudiera asemejarse a una integración financiera, ni menos a una integración monetaria. Solo recientemente se ha creado en el Mercosur un grupo de intercambio de información y coordinación macroeconómica. Por lo demás, es evidente que en América Latina queda mucho por hacer en materia de integración comercial, ambiental, de infraestructura en transporte y comunicaciones, movilidad laboral y complementación tributaria, áreas todas en las que usualmente se ha avanzado en forma previa o a la par con la integración financiera.

Teniendo presente lo anterior, el objetivo de este trabajo es desarrollar una aproximación al tema de la cooperación y la coordinación en el ámbito macroeconómico y de la integración de los servicios financieros en la región.[3] Primero se describen las consideraciones analíticas en torno de la coordinación y la cooperación macroeconómicas. Luego se analizan los beneficios y costos de un esquema de coordinación completa, como la Unión Monetaria. Se evalúan las tendencias macroeconómicas del Mercosur a la luz de los criterios de convergencia de Maastricht. A continuación, se presentan las condiciones macroeconómicas y los

---

[2] La teoría y la práctica de la integración económica se han concentrado casi exclusivamente en sus implicancias sobre la asignación de recursos. Con la sola excepción del análisis y la discusión sobre zonas monetarias óptimas de los años sesenta, y que no tuvo mayor significación en los esfuerzos de integración, aunque si contribuyó a la definición de sistemas cambiarios de países individuales, no ha habido mayor preocupación analítica ni empírica sobre los efectos macroeconómicos, financieros y monetarios de la integración.

[3] En el texto se tratan indistintamente a la región y a la subregión (Mercosur).

principios de regulación financiero-bancaria que los distintos países de la región deberían compartir para avanzar en la integración financiera. Se concluye que la integración financiera en la región ha sido y es más lenta que la comercial y que su avance se da más por la vía de los hechos y de las realidades que por las programaciones "desde arriba". También se concluye que en un futuro previsible no parece posible una plena coordinación de las políticas macroeconómicas, ni tampoco se estima realista aspirar a una plena armonización de la regulación financiera. Sin embargo, se sugieren principios y acciones que pueden contribuir a una coordinación macroeconómica y a un proceso de integración financiera, limitada en un comienzo, pero efectiva, sólida y perdurable en la región.

Consideraciones analíticas sobre coordinación y cooperación macroeconómicas

Ámbitos de coordinación y cooperación de políticas

Los potenciales beneficios y costos de la coordinación de políticas macroeconómicas dependen del grado de cooperación entre los responsables de dichas políticas en los distintos países. De acuerdo con Cooper (1987) y con Currie, Holtham y Hughes Hallet (1989), se puede distinguir una jerarquía de grados de cooperación.

Intercambio de información

Los países intercambian libremente información sobre sus objetivos, prioridades, estadísticas y sobre cómo estiman que reaccionarían ante shocks internos o externos. Cada país continúa tomando decisiones en forma autónoma y descentralizada. Al intercambiar información, los países se benefician al descartar información errónea o incompleta respecto de la realidad y de los cursos probables de acción de los demás países miembro. En particular, el conocimiento de información adecuada sobre las respuestas de política debería reducir la probabilidad de amplificar errores individuales al resto del sistema.

Por otro lado, en la práctica, la cooperación mediante el intercambio de información puede proveer la mayor parte de los beneficios de la coordinación de políticas. En efecto, una función importante de las reuniones internacionales de análisis y discusión de políticas es el intercambio de información respecto de dichas políticas y de la situación de las economías. Este es el caso, por ejemplo, de las reuniones mensuales que organiza y coordina el Banco Internacional de Pagos de Basilea (BIS) y a las que asisten regularmente los presidentes de bancos centrales del Grupo de los 10. Similar es el caso, aunque en un contexto más informal, menos sistemático y frecuente, de las reuniones bianuales de los presidentes de los bancos centrales de América Latina y el Caribe, a las que no siempre asisten los titulares de sus instituciones. Este ámbito de cooperación facilita las consultas entre los países miembro, lo que puede contribuir a alertar a los responsables del manejo macroeconómico respecto de posibles conflictos derivados de objetivos incompatibles sobre el tipo de cambio, la balanza comercial u otros, evitando devaluaciones competitivas o la aplicación de programas fiscales y/o monetarios incompatibles.

Evitar conflictos sobre objetivos compartidos

Este ámbito de cooperación se presenta cuando los países tienen como objetivo una misma variable (por ejemplo, un tipo de cambio bilateral) o cuando los países tienen objetivos que están ligados directamente a una identidad que no puede ser modificada por intervenciones políticas (por ejemplo, el problema de n-1 cuentas corrientes independientes con n países). En este caso, la coordinación puede generar ganancias por la vía de acuerdos que eviten establecer objetivos incompatibles para una misma variable o por la vía de prevenir que ciertos países intenten políticas competitivas que no pueden ser alcanzadas simultáneamente. Este tipo de coordinación permite ahorrar esfuerzos al impedir políticas que en vano pudiesen afectar al objetivo compartido con otro país. El éxito con objetivos compartidos requiere una coordinación precisa respecto de cómo serán controlados y cierto consenso sobre la trayectoria de las variables objetivos.

Cooperación sobre objetivos intermedios

Puede alcanzarse un grado limitado de cooperación cuando los países controlan conjuntamente las variables que conforman los principales mecanismos de interrelación económica entre ellos. En este caso estas variables se tratan como objetivos intermedios, es decir que son instrumentales para obtener mejores resultados respecto de los objetivos finales. Usar objetivos intermedios implica que algunas variables son usadas como subrogantes de la variable objetivo. Ejemplos en este sentido son las bandas cambiarias o tener como objetivo intermedio un tipo de cambio fijo para los países en el contexto de una regla de crecimiento monetario mundial fijo. El problema aquí es que las autoridades económicas pueden tener la tentación de modificar la política cambiaria por motivos "egoístas", sea para mejorar su balanza comercial o para incrementar su ritmo de crecimiento. Pero si dos países intentan eso simultáneamente, se puede llegar a una situación de equilibrio de mayor inflación sin ganancias en crecimiento ni en el saldo de la balanza comercial. Compartir como objetivo el tipo de cambio evita las pérdidas derivadas de la descoordinación y limita desalineamientos significativos del tipo de cambio real respecto de los fundamentales, minimizando así las distorsiones en el comercio internacional.

Coordinación parcial

En este esquema los países cooperan buscando alcanzar ciertos objetivos, mientras intentan lograr otros de manera no cooperativa. Se argumenta normalmente sobre la conveniencia de que los países coordinen sus políticas monetarias, dejando la política fiscal para objetivos domésticos. Pero se requiere un mínimo grado de coordinación en esta área, ya que la política fiscal de los países debe ser al menos sostenible en el tiempo. Otra forma de coordinación parcial se relaciona con acuerdos respecto de la asignación de las políticas monetaria y fiscal a los objetivos externos e internos, respectivamente.

Coordinación completa

En este caso los países negocian sobre todos los objetivos y los instrumentos fiscales, cambiarios y monetarios. El objetivo es maximizar las ganancias de la cooperación por sobre el establecimiento de políticas no cooperativas, sujeto a una distribución razonable de aquellas ganancias. En general es necesario adoptar reglas simples, fáciles de aplicar y controlables y que, además, puedan ser entendidas y percibidas como creíbles por parte del sector privado. Un caso de coordinación completa, que se analiza más adelante, es el de la unión monetaria.

Obstáculos a la coordinación

Es evidente que si las ganancias de la coordinación son pequeñas, o no se distribuyen de manera equitativa, es muy difícil generar y, posteriormente, mantener vigente acuerdos de esta naturaleza. Por otro lado, cuanto más importantes sean el comercio y las relaciones financieras entre ciertos países, más relevante se torna la coordinación entre ellos.

A su vez, cabe prevenir situaciones en las que los países decidan no cooperar. Ello tenderá a ocurrir si se espera y/o se permite que los otros países no cumplan con su parte de lo acordado, lo cual puede generar comportamientos perversos para el esquema cooperativo. Esto ocurre cuando alguna de las partes encuentra ventajoso desviarse del acuerdo. También existen incentivos para no coordinar si es que se percibe probable la eventualidad de shocks exógenos, sobre todo aquellos de naturaleza transitoria, que reducen las ganancias derivadas de la coordinación. De manera similar, la información que contenga errores respecto de las prioridades y los objetivos nacionales o la existencia de incertidumbre acerca de los modelos usados para el diseño de políticas reducen las ganancias de coordinación entre los países.

La coordinación bien conducida es importante para influir sobre las expectativas y, por lo tanto, es clave para la reputación. Romper las reglas acordadas en un esquema cooperativo, sobre todo si ello ocurre con cierta frecuencia, es muy dañino. Por este motivo suele sostenerse que los beneficios de la coordinación son mayores si se basa en reglas que tienen efecto en la credibilidad. Sin embargo, la existencia de reglas de crecimiento monetario a la Friedman y de equilibrio fiscal sistemático por parte de todos los países no requeriría, en apariencia, la coordinación internacional. Pero si existen múltiples equilibrios de largo plazo y estos dependen de las trayectorias de las variables, se requiere entonces la coordinación macroeconómica entre los países para guiar las expectativas en forma adecuada y consistente.

En la práctica, los tipos de cambio han sido el foco principal de coordinación macroeconómica. Esto permite limitar divergencias en las políticas macroeconómicas internas, con la ventaja del rápido monitoreo sobre los tipos de cambio. En todo caso estos acuerdos exigen una visión acertada de los tipos de cambios reales de equilibrio y de los diferenciales en las tasas de inflación. El rol y las políticas de los bancos centrales son determinantes para conducir adecuadamente las expectativas cambiarias. Este tema ha estado en el origen de las uniones monetarias.

Beneficios y costos de una unión monetaria

La unión monetaria (UM) es uno de los esquemas más completos y definitivos de coordinación de políticas macroeconómicas. En efecto, ella implica el uso de una moneda común, por lo que la política cambiaria, dentro de los países miembro, deja de existir, mientras que la política monetaria se lleva a cabo sobre la base de criterios comunitarios y no nacionales. Algunas de las ventajas que se derivan de la UM son el uso de la moneda común, la eficiencia de una moneda única como unidad de cuenta y forma de mantener riqueza, la reducción en los costos de transacción en el comercio y las finanzas intracomunitarias e internacionales y el término de las comisiones cobradas para intercambiar monedas entre los países miembro.

La UM también reduce el riesgo cambiario y/o la incertidumbre en los tipos de cambios nominales y reales entre los países miembro a la vez que, como por lo general es una zona más cerrada al comercio extrarregional, es posible que se produzca un aumento en la volatilidad del tipo de cambio con respecto a monedas fuera de la UM.

Otra ventaja consiste en que esa institucionalidad debe "garantizarse" la estabilidad del valor de la moneda común, como incentivo mínimo para que los países entreguen su soberanía monetaria. Además, la UM puede modificar las restricciones que enfrenta la política monetaria de los países miembro, al introducir mayor disciplina, y por lo tanto reduce la inflación de equilibrio. Asimismo, los países miembro de una UM se ven imposibilitados de aplicar devaluaciones competitivas, lo que redunda en menor inflación y mayor credibilidad.

Entre las dificultades asociadas a la UM, cabe destacar que casi con certeza reducirá la recaudación del señoriaje nacional y puede desestabilizar el presupuesto público. Ello es más serio en países con elevadas deudas públicas, en la medida en que la expansión monetaria deja de ser una vía para financiar ese componente del déficit fiscal, lo que puede llevar a un esquema de financiamiento subóptimo (sobre todo cuando la base tributaria es baja) o a problemas de insolvencia.[4] Por eso es necesario poner ciertas restricciones a los niveles de endeudamiento público y requerir alguna semejanza en cuanto al déficit del sector público entre los países potencialmente miembros de la UM. En cuanto a la deuda pública, importa su monto, plazo y denominación. Cuanto más baja, de corto plazo e indexada sea, menor es la recaudación fiscal derivada de una sorpresa inflacionaria. En consecuencia, la estructura de la deuda pública es determinante en los incentivos que la autoridad económica tiene para determinar objetivos de inflación.

Por otro lado, una UM pierde atractivo en ausencia de movilidad y flexibilidad laboral y de redistribución fiscal entre los países miembro. La incapacidad de llevar a cabo algún grado de política fiscal independiente y autónoma en el ámbito nacional tiene también un impacto negativo en la viabilidad de una eventual UM. La existencia de mecanismos de transmisión distintos de los precios de los insumos intermedios y de los salarios a los precios finales requiere de ajustes de niveles de precios e inflación diferentes, lo que implica que no sea óptima un área monetaria común en los países que tienen dichas asimetrías.

Cuando las estructuras de los países difieren en aspectos muy significativos o cuando economías similares enfrentan shocks asimétricos, se maximizan las desventajas de una UM, toda vez que en esos casos la flexibilidad cambiaria es el instrumento más adecuado para distribuir los efectos de los shocks. Por otra parte, las diferencias en la estructura fiscal entre países pueden llevar a diferencias en la recaudación fiscal óptima por medio de la emisión de dinero, lo que, por definición, no puede darse en un esquema de UM. Otro problema asociado a la UM deriva de la dificultad para concordar una tasa de inflación óptima y única entre sus países miembro. Asimismo, diferentes estructuras tributarias pueden llevar a distintas tasas de inflación, como consecuencia del flujo de crédito del banco central al sector público.

Coordinación y cooperación

La coordinación económica se distingue de la cooperación en que la primera implica la adopción, en mayor o menor grado, de decisiones conjuntas, en tanto que la segunda, en su forma más elemental, corresponde a un intercambio de informaciones.

---

[4] Una forma posible de continuar financiando necesidades del sector público proviene de un aumento en la tasa de encaje no remunerado de los bancos, lo que tiene la desventaja de que impide la integración financiera efectiva entre los países miembro de la UM.

Cooper (1986) considera las siguientes etapas de cooperación, de manera secuencial:

  i)   intercambio de informaciones;
  ii) acuerdos respecto de definiciones comunes de conceptos y mediciones;
  iii) acuerdo respecto de normas comunes, y
  iv) intercambio de opiniones acerca de decisiones políticas.

Por su parte, Currie, Holtham y Hallett (1989) plantean la siguiente jerarquización de la coordinación entre los países:

  i)   definir una política común ante eventos externos que afectan a las economías de esos países;
  ii) realizar un seguimiento conjunto de algunas variables;
  iii) establecer conjuntamente metas cuantitativas comunes, que sean consistentes entre sí, y
  iv) formular y aplicar una política macroeconómica común, como un nivel avanzado de coordinación.

Como se puede apreciar, este es un proceso de largo aliento, y por lo tanto es necesario sentar las bases para avanzar en la coordinación y la convergencia de las políticas macroeconómicas entre los países miembro de un eventual acuerdo, antes de avanzar en el establecimiento de metas cuantitativas.[5]

En el caso del Mercosur, Giambiagi (1998) señala que en un período de seis años se debe contar con:

  i)   legislaciones nacionales similares entre los países miembro;
  ii) indicadores macroeconómicos homogéneos en lo que se refiere a la calidad, el alcance y la periodicidad de los mismos,y
  iii) una situación macroeconómica caracterizada por una relativa convergencia de las variables económicas fundamentales, vale decir, inflación, tipos de cambio, déficit fiscales, déficit en cuenta corriente, etcétera.

Un aspecto fundamental para el éxito del proceso de armonización de las políticas macroeconómicas es reducir la incertidumbre respecto de hasta qué punto

[5] En el caso del Mercosur, para avanzar en la coordinación entre los gobiernos de la Argentina y el Brasil, Giambiagi (1998) propone la conformación de tres comisiones que se reunirían dos veces por año: una Comisión de Asuntos Fiscales para temas de hacienda pública y tributarios; una segunda Comisión de Asuntos Industriales y Comerciales, cuyo objetivo sería intercambiar información, identificar eventuales problemas en las relaciones bilaterales y definir estrategias comunes en materia de política industrial y comercial, y una Comisión de Alto Nivel, que tendría como funciones básicas: a) intentar arbitrar eventuales conflictos que pudieran surgir en las otras dos comisiones; b) realizar un monitoreo sistemático de las informaciones de los dos países, y c) definir metas macroeconómicas acordadas en conjunto. Adicionalmente, se plantea la definición de tres Grupos de Armonización de la Legislación en las áreas tributaria, laboral y de mercado de capitales.

la coordinación va a funcionar y a crear los incentivos para que los acuerdos y compromisos, por simples que sean, se cumplan, pues de lo contrario existen importantes "costos de reputación y credibilidad" asociados con eventuales desvíos respecto de los objetivos planteados.

Es necesario tener en cuenta, además, ciertas restricciones que pueden interferir con el proceso de coordinación de políticas. Entre estas cabe destacar la utilización de distintos instrumentos de política para el logro de objetivos internos, así como la asimetría en los tamaños de las economías de la región. Adicionalmente, el comportamiento desigual de las economías y las diferencias en la velocidad y la profundidad en la consecución de objetivos comunes sugieren que un mínimo de estabilidad macroeconómica constituye un requisito para comenzar el proceso de coordinación.

Con el propósito de iniciar un proceso que permita en el futuro alcanzar la coordinación en su estado más avanzado, se podrían promover, como una primera etapa, formas de coordinación más bien laxas o flexibles. De esta manera, los esfuerzos iniciales estarían orientados a lograr el intercambio de información con cierta periodicidad predeterminada y sobre la base de metodologías previamente discutidas y acordadas. Además, se sugiere establecer contactos y mecanismos más o menos informales entre los responsables de la conducción económica de los países de la región, lo que posibilitaría realizar consultas y discutir los efectos y las consecuencias de la aplicación o no de determinadas medidas en ciertas condiciones particulares de cada país. Esto permitiría que inicialmente las autoridades tuvieran un entorno flexible, sin que fuera necesario que adquirieran compromisos o acuerdos explícitos o que establecieran "cláusulas de contingencia" ante eventuales incumplimientos.

Una segunda etapa sería el establecimiento de compromisos generales entre los países, para aplicarlos de manera individual y posiblemente someterlos a una revisión periódica de manera de hacer más predecible la política económica de la (sub)región. Para esta segunda etapa, podría utilizarse un mecanismo de reuniones similar al sugerido para el Mercosur, esto es, comisiones que se encarguen de analizar la temática fiscal, las relaciones comerciales, etc., mientras que el Consejo Asesor de Ministros de Hacienda y de Presidentes de Bancos Centrales tendría facultades para resolver controversias, realizaría un control periódico de la situación de cada país y, en una etapa más avanzada, definiría metas macroeconómicas de manera consensual.

La cooperación económica europea de posguerra y la integración monetaria[6]

La iniciativa de ayuda en la posguerra de los Estados Unidos a Europa (Plan Marshall) llevó a la creación de la Organización para la Cooperación y el Desarrollo Económico (OCDE) en 1948, con el propósito de promover la libera-

---

[6] Esta sección se basa en Zahler (1997) y Obstfeld (1997).

lización del comercio y de los pagos de cuenta corriente de las balanzas de pagos en Europa. A finales de los años cuarenta, en Europa prevalecían monedas no convertibles y acuerdos de comercio bilateral. Esta situación se solucionó en los años cincuenta con la creación de una Cámara de Compensación multilateral para el comercio intraeuropeo. Paralelamente a la cooperación monetaria que implicaba este último arreglo, Alemania Federal, Bélgica, Francia, Holanda, Italia y Luxemburgo crearon la Comunidad Europea del Carbón y del Acero (CECA). En 1957, esos mismos países crearon la Comunidad Económica Europea (CEE), la que posteriormente expandió su membrecía a los actuales quince países miembro: Alemania, Austria, Bélgica, Dinamarca, España, Finlandia, Francia, Gran Bretaña, Grecia, Holanda, Irlanda, Italia, Luxemburgo, Portugal y Suecia, que conforman la Unión Europea (UE).

El tratado que creó la CEE acordaba la existencia de coordinación de las políticas macroeconómicas de los países miembro, identificándose los tipos de cambio entre ellos como un área particular de preocupación común. En el Acuerdo Monetario Europeo de 1960 los países miembro acordaron limitar los mutuos movimientos de tipo de cambio a bandas del 1,5%. Las revaluaciones holandesas y alemanas de 1961 plantearon la preocupación en torno de la necesidad de retener los controles cambiarios como una forma de desincentivar la especulación. Como un modo de promover la estabilidad cambiaria en Europa, en 1964 se creó el Comité de Gobernadores de Bancos Centrales de la Comunidad Económica. Pero el fenómeno que aceleró el esfuerzo comunitario de estabilidad cambiaria y lo transformó en urgente se dio con el quiebre del sistema de paridades fijas de Bretton-Woods y con los realineamientos previos de la libra esterlina, el franco francés y el marco alemán.

Después del abandono del sistema de Bretton-Woods, a principio de los años sesenta, la CEE adoptó diferentes acuerdos de limitación de la flexibilidad cambiaria, los que culminaron con la adopción del Sistema Monetario Europeo (SME) en 1979. Dicho sistema incluyó aspectos crediticios y un mecanismo cambiario, que es su característica principal, mediante el cual los países fijan la paridad central de su moneda con respecto a una unidad de cuenta, el ECU, cuyo valor se calcula sobre la base de una canasta de monedas de los países miembro.

Entre 1979 y 1987 el SME experimentó bastante inestabilidad, ya que se produjeron numerosos realineamientos de las paridades centrales. Con posterioridad, hasta 1992, y como consecuencia de ciertas modificaciones que se realizaron al funcionamiento del SME, solo se produjo un realineamiento menor: el de la lira italiana.

En la práctica, el "ancla" del SME ha sido el marco alemán, como consecuencia de la estricta política monetaria del Bundesbank. Debido a la creciente inhabilidad de los países para introducir controles de cambio y a los movimientos de capitales −y a la mayor movilidad de estos últimos−, en septiembre de 1992, ante una política monetaria particularmente restrictiva por parte de Alemania como consecuencia principalmente del impacto económico de su unificación política, varios países no pudieron seguir al Bundesbank y tuvieron que realinear sus monedas. Ello generó una crisis mayor en el SME, que obligó a flexibilizar su funcionamiento a pesar de lo cual países como Gran Bretaña e Italia tuvieron que abandonarlo.

Esta crisis del SME fue un llamado de alerta para reflexionar en torno de las características que debería tener la Unión Monetaria Europea (UME). En efecto, hacia fines de la década de 1980 la CEE estaba estudiando el tema seriamente, en buena medida estimulada por la estabilidad con la que había operado el SME en esos años. Desde antes, la idea de la CEE fue avanzar en un proceso de integración económica gradual, por etapas, en forma paralela a la aplicación de una unión económica, hasta alcanzar la completa unificación monetaria y el pleno funcionamiento del euro, la futura moneda común. Este enfoque se ratificó y concretó en el Tratado de Maastricht, a fines de 1991, que creó el marco jurídico y político de la UME.

En la primera etapa, que comenzó a mediados de 1990, se liberalizaron los movimientos de capitales y se supuso que se minimizarían los realineamientos de las paridades cambiarias, puesto que todos los países se ubicarían en la banda cambiaria angosta del SME (+/- 2,5%). Esto último se vio frustrado por la mencionada crisis del SME.

Durante la segunda etapa de transición, que comenzó en 1994, se creó el Instituto Monetario Europeo (IME) con sede en Frankfurt, que reemplazó al Comité de Gobernadores de Bancos Centrales y al Fondo Europeo de Cooperación Económica. El IME analizó los aspectos técnicos del Sistema Europeo de Bancos Centrales (SEBC) y se transformó a comienzos de junio de 1998 en el Banco Central Europeo (BCE). A comienzos de 1998, el Consejo Europeo definió los once países de la UE que participarían en la tercera y última etapa de la unificación monetaria: Alemania, Austria, Bélgica, España, Finlandia, Francia, Holanda, Irlanda, Italia, Luxemburgo y Portugal.

Dichos países estuvieron dispuestos a entrar en la UME con la expectativa de lograr, durante la segunda etapa, una convergencia de sus resultados económicos sobre la base de cuatro criterios principales: a) estabilidad de los tipos de cambio, es decir, haber participado en el SME en el marco de bandas normales y no haber realizado realineamientos cambiarios durante un mínimo de dos años; b) diferenciales de tasas de inflación en los que el ritmo de aumento de precios al consumidor no superase en más de 1,5 puntos porcentuales, como máximo, al promedio de la tasa de inflación de los tres países que registraron las inflaciones más bajas de entre los países miembro; c) diferenciales de tasas de interés: la tasa de interés nominal promedio de largo plazo no superaría en más de 2 puntos porcentuales el promedio de los tres países en que se registraron las tasas de inflación más bajas, y d) limitación del déficit fiscal y de la deuda pública: el déficit gubernamental general debía ser inferior al 3% del PBI, y la relación deuda pública bruta al PBI debía ser menor que el 60% (este último criterio con excepciones, si el déficit "excesivo" se define como temporal, o si este y/o la razón deuda/ PBI se reducen a un ritmo "satisfactorio").

Estos cuatro criterios, que deben ser cumplidos de modo sostenible, proveen las condiciones necesarias pero no suficientes para poder entrar a la UME. Al juzgar la sustentabilidad y la convergencia, la Comisión Europea y el Instituto Monetario Europeo podrían considerar otros factores, tales como desequilibrios de cuenta corriente o presiones salariales. También existe un requisito institucional que obliga a cada Estado miembro a modificar las leyes de sus bancos centrales de manera de hacerlas compatibles con el BCE.

La tercera etapa comenzaría en enero de 1999 con la fijación irrevocable de los tipos de cambio entre los países participantes y la transferencia de la política monetaria y cambiaria (con respecto al resto del mundo) al BCE. A partir de ese momento los bancos centrales nacionales comenzarán a utilizar el euro en todas las operaciones monetarias y cambiarias y los gobiernos emitirán deuda denominada en euros. A más tardar, a comienzos del año 2002 el euro comenzará a circular en la forma de billetes y monedas.

Es evidente que la UME representa un estado superior en el proceso de integración económica, que será de la mayor trascendencia histórica, política y económica. Los países miembro cederán una parte significativa de su soberanía en materia de política económica a un órgano comunitario, el BCE, cuyas políticas serán determinadas por el conjunto de países. Esto significa, en la práctica, que Alemania estuvo dispuesta a ceder parte de su dominio en el diseño de la política monetaria y cambiaria en Europa, a cambio de los beneficios políticos derivados de la mayor integración y unidad europea. Pero Alemania seguirá ejerciendo un rol importante, aunque compartido, en los órganos comunitarios encargados de la política monetaria y cambiaria europea.

Por otro lado, se ha sostenido que la principal motivación de la UME sería de naturaleza política, ya que sus beneficios económicos netos serían inciertos y, en todo caso, más bien marginales (Conolly, 1996; Madley, 1996).

Cabe destacar que si bien existe bastante consenso respecto de la necesidad de equilibrar las cuentas fiscales, redefinir el rol del Estado y reducir su tamaño, así como de llevar a cabo cambios significativos en las leyes y regulaciones relativas al funcionamiento de los mercados laborales y al financiamiento y cobertura de la seguridad social, y que dichas reformas estructurales son independientes de la UME, esta última se percibe sin embargo como un poderoso "socio" para enfrentar las críticas a las políticas domésticas derivadas de aquellos cambios y reformas.

La UME confirmará la creciente presencia y la importancia de bloques político-económicos en el mundo. En particular, debería tener un impacto sobre el Sistema Monetario Internacional (SMI), confirmando la evolución observada en las últimas décadas de un orden económico internacional de tendencia multipolar. En efecto, es probable que en el futuro haya una sola voz representativa del conjunto de los países miembro de la UME en el Fondo Monetario Internacional y en el Banco Mundial.

El peso relativo de la UME será mayor al que tiene la UE en la actualidad, tanto por lo que representará su poder de votación en las instituciones financieras internacionales como por la coherencia y la homogeneidad de sus planteamientos. Si bien este es un fenómeno que tomará algún tiempo y se irá dando en forma gradual, su probable efecto debería ser considerado por América Latina en el momento de evaluar su estrategia de inserción en la economía internacional, tanto en su dimensión comercial como en la financiera.

Una cuestión de especial importancia para evaluar el probable impacto de la UME sobre la economía de Europa, y sobre sus efectos internacionales, es la incertidumbre existente en torno de qué "visión" predominará en el diseño político-institucional y en la formulación y ejecución de la política monetaria y cambiaria de la UME. Es decir, la dirección y el sentido que en definitiva tome la nueva institucionalidad económica serán determinantes en el momento de analizar los efectos de la UME.

En relación específicamente con el BCE, es evidente que hay quienes quisieran que su política económica fuese independiente y autónoma de consideraciones políticas, y que predominara una visión orientada hacia la estabilidad de precios en la región como la contribución del BCE a la fortaleza y al desarrollo económicos de Europa.

Por otra parte, hay quienes encuentran que el poder que puede adquirir el BCE es excesivo, ya que posee un grado de independencia política superior al del Bundesbank, y podría no considerar en forma adecuada otros objetivos de la política económica, además del control de la inflación, particularmente el crecimiento económico y el empleo, ni las diferencias regionales entre los países miembro de la UME, en la formulación y ejecución de su política. Es por ello que quisieran la presencia de algún "contrapeso político" al BCE.

En cuanto a la política cambiaria también coexisten visiones diferentes. De un lado están quienes consideran que el BCE debe concentrarse en su objetivo: la estabilidad del nivel de precios en los países miembro de la UME. Más específicamente, sostienen que intentar utilizar el valor externo del euro como un instrumento de la política económica para mejorar la competitividad de la UME, promover sus exportaciones y estimular el crecimiento económico, sería algo contradictorio con la necesidad de crear credibilidad y confianza en el euro y, en consecuencia, con el objetivo de la estabilidad de precios. En síntesis, el euro debería reflejar lo que es, un precio más en la economía.

Del otro lado se sostiene que la política cambiaria es un instrumento de política económica, al que el BCE no puede ni debe renunciar, ya que sería determinante para estimular la competitividad y la actividad, sobre todo en el sector transable de la UME. Agregan que como dicho sector será mucho más pequeño que lo que es hoy en día a escala nacional, el uso más activo del tipo de cambio tendría un efecto marginal sobre la inflación.

La política cambiaria también dependerá de la política fiscal que se desarrolle en los países de la UME. En efecto, si bien esta queda restringida por los parámetros acordados en Maastricht y en el Pacto de Estabilidad de la UME, existe un grado limitado, pero no nulo, de maniobra para aplicar políticas fiscales nacionales más o menos expansivas. Ello puede afectar a la flexibilidad de la política cambiaria (o, alternativamente, a la instancia más o menos restrictiva de la política monetaria) de la UME.

Además, en el ámbito institucional, existe ambigüedad respecto de la responsabilidad de la política cambiaria de la UME, ya que ella dependería tanto del BCE como del Consejo de Ministros de la CEE, y no está claro cómo esto operaría ni cómo se resolverían eventuales conflictos entre ambas autoridades.

Cabe advertir también que el BCE cumpliría un papel muy menor en cuanto a la supervisión prudencial de las instituciones financieras de los países miembro de la UME, lo que introduce un signo de interrogación en torno de su función como prestamista de última instancia.

Por último, aún no está clara la modalidad de ejecución de la política monetaria del BCE. Uno de los aspectos principales a definir es si el BCE se va a comprometer con metas de inflación o con un objetivo de agregados monetarios. Además, debido a la necesidad de contar con un índice de precios comunitario, así como estimar funciones de demanda monetaria para un conjunto de países de un dinero aún inexistente, tanto el objetivo final como los instrumentos y objetivos intermedios de la política monetaria están por definirse.

La Unión Monetaria Europea y la integración económica en América Latina

La región debe observar, con un adecuado grado de realismo, los desarrollos que se dieron en Europa en torno de la UME. Ellos deberían incorporarse al acervo de conocimiento y experiencias comparadas de modo que sirvan de aprendizaje para el análisis, el diseño y la puesta en práctica, en el momento en que se estime que las condiciones son las adecuadas, en la profundización de los diferentes esquemas de integración en América Latina. Europa ha enfrentado obstáculos en su proceso de integración monetaria, que ha ido resolviendo en forma paulatina, a la vez que ha registrado importantes avances y compromisos por parte de sus gobiernos nacionales. Es indudable que el diseño institucional mediante el cual se ha dado el diálogo técnico y político, en un contexto de compromiso y cooperación en el avance de la integración monetaria europea, es en sí mismo un elemento necesario de conocer y del que América Latina puede aprender mucho.

Para que la región se interiorice de los aspectos macroeconómicos, financieros y monetarios de la integración europea puede ser útil intensificar la participación de sus bancos centrales en las reuniones periódicas a las que son invitados por parte del BIS. Por lo demás, dos países de América Latina, el Brasil y México, han pasado a ser miembros del BIS. Dicho banco puede ser una instancia donde analizar cuestiones cambiarias, monetarias y financieras por parte de las autoridades monetarias de los países de América Latina, en un marco de experiencias compartidas con otros países de economías emergentes. Además, el BIS ofrece la oportunidad de intercambiar conocimientos y prácticas con países europeos, lo que podría facilitar aún más la interiorización en torno del desarrollo de la UME por parte de países de la región. En una línea similar, cada vez más países de América Latina están participando en diversas instancias de la OCDE y se están asociando con la Unión Europea, a través de la CEE en Bruselas, la que desempeñó un papel de importancia en la creación de la UME y estará activa en su seguimiento.

La concreción de la UME es una buena oportunidad para iniciar un diálogo regional, al que se puede invitar a participar a alguna contraparte europea, quizá comenzando con un intercambio sistemático y comparable de información, orientado hacia futuros criterios para una eventual coordinación macroeconómica por parte de los Ministerios de Hacienda de los países miembro de algún esquema de integración de América Latina.

Sin embargo, cabe recordar que en la unificación monetaria existe un importante traspaso de soberanía y poder desde los países y sus bancos centrales nacionales hacia un instituto emisor de la moneda común, lo que supone un grado elevado de voluntad política de quienes buscan integrarse monetariamente. No se percibe claramente esa voluntad en los esquemas de integración en América Latina donde, a pesar de los avances que ha habido en dichos procesos, sobre todo en el Mercosur, han existido y existen dificultades en materias comerciales y en otros aspectos sobre los cuales debería ser relativamente más fácil alcanzar acuerdos, en comparación con los temas cambiarios y monetarios.

Tendencias macroeconómicas y los criterios de convergencia y sustentabilidad en el Mercosur

El objetivo último de la integración económica es potenciar el bienestar de los países miembro por sobre lo que serían sus logros individuales. La obtención, la manutención y la sustentabilidad de los equilibrios macroeconómicos constituyen tan solo un instrumento, aunque de la mayor importancia, para alcanzar dicho objetivo.

En la actualidad existe un importante grado de convergencia respecto de los objetivos finales de las políticas macroeconómicas en la región, con miras a garantizar la consecución de los equilibrios básicos. Sin embargo, la presencia de déficits en la cuenta corriente de la balanza de pagos superiores al 5% del PBI y, en algunos casos, una pesada deuda externa hacen que el equilibrio externo de varios países de la región dependa en una medida muy significativa de la permanencia y la composición de los influjos netos de capitales. Esta circunstancia se ha visto agravada en la coyuntura actual por los efectos directos e indirectos, comerciales y financieros, de la crisis asiática, los cuales han incrementado la vulnerabilidad de nuestras economías y podrían desviar a varias de ellas de la senda de crecimiento de los últimos años. Los países del Mercosur no han estado ajenos a estas circunstancias y se encuentran expuestos a los cambios en las paridades internacionales y a las variaciones en los flujos de capitales de corto plazo; estos últimos, como se sabe, presentan un comportamiento en muchos casos independiente de las políticas económicas internas de los países receptores.

En este contexto, una primera aproximación hacia la armonización de políticas macroeconómicas debe partir del reconocimiento de que si bien la búsqueda de los equilibrios macroeconómicos es un paso necesario, no es suficiente para asegurar un crecimiento económico dinámico y sostenible de la región. Además de factores exógenos, que están fuera del control de estas economías, y que imprimen una elevada volatilidad a la demanda externa, existen áreas determinantes para el aumento del ahorro interno y/o de la competitividad, tales como avanzar y profundizar en reformas estructurales, inversión en capital humano, modernización del Estado, privatizaciones, intermediación financiera, aspectos tributarios y flujos de capitales, que requieren acciones de política interna.

Una acción indispensable para avanzar en la armonización de políticas es la búsqueda de instrumentos que permitan moderar el efecto de factores exógenos sobre estas economías, los cuales pueden ser de naturaleza individual en cada país, pero cuyo interés es colectivo.

La existencia de instrumentos de estabilización para enfrentar perturbaciones exógenas permite un mayor grado de flexibilidad a las economías y, lo que es muy importante, contribuye a reducir la magnitud de los problemas, al enfrentarlos en sus orígenes. Ello aminora el elevado sacrificio de medidas compensatorias basadas en instrumentos únicos. Cabe destacar el papel de los fondos de estabilización de productos primarios y la utilización de instrumentos tributarios para lograr la ejecución de una política fiscal anticíclica; su uso permite menores costos para las economías, al disminuir la magnitud del ajuste necesario en el gasto ante pérdidas de ingresos, por ejemplo, por caídas de los precios externos y, similarmente, atenúa la amplitud de los ciclos.

Asimismo, resulta aconsejable un manejo más flexible de la política cambiaria, lo que, por un lado, facilita el ajuste requerido en los precios relativos y, por otro, desincentiva los influjos excesivos de financiamiento externo de corto plazo. También se debe perseverar en los esfuerzos tendientes a disminuir la relación deuda pública/PBI a niveles coherentes con un crecimiento económico sostenido en el mediano y largo plazo.

La armonización de políticas y el logro de una relativa estabilidad en las tasas de cambio reales, además de un contexto macroeconómico estable, requie-

ren un mercado financiero desarrollado y profundo, que presente variados instrumentos de cobertura de riesgos, así como de mecanismos de regulación y supervisión eficientes, que contribuyan a una adecuada canalización del ahorro y
eviten la generación de crisis financieras.

Finalmente, resulta esencial mantener el espíritu de la integración de estos últimos años. En el pasado, los choques externos fueron trasladados al comercio regional mediante expedientes proteccionistas, lo que llevaba a que las consecuencias de dichas perturbaciones fuesen aún más severas para la región. En cambio,
las políticas de liberalización del comercio profundizadas en la presente década
han reducido los efectos de las dificultades inducidas desde el exterior, permitiendo a las economías obtener mayores tasas de crecimiento que en el pasado.

Por otro lado, cabe tener como referente empírico el caso de la UME, que plantea la necesidad de una creciente similitud en aspectos institucionales (bancos
centrales independientes, por ejemplo) y en el comportamiento macroeconómico. Este último incluye una determinada relación entre los tipos de cambio de los
países miembro, similitudes y disparidades mínimas de sus tasas de inflación y de
interés, y límites al déficit del gobierno general y al stock de deuda pública como
porcentaje del PBI.

Si bien en algunos de estos aspectos ha habido avances recientemente, sobre
todo en las bajas de la tasa de inflación y en mayores esfuerzos fiscales, todavía
persisten diferencias importantes entre los países de la región.

En la tercera sección se describieron los criterios formales de convergencia
macroeconómica de Maastricht, los que, junto a la independencia de los bancos
centrales y a la sustentabilidad macroeconómica, permiten evaluar el grado de
cumplimiento de criterios macroeconómicos básicos en economías orientadas a
conformar una unión monetaria. En la siguiente evaluación se usan datos regionales hasta 1996 o 1997, según sea la disponibilidad de la información.

Los países del Mercosur, incluidos Bolivia y Chile, han reducido sustancialmente la *inflación*. Mientras que a mediados de la década del ochenta varios países
tenían niveles de inflación que llegaban a dos, tres e incluso cuatro dígitos, actualmente todos han iniciado un proceso de convergencia hacia niveles de inflación de un dígito, unos con una estrategia más gradual, como Bolivia, Chile
y Paraguay, y otros más aceleradamente, como Argentina y Brasil. Uruguay también ha bajado su inflación, si bien todavía excede el 15% anual. La tasa de inflación promedio de los tres países con más baja inflación fue el 3% en 1997, lo
que significa que aun con el margen del 1,5% adicional de inflación que permiten los criterios de Maastricht, en la actualidad los otros tres países no cumplen
con el criterio establecido. En consecuencia, si bien ha habido avances muy significativos en un área históricamente muy rebelde en América Latina, de un lado
se requiere reforzar el esfuerzo antiinflacionario y, del otro, la estabilidad de precios
a la que está convergiendo la región es reciente y aún está por verse su permanencia en el tiempo.

En 1997 todos los países del Mercosur cumplían con el *criterio fiscal*. El Brasil y Bolivia se situaban en el límite de déficit fiscal máximo permitido. El único país que muestra superávit sostenidos por más de una década es Chile, que cumple holgadamente con dichos criterios.[7] El Paraguay y el Uruguay, desde 1987 y de manera sistemática, han cumplido también de año en año con los criterios establecidos para los déficit presupuestarios. La Argentina cumple desde 1991, mientras que en los últimos cinco años el Brasil y Bolivia cumplieron solo en dos ocasiones.

Todos estos países muestran bastante variabilidad en el tiempo, por lo que aún es prematuro asegurar que existe una fortaleza estructural en el manejo de las finanzas públicas. Cabe señalar que en varios de ellos hay una base tributaria relativamente pequeña, sea por evasión o por la existencia de una economía informal significativa. Incluso en algunos casos parte del financiamiento está expuesto a alta volatilidad cíclica, asociada a los ciclos económicos internos o externos. De adoptarse un criterio tipo Maastricht, algunos países con déficit fiscales cercanos al límite máximo verían seriamente afectadas sus posibilidades de efectuar una política fiscal contracíclica.

Para los países del Mercosur de los se dispone de información, se concluye que existe un cumplimiento holgado del criterio establecido en Maastricht sobre la deuda pública interna. En efecto, durante los años noventa el coeficiente de dicha deuda como porcentaje del PBI en ningún caso ha excedido el 30%.

En relación con los *tipos de cambio*, es preciso mencionar que varias de las monedas de estos países se han devaluado en más del 10% con relación al dólar en menos de un año, como producto del shock derivado de la crisis asiática. El Brasil y el Uruguay han tenido fluctuaciones nominales de sus tipos de cambio con relación al dólar, las que en un lapso de dos años exceden los márgenes del 15% de fluctuación, establecidos también como criterios de convergencia en Maastricht. La Argentina y Chile cumplen con dicho criterio en el último quinquenio.

Sin embargo, mientras que en el SME el "ancla" ha sido el marco alemán, en América Latina no existe un país con una moneda pivote o ancla. Dicha moneda lógicamente debe contar con una larga tradición de estabilidad. Si bien algunas de las monedas de los países de la subregión en el último tiempo se han mantenido estables o se han revaluado, no cuentan con una historia larga en dicho sentido. La inexistencia de una moneda dura con esas características, sumada a las fuertes diferencias en las políticas cambiarias de los países, impide definir una moneda de referencia para la región. Es preciso también recordar que no hay en América Latina, ni siquiera en el Mercosur, unidades de cuenta como el ECU ni un sistema de bandas cambiarias como el del SME. De hecho, mientras que la Argentina mantiene un tipo de cambio fijo con relación al dólar, Bolivia tiene un

---

[7] Si bien en Chile existe un importante déficit cuasi fiscal del banco central, el balance consolidado con el fisco cumple el criterio respectivo de Maastricht.

tipo de cambio reptante, el Brasil tiene un régimen de banda cambiaria vinculada al dólar y Chile mantiene una banda de flotación ligada a una canasta de monedas compuesta por el dólar, el marco y el yen.

En cuanto al criterio de *tasas de interés*, con la excepción de Chile,[8] los otros países de la subregión no presentan un desarrollo relevante de los mercados de capitales a un plazo de más de un año. De hecho, los mercados líquidos de bonos a 10 años son prácticamente inexistentes. Esto dificulta la medición del criterio de tasas de interés nominales de largo plazo establecido en Maastricht. Si este criterio fuera aplicado para las tasas de interés nominales de corto plazo, en 1996 solo la Argentina y Chile lo habrían cumplido.

Respecto de la *estabilización macroeconómica* en el Mercosur, es preciso mencionar que con la sola excepción del Uruguay, en los últimos años ha habido una tendencia creciente a incrementar los déficit de cuenta corriente de los países de la subregión. En 1997, esos países registraron déficits de cuenta corriente que caen en un rango del 3% al 8% del PBI, lo que plantea dudas acerca de la sustentabilidad de los equilibrios macroeconómicos.

Por último, y no por ello menos relevante, hay que mencionar que en el aspecto *institucional* algunos de los países de la subregión aún no cuentan con bancos centrales autónomos. Cabe recordar la importancia de este tipo de arreglo institucional para la estabilidad macroeconómica.

¿Reúne el Mercosur las condiciones para una unión monetaria?

No es obvio, aunque sea en un plazo más largo, que América Latina deba imitar acríticamente la experiencia europea en materia de integración monetaria. Cabe reiterar que la implementación y el éxito del euro como moneda única siguen siendo una incógnita. Asimismo, existe una importante corriente de opinión que sostiene que la principal motivación para la creación de una moneda única en Europa radicó en consideraciones políticas, específicas de ese continente, vinculadas con su historia, sus guerras y su regionalismo, más que en las de naturaleza propiamente económica. De ser correcta dicha interpretación, cabría preguntarse si la realidad previsible de los países del Mercosur justificaría, desde un punto de vista político, que dicha subregión haga suyo el ambicioso proyecto de crear una moneda única, una vez que haya avanzado con más fuerza y efectividad en su proceso de integración.

Asimismo, cabe también preguntarse si el Mercosur reúne las condiciones económicas requeridas para la creación de una UM. Al respecto, parece importante señalar que se ha cuestionado si Europa presenta las condiciones adecua-

---

[8] Debido a la generalizada indexación, al dinámico desarrollo de los inversionistas institucionales y a la existencia de un mercado profundo y líquido de letras hipotecarias de largo plazo.

das para constituir un área monetaria óptima. Por un lado, la movilidad de la mano de obra entre sus diferentes países es bastante menor que en los Estados Unidos, lo que dificultaría enfrentar shocks asimétricos. Nótese que dicha dificultad no solo se refiere a cuestiones culturales, como el idioma y las diferencias de costumbres, sino además por lo complicado que resulta, sobre todo para los trabajadores de cierta edad, trasladarse con la historia (el stock) de beneficios que han generado a lo largo de su trayectoria laboral (típicamente, a causa de diferencias y dificultades de homologación de regímenes previsionales entre los países miembro). A su vez, la inflexibilidad que caracteriza a la mayor parte de los mercados laborales europeos complica la factibilidad de llevar a cabo un proceso de ajuste menos costoso.

Un tercer tipo de consideración, relativo al grado de intercambio comercial entre los países miembro, apunta en favor de la integración monetaria europea, dado el elevado volumen de comercio intraeuropeo. Además, si bien hoy en día existe una gran movilidad de capitales dentro de Europa, lo que tiende a facilitar una unión monetaria, no debe olvidarse que aquella es un mecanismo útil para financiar un determinado desequilibrio y en consecuencia contribuye a suavizar un ajuste, pero no lo sustituye en el caso de un shock adverso de larga duración y/o de carácter estructural.

Otro elemento a considerar en una UM es el tipo de shocks que enfrentan sus países miembro. En el caso europeo, solo un subconjunto de países (Alemania, Austria, Bélgica, Dinamarca, Francia y Holanda) enfrentaría perturbaciones similares, por lo que constituirían buenos candidatos para ser parte de la UM (Bayoumi y Eichengreen, 1994).

La situación del Mercosur presenta ciertas incógnitas en cuanto a si reúne o no las condiciones para ser una UM. En cuanto al comercio intrarregional, mientras que Argentina, Paraguay y Uruguay exportan más del 40% a la subregión, los otros tres países no alcanzan a exportar al Mercosur el 20% de sus exportaciones totales, lo que indica que a pesar de la importante interrelación de comercio intrarregional, este es bastante asimétrico. Además, si bien ha aumentado la convergencia macroeconómica entre los países miembro de la subregión, aún debe comprobarse la sustentabilidad de los procesos de estabilización macroeconómica, de modo de que haya una tendencia y consolidación más definitiva. Adicionalmente, como se señaló, no existe una moneda de referencia dentro de los países de la subregión que cumpla el papel del marco alemán en Europa.

Existen además otros elementos que conspiran contra la creación de una UM en la subregión. En primer lugar, está la existencia de shocks asimétricos con distinta duración en los diferentes países. Mientras que algunos son exportadores de cobre, estaño e importadores de petróleo, otros son exportadores de petróleo, grano y vacuno e importadores de minerales. Todos estos productos de exportación están expuestos a alta volatilidad de precios en los mercados internacionales y afectan asimétricamente a las distintas economías. En efecto, los términos de intercambio de los distintos países se mueven de manera diferente, por lo que los shocks externos que enfrentan no son simétricos. En síntesis, los ciclos de términos de intercambio (así como los de crecimiento del PBI) no exhiben mayor sincronía.

Los mecanismos de transmisión de precios de bienes intermedios y salarios hacia los precios finales muestran, en la mayoría de los casos, importantes diferencias. Por ejemplo, incluso en aquellos casos en que la economía es muy abierta, hay países donde los precios de los bienes no transables están indexados a la inflación pasada mientras que en otras economías prevalece la dolarización. Esto significa que la transmisión de los shocks a la inflación doméstica es de distinta naturaleza en los diferentes países.

Cabe también mencionar que en la subregión, aun cuando ha habido mayores flujos migratorios en el pasado reciente, estos continúan siendo bastante limitados. En general existe poca movilidad laboral y la flexibilidad de los mercados del trabajo domésticos es bastante diferenciada; mientras que algunos países tienen mayor flexibilidad y movilidad laboral, en otros se observa una legislación más favorable al poder sindical y poca flexibilidad. Evidencia de lo anterior son las fuertes y persistentes diferencias en las tasas de desempleo en la subregión.

Condiciones para la integración financiero-bancaria

Por integración financiera se entiende el movimiento de capitales entre los países miembro del esquema de integración, realizado por medio de instituciones financieras, sin barreras que impidan la libre transferencia de los recursos entre las distintas fronteras. En términos generales, ella incluye a todas las instituciones del mercado de capitales, como los bancos, las sociedades financieras, los fondos de pensiones, los fondos de inversión, los fondos mutuos, las compañías de seguros, las agencias de bolsa de valores, etcétera.

El análisis se centrará en los servicios bancarios, por ser los más importantes de la región y en torno de los cuales se ha avanzado más en materia de integración financiera.[9] En América Latina, con la sola excepción de Chile, donde los bancos realizan el 62% de la intermediación, en los países más grandes de la región al menos el 86% de la intermediación financiera es efectuada por el sistema bancario.

En términos generales, la experiencia enseña que los casos más exitosos de estrategias de desarrollo basadas en la apertura económica externa son aquellos en los que la apertura comercial se ha llevado a cabo antes que la apertura finan-

---

[9] Con la reforma tendiente a privatizar, a capitalizar individualmente y a internacionalizar los sistemas de fondos de pensiones, unida a la creciente desintermediación bancaria que tiende a darse tanto en el plano nacional como en el internacional –debido a la mayor competencia proveniente de actividades financieras no bancarias, y de los avances de la tecnología, la informática y las comunicaciones–, los fondos están adquiriendo mayor importancia en el comercio y la inversión transfronterizos de servicios financieros.

ciera. Aun más, para que la integración financiera a la economía internacional sea sostenible en el tiempo se requiere un tipo de cambio real competitivo, junto con una reducción de aranceles y la eliminación de otras barreras paraarancelarias que permitan un mejor desarrollo del sector exportador. Asimismo, una apertura financiera previa o incluso simultánea con la apertura comercial suele poner en duros aprietos al desarrollo del sector exportador, al ejercerse una presión importante hacia la apreciación de la moneda local, lo que desestimula las exportaciones, cuestiona la sustentabilidad del déficit de la cuenta corriente de la balanza de pagos y hace peligrar el éxito de la apertura externa.

La secuencia óptima consiste en liberalizar gradual y selectivamente la cuenta de capitales,[10] una vez completada la apertura comercial.

La estabilidad macroeconómica

Para que el proceso de integración financiera sea eficiente y duradero, los países deben además haber alcanzado, o al menos avanzado, y estar decididos y comprometidos a lograr la estabilidad macroeconómica. La volatilidad de los flujos de capitales así como los riesgos cambiarios y soberanos suelen ser significativos si los equilibrios macroeconómicos no se han asentado y consolidado: además, en ese caso, dichos riesgos impiden, para todos los efectos prácticos, un fluido intercambio de servicios financieros.[11]

El proceso de integración financiera no requiere una absoluta coordinación de políticas macroeconómicas entre los distintos países miembro, pero sí exige un fuerte compromiso con la manutención de la estabilidad macroeconómica. Por ejemplo, los países que decidieran avanzar en la integración financiera podrían autoexigirse cumplir con criterios similares a los de Maastricht, de modo de acotar los rangos en que pueden desenvolverse sus variables macroeconómicas clave. Esto no implica que haya que uniformar los instrumentos de política macroeconómica. En efecto, en la medida en que se compartan objetivos finales y se converja en términos de resultados macroeconómicos, podrían perfecta-

---

[10] Hay países de la región que han llevado a cabo políticas formalmente muy "liberales o aperturistas" con relación a la cuenta de capitales de la balanza de pagos, y que, sin embargo, registraron tasas de interés domésticas mayores, así como mayores diferenciales con las tasas internacionales, que las de otros países que se embarcaron en estrategias de apertura financiera externa más graduales y selectivas. Ello, que aparentemente debió ser a la inversa, se explica principalmente por el mayor riesgo país y/o de devaluación de los primeros casos. En consecuencia, no es obvio que por llevar a cabo una apertura financiera total y rápida un país vaya a generar mayor confianza en los acreedores internacionales y los inversionistas externos y se vaya a insertar en forma efectiva, sólida y permanente en los mercados internacionales de capital.

[11] Los casos de México en 1994 y de la República Checa y Tailandia en 1997 son demostrativos de la importancia de tener déficits sostenibles en las cuentas corrientes de las balanzas de pagos como condición necesaria para una integración financiera externa eficaz y duradera.

mente pertenecer a un esquema de integración financiera; por ejemplo, países que siguen una regla de tipo de cambio nominal fijo con plena convertibilidad (Argentina) con otros en los que el "ancla" de la política monetaria discrecional se basa en las metas explícitamente anunciadas de inflación (Chile), o con países en los que la política monetaria se formula y ejecuta sobre la base de agregados monetarios o crediticios (Perú y México).

La economía latinoamericana en la década del noventa se ha caracterizado por la implementación de reformas estructurales y programas de estabilización dirigidos a reducir la inflación y a alcanzar un crecimiento económico sostenido. Esto ha permitido una mayor convergencia en los distintos indicadores macroeconómicos de los países de la región en relación con lo que se observaba en los años setenta y ochenta. Sin embargo, el avance de la Unión Europea respecto del proceso de convergencia de variables, tales como los tipos de cambio, la inflación y las tasas de interés reales, ha sido mayor que el de América Latina.

Como se mencionó, en América Latina es muy difícil optar por una coordinación macroeconómica total y compartir en forma amplia toda clase de objetivos, dados los distintos estados de avance en el proceso de reforma y estabilización económica, los diferentes grados de apertura externa, las distintas vulnerabilidades y estructuras económicas y las diferentes fuentes de shocks a que se exponen los países. Lo que sí parece deseable, conveniente y realista es crear y agilizar un mecanismo expedito y periódico de intercambio de información entre las autoridades económicas y formalizar un grado importante de consenso en torno de los objetivos macroeconómicos finales que deberán perseguirse.[12]

Un organismo regional o subregional, según el caso, podría hacer el seguimiento y publicar en forma periódica la información acordada para que los países y las instituciones financieras y los propios bancos comerciales puedan utilizarla en sus decisiones de internacionalización.[13] Asimismo, el proceso de integración financiera se beneficiaría si los países de la región pudieran acordar situar sus principales variables macroeconómicas dentro de ciertos rangos. Dichas variables deberían ser la inflación, el déficit de cuenta corriente de la balanza de pagos/PBI y el déficit fiscal/PBI.

Adicionalmente, la sustentabilidad del balance externo medido en términos de flujos, y reflejado en el resultado de la cuenta corriente de la balanza de pagos, debe complementarse con el adecuado análisis de la situación en términos de stocks, reflejado en la fortaleza de los indicadores de solvencia externa y liquidez internacio-

---

[12] Luego de los problemas suscitados con la medida adoptada por el Brasil relativa al financiamiento de corto plazo de las importaciones, el Mercosur acordó poner en funcionamiento el Grupo de Coordinación Macroeconómica del Bloque, de manera de trabajar en forma efectiva en la elaboración de un esquema de esta naturaleza.
[13] Una iniciativa en esa dirección ya se presentó en 1996 en Nueva Orleáns, en la primera reunión de ministros de Finanzas del hemisferio, en la cual se acordó que los países asistentes se plegarían a los estándares de diseminación de información del Fondo Monetario Internacional.

nal.[14] Por ello debería acordarse la publicación y el seguimiento de la deuda externa neta de reservas internacionales en relación con el PBI, la razón deuda pública interna/ PBI, la razón de reservas internacionales a importaciones y el nivel de reservas internacionales en relación con la suma de la deuda externa de corto plazo más los pasivos financieros domésticos de corto plazo en moneda extranjera, entre otros.

Liberalización, regulación y supervisión financiera

Junto a la estabilidad y la mayor convergencia macroeconómica, la integración financiera regional requiere la liberalización de los sistemas financieros domésticos. Ello implica eliminar los controles cuantitativos y la asignación selectiva del crédito, desregular las tasas de interés y definir las condiciones de la apertura de las licencias bancarias, de modo de permitir mayor competencia en el mercado así como de las tasas de encaje que permitan conciliar la manutención de niveles de liquidez adecuados por parte de los bancos con el desarrollo de la intermediación financiera. Es crucial reconocer, desde un principio, que dicha liberalización debe, eso sí, y sin lugar a dudas, ir acompañada de una supervisión y una regulación bancarias adecuadas.

Es necesario tener presente que un proceso simultáneo de liberalización financiera doméstica y externa suele exacerbar la competencia en el mercado financiero y dificultar la adecuada utilización de los influjos de capitales, sobre todo por parte del sector bancario. La experiencia demuestra que esta situación suele contribuir a un alza transitoria e insostenible de los precios de activos, sobre todo de aquellos del sector no transable, y permite, cuando no estimula, la presencia de burbujas de precios en el mercado accionario e inmobiliario así como una sobreapreciación de las monedas domésticas. Lo anterior incentiva un exceso de gasto interno y eleva el déficit de cuenta corriente de la balanza de pagos, factores que atentan en contra de la estabilidad cambiaria y financiera y del equilibrio macroeconómico global. Además, en esos casos tiende a relajarse tanto la supervisión oficial como la autorregulación de los bancos, lo que contribuye a empeorar la calidad de la cartera de préstamos bancarios, incrementando su riesgo, a la vez que los bancos pierden eficacia en el mecanismo de transmisión de la política monetaria.[15]

[14] En efecto, los países deben contar con una sólida posición de reservas internacionales, tanto en relación con los vencimientos de corto plazo de la deuda externa como con respecto a la deuda interna pública y a los pasivos bancarios en moneda extranjera. Dicha situación debería contribuir a generar un comportamiento más estable de los flujos netos de capital, que evite la interrupción brusca de los flujos financieros de corto plazo y una "estampida" de salida de los mismos.

[15] Ello se debe a que, en dichos episodios, las tasas de interés domésticas exceden en mucho a los niveles "normales" de tasas, lo que suele llevar a un menor repago efectivo de los créditos del sistema bancario, con lo que los deudores bancarios dejan de enfrentar, en la práctica, una restricción presupuestaria en sus decisiones de gasto, lo que equivale a tornar no efectiva la política monetaria.

Por su parte, las garantías explícitas o implícitas de tasas de interés y de tipo de cambio exacerban el ingreso de capitales y dan pie a conductas de azar y/o riesgo moral. La recomendación para evitar estos problemas es tener una combinación de políticas monetaria y cambiaria que permitan una mayor flexibilidad y un mayor rol del mercado en la determinación de las tasas de interés y del tipo de cambio.

Para que los flujos financieros que se transmiten a través del sistema bancario sean adecuadamente canalizados a los distintos sectores de la economía, y como los créditos por lo general no están securitizados, en el ámbito doméstico se requiere que los bancos realicen provisiones sobre la base del riesgo de crédito del deudor individual. Y a escala internacional, de provisiones por riesgo-país, en la medida en que exista el riesgo de no poder cobrar el préstamo en el exterior y/o haya restricciones que impidan la libre transferencia de divisas al país acreedor. Deben contemplarse, además, regulaciones que acoten el riesgo de descalce de monedas, tasas de interés y plazos. Cabe destacar que un sistema financiero más profundo e internacionalizado permite la asimilación de los flujos de capitales con una menor volatilidad en las tasas de interés, el tipo de cambio y el precio de los activos.

En el ámbito propiamente bancario se requiere autorregulación por medio de la calificación que obtienen sobre la base de su solvencia, liquidez, rentabilidad, riesgo y eficiencia. En una primera etapa, el Estado debe realizar la clasificación de los instrumentos de los bancos, de manera de establecer una metodología clara y transparente y asegurar su aplicación. Posteriormente, pueden cumplir esa función entidades privadas independientes, incluidas las agencias internacionales de *rating,* en particular en el caso en que las instituciones bancarias utilicen para su financiamiento al mercado internacional de capitales. Asimismo, para la estabilidad del sector bancario resultan claves el cumplimiento de criterios prudenciales de adecuación de capital, de supervisión consolidada y de otorgamiento de licencias bancarias.

Adicionalmente, dado que en la mayoría de los países no es posible o creíble retirar la garantía de hecho o de derecho a los depósitos, para minimizar problemas derivados del uso abusivo de dichos seguros se debe insistir en la necesidad, como ya se señaló, de una supervisión y una regulación bancarias adecuadas. Puede ser conveniente complementar a esta última con una participación importante de bancos extranjeros, en cuyos países de origen haya supervisión bancaria seria y de calidad y que, además, dispongan de líneas de liquidez abiertas provenientes de sus casas matrices, para eventuales casos de problemas.[16]

En la medida en que los bancos de distintos países se instalen en otro país, se requiere, además, el intercambio recíproco de información entre los supervisores de las entidades bancarias y financieras de aquellos países. Cabe señalar que

---

[16] En varios países de América Latina los bancos extranjeros tienen una participación en el mercado de créditos entre el 22% y el 30%, con la excepción del Brasil, donde los bancos extranjeros proveen el 7% del total de crédito de su sistema bancario.

si bien la integración financiera se facilita cuando los países han liberalizado sus sistemas bancarios y se han provisto de regulación y supervisión adecuadas, es fundamental que estas compartan ciertos principios básicos, lo que no significa que la estructura de los bancos en los distintos países deba ser homogénea. Por ejemplo, en la Argentina algunas autoridades abogan por el establecimiento de un esquema de banca estrecha (*narrow banking*) mientras que en México se desarrolla la banca universal. Incluso es posible que coexistan sistemas financieros en donde la banca de desarrollo sea importante.

Sin embargo, el hecho de que los países miembro de un esquema de integración no compartan de manera precisa todas y cada una de las regulaciones relevantes para el sector bancario no debe implicar que la integración de servicios financieros en América Latina permita, ni estimule, el arbitraje regulatorio. Este último puede derivar, por ejemplo, de la creación de paraísos tributarios y de supervisión, los que suelen introducir una forma de competencia desleal y provocan, además, inestabilidad a los países que toman seriamente los compromisos de supervisión y tributación. Aun más, la integración financiera debería apuntar a tratar de evitar grandes distorsiones de impuestos y diferencias sustantivas de regulación entre los mercados locales y el internacional, pues de otro modo se producirá una significativa desintermediación financiera en los países que, precisamente, intentan integrarse financieramente.[17]

La integración financiera y la competencia transfronteriza de servicios financieros en América Latina

Los beneficios y costos de largo plazo y los problemas de la transición asociados a los procesos de apertura financiera externa son bien conocidos. Bastante menor desarrollo han tenido aspectos tales como el análisis de la realidad actual de la región en cuanto a integración financiera y su comparación con el avance del proceso de integración financiera europea, que se encuentra en las etapas finales del proceso. Tampoco se han explorado mayormente las diferencias existentes entre la integración unilateral, que se efectúa por la vía de decisiones de apertura al intercambio financiero por parte de un solo país, en comparación con la de carácter "integracionista", que se logra mediante un acuerdo entre los países de un bloque para la apertura recíproca de sus mercados financieros domésticos.

En el análisis en torno de la factibilidad, la velocidad y la profundización del proceso de integración financiera en América Latina es necesario considerar cuestiones institucionales y estructurales. Ellas incluyen aspectos tales como las

---

[17] Cabe señalar que el incentivo de los capitales locales y externos por buscar lugares que posean menores exigencias regulatorias e impositivas debería contrarrestarse con la mayor probabilidad de que en esos casos haya mayor riesgo-país y menor estabilidad macroeconómica.

diferencias en el ingreso per cápita, el riesgo-país, la profundización financiera de los mercados de capitales, el nivel de bancarización, y la modalidad y la calidad de la supervisión de los países.

La región está poco integrada financieramente, lo que se puede comprobar por una serie de factores que se consideran a continuación. Por ejemplo, es interesante observar la mayor similitud del PBI por habitante y su estabilidad relativa entre los países de la Unión Europea en comparación con la situación de América Latina. Información homogénea disponible para 1993 señala que el máximo PBI per cápita de la Unión Europea superaba al mínimo en 5 veces, cifra que en América Latina más que se cuadruplicaba: el máximo supera al mínimo 21 veces. Además, la variabilidad del PBI per cápita en Europa fue menos de la mitad de la que registró la región.

Dentro de América Latina se observan también significativas diferencias en el riesgo-país. En 1996 el *spread* sobre Libor aplicado a emisiones de bonos en dólares en el exterior de plazo comparable en Argentina, Brasil y México, superaba en más de cuatro veces al aplicado a las empresas que operaban en Chile. En los primeros cuatro meses de 1997 estas diferencias entre los *spreads* se redujeron a un rango de entre 3 y 3,5 veces.

América Latina registra, además, fuertes diferencias en indicadores representativos de la dimensión y las características de los mercados bancarios domésticos. En efecto, mientras que, en 1995, en Chile el crédito interno del sistema bancario representó el 58% del PBI, en México llegó al 48%, en Brasil al 38%, en Argentina al 26% y en Perú al 11%. A su vez, el coeficiente M2/ PBI, que en Chile era del 29%, se ubicó en torno del 23% en Brasil, Costa Rica y México, mientras que en Argentina y Perú alcanzó la mitad de dicho valor. Por su parte, la relación depósitos a la vista a PBI, representativa del grado de bancarización, llegó a su máximo valor en Chile, en torno del 6%, mientras que su valor mínimo, registrado en Argentina, no superaba el 2% del PBI.

Por otro lado, los indicadores de solidez, gestión y competencia en la industria bancaria, difíciles de comparar por diferencias en algunos tratamientos contables y regulatorios,[18] también muestran discrepancias importantes entre los

---

[18] Por ejemplo, mientras que en Chile y México se aplica corrección monetaria y existen mecanismos de indexación financiera, ello no ocurre ni en la Argentina ni en el Brasil. También existen distintas convenciones de plazos de atraso en el pago de los créditos a efectos de considerarlos como créditos vencidos en cada uno de los países mencionados. Con relación a las inversiones financieras de los bancos, en Chile se valoran a precios de mercado las de más de un año plazo, y a costo de adquisición las menores de un año plazo; en la Argentina, en cambio, los instrumentos a corto plazo se valorizan a precios de mercado y aquellos de más de un año se registran a su costo de adquisición. En México se registran a su costo de adquisición, mientras que en el Brasil se registran a valores de mercado, cualquiera sea su plazo. En materia de tributación a los créditos, mientras que en Chile existe el impuesto de timbres, en la Argentina opera el IVA y en el Brasil existe lo que se denomina impuesto a las operaciones financieras, que varía dependiendo de los plazos de los instrumentos. En México, por su parte, no existen impuestos que graven a los préstamos.

países de la región. En efecto, mientras que en 1996 el coeficiente de capital a activos totales de los bancos argentinos y colombianos superaba el 15%, en Perú y Brasil se situaba en torno del 9%, en México llegaba a cerca del 7% y en Chile a algo más del 5%. Por su parte, la cartera vencida, como porcentaje de las colocaciones totales, en Chile alcanzaba al 1%, en Perú, México, Brasil y Colombia se situaba en torno del 7% mientras que en Argentina llegaba al 12%. A su vez, los márgenes brutos de intereses (como porcentaje de los activos) en Chile fueron la mitad de los registrados en Perú y Brasil y menos de la mitad de los de Argentina, mientras que los gastos de apoyo en Chile, también como porcentaje de los activos, fueron cerca de un 50% inferiores a los de Argentina, México y Perú y menos de un tercio de los de Brasil y Colombia. Paradójicamente, el sistema bancario chileno es el que cobra menos *spreads*, pero a su vez es el que muestra una mayor concentración; en cambio Colombia, que es el mercado con menor concentración, es el país que registra el mayor cobro de *spreads*.

Finalmente, el estímulo a la integración financiera y la fuerza de esta también dependen de las condiciones iniciales en que se encuentran los distintos países. Por ejemplo, la modalidad y la velocidad de la integración financiera no deberían ser indiferentes al hecho de que un país tenga un problema de sobreendeudamiento externo o un sistema bancario frágil o en bancarrota. Es indudable que este tipo de consideraciones, así como las señaladas en los párrafos anteriores, han jugado y juegan un papel de la mayor importancia para explicar el escaso desarrollo de la integración financiera en América Latina.[19]

La integración financiera en la práctica

Lo que se observa recientemente en América Latina es una situación de hecho, que apunta hacia una tímida "integración financiera no institucionalizada". En efecto, en los años noventa se ha dado un importante intercambio de flujos de capitales dentro de la región, con particular intensidad en el ámbito de la inversión real.

Aquí cabe destacar la inversión directa, que incluye tanto en el origen como en el destino a empresas e instituciones de los mercados de capitales, tales como bancos y fondos de pensiones, desde y hacia países de la región. En la mayoría de las instituciones financieras de la región, incluidos los bancos, este proceso se ha materializado por medio de sus accionistas, sean estos personas naturales o conglomerados, y no mediante las propias instituciones, debido a restricciones legales y a la inexistencia de una adecuada supervisión consolidada. Dichos flujos

---

[19] Cabe señalar, sin embargo, que las diferencias institucionales, estructurales, coyunturales y de situaciones iniciales también contribuyen a crear oportunidades y a estimular el intercambio en el ámbito financiero.

se han estimulado por las reformas estructurales, de apertura económica y por las privatizaciones en que se han embarcado en la última década la mayor parte de los países de América Latina.

En particular han adquirido creciente importancia redes regionales de servicios bancarios tanto de grupos financieros latinoamericanos como de fuera de la región. Entre las primeras se destacan los bancos brasileños en países del Mercosur, grupos colombiano-venezolanos en la banca de esos dos países así como en la del Ecuador, y de grupos financieros chilenos en el ámbito bancario y de fondos de pensiones en diversos países de la región. La creciente presencia extrarregional en el último tiempo se manifiesta con fuerza, sobre todo, por las compras de instituciones financieras nacionales, bancarias y no bancarias, por parte de bancos españoles, en especial los bancos Bilbao-Vizcaya y Santander.[20]

Obsérvese que mientras mayor sea la integración "de hecho" entre los mismos bancos y/o grupos en distintos países, es probable que más rápida sea la transmisión regional de problemas locales o domésticos, incluidas eventuales "corridas" bancarias. Esto no hace sino corroborar la importancia de prontas y eficaces cooperación y coordinación entre los supervisores nacionales de América Latina, así como la conveniencia de asegurarse de que las regulaciones y normativas nacionales se orienten por principios y estándares similares, de modo de evitar "arbitrajes" de dichas regulaciones.

De otro lado, en forma creciente un mayor número de países y empresas financieras y no financieras de la región están colocando instrumentos financieros, como acciones (ADR en los Estados Unidos, por ejemplo), bonos y bonos convertibles en acciones, en los mercados de capitales internacionales, claramente más avanzados, profundos y líquidos que los existentes en América Latina. Este tipo de desarrollo podría intentarse dentro de la región, lo cual requiere reformas nacionales de naturaleza institucional, tributaria, legal y de homogeneización de la información contable relevante, lo que permitiría el desarrollo de mercados de títulos financieros latinoamericanos en forma separada e independiente, aunque complementaria, con la transacción de valores locales.[21]

En términos más generales, la experiencia indica que los procesos de internacionalización bancaria se dan en función de la liberalización comercial y de la expansión del comercio y de la inversión en el exterior. En efecto, en una pri-

---

[20] El Grupo Santander, por ejemplo, tiene a la fecha una participación en catorce países de la región, con una inversión de US$ 3.500 millones (la que representa más del 50% del total de la inversión de dicho conglomerado fuera de España), con activos regionales que suman US$ 45.000 millones y generan empleo a más de 43.000 personas en América Latina.

[21] México está por abrir su bolsa de acciones a empresas extranjeras que cotizan sus acciones en los Estados Unidos. Asimismo, la Argentina y México, siguiendo el ejemplo reciente del Brasil, son los dos países de la región que pondrán en vigencia la utilización de sistemas de certificados de depósitos para acciones. En Chile se está por aprobar en el Congreso la ley de Bolsa Internacional, que permitirá la transacción local de valores extranjeros.

mera etapa la actividad internacional de los bancos se concentra en las inversiones financieras externas y en el financiamiento del comercio exterior por la vía del comercio transfronterizo. Luego, siempre en el ámbito del comercio exterior, los bancos suelen participar en el financiamiento vinculado con el comercio exterior que se registra entre terceros países, para posteriormente comenzar a operar en el área del financiamiento a empresas nacionales que se internacionalizan. En las etapas más avanzadas, la internacionalización bancaria se caracteriza por la concesión de créditos a no residentes y por su instalación física en el exterior.

En síntesis, en la actualidad la integración de los servicios bancarios en los distintos países de América Latina se encuentra todavía poco desarrollada,[22] como consecuencia de muy diferentes regímenes monetarios y cambiarios, altos y diferenciados riesgos soberanos y cambiarios, muy distinta situación de solvencia de los sistemas bancarios e insuficientes conocimiento y coordinación de la regulación y la supervisión entre los países de la región. Incluso los esquemas de integración comercial se han encontrado con tropiezos, por lo que no parece realista pensar que, más allá de los desarrollos comentados, se desencadene con fuerza un proceso de integración financiero-bancaria de carácter regional en el futuro previsible. Ello por cierto no significa que no pueda continuar avanzándose en las reformas institucionales, legales, regulatorias y contables orientadas al logro de dicho objetivo.

Mercosur y NAFTA

Como se señaló, en el plano de la integración financiera América Latina ha avanzado relativamente poco y actualmente se encuentra en un proceso de aprendizaje. Hasta ahora la internacionalización financiera de la región ha procedido por la vía de la apertura unilateral, a pesar de iniciativas como el NAFTA y el Mercosur y de cierta tendencia mundial hacia la conformación de grandes bloques comerciales de países.

El Mercosur es un acuerdo comercial, entre Argentina, Brasil, Paraguay y Uruguay, al que recientemente se ha adherido Chile, cuyo objetivo esencial ha sido reducir gravámenes al comercio exterior. Dicho acuerdo no incluye al sector de servicios como tema de negociación.

El NAFTA es un acuerdo bastante más global, ya que es un tratado que incluye principios y disposiciones que regulan las inversiones y los servicios financieros. Con relación a estos últimos, los postulados clave del NAFTA tratan de ase-

---

[22] Solo a título ilustrativo, y a pesar del fuerte incremento que ha registrado el comercio intrarregional, cabe señalar que en forma similar a lo que ocurre con el transporte aéreo en la región, las transferencias electrónicas entre bancos de diferentes países no se hace directamente, sino a través de los Estados Unidos.

gurar la posibilidad de que proveedores del exterior puedan entrar a los mercados nacionales así como mantener ciertos principios de regulación prudencial.

En general, el NAFTA vela por el comercio transfronterizo de servicios financieros, incluidos los productos bancarios, de seguros y de intermediación de valores; es decir, posibilita que proveedores extranjeros puedan entregar dichos
servicios sin la necesidad de que deban instalarse físicamente en el país de destino. De manera consustancial a la defensa del comercio transfronterizo de servicios, el NAFTA intenta asegurar la libre transferencia de los flujos de capital.
Además, el NAFTA afirma el derecho de establecimiento —es decir, la posibilidad de que proveedores de países miembro puedan instalarse en otro país miembro— y el trato nacional para la instalación física de una institución financiera
en otro país o, dicho de otro modo, que no haya discriminación debido al origen de la inversión. Asimismo, se contempla el principio de trato de nación más
favorecida.

No obstante los principios anteriores, que pretenden defender los diferentes
caminos para transitar y participar en los mercados financieros de los países
miembro, el NAFTA contempla, ya sea por la vía de las excepciones o mediante
el establecimiento de reservas, salvaguardas que protegen el enfoque regulatorio
y de estabilización macroeconómica de cada parte.[23]

La necesidad de preservar las diferencias entre los distintos enfoques regulatorios fue determinante en la negociación de servicios financieros del NAFTA. El
articulado del Tratado asegura que los países participantes puedan mantener sus
propios enfoques regulatorios y su autonomía con respecto a las políticas de estabilización que afecten al sector financiero. Dado que los enfoques nacionales
de regulación eran muy disímiles, en el NAFTA no se pudo llevar a cabo una plena armonización, tal como existe en los países de la Unión Europea.

Si bien el enfoque del NAFTA es bastante liberal respecto del comercio transfronterizo de servicios financieros, en relación con el principio de derecho de establecimiento se define que podrá ejercerse bajo la forma jurídica que se desee,
ya sea sucursal, filial o coligada, pero dentro del marco normativo y regulatorio
del país receptor.

En general los acuerdos de servicios financieros pueden involucrar distintos
grados de compromisos para los países miembro de esquemas de integración de
libre comercio, que van desde la libertad para el comercio transfronterizo, y la
seguridad del derecho de establecimiento y del trato nacional, hasta la creación
de un mercado común con plena armonización de las regulaciones.

La libertad para el comercio transfronterizo de servicios financieros no fue un
tema relevante de discusión en el marco del NAFTA, en especial porque en el Canadá y los Estados Unidos prevalecen en la actualidad enfoques liberales respec-

---

[23] Si bien es deseable dar ese margen de maniobra nacional, debe reconocerse que ello puede
retardar el avance hacia la integración financiera.

to de los movimientos de capitales. En ausencia de controles de cambio, los residentes de un país tienen plena libertad para efectuar inversiones financieras y no financieras en otros países miembro. Los obstáculos en este ámbito provinieron básicamente de una carencia de armonización tributaria y de la existencia de ciertos controles cambiarios en el caso mexicano, aun a pesar del profundo proceso de apertura externa realizado por dicho país.[24]

En consecuencia, las negociaciones de servicios financieros se concentraron en el derecho de establecimiento sujeto a trato nacional, es decir, en torno de permitir la instalación física de proveedores extranjeros de servicios financieros, sujetos a la misma normativa que rige a las instituciones financieras domésticas de los países miembro.

Si bien los elementos reseñados promueven más directamente la integración de servicios financieros en la región, es preciso reconocer que tanto el Mercosur como el NAFTA son tratados de alcance parcial, tanto en su ámbito de aplicación como en la cobertura de países involucrados. De concretarse en un futuro la Iniciativa para las Américas, cabría esperar que se acelerase y profundizase la integración financiera en la región.

Principios regulatorios para promover una mayor integración financiera en la región

La liberalización multilateral del comercio de servicios a escala mundial, y en particular la de los de naturaleza financiera, ha estado rezagada respecto de la del comercio de bienes. Solamente en la ronda del Uruguay los servicios fueron un elemento importante de los esfuerzos de apertura e internacionalización.

El acuerdo multilateral más importante que afecta al comercio internacional en esta área ha sido el de los códigos de liberalización de los movimientos de capital de la OCDE. Estos códigos establecen la liberalización progresiva de los flujos de capital y de servicios financieros por parte de proveedores extranjeros sobre la base del principio de trato nacional. En años recientes los países miembro de la OCDE han cambiado drásticamente sus legislaciones domésticas con el fin de cumplir con el espíritu de dichos códigos.

Por su parte, la Comunidad Europea ha acordado el libre derecho de establecimiento en los mercados de los países miembro, un régimen liberalizado para la entrega de servicios financieros transfronterizos y una armonización de las principales reglas de regulación entre los países miembro. Para instalarse en cualquier país de la Comunidad, un banco perteneciente a un país miembro requiere una sola licencia, vale decir, la autorización original para operar regionalmente.

---

[24] En la actualidad se está lejos de tener libre comercio transfronterizo de capitales en América Latina ya que, por ejemplo, países como Brasil, Colombia y Chile aplican regulaciones a las entradas de capitales.

Para efectos de la supervisión, se establecen los principios de regulación del país de origen y el reconocimiento mutuo de los regímenes regulatorios de cada uno de los países miembro de la Comunidad. También se estipulan ciertos estándares de adecuación de capital y de reglas de transparencia.

En términos más generales, en el mundo más desarrollado, y en particular en Europa, las distintas alternativas para efectuar el comercio internacional de servicios bancarios se rigen por las siguientes reglas: en el caso del comercio transfronterizo bancario las reglas del país de origen son las válidas; en el caso de filiales instaladas en otro país, las reglas del país receptor son las válidas; y en el caso de las sucursales, debe existir armonización de las reglas.

En América Latina, a pesar de que, como se señaló, no puede haber por ahora plena armonización de las regulaciones como en Europa, cualquier avance real hacia la integración financiera presupone que se deben compartir ciertos elementos básicos de la regulación.

En primer término, la regulación y la supervisión deben tener como objetivo mantener un sistema financiero y de pagos solvente, estable y eficiente. Objetivos adicionales de las autoridades deben ser la minimización de corridas bancarias y la reducción al máximo posible de la existencia de garantías implícitas o explícitas sobre los pasivos bancarios. En último término, la autoridad debe velar por que se mantenga la fe pública en el sistema financiero.

Además, el sistema bancario debería estar sujeto a una serie de medidas de regulación prudencial. Los bancos deben mantener un nivel de capital adecuado, coherente con los riesgos emprendidos. Estos riesgos pueden ser de distinta naturaleza, como por ejemplo riesgo de crédito, monedas y tasas de interés. Para cuantificar los riesgos se deben medir las posiciones netas, así como la volatilidad de los tipos de cambio y de los precios de los activos.[25] Incluso, en el caso de derivados complejos, como las opciones, debe exigirse un capital en función de todas las dimensiones existentes de riesgo.[26]

Un nivel de capital adecuado constituye un "colchón" para enfrentar posibles pérdidas y permite evitar el azar y/o riesgo moral. En la actualidad el requisito de adecuación de capital de Basilea para los bancos –del 8%– constituye un estándar relativamente frecuente en el ámbito internacional. Sin embargo, di-

---

[25] Cabe recordar que el Comité de Basilea para la Supervisión Bancaria ha publicado un documento llamado "Core Principles for Effective Banking Supervision", que describe veinticinco principios fundamentales para una efectiva supervisión bancaria. Esos principios han sido desarrollados por los países pertenecientes al G-10, en colaboración con autoridades supervisoras de quince países emergentes, entre los que se encuentran Brasil, Chile y México. Este documento constituye un marco de referencia clave para ser aplicado por parte de todos los supervisores en el mundo y para todos los bancos, cualquiera sea su jurisdicción.

[26] La mayor competencia entre bancos e instituciones financieras de otra índole, y el creciente grado de sofisticación de nuevos productos bancarios como los derivados, hacen imprescindible que se lleve a cabo un manejo profesional de los riesgos bancarios, tanto por parte de los bancos como de los supervisores.

cho estándar debe entenderse como un mínimo. En particular, dada la mayor volatilidad de las economías latinoamericanas y la vulnerabilidad de sus sistemas financieros, la banca que participa en el proceso de integración financiera debería contar con un indicador de adecuación de capital de al menos el 10%.

Estas mayores exigencias de capital no deben motivar diferencias en los ponderadores de riesgo de activos bancarios en los países de la región, pues esto constituiría una manipulación que permitiría indirectamente alterar las exigencias de capital. En la actualidad los requerimientos de capital en la Argentina se calculan en función de los activos de riesgo, incluidos los riesgos de mercado; en el Brasil se exige un patrimonio líquido compatible con el grado de riesgo de la estructura de los activos, mientras que en Chile se exige el requerimiento mínimo de adecuación patrimonial de Basilea del 8%, con incentivos de mayores oportunidades de negocios, tanto locales como internacionales, para bancos que cuenten con un indicador de al menos el 10%.

La regulación también debería limitar la concentración de activos y las operaciones con partes relacionadas, de manera de incrementar la diversificación y limitar los conflictos de interés. Los préstamos relacionados deberían estar sujetos a límites estrictos, a reglas de deducción del capital o a requerimientos de colateralización de dichos préstamos. En todo caso, los requisitos y las condiciones de dichos créditos deben definirse sobre la base no solo de los determinantes de mercado vigentes, sino además de los de sus fundamentales de mediano y largo plazo.

Adicionalmente, los bancos por lo general están expuestos a un proceso de transformación de plazos que los convierte en instituciones relativamente ilíquidas. Los requerimientos de encaje permiten proteger el sistema de pagos e inducir a que los bancos mantengan una conducta prudente ante posibles retiros de depósitos. En la Argentina se exige un encaje del 18% por los depósitos a la vista y por los de plazo residual de hasta tres meses, porcentaje que se reduce gradualmente hasta llegar a cero para operaciones de más de un año. En el Brasil los depósitos a la vista tienen un encaje del 75%, los depósitos a plazo del 20% y los depósitos de ahorro del 15%. En Chile, los depósitos a la vista en moneda nacional tienen un encaje del 9%, los depósitos, captaciones y otras obligaciones a plazo tienen un encaje del 3,6%, excepto las obligaciones de más de un año de plazo, que no están afectadas a encaje. Además, toda captación u obligación en moneda extranjera está sujeta a un requerimiento de liquidez adicional del 10%. En todo caso, entre los elementos que deben ser considerados para un manejo solvente y eficiente de la liquidez se incluyen buenos sistemas de información, análisis de los requerimientos netos de fondos bajo distintos escenarios y la diversificación de las fuentes de financiamiento.

Por su parte, la institucionalidad que rige a los sistemas de pagos debe minimizar los espacios de riesgo de contraparte que puedan impactar negativamente el patrimonio público. En particular, un sistema de pagos eficiente tendría que eliminar todo riesgo de crédito para el banco central. Los pagos deberían realizarse contra una verificación instantánea de la existencia de fondos en las cuentas corrientes depositadas en los bancos y en el banco central.

Los bancos por lo general mantienen una combinación de activos de mercado y otros, como las colocaciones, que no poseen un mercado líquido. Para dar incentivos a la autorregulación y a la transparencia, los activos deberían ser valorados a precios de mercado. Las colocaciones tendrían que ser evaluadas de acuerdo con la expectativa de repago de los créditos, por medio de exigencias de provisiones, estructuradas sobre la base de la generación esperada de flujos por parte del deudor, y de la calidad de las garantías.[27] Las frecuentes valorizaciones de los activos de un banco a precios de mercado, las periódicas clasificaciones de riesgo de los pasivos que estos emiten, la entrega de estados contables mensuales y el chequeo de la calidad y la precisión de la información contable por parte de los auditores externos permiten la entrega transparente de información al mercado, lo que constituye un elemento clave para la autorregulación. La presencia de clasificadores y auditores externos internacionales en los diferentes países debería facilitar la homogeneización de la información, estimulando por ende el avance de la integración financiera en la región.

El proceso de otorgamiento de licencias, por su parte, debe lograr un delicado equilibrio entre no ser demasiado generoso, lo que puede crear problemas de gestión y solvencia, ni demasiado restrictivo, lo que puede desestimular una adecuada competencia en el sector. En todo caso, dicho proceso debe ser selectivo, aunque con algunas reglas impersonales y con ciertas barreras a la entrada. En particular, se debe evitar episodios de competencia destructiva y selección adversa de nuevos dueños de bancos. Lo anterior supone tener internalizado el hecho de que los costos de entrada y de salida del sistema bancario son claramente diferentes. Como es sabido, la salida del mercado de un banco puede generar externalidades negativas y ser excesivamente costosa.

Por lo general, no existe plena libertad de acceso a los mercados bancarios, tanto por consideraciones microeconómicas, para evitar la selección adversa de propietarios, como por razones de índole macroeconómica, debido a que en un mercado bancario en que compite un número apreciable de entidades puede tender a generarse una situación de insolvencia generalizada, con sus consecuentes problemas sistémicos. Así, por ejemplo, en Chile las nuevas licencias bancarias han estado de facto cerradas desde 1990, mientras que en el Uruguay las nuevas licencias se encuentran limitadas a no más del 10% de la cantidad de bancos existentes a fines del año anterior. Incluso en algunos países persisten

---

[27] Sin embargo, en ciertas circunstancias, típicamente en la fase expansiva del ciclo económico o cuando algunos precios clave, como el tipo de cambio, están desalineados respecto de sus determinantes fundamentales, el mercado puede entregar información "distorsionada", tanto directamente como en relación, por ejemplo, con la valorización de las garantías. Una manera de atenuar este problema es exigir un porcentaje mínimo de capital propio en el financiamiento de un proyecto de inversión y/o para la adquisición de un activo.

restricciones a la propiedad de inversionistas extranjeros. Ejemplos de lo anterior se dan en el Brasil y en México. En el Brasil las participaciones extranjeras requieren autorización previa, mediante decreto presidencial, y el número de sucursales de bancos extranjeros se encuentra de facto limitado a la cantidad existente actualmente. En México, los inversionistas extranjeros pueden poseer hasta el 30% del capital de los bancos, restricción que se relaja de manera gradual para los países signatarios del NAFTA.

El giro de los bancos también debe mantenerse acotado, de manera de reducir la extensión de la red de seguridad y limitar el riesgo derivado de nuevas actividades.

En relación con el control de los supervisores, la experiencia indica que hay que combinar informes del tipo Camel, que describen la adecuación de capital con relación a los riesgos emprendidos, la calidad de los activos y de la gestión, y la estructura de ingresos y de liquidez, con la supervisión *in situ*, que permite tener claridad respecto de la calidad del portafolio, de la capacidad de gestión de las instituciones y de la calidad de los sistemas internos de control.

En la medida en que los grupos bancarios empiecen a tener nuevas actividades financieras, tanto en el plano interno como en el externo, se hace cada vez más indispensable la supervisión consolidada, que permita una visión global de los riesgos emprendidos. Dicha supervisión limita los riesgos de contagio provenientes de posiciones intragrupo, de posiciones comunes significativas del grupo, de contagio psicológico y del posible doble apalancamiento del capital. En efecto, los préstamos a otras actividades relacionadas del grupo, el uso del capital con el propósito de multiplicar los negocios y el endeudamiento del grupo, así como el riesgo de concentrar préstamos y activos por parte de varias de las empresas componentes del grupo en determinadas actividades, incrementan el riesgo y la vulnerabilidad de un banco perteneciente a dicho grupo.

Adicionalmente, si el mercado percibe al conglomerado como a un todo, entonces las separaciones entre los negocios son ilusorias y se hace no solo necesario sino también urgente la vigencia de la supervisión consolidada. En esos casos es insuficiente una regulación de tipo funcional, pues el riesgo del conglomerado es mayor que la sumatoria de los riesgos de las entidades que lo componen, debido al riesgo sistémico envuelto.[28] La inexistencia de supervisión consolidada en el caso de la banca *off shore* vinculada con los sistemas bancarios del Ecuador y Venezuela ha sido una de las principales causas de las recientes crisis bancarias de dichos países.

Complementando lo anterior, en casos de problemas con algunos bancos, las regulaciones nacionales deberían considerar la existencia de una red de seguri-

---

[28] La creciente interrelación entre la banca, los seguros, los fondos de pensiones y el mercado de valores requiere un esquema de supervisión de tipo consolidado que enfrente adecuadamente un desafío institucional mayor, el de coordinar las distintas entidades supervisoras del sistema financiero.

dad que contenga ciertos instrumentos, obviamente acotados (para reducir el azar moral), tales como garantías a los depósitos a la vista, así como créditos de liquidez a la banca, de modo de asegurar algún grado de estabilidad en el sistema financiero. Esquemas de este tipo pueden, sin embargo, aumentar el riesgo de una conducta imprudente por parte de los bancos. Para limitar este problema se puede proceder a entregar un seguro de cobertura parcial y cuya prima sea tarifada en función del riesgo incurrido, y en cuanto a los créditos de liquidez, otorgarlos contra un colateral de muy bajo riesgo.

Además, la regulación debe proveer un marco de acciones correctivas para el caso de bancos subcapitalizados, que permitan la capitalización preventiva por parte de los accionistas y/o de los acreedores, de manera de minimizar los escenarios de quiebra. En casos extremos, en los que una entidad bancaria no es financieramente viable, el supervisor puede y debe estimular fusiones o la toma de control por parte de otro banco. Por último, la autoridad debe tener la facultad de poder clausurar un banco insolvente con el objeto de proteger la estabilidad de todo el resto del sistema financiero.[29] El principio debe ser que, al igual que con las ganancias, las pérdidas sean incurridas por el sector privado, al menos por los accionistas antiguos y, en alguna medida, por los acreedores y depositantes. Incluso, en casos de quiebras fraudulentas, los propietarios deberían responder con su patrimonio personal. Lo anterior minimiza situaciones de riesgo moral.

En síntesis, estimamos necesario que los países de la región compartan los principios de regulación recién señalados. Sin embargo, dadas las grandes diferencias existentes en la institucionalización y la organización de la industria financiera y bancaria, así como en las condiciones iniciales coyunturales que enfrenta dicha industria en los distintos países de América Latina, no visualizamos como factible armonizar las reglas más específicas. En efecto, es muy difícil que haya plena armonización en el giro bancario, la estructura bancaria, el tratamiento de sucursales en el exterior y del seguro de depósitos, por citar solo algunos ejemplos.

En cuanto a la internacionalización de la banca por la vía de los créditos transfronterizos, se requieren elementos de regulación algo distintos de los que se aplican a las colocaciones domésticas. En efecto, si bien en teoría el abrir el espectro de posibilidades de negocios de los bancos, autorizando créditos al exterior, permite diversificar de mejor forma el riesgo, es preciso tener presente que dichas operaciones están expuestas al riesgo-país, al riesgo cambiario y a diferencias nacionales en el tratamiento jurídico, de regulación y de supervisión.

Si bien el riesgo del deudor individual se mide sobre la base de los flujos esperados de repago y de las garantías reales, en el caso de la internacionalización hay que tener en cuenta algún grado de prudencia adicional debido a las mayores dificultades para ejecutar las garantías, así como a las posibles divergencias

---

[29] Aquí cabe destacar la importancia de que la legislación y el sistema judicial incorporen eficazmente las peculiaridades de la actividad financiera para resolver casos de crisis y/o quiebras.

en las monedas a las que están ligados los ingresos del deudor con relación a la denominación del crédito. Adicionalmente, se requieren límites que velen por una diversificación adecuada por país, así como el establecimiento de provisiones por riesgo-país que consideren el riesgo político y el riesgo de transferencia involucrado en las operaciones internacionales. Por último, en la actividad bancaria internacional también deben cautelarse los riesgos financieros, en particular los descalces de monedas, plazos y los riesgos de tasas de interés.

En el caso de la instalación física de filiales, sucursales y coligadas de grupos financieros, se requiere una serie de elementos de regulación, tales como la supervisión consolidada por parte del país de origen, que permitan visualizar el riesgo del *holding* y de todas las actividades que se desprenden de él. Dicha regulación debe ejercer cautela también sobre la adecuación del capital consolidado de acuerdo con los riesgos emprendidos y con la autorización del país de origen y del receptor, y asegurar la vigencia de los principios de integridad y solvencia de los propietarios. En particular, los accionistas de los bancos deben comprobar que han tenido una conducta financiera y legal intachable y que son económicamente solventes para emprender actividades bancarias, lo que minimiza la selección adversa de accionistas controladores de un banco y permite un razonable grado de seguridad de una administración seria y profesional de dichas instituciones. Además, es de suma importancia la creación de acuerdos de control entre los países miembro de un esquema de integración financiera que permitan el intercambio recíproco, fluido y oportuno de información, así como la supervisión *in situ* de sucursales y filiales por parte de la autoridad del país de origen, de manera de ejercer en forma efectiva la supervisión.[30]

Gran parte de estos principios han sido recogidos por el Grupo de los 10 (G-10) en el marco del Comité de Basilea para supervisión bancaria.[31]

Adicionalmente, deben considerase aspectos relacionados con la tributación, los controles de cambios y la protección de las inversiones. Es necesario tener particular cuidado con los "paraísos tributarios", los que en general no ejercen mayor supervisión y en los que no solo suelen realizarse actividades bancarias prohibidas sino que, por lo habitual, se eluden las regulaciones domésticas. Evidentemente, debe evitarse los arbitrajes regulatorios asociados a dicho tipo de situaciones. En ese sentido, los acuerdos en el ámbito internacional deben ser lo suficientemente amplios en materia de cobertura de países de manera de impedir una competencia regulatoria con los países que no comparten estos principios, ya que en caso contrario se estaría permitiendo una situación potencialmente explosiva para la estabilidad y la solvencia de los sistemas bancarios de los países miembro.

---

[30] Lógicamente, el intercambio de información debería superar el obstáculo que representa la normativa sobre secreto bancario existente en cada uno de los países.

[31] Véanse notas al pie 25 y 28.

Resumen y conclusiones

La globalización es una de las tendencias que marca el desarrollo de las economías del mundo en el último tiempo. América Latina no ha estado ausente de dicho fenómeno, sobre todo en vista de las reformas de sus instituciones y estructuras, así como de la apertura económica en las que con mayor o menor fuerza se ha embarcado. En particular, la región se ha insertado con decisión en los mercados de capitales mundiales, por medio de su mayor participación en las corrientes de inversión extranjera directa y en la colocación de acciones y de bonos en los mercados financieros internacionales.

En materia de integración económica, pese a los avances, América Latina está claramente a la zaga de Europa. La exitosa experiencia europea enseña que los cambios vinculados a los procesos de integración financiera solo se presentan gradualmente y con posterioridad a la integración comercial. Más específicamente, el caso de Europa muestra que la integración económica es un proceso en el que se debe avanzar secuencialmente, en el ámbito comercial primero, luego en el financiero y culminar, en la etapa más avanzada de la integración, con la unión monetaria.

La creación de la Unión Monetaria Europea, unida a los acuerdos de varios países y esquemas de integración subregionales de América Latina con la Unión Europea, así como la creciente participación de países de la región en las actividades de la OCDE y del Banco Internacional de Pagos de Basilea (BIS) representan una excelente oportunidad para que América Latina reconozca aspectos institucionales, jurídicos, normativos, regulatorios y económicos de la integración financiera europea.

Un elemento consustancial a un proceso de integración financiera lo constituye la vigencia y la sustentabilidad de los equilibrios macroeconómicos básicos. Ellos son una condición necesaria para fortalecer los sistemas financieros domésticos y para dar un marco de estabilidad mínima, en particular en lo referido al riesgo-país y al cambiario, requerida para llevar a cabo un intercambio internacional eficiente de activos y servicios financieros.

Lo anterior no exige una coordinación de políticas pero sí un fuerte y real compromiso con el logro y la manutención de la estabilidad macroeconómica por parte de los países miembro de un esquema de integración. Como mínimo, parece deseable y conveniente que dichos países avancen en el intercambio ordenado, oportuno y frecuente de información macroeconómica. Un organismo regional o subregional podría hacer el seguimiento y publicar en forma periódica la información acordada, de manera que los países y los propios bancos puedan usarla en sus decisiones de internacionalización.

Otro elemento previo a la integración financiera es la liberalización financiera doméstica, la que necesariamente debe ir acompañada de una supervisión y una regulación bancarias rigurosas y eficientes.

Para avanzar hacia una mayor integración financiera es fundamental que haya un intercambio recíproco de información, fluida y oportuna entre los supervisores de los países de la región. Además, deben compartirse los principios básicos de regulación prudencial y de supervisión adoptados por el Comité de Basilea para la Supervisión Bancaria. Aquí destacan, entre otros, una adecuada base de capital y la existencia de supervisión consolidada. Sin embargo, dadas las diferencias existentes en la institucionalización, organización, así como en las condiciones iniciales coyunturales que enfrenta el sector financiero de los distintos países de América Latina, no parece realista pretender armonizar la normativa financiera y bancaria más específica. Cabe señalar que el intercambio de información entre las autoridades, así como el cumplimiento de los mencionados principios por parte de los sistemas bancarios nacionales, son imprescindibles para hacer viable, primero, y reforzar, luego, la integración financiera en la región.

En el análisis en torno de la factibilidad, la velocidad y la profundización del proceso de integración financiera en América Latina, es necesario considerar las diferencias que existen en variables tales como el ingreso per cápita, el riesgo-país, la profundización financiera, el nivel de bancarización, y la modalidad y la calidad de la supervisión de los países. Adicionalmente, el estímulo y la fuerza de la integración financiera también dependerán de las condiciones iniciales en que se encuentran los distintos países. Por ejemplo, la modalidad y la rapidez de la integración financiera no deberían ser indiferentes a situaciones tales como un problema de sobreendeudamiento externo o un sistema bancario frágil o en bancarrota de un determinado país. Este tipo de consideraciones han jugado y juegan un papel de la mayor importancia para explicar el escaso desarrollo de la integración financiera en América Latina.

Lo que se observa actualmente es cierto avance de una "integración financiera no institucionalizada" en la región. En efecto, en los años noventa se ha dado un significativo intercambio de flujos de capitales intrarregional, con particular intensidad en el ámbito de la inversión real. Dichos flujos se han estimulado por las reformas estructurales y de apertura, así como por las privatizaciones en las que se han embarcado en la última década la mayor parte de los países de América Latina. Aquí destaca la inversión directa, que incluye tanto en el origen como en el destino a empresas e instituciones de los mercados de capitales, tales como bancos y fondos de pensiones, desde y hacia países de la región. Cabe observar que en la mayoría de los casos este proceso se ha materializado por medio de los dueños, sean estos personas naturales o conglomerados, y no de las propias instituciones financieras, debido a restricciones legales y/o a la inexistencia de supervisión consolidada. Asimismo, recientemente se ha observado un renovado y dinámico interés de parte de la banca extrarregional, particularmente de la española, por adquirir empresas de los mercados de capitales nacionales y participar activamente en los mercados financieros y bancarios de la región.

De otro lado, en forma creciente un mayor número de países y empresas financieras y no financieras de la región están colocando instrumentos financieros, tales como acciones (ADR en los Estados Unidos, por ejemplo), bonos y bonos convertibles en acciones, en los mercados de capitales internacionales. Este tipo de desarrollo se está comenzando a dar dentro de la región; y, para generalizarse y profundizarse, requiere reformas de naturaleza institucional, tributaria y legal, así como homogeneización de la información contable relevante.

Hasta ahora la internacionalización financiera de la región ha procedido fundamentalmente por la vía de la apertura unilateral, a pesar de iniciativas como el NAFTA y el Mercosur y de cierta tendencia mundial hacia la conformación de grandes bloques comerciales de países. La integración de los servicios bancarios en los distintos países de América Latina se encuentra poco desarrollada como consecuencia, principalmente, de altos y diferenciados riesgos soberanos y cambiarios, distinta situación de solvencia de los sistemas bancarios nacionales e insuficientes conocimiento y coordinación de la regulación y la supervisión financiera en general y bancaria en particular entre los países de la región. Un avance concreto en el proceso de integración financiera podría darse si los países permiten y facilitan el acceso recíproco a sus mercados, por medio del derecho de establecimiento, de instituciones bancarias extranjeras, sujeto al principio de trato nacional.

Sin embargo, no puede desconocerse que incluso los esquemas de integración comercial en América Latina se han encontrado con tropiezos, por lo que no parece realista pensar en que se perfeccione un proceso de integración financiero-bancaria de carácter regional en el futuro previsible. Ello no significa que no deba continuar avanzándose en las reformas institucionales, legales y regulatorias necesarias para el logro de dicho objetivo. América Latina presenta un panorama bastante optimista en cuanto a su probable evolución económica, ya que en el mediano plazo debería continuar el dinamismo de la actividad y del comercio exterior, acentuarse el control sobre la inflación y consolidarse las reformas económicas. Además, el bajo grado de bancarización relativo de la región, las altas rentabilidades que registra el sector financiero y las crecientes oportunidades de negocios regionales constituyen buenas opciones que favorecen la perspectiva de la integración financiera regional.

Por último, independientemente de los avances en el proceso de integración financiera, la región debe seguir adelante con los procesos nacionales de estabilización y de reformas estructurales, orientados a dar solidez y sustentabilidad en el tiempo al desarrollo de sus economías. La responsabilidad en el manejo macroeconómico doméstico, la promoción del ahorro interno, y un cuidado por incrementar y financiar adecuadamente la formación de capital son condiciones ineludibles para el desarrollo económico y financiero de América Latina.

Anexo estadístico

Criterios de convergencia

CUADRO 4.1. Tasa de inflación (dic/dic) (%)

	1990	1991	1992	1993	1994	1995	1996	1997
Argentina	1.343,9	84,0	17,5	7,4	3,9	1,6	0,1	0,3
Bolivia	18,0	14,5	10,4	9,3	8,5	12,6	7,9	3,8
Brasil	1.585,4	475,8	1.172,0	2.497,6	9.29,3	22,0	9,1	4,8
Chile	27,3	18,7	12,7	12,2	8,9	8,2	6,6	6,0
Paraguay	44,0	11,8	17,8	20,4	18,3	10,5	8,2	5,4
Uruguay	129,0	81,5	58,9	52,9	44,1	35,4	24,3	15,7

Fuente: CEPAL.

CUADRO 4.2. Déficit público PBI (%)

	1990	1991	1992	1993	1994	1995	1996	1997
Argentina	-5,1	-1,6	-0,1	1,4	-0,2	-0,5	-1,7	-1,4
Bolivia	3,9	-4,3	-4,4	-6,1	-3,0	-2,0	-1,9	-3,0
Brasil	1,2	-0,2	-1,8	-0,8	1,1	-4,9	-3,9	-3,0
Chile	1,5	1,5	2,2	1,9	1,7	2,5	2,2	1,2
Paraguay	2,9	0,8	-1,4	-0,7	1,0	-0,3	-0,8	-1,5
Uruguay	-0,1	1,3	1,5	-0,8	-2,5	-1,3	-1,2	-1,5

Fuente: CEPAL.

Cuadro 4.3. Deuda pública PBI (%)

	1990	1991	1992	1993	1994	1995	1996
Argentina	–	0,0	3,0	4,5	6,6	10,4	11,7
Bolivia	–	–	–	–	–	–	–
Brasil	–	12,2	16,7	17,4	20,0	24,5	28,7
Chlle	–	–	21,7	22,8	23,1	22,0	23,4
Paraguay	–	–	–	–	–	–	–
Uruguay	-0,1	0,3	0,3	0,7	1,6	0,0	0,0

Fuente: CEPAL, sobre la base de cifras oficiales.

CUADRO 4.4. *Tipo de cambio nominal* (variación en 24 meses, dic. a dic.)

	1992	1993	1994	1995	1996	1997
Argentina	25,00	0,00	0,00	0,00	0,00	0,00
Bolivia	20,59	18,42	14,63	11,11	10,64	–
Brasil	4.962,50	28.925,71	20.887,65	852,85	22,04	15,04
Chile	13,49	14,47	5,79	-3,92	5,02	7,16
Paraguay	–	–	–	–	–	–
Uraguay	118,75	83,33	60,00	59,09	55,36	42,86

Fuente: Bancos Centrales de cada país, CEPAL.

CUADRO 4.5. *Tasa de interés real pasiva* (anualizadas)

	1990	1991	1992	1993	1994	1995	1996
Argentina	-25,2	-10,4	-3,8	3,4	4,3	10,6	7,6
Bolivia	5,3	8,4	11,9	11,9	9,2	5,6	9,4
Brasil	3,3	34,7	31,9	23,0	26,0	24,8	16,5
Chile	10,4	3,1	5,0	5,3	5,7	5,1	6,4
Paraguay	13,4	23,9	16,7	3,2	5,3	11,5	9,8
Uruguay	-13,1	-3,1	-2,9	-8,7	-4,9	2,2	3,1

Notas: las tasas son bancarias y de corto plazo, cada país tiene un plazo distinto pero en general son 30 días.
Fuente: CEPAL.

CUADRO 4.6. *Cuenta corriente/PBI* (%)

	1990	1991	1992	1993	1994	1995	1996	1997
Argentina	3,7	0,2	-2,4	-2,9	-3,5	-0,9	-1,3	-3,0
Bolivia	-4,0	-4,9	-7,4	-7,2	-1,3	-4,4	-3,7	-7,0
Brasil	-0,8	-0,4	1,6	-0,2	-0,2	-2,6	-3,1	-4,2
Chile	-1,4	0,0	-2,1	-5,6	-3,1	-1,9	-5,5	-5,3
Paraguay	-3,0	-5,4	-9,8	-6,0	-7,8	-5,5	-6,6	-8,2
Uruguay	2,0	0,4	-0,1	-1,8	-2,7	-1,2	-1,6	-1,5

Nota: saldo negativo indica déficit.
Fuente: CEPAL, JP Morgan.

CUADRO 4.7. *Tipo de cambio real efectivo de las importaciones*
(índice 1990=100)

	1990	1991	1992	1993	1994	1995	1996	1997
Argentina	100,0	71,0	62,8	57,6	57,2	60,7	61,8	60,0
Bolivia	100,0	99,7	104,2	110,4	116,2	118,7	110,9	108,1
Brasil	100,0	131,7	141,2	136,7	137,9	123,6	116,4	115,1
Chile	100,0	99,7	96,2	98,2	94,8	89,0	85,8	80,1
Paraguay	100,0	90,9	96,7	100,2	94,6	93,7	89,7	88,1
Uruguay	100,0	91,4	89,5	79,9	73,2	69,9	69,2	67,8

Fuente: CEPAL, sobre la base de cifras del FMI.

Condiciones para la unión monetaria

Cuadro 4.8. *Exportaciones intrarregionales/exportaciones totales (%)*

	1990	1991	1992	1993	1994	1995	1996
Argentina	19,11	21,55	25,08	33,95	38,28	14,42	41,93
Bolivia	38,14	30,74	22,93	20,77	18,17	16,15	18,34
Brasil	6,32	10,25	14,45	17,89	16,94	16,94	18,63
Chile	8,45	9,76	11,28	13,30	13,09	11,99	12,78
Paraguay	38,85	39,02	41,67	43,23	56,43	55,20	61,08
Uruguay	35,43	36,65	36,85	44,82	49,16	48,89	49,98

Fuente: CEPAL.

Cuadro 4.9. *Importaciones intrarregionales/importaciones totales (%)*

	1990	1991	1992	1993	1994	1995	1996
Argentina	30,01	26,84	30,54	29,94	26,77	26,10	27,42
Bolivia	40,86	32,60	30,69	31,45	32,39	28,66	26,85
Brasil	13,23	12,78	13,35	14,25	15,71	16,05	17,25
Chile	15,75	17,58	18,17	16,47	18,08	17,61	16,43
Paraguay	32,19	32,75	39,98	40,39	45,10	44,62	47,21
Uruguay	42,52	44,01	43,13	49,87	50,81	36,17	36,05

Fuente: CEPAL.

Cuadro 4.10. *Deuda externa/PBI* (menos reserva internacional)

	1990	1991	1992	1993	1994	1995	1996
Argentina	44,5	27,7	21,5	22,0	23,1	27,0	27,4
Bolivia	72,0	65,1	65,5	62,0	63,0	55,4	44,2
Brasil	25,8	29,4	30,1	27,2	20,4	15,6	15,5
Chile	41,2	29,9	22,9	22,0	17,0	11,3	12,4
Paraguay	17,8	11,2	8,8	8,5	2,9	3,4	4,8
Uruguay	43,0	38,1	31,8	25,6	24,6	22,9	21,7

Fuente: CEPAL, JP Morgan.

CUADRO 4.11. *Relación de intercambio de bienes* FOB/FOB
(índices 1990=100)

	1990	1991	1992	1993	1994	1995	1996
Argentina	100,0	101,7	109,0	109,4	108,3	109,4	119,0
Bolivia	100,0	92,6	70,4	71,2	84,1	74,7	66,9
Brasil	100,0	104,9	103,7	107,3	113,8	113,8	111,8
Chile	100,0	102,3	101,3	92,2	101,7	115,2	95,5
Paraguay	100,0	99,5	98,6	103,5	108,1	111,1	109,8
Uruguay	100,0	99,6	104,3	94,3	95,3	95,2	94,1

Fuente: CEPAL.

CUADRO 4.12. *Tasa de crecimiento del* PBI (a/a, %)

	1990	1991	1992	1993	1994	1995	1996
Argentina	-1,4	10,0	9,5	5,7	7,5	-5,0	3,5
Bolivia	4,6	5,3	1,6	4,3	4,6	3,8	3,9
Brasil	-4,7	0,1	-1,1	4,5	5,8	3,9	3,1
Chile	3,3	7,1	10,5	6,0	4,1	8,2	7,2
Paraguay	3,0	2,4	1,6	4,1	2,9	4,5	1,0
Uruguay	0,6	3,2	7,8	3,3	6,4	-2,3	4,8

Fuente: CEPAL.

CUADRO 4.13. Tasa de desempleo abierta (%)

	1990	1991	1992	1993	1994	1995	1996
Argentina	7,4	6,5	7,0	9,6	11,4	17,5	17,2
Bolivia	7,3	5,8	5,4	5,8	3,1	3,6	4,2
Brasil	4,5	4,8	4,8	5,4	5,1	4,6	5,5
Chile	7,8	8,2	6,7	6,5	7,8	7,4	6,5
Paraguay	6,6	5,1	5,3	5,1	4,4	5,3	8,3
Uruguay	9,2	8,9	9,0	8,4	9,2	10,8	12,4

Fuente: CEPAL, sobre la base de cifras oficiales.

CUADRO 4.14. Ingresos tributarios el gobierno central (% del PBI)

	1990	1991	1992	1993	1994	1995	1996
Argentina							
Ingresos tributados netos de CSS	8,4	11,0	11,4	11,1	11,0	11,1	11,1
Contribuciones a la seguridad social	3,6	4,1	4,8	5,0	4,8	4,2	3,6
Bolivia							
Ingresos tributados netos de CSS	14,6	15,5	15,7	16,5	16,9	17,1	17,4
Contribuciones a la seguridad social	1,1	1,2	1,2	1,1	1,0	–	–
Brasil							
Ingresos tributados netos de CSS	21,5	19,1	18,3	17,7	20,7	21,0	–
Contribuciones a la seguridad social	8,8	7,5	7,6	8,1	8,1	7,9	–
Chile							
Ingresos tributados netos de CSS	14,5	16,7	16,9	17,6	17,1	16,5	17,8
Contribuciones a la seguridad social	1,7	1,6	1,6	1,5	1,4	1,3	1,4
Paraguay							
Ingresos tributados netos de CSS	9,0	8,7	8,7	8,5	9,8	11,2	10,6
Contribuciones a la seguridad social	0,5	0,6	0,7	0,9	0,9	1,0	1,1
Uruguay							
Ingresos tributados netos de CSS	16,1	16,0	16,6	16,1	14,2	15,9	16,1
Contribuciones a la seguridad social	8,2	9,1	9,1	8,7	8,5	8,4	7,7

Fuente: CEPAL, sobre la base de cifras oficiales.

CUADRO 4.15. Base monetaria/PBI (%)

	1990	1991	1992	1993	1994	1995	1996
Argentina	5,28	4,33	4,86	5,82	5,78	4,93	4,73
Bolivia	8,91	9,55	8,97	10,45	9,67	9,83	9,73
Brasil	7,92	12,45	8,11	11,40	10,35	6,25	6,37
Chile	4,12	4,74	4,25	4,22	4,01	4,02	4,22
Paraguay	12,88	10,80	12,39	11,86	12,06	12,18	11,21
Uruguay	7,62	19,00	16,41	15,20	13,38	12,77	12,61

Fuente: FMI, *Estadísticas Financieras Internacionales*, JP Morgan, Banco Central de Chile.

Indicadores financieros

CUADRO 4.16. *Indicadores del sistema bancario en América Latina*

	Participación bancaria en intermediación %*	Concentración bancaria**
Argentina	98	37,6
Brasil	97	54,9
Chile	62	62,1
Colombia	86	24,5
México	87	61,9
Venezuela	92	57,2

Notas: * BIS (1996). Datos para 1994. ** BIS (1996), % del crédito de los cinco mayores bancos. Solo se incluyen las entidades con una cartera crediticia superior a los mil millones de dólares. Datos para 1994.
Fuentes: BIS y Salomon Brothers.

Cuadro 4.17. *Producto nacional bruto per cápita* (1993 en US$)

AMÉRICA LATINA		COMUNIDAD EUROPEA	
Argentina	7.220	Alemania	23.560
Bolivia	760	Austria	23.510
Brasil	2.930	Bélgica	21.650
Chile	3.170	Dinamarca	26.730
Colombia	1.400	España	13.590
Costa Rica	2.150	Finlandia	19.300
Ecuador	1.200	Francia	22.490
El Salvador	1.320	Grecia	7.390
Guatemala	1.100	Holanda	20.950
Guyana	350	Italia	19.840
Honduras	600	Inglaterra	18.060
México	3.610	Irlanda	13.000
Nicaragua	340	Luxemburgo	37.320
Panamá	2.600	Portugal	9.130
Paraguay	1.510	Suecia	24.740
Perú	1.490		
Rep. Dominic.	1.230		
Uruguay	3.830		
Venezuela	2.840		

AMÉRICA LATINA		COMUNIDAD EUROPEA	
Desv. Std.	1.645,01	Desv. Std.	7.435,40
Promedio	2.086,84	Promedio	20.084,00
Coef. Var.	0,79	Coef. Var.	0,37
MAX/MIN	21,24	MAX/MIN	5,05

Fuente: Banco Mundial, World Tables 1995.

CUADRO 4.18. Spreads en bonos emitidos en US$ (*) (punto base)

	1996	1997 (**)	Clasificaciones de riesgo país(***)
Argentina			BB
Empresas	474,30	280,80	
Bancos	–	283,00	
Brasil			B+
Empresas	403,95	292,50	
Bancos	332,80	216,00	
Chile			A–
Empresas	85,80	103,30	
Bancos	–	–	
México			BB
Empresas	455,40	362,50	
Bancos	414,00	–	

Notas: (*) Se refiere al diferencial entre las tasas de rendimiento del bono emitido y el bono del tesoro de los Estados Unidos correspondiente. (**) Información hasta abril de 1997. (***) Clasificaciones internacionales de riesgo país de mayo 1997 en moneda extranjera, a largo plazo.
Fuentes: Bloomberg, Cruz Blanca, y Standard & Poors.

CUADRO 4.19. Indicadores de bancarización (%)

	M1/PIB	M2/PBI	Crédito interno/PBI	Depósitos vista/PBI
Argentina				
1994	5,8	13,2	24,2	1,8
1995	5,9	12,6	25,6	2,0
Brasil				
1994	6,8	31,5	55,1	3,5
1995	4,9	24,3	38,0	2,1
Chile				
1994	8,6	28,0	58,7	5,6
1995	8,7	29,2	58,4	5,7
Costa Rica				
1994	12,4	27,5	23,9	6,6
1995	9,2	23,9	ND	4,1
México				
1994	10,2	19,4	51,5	6,4
1995	8,4	23,0	47,5	4,8
Perú				
1994	5,1	12,5	9,4	2,9
1995	5,7	13,2	11,2	3 3

Fuente: FMI, Estadísticas Financieras Internacionales.

CUADRO 4.20. Indicadores de sistemas financieros

Indicadores	ARGENTINA***			BRASIL**		CHILE			COLOMBIA			MÉXICO			PERÚ		
	1994	1995	1996*	1995	1996	1994	1995	1996	1994	1995	1996	1994	1995	1996*	1994	1995	1996
Spread (%)	5,7	5,8	5,0	8,7	6,9	3,9	3,4	3,1	8,0	7,5	7,7	5,3	4,9	3,3	6,2	7,5	6,2
Gastos admin./Activos (%)	7,2	5,7	5,1	9,2	8,9	3,0	2,6	2,4	8,9	9,0	8,5	5,6	5,4	4,5	9,2	10,1	5,9
Cartera vencida/Colocaciones (%)	13,1	13,5	12,0	10,0	6,8	1,1	1,0	1,0	5,5	6,3	7,6	7,3	7,0	6,9	8,0	6,9	6,7
Provisiones/Colocaciones (%)	7,6	7,2	6,7	9,0	7,1	2,2	1,8	1,7	2,1	2,9	3,2	3,5	5,1	6,4	8,9	5,9	5,7
Activos líquidos/Activos (%)	11,5	6,6	6,9	15,6	12,5	8,7	8,7	8,9	16,3	12,1	9,2	23,3	23,6	23,7	29,4	29,6	30,1
Capital/Activos (%)	16,5	15,2	14,5	8,9	9,4	5,7	5,5	5,3	13,5	14,3	15,6	5,4	6,8	6,7	9,6	9,2	8,5
Tasa crecimiento activos (%)	11,0	20,2	14,8	1,2	9,5	38,4	22,3	19,1	25,8	23,8	32,2	43,8	22,6	28,6	31,5	35,8	45,8

Notas: * Información a septiembre de 1996. ** Indicadores correspondientes a los 17 mayores bancos. *** Indicadores correspondientes a los 20 mayores bancos, a excepción de la relación "activos líquidos/activos", que es del total del sistema.
Fuente: Salomon Brothers.

Referencias bibliográficas

BAYOUMI, T., Eichengreen, B. 1994. One money or many: Analyzing the prospects for Monetary Unification in various parts of the World. Princeton Studies in International Finance, No. 76.

COHEN, D., Wyplosz, C. 1989. The European Monetary Union: An agnostic evaluation En: Bryant, R., Currie, D., Frenkel, J., Masson, P., Portes, R. (eds.), *Macroeconomic policies in an interdependent World*. The Brookings Institution, Centre for Economic Policy Research, International Monetary Fund, pp. 311-337.

CONNOLY, B. 1996. Hard core, soft currency. *The International Economy*, núm. 44.

COOPER, R. 1985. Economic interdependence and coordination of economic policies. En: Jones, R. W., Kenen, P. B. (eds.), *Handbook of International Economics*, vol. 2, Amsterdam, North Holland.

CURRIE, D., Holtham, G., Hughes Hallet, A. 1989. The theory and practice of international policy coordination: Does coordination pay? En: Bryant, R., Currie, D., Frenkel, J., Masson, P., Portes, R. (eds.), *Macroeconomic policies in an interdependent World*. The Brookings Institution, Centre for Economic Policy Research, International Monetary Fund, pp. 14-46.

FMI. *Estadísticas Financieras Internacionales*, varios años.

GIAMBIAGI, F. 1998. Coordinación de políticas macroeconómicas: notas para la profundización de la integración de los países del Mercosur. Documento presentado en un seminario de la CEPAL, enero.

MADLEY, R. 1996. Keeping Monetary Union on track. *Foreign Affairs*, Noviembre/Diciembre, vol. 75, núm. 6.

OBSTFELD, M. 1997. Europe's gamble. Brookings Papers on Economic Activity 2: pp. 241-317.

ZAHLER, R. 1997. La Unión Monetaria Europea y la creación del euro: relevancia e impacto en América Latina. Separata, Integración y Comercio, Banco Interamericano de Desarrollo, Instituto para la Integración de América Latina y el Caribe, año 1, núm. 2, mayo-agosto.

Comentarios

Beatriz Nofal (ECOAXIS, Argentina): El trabajo de Zahler y Budnevich es en realidad dos trabajos. La primera parte provee un marco analítico en relación con el tema de la coordinación monetaria y la unión monetaria, donde analizan la experiencia de la Unión Europea y en función de esto evalúan la probabilidad de que el Mercosur encare un proyecto de coordinación macroeconómica y de unificación monetaria. En esto los autores son cautelosos, por no decir escépticos, y yo coincido no en gran parte, sino con todos los argumentos expuestos.

En la segunda parte se realiza un análisis de la integración financiera con foco en América Latina. Este me pareció excelente por el nivel de detalle que tiene la discusión en materia de integración financiera, y porque hay comentarios bastante relevantes, como el análisis de la secuencia en el proceso de liberalización y del impacto que tiene el hecho de no implementar adecuadamente un proceso de liberalización en la cuenta de capital.

Haré un comentario breve con respecto al tema de la integración financiera para luego dedicarme de lleno al tema de coordinación macro y moneda común.

El trabajo indica que las condiciones necesarias para la integración financiera, además de la estabilidad económica, son la convergencia macroeconómica (no necesariamente la coordinación), la libertad en el movimiento de capitales y en la instalación de entidades. Analiza las diferencias regulatorias y las diferencias en variables económicas entre los mercados; pero quiero agregar algunas desigualdades sustantivas entre el Mercosur y Europa como punto de partida para discutir el tema de la integración financiera. La primera, que no está señalada (porque básicamente el trabajo tiene una visión de América Latina), es que en el caso del Mercosur, a diferencia de Europa, una abrumadora proporción de los movimientos de capital tiene como contrapartida mercados fuera de la región y, más aún, que todos los países son importadores netos de capital.

Segunda, que si bien hay una convergencia macroeconómica, todavía existen significativos desequilibrios macroeconómicos en cada uno de los países y en realidad este es uno de los hechos que dificulta la coordinación de políticas macro.

Tercera, que existe una marcada desigualdad en el proceso de desregulación de los sistemas financieros en la región.

Cuarta, que el grado de competencia internacional, la velocidad del cambio tecnológico y la inestabilidad sistémica en la actualidad son mayores que a comienzos de la década de 1980, cuando se dio la integración financiera en Europa.

Quinta, que la capacidad institucional de los gobiernos latinoamericanos para hacerle frente es mucho menor y, por último, que la situación actual de los sistemas financieros en la región presenta considerables problemas de solvencia, tanto de deuda pública como con relación a los sistemas financieros en ese momento en Europa. Todo eso nos indica que la integración financiera debe ser el último estadio de la integración y que un objetivo prioritario en el corto plazo para el Mercosur, pero menos ambicioso, debería ser el de intercambiar información y cooperar para minimizar la fragilidad del sistema financiero y evitar colapsos bancarios. Esto, también, a fin de fomentar el proceso de integración comercial.

Con respecto a la propuesta de una moneda común hay que preguntarse si esta es aconsejable desde el punto de vista de la teoría económica, en lugar de pensar si es factible su implementación en función del estadio de integración alcanzado por el Mercosur, en términos de la agenda pendiente. En caso de que la respuesta fuera negativa, me pregunto si esta propuesta no representa una distracción.

Si es aconsejable en función de la teoría económica debemos responder por medio del marco analítico de referencia que es el análisis de áreas monetarias óptimas. Este marco es útil para determinar en qué medida los beneficios de la integración monetaria superan a los costos. En parte, estos están relacionados con el nivel de integración, siendo mayores los beneficios cuanto mayor es el nivel de integración, tanto en los mercados de productos como en los mercados de factores. La primera constatación es que el Mercosur no constituye un área estrechamente integrada ni en los mercados de productos ni en los movimientos de capital y trabajo. La magnitud del comercio intraMercosur todavía es pequeña. Si lo miramos en relación con el producto, las cifras de exportaciones al Mercosur, por ejemplo de la Argentina y del Brasil, representan el 2,8% de su producto en el caso de la Argentina y el 1,2% en el caso del Brasil. Esto no obsta para decir que, en términos de la integración comercial, las exportaciones al Mercosur de los países del área son significativas en materia de los flujos comerciales, pero aún no lo son en materia de su producción. Si lo comparamos con la experiencia europea, las exportaciones a la Unión Europea representan en promedio entre el 12% y el 22% del producto bruto nacional de los países.

En el Mercosur no se ha liberalizado el movimiento del factor trabajo, y la movilidad de la mano de obra es escasa. El movimiento de capital no está plenamente liberalizado, aunque existe libre movilidad del capital para inversión directa.

Tampoco se dan otras circunstancias atenuantes en el Mercosur, que reducirían los costos y potenciarían los beneficios de un área monetaria: las estructuras de los cuatro países son disímiles, no existen transferencias fiscales entre los Estados miembro y tampoco hay un beneficio en términos de credibilidad. Aunque esto no obedezca a la inexistencia de un núcleo como el que formaban Francia y Alemania, yo diría que el problema para la coordinación es que no existe en la región un banco central con una reputación como la del Bundesbank. Claramente, no tenemos ningún banco central con una reputación antiinflacionaria que sea capaz de imponer los criterios de coordinación o a cuya política quieran adherirse los otros países para importar credibilidad en materia de lucha antiinflacionaria. Ahora, si todos estos requisitos económicos no se dan, desde el ámbito de la teoría económica no es aconsejable su implementación, por lo menos a corto y mediano plazo.

Obviamente, puede haber motivos políticos. Esta puede ser una propuesta visionaria que señale la etapa final de la integración, que le dé un impulso a la integración inicial, etc. Para ver si esto se da y si realmente puede darle un impulso, primero tenemos que ver la magnitud de la agenda interna pendiente. El Mercosur supuestamente es una unión aduanera incompleta que no funciona porque todavía hay restricciones no arancelarias al comercio intrazona. Hay enormes indisciplinas respecto del arancel externo común y, aun tributando el arancel externo común, no hay libre circulación de los bienes intrazona. En definitiva, la unión aduanera no solo es imperfecta, sino que es incompleta o más bien virtual. Entonces, la primera tarea que tienen los gobiernos, que es una tarea pedestre, es hacer que esta unión aduanera virtual comience a funcionar. La segunda tarea es la profundización del Mercosur, y acá están todos los temas nuevos que involucran coordinación macro, apertura en servicios y compras públicas, nivelación de la cancha de juego, armonización tributaria, etc. Respecto de estos, los más críticos son: coordinación macro y disciplinas sobre los incentivos de inversión. Coincido con los autores acerca de cuál es el primer paso para la armonización. La armonización y la coordinación macro tienen una etapa inicial que es de cooperación, donde no hay un acuerdo formal pero hay una mayor cooperación que se da por medio de un intercambio de información sistemático (nosotros ya hace varios años que estamos pidiendo reuniones mensuales, pero recién el año pasado,* a partir de la crisis con la restricción de financiamiento que implementó el Brasil, hay reuniones semestrales de los presidentes de los bancos centrales). Segundo, lograr la homogeneización de estadísticas para poder medir tanto la economía como el sistema financiero. Tercero, crear un comité monetario, consultivo, al estilo del que existe en la Unión Europea, que pueda incluso dirimir situaciones de conflicto o recomendar, cuando un país tome medidas que afecten al libre comercio, la supresión de las mismas. Cuarto, evolucionar hacia metas comunes y la armonización de ciertas reglas. La primera etapa de cooperación, siendo muy optimistas, nos va a llevar hasta el fin del año 2000; recién a partir de entonces, si somos exitosos en la cooperación, podremos avanzar en la coordinación.

La disciplina sobre los incentivos en la inversión afecta al corazón de la misma disciplina fiscal de los países y no hay convergencia macro si no hay convergencia fiscal. Este tema es de central importancia y hay que ponerlo sobre la mesa asociado con la coordinación macroeconómica. Ante el interrogante acerca de si hay un camino para recorrer y si es factible el Mercosur, la respuesta es sí. Se puede argumentar que ese camino no necesita supranacionalidad, pero sí hay que empezar a hacer un inventario. Por ejemplo, identificar qué subsidios son compatibles con el libre comercio intrazona. Para eso hay un código firmado en la ronda Uruguay que establece claramente qué subsidios distorsionan el comercio y qué es un criterio orientador inicial. También deberíamos establecer mecanismos de consulta previa para que cuando alguien implemente un nuevo sistema de subsidio tenga que con-

---

* Se refiere al año 1997. (Nota de los editores.)

sultar para ver si hace daño al otro. Esto también me parece factible. En un estadio superior, podríamos buscar criterios de armonización de políticas de desarrollo regional. Básicamente, la política de inversión en el Brasil es una política llevada a cabo por los estados. En este aspecto, los criterios que nos da el acuerdo de subvenciones del GATT son bastante explícitos. Entonces, en función de esta agenda, y dado que el Mercosur no tiene un programa realista, creo que la propuesta de moneda única del Mercosur no solo no es factible sino también que es una distracción.

Mario Tonveronachi (Universidad de Siena, Italia): Voy a comentar dos puntos del trabajo de Zahler y Budnevich: por qué crear bloques regionales y el problema de la credibilidad o reputación institucional necesaria para que prospere el bloque.

Se pueden emplear distintos mecanismos para explicar por qué es necesario construir bloques. En este sentido, la experiencia europea es probablemente singular ya que los aspectos políticos fueron muy importantes. La experiencia europea fue exitosa porque se contó con tiempo para edificar las instituciones políticas y económicas que podían funcionar conjuntamente. Si la idea es edificar un bloque porque se necesita tener más poder de mercado o perder menos poder de mercado en el mundo, esto es distinto del simple objetivo de crear un bloque regional y requiere plantearse preguntas distintas. En este sentido, la experiencia europea no es tan relevante para el Mercosur.

Respecto del problema de la credibilidad institucional, la experiencia y la teoría sugieren que el problema de la coordinación de políticas se basa en la necesidad de luchar contra las perturbaciones. Las economías interactúan y hay algunas economías que tienen influencias negativas sobre otras. Con la coordinación se puede ganar mucho para evitar esas influencias negativas. La coordinación produce una solución mejor que las decisiones políticas individuales. Si se observa la experiencia del sistema monetario europeo, en parte durante la crisis de 1992, resulta claro que existía una construcción institucional sin una fuerte coordinación de políticas. El efecto fue que el esquema casi se derrumba. Lo que quiero decir con esto es que también podemos explicar por qué en Europa se pasó de la coordinación a la integración desde el punto de vista de la política. Cuando se llega a una etapa determinada en la integración económica, los efectos negativos son muy importantes y entonces se necesita coordinación de políticas, aunque coordinación de políticas con reputación. Nosotros pasamos solo entonces a la integración de las políticas. El Mercosur debería proceder con cautela, ya que, si van a integrar sus economías, se va a llegar a un punto en el que es necesario tener en cuenta que las perturbaciones son importantes y para ello es necesario contar con una gran coordinación y con la reputación para hacerlo; después se requiere la integración. Desde ese punto de vista, la unificación monetaria puede ser considerada como el final del proceso, un proceso que en Europa al final de los años ochenta no tenía ninguna otra alternativa. Si queríamos seguir adelante sin destruir el pasado, teníamos que inventar algo mucho más fuerte que el Sistema Monetario Europeo.

Capítulo 5
¿Un área monetaria para el Mercosur?

Gerardo Licandro Ferrando[*]

Introducción

El tratado fundacional del Mercosur, conocido como Tratado de Asunción, enmarcado en el objetivo de crear un mercado común, estableció la necesidad de avanzar en la coordinación de políticas macroeconómicas. Tal vez por el rápido avance de los acuerdos comerciales, este objetivo cayó en el olvido hasta la propuesta del presidente Menem en 1998 de avanzar hacia un área monetaria. Con la crisis brasileña de comienzos de 1999 la discusión volvió a plantearse a partir de la propuesta de dolarización. ¿Existen realmente elementos que viabilicen una unión monetaria para el Mercosur?

De acuerdo con la teoría del Área Monetaria Óptima (AMO), derivada del debate sobre regímenes cambiarios, los países de una región, interesados en la reducción de los costos de transacción y la incertidumbre cambiaria, estarán dispuestos a abandonar sus monedas nacionales si el tipo de cambio no es una herramienta necesaria en el ajuste de shocks de precios relativos. Esto puede ocurrir si los precios relativos son estables, si hay flexibilidad de precios y salarios o si los mercados de factores son flexibles.

Este ensayo comienza analizando los preceptos de la teoría del AMO. Mediante el uso de cuatro metodologías diferentes establecemos que los shocks que afectan al Mercosur no siguen un patrón identificable, en particular no podemos asegurar que los shocks que nos afectan no sean asimétricos. Encontramos evidencia que apoya la tesis de que mayor integración económica puede generar mayor similitud en los shocks, pero ese resultado es dudoso en virtud de la influencia de los planes de estabilización en los estudios realizados. De todas maneras, a la luz de la baja integración del Brasil a la región resulta difícil pensar en una unión monetaria en función de los motivos de un AMO: de avanzar a una moneda común, el Mercosur lo haría por motivos propios.

Los reducidos márgenes de maniobra en política monetaria disponibles en el punto de partida, el elevado costo de la deuda resultante de nuestra mala reputación en el manejo de la política macroeconómica, el uso del acuerdo regional como una regla y el valor del bloque como base de negociación en entornos más amplios son motivos probables a ser explorados.

[*] Banco Central del Uruguay. Email: glicandr@bcu.gub.uy.

Este ensayo se desarrolla de la manera siguiente. En la sección segunda se analiza la teoría del AMO y los trabajos empíricos disponibles que encaran el tema de la moneda única regional. La sección tercera estudia la correlación de shocks en el Mercosur comparando estos valores con la Unión Europea y el NAFTA. En la sección cuarta se repasa la importancia de los costos de transacción y la incertidumbre asociados a la existencia de monedas nacionales para la región. La sección quinta plantea una lista de posibles motivos regionales para la integración monetaria, y en la última sección se ensaya una conclusión.

El AMO y el Mercosur

El propósito de esta sección es presentar algunos resultados existentes en la bibliografía relacionados con las posibilidades del establecimiento de un AMO para el Mercosur. Primero se repasará la literatura teórica para luego concentrarnos en los esfuerzos concretos de estudio de la posibilidad de avanzar hacia la integración monetaria en el Mercosur.

El AMO en teoría

¿En qué circunstancias una región debería renunciar a las monedas individuales para avanzar hacia una unión monetaria? El modelo tradicional para responder a esta pregunta fue formulado por Mundell (1961), McKinnon (1963) y Kenen (1969) y fue formalizado con posterioridad por autores como Bayoumi (1994) y Ricci (1997).

Mundell (1961) propuso una forma atractiva y simple para determinar si los países integrantes de una región podrían resultar beneficiados al abandonar sus monedas y avanzar hacia una zona monetaria. Supongamos que una región está compuesta por dos países, A y B, y que esta región es afectada por un shock asimétrico o que afecta a ambos países de forma diferente. Básicamente, el shock aumenta la demanda de factores en un país, en este caso A, y la hace caer en el otro, B. Con precios flexibles, la caída de la demanda de trabajo en B hará que el salario real caiga juntamente con el empleo, pero el desempleo permanecerá en niveles de la tasa natural. Aun cuando los precios no fuesen flexibles, si la oferta de trabajo reaccionara al shock asimétrico, el ajuste de precios relativos podría darse sin necesidad de recurrir al tipo de cambio. En efecto, si los trabajadores, observando el cambio en el diferencial de salarios generado por el shock, migraran de B a A, se produciría un arbitraje de salarios reales, reduciendo el impacto sobre el desempleo. Si ninguno de estos mecanismos de ajuste estuviera disponible, el gobierno de B tendría, según el principio mundelliano, todos los incentivos para ajustar el tipo de cambio nominal. Por lo tanto, una región que es afectada por shocks que afectan a los países de la misma en forma asimétrica solo necesita de su moneda para realizar los ajustes de precios relativos en el interior de la región si los precios son rígidos y si las ofertas de factores no se ajustan por medio de la migración.

Kenen (1969) plantea que el costo esperado de un shock asimétrico está relacionado en forma negativa con el nivel de diversificación de la base productiva de los países miembro. La diversificación asegura a los países de una región contra shocks asimétricos mediante dos efectos que operan conjuntamente. Por un lado, mayor diversificación implica que las estructuras de los países sean más parecidas, reduciendo la posibilidad de shocks que los afecten de forma diferente. El segundo efecto puede considerarse un efecto de diversificación puro. En palabras de Kenen, cuando las economías nacionales están muy diversificadas, los shocks no necesariamente aparecerán como shocks específicos de un país. De ocurrir dos shocks, estos pueden compensarse, eliminando, o al menos reduciendo, el efecto macro de shocks. Entonces, si la mezcla productiva de un país está diversificada, en el sentido de que representa un portafolio de riesgos negativamente correlacionados, un país no pierde mucho al entrar a un área monetaria.[1]

McKinnon (1963) destaca que economías altamente abiertas preferirán no usar el tipo de cambio para realizar el ajuste de precios relativos. En efecto, en economías abiertas, gran cantidad de bienes son transables, por lo que el aumento del tipo de cambio se traslada con facilidad a precios domésticos, reduciendo el impacto sobre los precios relativos. El caso extremo es el de una economía pequeña abierta, en la que todos los bienes son transables, en donde cualquier devaluación se pasa a los precios domésticos inmediatamente. En el extremo opuesto está el caso de una economía grande y cerrada, como es el caso de los Estados Unidos, donde el efecto de la devaluación es limitado dada la capacidad de la economía de influir sobre el precio internacional. En resumen, que un país pueda usar el tipo de cambio como herramienta de ajuste de precios relativos depende de la capacidad de este de influir en sus términos de intercambio. Krugman (1991) afirma que las economías altamente abiertas están en mejores condiciones para enfrentar un desequilibrio de su cuenta corriente. Gross y Steinherr (1996) y Ricci (1997) discuten el postulado de McKinnon. Usando el modelo de Mundell-Fleming, comparan tres regímenes de política, tipos de cambio fijos, tipo de cambio flotante con política monetaria y un tipo de cambio flotante con oferta monetaria fija. El resultado de su estudio marca que el costo de fijar el tipo de cambio aumenta en presencia de shocks externos. De acuerdo con estos autores, las economías pequeñas y abiertas están expuestas a shocks más grandes, lo que hace que la importancia para ellas del tipo de cambio como herramienta sea mayor. Ninguno de estos estudios toma en cuenta el lado financiero de la economía, el cual es de extrema relevancia. Si, como es el caso de las economías de inflación crónica, las economías están fuertemente dolarizadas, en particular el crédito al sector privado, esto implica que una devaluación aumenta el valor nominal de las deudas de las empresas, lo que puede generar serios problemas en la cade-

---

[1] Corden (1972) y más recientemente Masson y Melitz (1990) señalan que, de ser afectados por shocks similares, dos países pueden querer tomar respuestas diferentes, acordes con sus preferencias. Eliminadas las diferencias productivas, las diferencias en preferencias son un problema a resolver.

na de pagos y por consiguiente tener consecuencias graves sobre el sistema financiero. El impacto de los pasivos potenciales del sector público puede verse magnificado en casos en los cuales el Estado es deudor neto en dólares. En resumen, en el caso de economías pequeñas dolarizadas, parece razonable pensar que el tipo de cambio puede llegar a ser más un problema que una solución; si las economías no estuviesen dolarizadas, su disposición a utilizar el tipo de cambio estaría relacionada con su capacidad de influir sobre sus términos de intercambio.

En un sentido general, se puede decir que una región constituye un área monetaria óptima si los beneficios de renunciar a la moneda son mayores a los costos. ¿Cómo se puede evaluar entonces las condiciones teóricas para la formación de un área monetaria? ¿Qué preguntas tendrían que contestarse para evaluar si el Mercosur es un AMO o no?

En primer lugar es necesario ver si los shocks que afectan a las economías de la región pueden ser caracterizados como asimétricos o no, ya que de no existir este tipo de shock, el tipo de cambio no juega ningún papel de ajuste en el interior de la región.

Después se debe determinar cuál es la relevancia de esos shocks y cómo afectan a los mercados de factores regionales. ¿Son flexibles los mercados de factores del Mercosur? ¿Existe un nivel apropiado de movilidad de factores para acomodar shocks asimétricos si estos ocurren? Con relación al impacto de los shocks: ¿qué nivel de diversificación presentan las estructuras productivas nacionales?

Como la movilidad de capital facilitaría la diversificación del portafolio de riesgos del lado de los ingresos, sería importante determinar qué nivel de movilidad tiene el capital hacia adentro de la región. La movilidad de capital es necesaria también para compensar los cambios de productividad causados por shocks asimétricos.

Para determinar la magnitud de los beneficios que tradicionalmente se le reconocen a las uniones monetarias se plantean otros interrogantes. ¿Qué tan abiertos e interdependientes son los países de la región? ¿Cuál ha sido la función del tipo de cambio en el proceso de ajuste? ¿Existen otros motivos específicos al Mercosur que justifiquen la creación de un área monetaria común?

Como el rango de interrogantes es demasiado amplio y diverso para ser tratado en un solo ensayo, en este trabajo nos concentraremos en el estudio de la simetría o asimetría de los shocks que afectan a la región, y sobrevolaremos los temas de la interdependencia entre los países de la región y de la posibilidad de que existan motivos específicos del Mercosur que justifiquen la creación de un área monetaria común. En la sección siguiente discutiremos el patrón de shocks que afectan a la región.

Análisis empírico

Si bien existe un cuerpo teórico tradicionalmente reconocido para la creación de áreas monetarias, la forma de determinar en la práctica si una región cumple con los requisitos necesarios no ha sido desarrollada, ni reconocida al mismo nivel, y menos en el caso del Mercosur. Bayoumi y Eichengreen (1994), usando el esquema de identificación de shocks propuesto por Bayoumi (1992), identificaron series de shocks de oferta y demanda para países de diferentes regiones del mundo entre 1960 y 1990. La correlación de shocks de oferta para la Unión Europea (UE) y el Mercosur se reproducen en el cuadro 5.1. Los coeficientes son

CUADRO 5.1. *Correlación de los shocks de oferta*

A. Unión Europea

	Alemania	Francia	Reino Unido	Italia	España	Holanda	Austria	Suecia	Dinamarca	Finlandia	Portugal	Irlanda	Bélgica
Alemania	1,00												
Francia	0,52	1,00											
Reino Unido	0,12	0,12	1,00										
Italia	0,21	0,28	0,28	1,00									
España	0,33	0,21	0,01	0,20	1,00								
Holanda	0,54	0,36	0,13	0,39	0,17	1,00							
Austria	0,41	0,28	-0,25	0,06	0,25	0,38	1,00						
Suecia	0,31	0,30	0,41	-0,04	0,20	0,43	0,01	1,00					
Dinamarca	0,68	0,54	-0,05	0,15	0,22	0,56	0,49	0,35	1,00				
Finlandia	0,22	0,12	-0,04	-0,32	0,07	-0,25	0,11	-0,23	0,30	1,00			
Portugal	0,21	0,33	0,27	0,22	0,51	0,11	-0,03	0,39	-0,04	-0,13	1,00		
Irlanda	0,00	-0,21	0,05	0,14	-0,15	0,11	0,08	0,10	-0,32	-0,23	0,01	1,00	
Bélgica	0,62	0,40	0,12	0,00	0,23	0,56	0,47	0,06	0,37	0,06	0,40	-0,02	1,00

B. Mercosur

	Argentina	Brasil	Uruguay	Paraguay	Chile	Bolivia
Argentina	1,00					
Brasil	0,34	1,00				
Uruguay	-0,48	-0,06	1,00			
Paraguay	0,06	0,22	-0,08	1,00		
Chile	0,21	-0,23	-0,33	0,21	1,00	
Bolivia	0,06	0,17	-0,20	0,39	0,17	1,00

C. NAFTA

	Canadá	México	Estados Unidos
Canadá	1,00		
México	0,35	1,00	
Estados Unidos	-0,47	-0,59	1,00

Fuente: Bayoumi y Eichengreen, 1994.

significativos al 5% para la UE si su valor absoluto es mayor que 0,37, y significativos al 10% para el Mercosur si su valor absoluto es mayor que 0,39. El estudio encuentra que en la UE los shocks de oferta muestran una fuerte correlación positiva. Como se observa en el cuadro 5.1, los países de la UE muestran correlaciones positivas significativas. Todos los países tienen correlaciones positivas con Alemania, el país líder del acuerdo en materia monetaria, y en su mayor parte son significativas. No hay casos importantes de asimetría (coeficientes de correlación negativos). En el caso del Mercosur, si bien la Argentina y el Brasil presentan una fuerte correlación positiva en sus shocks de oferta, esta situación no se corresponde en el resto de la región. El coeficiente de correlación entre los shocks de oferta de la Argentina y el Brasil es de 0,34, que, aunque alto, no es significativo. Paradójicamente, el único coeficiente de correlación que da significativo, –0,48 entre la Argentina y el Uruguay, resulta contraintuitivo a la luz de las estructuras productivas de ambos países. Las correlaciones restantes no son significativas.

Los resultados del párrafo anterior, aunque útiles como una primera aproximación, adolecen de serios problemas. El método popularizado por Bayoumi (1992) implica la estimación de curvas de oferta y demanda con VAR estructurales de PBI e IPC. Para la identificación de los parámetros de la forma estructural, Bayoumi utiliza el método sugerido por Blanchard y Quah (1989). En esta metodología se supone que los shocks de oferta y demanda son ortogonales, que los shocks de oferta son permanentes, mientras que los shocks de demanda son temporarios, y que solo los shocks de oferta pueden afectar al nivel de PBI. Adicionalmente, su metodología adolece de varias limitaciones.

En primer lugar, la estimación del VAR se hace con series en diferencias, con variables cuyos niveles, en algunos casos, están cointegradas. La estimación de VAR en diferencias de series cointegradas reporta estimaciones asintóticamente sesgadas de los parámetros estructurales. En consecuencia, las estimaciones de los shocks estructurales están sesgadas a su vez.

Además, y como reconocen los autores, la ortogonalidad de los shocks de oferta y el supuesto de corta duración de los shocks de demanda son hipótesis discutibles. Un shock de términos de intercambio afecta tanto a la oferta como a la demanda de bienes. En economías en las que existe un fuerte desempleo de partida los shocks de demanda pueden ser al menos de efectos duraderos, si no permanentes, y en una muestra de 29 observaciones es difícil establecer una diferencia clara entre estos dos conceptos. Cambios en las preferencias de los agentes, en particular en su conducta frente al ahorro, producen cambios en la demanda y el producto de larga duración, que serían identificados como shocks de oferta por la metodología.

El estudio de shocks de demanda resulta relativamente estéril en presencia de series contaminadas por políticas competitivas de demanda. Tradicionalmente, los países han recurrido al tipo de cambio para lograr ventajas con respecto a sus socios comerciales. Este tipo de política generaría una correlación negativa de los shocks de demanda que podría llevar a conclusiones erróneas. Efectivamente, como en una unión monetaria este tipo de política no tendría lugar, la observación de una correlación negativa entre los shocks de demanda de dos países no es indicativa de qué tan apropiada sea la integración monetaria entre ellos. Procesos como el descrito se han dado en Europa. Países como Grecia e Italia han debido recurrir a devaluaciones como forma de ajuste de su competitividad de manera reiterada, fruto de su exceso de gasto que, en la mayor parte de los casos, estuvo relacionado con excesos fiscales. En el caso de América Latina, los ejemplos de devaluaciones abundan, con varios casos de maxidevaluaciones, como las que ocurrieron en el abandono de planes de estabilización con ancla cambiaria.[2] Como las series de 1960 a 1990 están plagadas de episodios de este tipo, es necesario concluir que el simple cómputo de la correlación de shocks de demanda probablemente no represente la verdadera relación. Como este tipo de política competitiva no existiría en un área monetaria bien diseñada, el análisis de los shocks de demanda calculados por Bayoumi y Eichengreen resulta confuso.

Para el caso del Mercosur, Carrera *et al.* (1998) estudian la correlación de los ciclos de la Argentina y el Brasil, y proponen el análisis de las funciones de impulso respuesta de un VAR a shocks internacionales.

El estudio de los ciclos económicos revela una creciente similitud a partir de 1980, con un ciclo de la Argentina que aparentemente lidera al ciclo del Brasil. Este resultado, en cierto modo intrigante, es explicado por la ocurrencia, casi siempre anticipada en la Argentina, de planes de estabilización. Esta relación entre los ciclos no se refleja en una clara influencia de una economía sobre la otra, como lo reporta Masoller (1998).

Kamil y Lorenzo (1998) encuentran un resultado parecido para la correlación de los ciclos uruguayo y argentino. En efecto, estos autores reportan una correlación de 0,44 entre el ciclo uruguayo y el ciclo argentino, con este último precediendo al primero. Un resultado similar se encuentra en Talvi (1994), y es documentado extensamente en Bergara, Licandro y Dominioni (1995). Contrariamente al caso argentino-brasileño, la correlación entre los ciclos de los dos países rioplatenses se justifica sobre la base de las intrincadas relaciones comerciales que mantienen, que tornan a la economía uruguaya altamente sensible a las fluctuaciones de la Argentina (Masoller, 1998).

Carrera *et al.* (1998) también comparan las respuestas de la Argentina y el Brasil a shocks internacionales de oferta y demanda, definidos como shocks de los precios de bienes exportables y shocks de tasa Libor. Los autores encuentran fuertes diferencias en el tamaño de los shocks y en la velocidad de ajuste de la

---

[2] Los ejemplos más salientes son las tablitas uruguaya y argentina de fines de los años setenta y, más recientemente, la salida brasileña del plan Real.

economía a los mismos. A partir de 1980, las respuestas tienden a homogeneizarse, pero no pueden calificarse como similares.

En suma, a pesar de existir evidencia en favor de una mayor similitud de los ciclos económicos y de las respuestas a shocks a partir de 1980, no se posee información que permita caracterizar el grado de simetría de todos los shocks que afectan a los países de la región.

Correlación de shocks en el Mercosur y en otras regiones

En esta sección se analizará el tema del grado de similitud de los shocks que afectan a los países del Mercosur. Empíricamente, como no se trata de determinar si los shocks tienen una correlación superior a una determinada cota mínima, la literatura se ha enfocado en la comparación de las correlaciones de la región bajo estudio, en este caso el Mercosur, con otras regiones de referencia. Aquí se establecerá un estudio comparativo con el NAFTA y la UE. En esta sección se propondrán varias medidas de shocks con sus correspondientes correlaciones. Cada medida de shock puede estar sujeta a críticas sustanciales, por lo que más que intentar proveer la "verdadera" medida de los mismos, se intentará buscar un mensaje común en varias técnicas alternativas. Comenzamos con una descripción intuitiva del marco conceptual, luego describimos brevemente las técnicas empíricas y terminamos con la presentación y el análisis de los resultados.

Estrategias para la identificación de shocks

El desafío primero y principal que debemos enfrentar es cómo encontrar una serie de shocks, para lo cual proponemos este simple marco conceptual. Cualquier serie de tiempo puede descomponerse de la siguiente manera:

$$y_t = b_t + s_t + e_t$$

donde b_t representa al componente de comportamiento o estructural, s_t es el componente estacional, y e_t es una innovación o shock. Si trabajamos con datos desestacionalizados, los shocks pueden obtenerse como el residuo de:

$$e_t = y_t - b_t$$

De la expresión anterior queda claro que la calidad de la estimación del componente estructural determinará la calidad de la estimación de la serie de shocks. No menos importante, la interpretación que demos al componente estructural determinará el significado de la serie de shocks.

Basada en el trabajo de Mundell (1961), la forma tradicional de identificación toma el modelo de oferta y demanda agregadas. Al comentar los resultados del trabajo de Bayoumi y Eichengreen (1994) notamos que esta metodología adolece de varios defectos que hacen que sus resultados, en vez de demostrativos, se tornen indicativos.

Este trabajo intentará evitar las limitaciones de una técnica en particular, practicando cuatro aproximaciones diferentes y tratando de encontrar mensajes comunes entre ellas. Trabajaremos dos formas diferentes de identificación de shocks de oferta y de demanda. La primera es una estimación paramétrica de las curvas de oferta, y la segunda es el enfoque de VAR estructurales al estilo Blanchard y Quah (1989), que fuera popularizado en este tema por Bayoumi, y que nosotros abordaremos con las variables en niveles. Agregaremos un modelo de corrección de errores, y un VAR irrestricto que nos proporcionarán cuatro interpretaciones diferentes de shocks.[3,4]

Como dijimos con anterioridad, todas las metodologías tienen sus problemas, por lo que nuestro objetivo será buscar elementos que sean respaldados por todas las técnicas.

Identificación de shocks de oferta: dos intentos

Esta sección describirá brevemente las dos técnicas elegidas para la identificación de shocks de oferta. Para tener una idea más cabal de la interpretación del componente estructural estimado, en el próximo punto se hará un breve repaso del modelo de oferta y demanda agregada.

Modelo

Como se vio en el repaso de la literatura, el modelo al cual se ha recurrido en forma más extendida es el de oferta y demanda agregada. En este marco, partiendo de pleno empleo, un shock de oferta positivo aumenta la demanda de trabajo, incrementando el salario real y el empleo en el nuevo equilibrio en el mercado de trabajo. El mayor empleo aumenta la oferta de bienes, lo que resulta en un aumento de la producción y una caída de precios en el largo plazo.

Un shock de demanda positivo, como un aumento de gasto sin equivalencia ricardiana, aumenta la demanda del gobierno. La demanda de inversión privada cae por el aumento de la tasa de interés, pero en términos netos, la demanda agregada aumenta. Partiendo de un equilibrio con pleno empleo como en la figura 5.1 (A),

---

[3] Una exposición resumida de las técnicas se encuentra en el apéndice B.

[4] Baxter y Stockman (1989) trabajaron con interpretaciones más simples de shocks. Su trabajo pionero es fuertemente criticado por no poder distinguir, entre otras cosas, los shocks derivados de políticas competitivas de demanda.

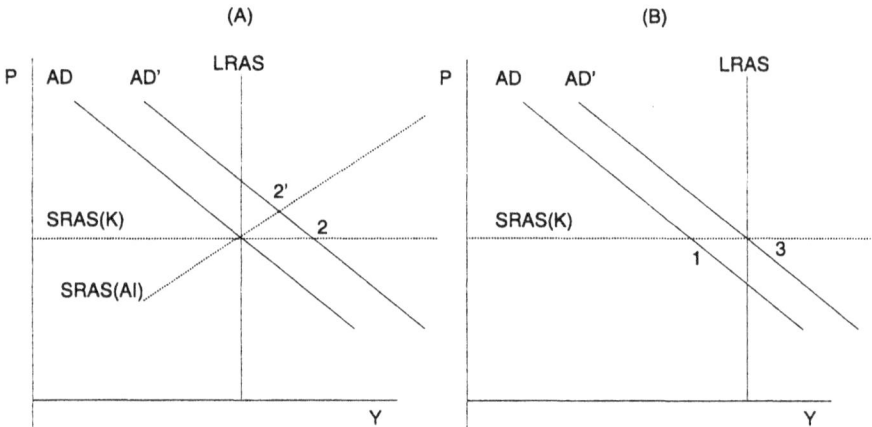

FIGURA 5.1. *Efectos de un shock de demanda*

el aumento de la demanda resultará en un aumento temporario del producto, cuya magnitud dependerá del grado de rigidez de los precios. En una hipótesis keynesiana de costos de menú, la economía se mueve en el corto plazo al punto 2, donde todo el aumento de demanda se traduce en aumento de producto. En la interpretación de la *"misperceptions theory"*, los productores no son capaces de ver que hay un aumento generalizado de la demanda, por lo que, al ver un aumento de la demanda de su producto, aumentan la cantidad ofrecida, lo que, en el agregado, se traduce en un aumento de precios y de producto como el representado en el punto 2'. En el largo plazo, en ambas versiones, el efecto sobre el producto se desvanece ya que los precios aumentan para que la economía vuelva al pleno empleo en el punto 3. Si la economía se encontrara antes del shock por debajo del pleno empleo, como en el punto 1 de la gráfica (B), entonces los efectos de los shocks de demanda tendrían efectos persistentes. A medida que la demanda aumenta, el producto hace lo propio hasta alcanzar el punto 3.

Es importante notar que, sin importar la rigidez de los precios en el corto plazo, los precios se ajustan en el largo plazo, por lo que la curva de oferta en el largo plazo es vertical. La curva de oferta en el corto plazo puede tener una pendiente positiva, derivada en el ejemplo dado más arriba de asimetrías de información. Cada shock de oferta tiene como resultado un corrimiento de esa curva de oferta de corto plazo, por lo que esta es altamente inestable.[5]

---

[5] Este es el modelo utilizado en Bayoumi y Eichengreen (1994). Otros supuestos más afines a la teoría del AMO producen resultados similares. Si suponemos salarios nominales rígidos la curva de oferta tendrá pendiente positiva hasta el ingreso de pleno empleo y vertical para valores superiores. Dado que los precios y salarios son flexibles en el largo plazo, la curva de oferta de largo plazo es, de todos modos, vertical. Asimismo, shocks de oferta determinarán corrimientos de las curvas de oferta de corto y largo plazo.

El método Bayoumi

Para evitar el problema de la cointegración, aplicaremos el método de Bayoumi a las variables en niveles. Como los problemas de interpretación de los shocks se mantienen, concentraremos nuestro análisis en los shocks de oferta que, como ya se argumentó, ofrecen una lectura más transparente. Debemos recordar que los shocks duraderos de demanda se confunden en esta metodología con shocks de oferta, por lo que la interpretación que debemos darle a los shocks obtenidos por esta metodología es la de shocks duraderos.

Como se observa en el cuadro 5.2, los shocks de oferta derivados de esta metodología muestran una correlación positiva fuerte entre países de la UE entre

CUADRO 5.2. *Correlación de los shocks de oferta.* VAR *nacional*
A. Unión Europea, 1970-1996

	Austria	Dinamarca	Finlandia	Francia	Alemania	Italia	Holanda	España	Suecia	Reino Unido
Austria	1,0000									
Dinamarca	0,2917	1,0000								
Finlandia	-0,2398	0,0290	1,0000							
Francia	0,0588	0,1663	0,1879	1,0000						
Alemania	0,2127	0,4821	0,1637	0,5224	1,0000					
Italia	0,1826	0,2906	-0,0495	0,4446	0,3511	1,0000				
Holanda	0,1512	0,2390	0,0019	0,2663	0,3780	0,2155	1,0000			
España	-0,0322	0,0712	-0,0669	0,0667	0,0207	-0,0786	-0,0637	1,0000		
Suecia	0,1400	-0,0567	0,0447	0,0460	0,0765	-0,0657	0,0624	0,0733	1,0000	
Reino Unido	0,0952	0,3655	0,1414	0,1921	0,5560	-0,0070	0,3024	-0,0985	0,1722	1,0000

B. Mercosur, 1970-1996

	Argentina	Brasil	Uruguay
Argentina	1,0000		
Brasil	0,0811	1,0000	
Uruguay	0,0077	0,1605	1,0000

C. NAFTA, 1970-1996

	Canadá	México	Estados Unidos
Canadá	1,0000		
México	0,1947	1,0000	
Estados Unidos	0,2645	-0,0508	1,0000

CUADRO 5.3. *Valores críticos de los coeficientes de correlación*

	Valor del coeficiente necesario para que sea significativo según el tamaño de la muestra				
	20%	10%	5%	2%	1%
20	0,3116	0,4012	0,4771	0,5587	0,6062
25	0,2741	0,3537	0,4223	0,4992	0,5481
30	0,2478	0,3195	0,3819	0,4534	0,5005
35	0,2276	0,2936	0,3511	0,4176	0,4621
40	0,2116	0,2729	0,3264	0,3886	0,4307
45	0,1986	0,2561	0,3063	0,3648	0,4046
50	0,1877	0,2420	0,2895	0,3448	0,3825
60	0,1704	0,2196	0,2625	0,3128	0,3471
70	0,1571	0,2023	0,2419	0,2883	0,3199
80	0,1465	0,1886	0,2255	0,2686	0,2981
90	0,1378	0,1774	0,2120	0,2524	0,2802
100	0,1304	0,1679	0,2006	0,2389	0,2650

1970 y 1996. Las correlaciones son, en general, positivas y significativas. No se observan correlaciones negativas significativas, descartando la hipótesis de asimetría en los shocks regionales. Todos los países exhiben correlaciones positivas con Alemania, centro generador de la política monetaria europea de los últimos 10 años. Finalmente, en lo que es el resultado más fundamental, el cuadro nos muestra fuertes correlaciones positivas de los shocks de oferta entre los cuatro países centrales del acuerdo, Alemania, Francia, Italia y el Reino Unido.[6]

En el caso del NAFTA, la situación es similar a la de la UE. En efecto, a pesar de la correlación negativa entre los shocks que afectan a México y los Estados Unidos, se puede apreciar una fuerte correlación entre los shocks de oferta canadienses y los de los Estados Unidos.

El caso del Mercosur es diferente. No es posible identificar un patrón ni de simetría ni de asimetría. Los coeficientes de correlación son todos positivos, pero ninguno es significativamente diferente de cero. En el cuadro 5.3 se presentan los valores umbral para cada nivel de significatividad.

Identificación paramétrica de shocks de oferta

En forma resumida, la técnica aplicada en esta sección consiste en la estimación de un modelo de ecuaciones simultáneas de oferta y demanda globales con rigidez salarial para todos los países de la muestra. Para lograr la identificación de la

---

[6] Los valores son generalmente más bajos a los encontrados en Bayoumi y Eichengreen (1994). El uso de datos trimestrales reduce típicamente las correlaciones.

curva de oferta incluimos un regresor adicional en la estimación de la misma. De esta forma la ecuación de oferta está sobreidentificada, mientras que la ecuación de demanda no está identificada.[7,8]

La simultaneidad de todas las variables del lado de la oferta nos forzó a buscar variables rezagadas como instrumentos de identificación. En el modelo original, aun con rigidez de salarios, no es posible reconocer exogeneidad contemporánea de estas variables. Como, en presencia de rigideces en los salarios, la demanda típicamente será el lado corto del mercado, la única alternativa al salario como instrumento es la productividad del trabajo, la que tampoco puede suponerse exógena. Estas razones nos inclinaron al uso del salario real rezagado.[9]

La mayoría de los comentarios hechos acerca de la técnica de Bayoumi se pueden reiterar para este caso. La curva de oferta estimada es la oferta de corto plazo, que es típicamente inestable y no tenemos forma de identificar el impacto de shocks de términos de intercambio. El lado positivo de esta técnica está en que no se identifican shocks de oferta con shocks duraderos.

El cuadro 5.4 muestra una situación que podríamos haber aventurado. La correlación de shocks de oferta en la UE es positiva y significativa para la mayoría de los países, y siempre es positiva en el caso de los países centrales de la región. Suecia y Finlandia, en este caso, muestran shocks diferenciados del resto de los países relevados de la UE, aunque presentan una fuerte correlación positiva entre sus respectivos shocks de oferta. Alemania y Francia muestran fuertes correlaciones con la mayor parte de los países de la región, y aun en los casos en que no son significativos, los coeficientes son siempre positivos.

En el NAFTA la situación es diferente. Los shocks de oferta del Canadá y los Estados Unidos aparecen suavemente correlacionados en forma positiva, con un coeficiente de 0,23, siendo el único coeficiente significativo al 10%. La correlación entre shocks de oferta canadienses y mexicanos es positiva, aunque no significativa. En el caso de México y los Estados Unidos, aunque la correlación aparece como levemente negativa, no es significativa.

Los shocks de oferta en el Mercosur parecen estar positivamente correlacionados, aunque la evidencia no es conclusiva dado que solo el coeficiente de correlación brasileño-uruguayo es significativo. Nótese que los shocks argentinos y uruguayos están pobremente correlacionados. Dado que estos dos países tienen bases productivas similares, este era el único caso en el cual se podía hipotetizar shocks simétricos, sin embargo los datos no parecen sustentar esta intuición. En general, la falta de correlaciones claras parece ser un argumento en contra de la hipótesis de que la integración monetaria presentaría costos bajos.

[7] Para una exposición detallada de esta técnica véase el apéndice B.

[8] Otros autores han aplicado esta metodología de identificación a modelos de ecuaciones simultáneas basados en modelos VAR. Para un ejemplo véase Kim, 1998.

[9] Véase Layard, Nickell y Jackman (1991, 1996) para una descripción de este tipo de modelos.

CUADRO 5.4. *Correlaciones de shocks de oferta*
A. Unión Europea, 1970-1996

	Austria	Dinamarca	Finlandia	Francia	Alemania	Italia	Holanda	España	Suecia	Reino Unido
Austria	1,0000									
Dinamarca	0,0707	1,0000								
Finlandia	0,0248	0,1581	1,0000							
Francia	0,1387	0,2559	0,2282	1,0000						
Alemania	0,2574	0,2868	0,1304	0,4200	1,0000					
Italia	0,0643	0,0583	0,0404	0,3423	0,2408	1,0000				
Holanda	0,2456	0,1078	0,1398	0,2207	0,3694	0,1179	1,0000			
España	0,3881	0,1475	0,0021	0,2722	0,1494	0,2505	0,1188	1,0000		
Suecia	0,0861	-0,0309	0,2177	0,0939	0,0799	-0,0947	0,1004	-0,0760	1,0000	
Reino Unido	0,1460	0,1689	0,1061	0,3058	0,3938	0,0959	0,2949	0,2173	0,1144	1,0000

B. Mercosur, 1975-1996

	Argentina	Brasil	Uruguay
Argentina	1,0000		
Brasil	0,1281	1,0000	
Uruguay	-0,0044	0,2416	1,0000

C. NAFTA, 1980-1996

	Canadá	México	Estados Unidos
Canadá	1,0000		
México	0,1792	1,0000	
Estados Unidos	0,2343	-0,1253	1,0000

Correlaciones de innovaciones al estado estacionario

En esta sección se estudian las correlaciones de los residuos de las ecuaciones del PBI en los VAR regionales. Como el VAR solo establece ecuaciones autorregresivas del estilo que se observaría en un camino de crecimiento o *growth path*, interpretaremos estos residuos como perturbaciones al estado estacionario. Es claro que este cálculo no distingue los shocks por naturaleza, pero aporta nuevos elementos de juicio a ser considerados en conjunto con los resultados anteriores. El cuadro 5.5 muestra los resultados.

Los resultados anteriores se mantienen en líneas generales. Existe una alta correlación de shocks entre los países líder del acuerdo y no hay casos marcados

CUADRO 5.5.
A. Unión Europea, 1970-1996

	Alemania	Francia	R. Unido	Italia	España	Austria	Holanda	Suecia	Dinamarca	Finlandia
Alemania	1,0000									
Francia	0,4144	1,0000								
Reino Unido	0,3180	0,2550	1,0000							
Italia	0,2240	0,3589	0,1176	1,0000						
España	0,0201	0,3998	0,1441	0,2381	1,0000					
Austria	0,3232	0,2276	0,2436	0,0161	0,1355	1,0000				
Holanda	0,2507	0,1554	0,1167	0,0439	0,2069	0,2409	1,0000			
Suecia	0,2031	0,1370	0,1687	-0,0891	-0,1042	0,2215	0,1614	1,0000		
Dinamarca	0,3428	0,1549	0,2570	0,1064	0,2372	0,1871	0,1264	0,0741	1,0000	
Finlandia	0,1729	0,2674	0,0702	0,0354	0,1242	0,1241	0,0821	0,2284	0,1875	1,0000

B. Mercosur, 1975-1996

	Argentina	Brasil	Uruguay
Argentina	1,0000		
Brasil	0,1442	1,0000	
Uruguay	0,0702	0,1597	1,0000

C. NAFTA, 1980-1996

	Canadá	México	Estados Unidos
Canadá	1,0000		
México	0,2047	1,0000	
Estados Unidos	0,6729	-0,0161	1,0000

de asimetría. Italia aparece como un caso especial. Los shocks de oferta italianos no parecen guardar correlaciones fuertes con los países menores de la UE, aunque las correlaciones con Francia, Alemania y España son significativamente positivas. Finlandia y Suecia tienen una menor disociación de la región en este cálculo, si bien sus vínculos aparecen débiles de todas maneras.

Esta metodología muestra un vínculo muy estrecho entre el Canadá y los Estados Unidos, cuyos shocks a producto aparecen con una correlación de 0,67. Los otros dos coeficientes de correlación de innovaciones al PBI no presentan mayores cambios.

En el Mercosur tampoco se observan grandes cambios en los coeficientes. Las correlaciones son positivas pero no significativas.

Modelo de corrección de errores

Nuestra medida final de la correlación de shocks proviene de los residuos de las ecuaciones de corto plazo de un modelo de corrección de errores. Las series de producto real trimestral e IPC para los países del Mercosur son integradas de orden uno y presentan una relación de cointegración. En presencia de cointegración se puede lograr la identificación del modelo estructural por medio de los supuestos del método de corrección de errores de Johansen. El cuadro 5.6 muestra los resultados, que, a diferencia de los casos anteriores, solo fueron calculados para el Mercosur y el NAFTA. Una vez más la correlación de shocks a producto para el caso del Mercosur es positiva pero no significativa. Los resultados tampoco presentan cambios de importancia en el caso del NAFTA. La correlación de shocks canadienses y de los Estados Unidos es menor que en el caso anterior pero se mantiene positiva y significativa.[10]

Tamaño e importancia de los shocks

Gross y Steinherr (1996) señalaron que no solo es importante la correlación sino también el tamaño de los shocks, ya que cuanto mayores sean estos últimos mayor será el ajuste que las economías afectadas deberán llevar adelante. El cua-

CUADRO 5.6. *Correlaciones de innovaciones a* PBI *e* IPC *para el* NAFTA *y el Mercosur*
Modelo de corrección de errores

PBI

	Canadá	México	Estados Unidos
Canadá	1,0000		
México	0,1899	1,0000	
Estados Unidos	0,2500	-0,0897	1,0000

	Brasil	Argentina	Uruguay
Brasil	1,0000		
Argentina	0,1302	1,0000	
Uruguay	0,1867	-0,0133	1,0000

IPC

	Canadá	México	Estados Unidos
Canadá	1,0000		
México	0,0267	1,0000	
Estados Unidos	0,4120	-0,1911	1,0000

	Brasil	Argentina	Uruguay
Brasil	1,0000		
Argentina	-0,3599	1,0000	
Uruguay	0,0473	-0,1167	1,0000

[10] Para una discusión detallada del mecanismo de corrección de errores, véase Johansen (1995).

CUADRO 5.7. *Magnitud de shocks**

	Ecuaciones oferta	VAR regional
I. Mercosur		
Uruguay	6,15%	6,42%
Argentina	4,92%	6,38%
Brasil	2,02%	2,11%
II. Unión Europea		
Alemania	0,16%	0,13%
Francia	0,12%	0,11%
Reino Unido	0,42%	0,37%
Italia	0,13%	0,13%
España	0,06%	0,03%
Holanda	0,58%	0,51%
Austria	0,47%	0,43%
Suecia	3,59%	2,65%
Dinamarca	0,48%	0,40%
Finlandia	1,16%	1,09%

* Computado como 1- R cuadrado ajustado.

dro 5.7 presenta la porción de variación no explicada por las variables explicativas de los modelos propuestos en el ítem anterior.

Los resultados muestran que, independientemente de la metodología usada, los shocks son históricamente más relevantes en el caso del Mercosur que en la Unión Europea y el NAFTA.

Resumen

En los párrafos anteriores se trató de identificar el grado de similitud de los shocks que afectan a tres regiones para evaluar las posibilidades de integración monetaria en las mismas. Cuatro metodologías diferentes nos han dejado un único mensaje que resumimos en los párrafos siguientes.

Primero, aunque no existe un umbral mágico a superar para que un área se convierta en un AMO, en términos de correlación de shocks, el Mercosur está lejos, en un tercer lugar, en comparación con la Unión Europea y el NAFTA. La Unión Europea presenta correlaciones positivas fuertes en promedio, y en particular entre los países líderes del acuerdo. El NAFTA, a favor de una posible integración monetaria, cuenta con una fuerte similitud entre los shocks de oferta que afectan al Canadá y los Estados Unidos.

En el caso del Mercosur, las correlaciones de shocks no son significativamente diferentes de cero. Esto implica que, a lo largo del período estudiado, en promedio los shocks asimétricos se compensaron con los shocks simétricos. Shocks simétricos como la crisis de la deuda, o la más reciente restricción del financiamiento externo fruto de la crisis rusa, se compensan con shocks asimétricos como el aumento de los precios del grano de café, o el aumento del precio del petróleo. Este resultado se ajusta a lo que era dable esperar entre dos países con estructuras productivas diferentes como Argentina y Brasil o Uruguay y Brasil, pero constituye un enigma en el caso de la correlación de shocks entre Argentina y Uruguay, países con bases productivas similares.

Los shocks que afectan al Mercosur son más grandes que los que afectan a la Unión Europea y al NAFTA. Este dato juega en favor de la tesis de Gross y Steinherr (1997) de que países pequeños y abiertos pierden más abandonando sus monedas nacionales; sin embargo, en el caso de economías dolarizadas como la argentina y la uruguaya, con el Estado fuertemente endeudado en dólares y dado que una devaluación puede tener consecuencias muy graves, el balance en favor de una unión monetaria puede ser más favorable.

La influencia de los planes de estabilización

Una posible explicación al enigma puede encontrarse en el papel de los planes de estabilización, que han sido los mayores shocks que afectaron a los países de la región luego de la crisis de la deuda y la crisis del petróleo. Los programas de estabilización con ancla cambiaria generan un auge inicial de consumo y una recesión hacia el final del programa (Vegh, 1992; Kiguel y Liviatan, 1992). ¿Qué ocurre con los ciclos económicos de dos países cuando estos implementan en forma simultánea este tipo de programa? Si la duración, el comienzo y el fin de los planes son los mismos, los ciclos económicos serán similares. En el caso del Uruguay, Talvi (1994) documenta que la correlación de ciclos económicos entre el Uruguay y la Argentina aumenta significativamente cuando ambos países implementan al mismo tiempo planes de estabilización con ancla cambiaria. ¿Cómo afecta este fenómeno a la correlación de shocks? En la medida en que el plan provoque un alejamiento de la tendencia, la mayoría de las técnicas econométricas incorporarán parte de esa influencia como shock. Típicamente la fase inicial del plan de estabilización generará un comportamiento expansivo por encima de la tendencia, mientras que la recesión al final provocará un comportamiento contractivo o debajo de la misma. Es claro que la correlación de shocks de dos países que implementen este tipo de estabilización en forma simultánea será positiva. Si la implementación de los planes no es simultánea los resultados pueden ser muy diferentes. Si un país comienza su estabilización con ancla monetaria cuando el otro está en la fase recesiva, la correlación de shocks será ne-

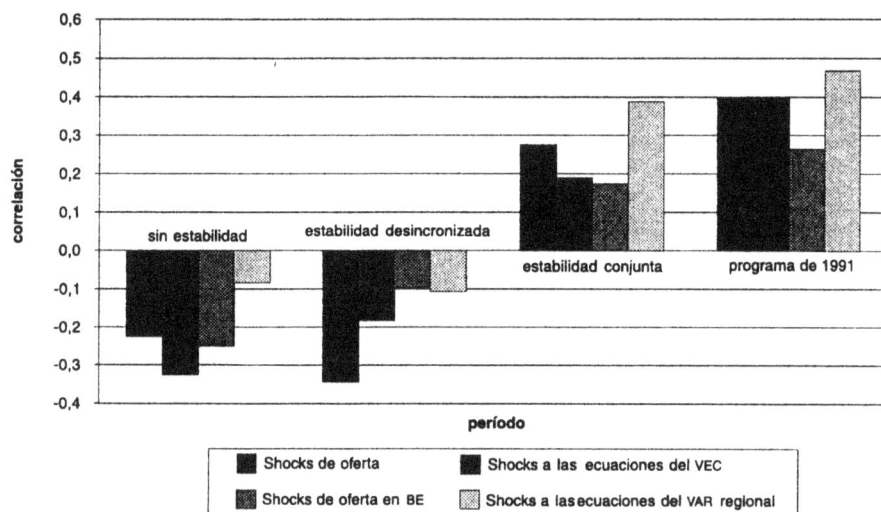

FIGURA 5.2. *Correlación de los shocks y estabilizaciones,*
Argentina y Uruguay, 1975-1996

gativa. En el caso del Mercosur, mientras que a partir de 1994 y hasta 1998 todos los países estuvieron implementando simultáneamente programas de estabilización con ancla cambiaria, antes de 1990 no existía mayor coordinación en la
implementación de los programas de estabilización.

Obsérvese la influencia de los planes de estabilización en la correlación de
shocks entre la Argentina y el Uruguay. La figura 5.2 es elocuente en este aspecto.
Cuando ambos países se encuentran implementando en forma simultánea planes
de estabilización la correlación de shocks es fuertemente positiva. La correlación
se vuelve negativa cuando los países están implementando estabilizaciones en
forma no simultánea. El último período de estabilización, acompañado por una
creciente integración bilateral y reformas estructurales en ambos países, es cuando esta correlación alcanza su punto máximo.

Tendencias en la correlación de shocks

Kenen (1995) señala que los países deben preocuparse de la correlación futura
de shocks. Como no tenemos forma de determinar razonablemente esa relación,
en general se usa el cálculo de cómo han sido esas correlaciones en el pasado.
Sin embargo, existen elementos, tanto teóricos como empíricos, que hacen pensar que el aumento de la integración económica puede generar cambios importantes en la correlación de shocks. La Comisión Europea, en su informe "One
Market One Money", argumenta que mayor integración económica resulta en

mayor correlación de shocks. Este punto, muy interesante, basado en estudios empíricos para la Unión Europea, se contradice con el paradigma clásico del comercio. En efecto, tanto en el modelo de Herscher-Ohlin-Samuelson como en el modelo de Ricardo, sea debido a la dotación de factores, sea a la ventaja tecnológica, mayor integración económica implica especialización y, por ende, menor correlación de shocks. Los modelos de comercio con supuestos no competitivos, en cambio, han demostrado la importancia del comercio intraindustrial. Afortunadamente, esta ambigüedad teórica no tiene sustento en la práctica. Frankel y Rose (1997), usando un panel de 30 años para 20 países industrializados, encuentran que aumentos en la intensidad del comercio se traducen en mayor similitud de los ciclos de negocios de los países en cuestión.

Queda entonces planteada la pregunta para el Mercosur: ¿el aumento de la integración regional ha aumentado la correlación de shocks? Para responder a esta pregunta dividimos la muestra en dos períodos: 1975-1989 y 1990-1996. Se probaron puntos de quiebre en los años 1980 y 1990, y se encontró que la Argentina presenta un punto de quiebre en 1990. Repetimos todos los cálculos de los puntos anteriores para las dos submuestras y obtuvimos los valores de las correlaciones nuevamente. El cuadro 5.8 presenta los resultados.

Como se puede apreciar, los coeficientes de correlación se vuelven positivos y, en algunos casos, significativos en 1990-1996, resultado que ya habíamos comentado en el caso de la Argentina y el Uruguay. El análisis de los shocks de oferta nos da un mensaje similar. En el cuadro 5.9 es posible apreciar un marcado aumento en la correlación entre la Argentina y el Uruguay, solo que en este caso el aumento es significativamente mayor que cero. Sin embargo, no es claro cuál es el papel del aumento de la integración económica en esta mayor corre-

CUADRO 5.8. *Mercosur: ¿mayor similitud en los shocks?*
1990-1996

PBI

	Brasil	Argentina	Uruguay
Brasil	1,0000		
Argentina	0,2336	1,0000	
Uruguay	0,2125	0,3320	1,0000

IPC

	Brasil	Argentina	Uruguay
Brasil	1,0000		
Argentina	-0,4620	1,0000	
Uruguay	-0,0591	0,1859	1,0000

1975-1989

PBI

	Brasil	Argentina	Uruguay
Brasil	1,0000		
Argentina	-0,0390	1,0000	
Uruguay	0,1365	-0,0402	1,0000

IPC

	Brasil	Argentina	Uruguay
Brasil	1,0000		
Argentina	-0,2062	1,0000	
Uruguay	-0,0588	-0,0366	1,0000

CUADRO 5.9. *Shocks de oferta: patrón temporal*

1990-1996

	Argentina	Brasil	Uruguay
Argentina	1.0000		
Brasil	0,1089	1,0000	
Uruguay	0,2302	0,1638	1,0000

1975-1989

	Argentina	Brasil	Uruguay
Argentina	1,0000		
Brasil	0,0067	1,0000	
Uruguay	-0,2315	0,2411	1,0000

lación. Como dijimos anteriormente, de 1994 en adelante todos los países de la región se encuentran procesando estabilizaciones simultáneamente. La Argentina y el Uruguay desde 1991.[11]

Aunque las correlaciones no permiten sustentar fuertemente la hipótesis de Frankel y Rose (1997), existen otros elementos que pueden estar avalando esa teoría.

El aumento de la integración económica con la región ha sido acompañado por el aumento del comercio intrarrama, lo que ha redundado en estructuras de exportación más diversificadas en la región. La figura 5.3 presenta el índice de comercio intrarrama Ct desarrollado en Grubel y Lloyd (1975), calculado a cuatro dígitos de la CIU. El índice mide el peso del comercio intraindustrial en el total del comercio.[12] En la figura puede observarse que el aumento del comercio intrarrama en Uruguay se produce a raíz del aumento de la integración con la región, particularmente con la Argentina. El aumento en la medida agregada Ct es el reflejo de un aumento del comercio intrarrama en casi todas las ramas a ese nivel de agregación. Es importante señalar que el comercio intrarrama es responsable de más del 70% del comercio entre el Uruguay y la Argentina en 1996 y 1997, guarismos que están cercanos a los del comercio entre los países de la Unión Europea.

En la figura 5.4 se puede ver el caso del comercio entre la Argentina y el Brasil. Aunque el índice presenta mayores fluctuaciones que en el caso de la Argen-

[11] El número limitado de observaciones en las submuestras, siete años en el caso del período 1990-1996, torna difícil la identificación precisa del componente de comportamiento y de los shocks.

[12] Lorenzo (1990) ha documentado este proceso para las manufacturas a cuatro dígitos de la CIU. De acuerdo con ese autor el índice Ct aumenta del 19,4% en promedio entre 1975-1979 al 25,5% entre 1984-1988.

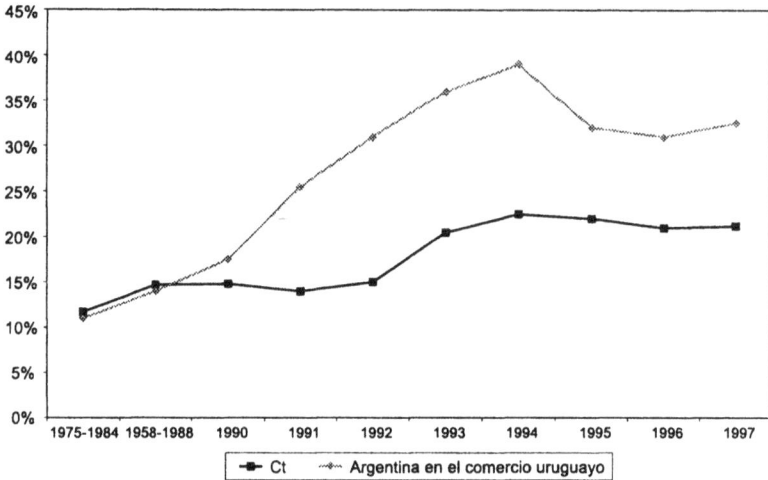

FIGURA 5.3. *Comercio bilateral entre la Argentina y el Uruguay*

tina y el Uruguay, el comercio intrarrama tiende claramente a crecer con el tiempo, en forma simultánea al aumento del nivel de integración económica entre estos dos países.

Licandro (1998b) documenta cómo el Uruguay ha experimentado también, al influjo de la integración regional, una fuerte desconcentración de sus exportaciones.

La conjunción de mayor diversificación de las exportaciones y mayor comercio intrarrama reduce los costos de shocks asimétricos en dos formas. Por un lado, la menor dependencia del comercio exterior de un país de un producto específico resultante de la menor concentración de exportaciones, implica una disminución del impacto potencial de un shock específico de precios. Por otro lado, el aumento del comercio intrarrama implica que las estructuras exportadoras se asemejan en forma creciente, reduciendo la posibilidad de shocks asimétricos.

En resumen, pareciera existir una tendencia hacia una mayor similitud en los shocks que afectan al Mercosur. El aumento del comercio intrarrama y, en algunos casos, la mayor desconcentración del comercio pueden favorecer la hipótesis de que este fenómeno, en la medida en que el proceso señalado por Frankel y Rose (1997) continúe, puede durar y profundizarse a la par de la integración económica. Sin embargo, el desarrollo simultáneo de planes de estabilización puede contribuir a generar la ilusión de que el costo de renunciar a las monedas locales, crucial en el caso del Brasil, se esté reduciendo. De todas maneras, aun reconociendo la existencia de una leve correlación positiva de shocks entre los países del Mercosur, eso no es suficiente para fundamentar la adopción de una moneda común. Aun después de haber establecido claramente que los costos de la unificación monetaria son menores, es necesario mostrar que los beneficios son lo suficientemente importantes para justificar el abandono de las monedas nacionales.

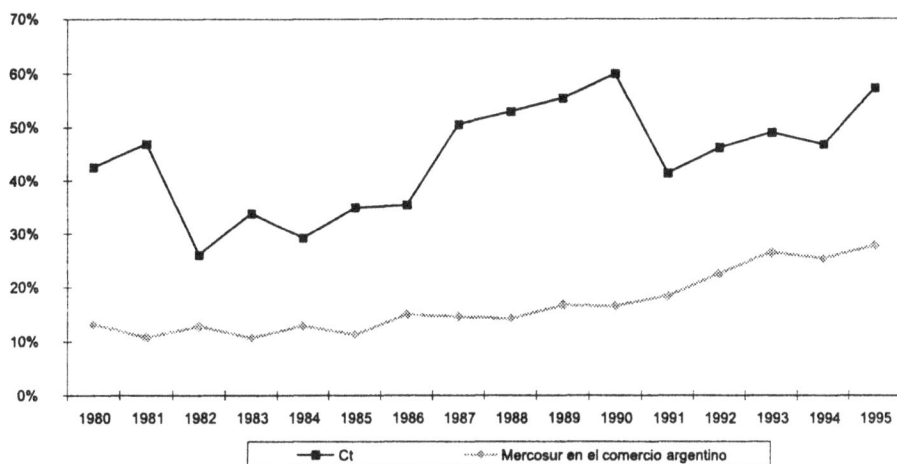

FIGURA 5.4. *Comercio intrarrama entre la Argentina y el Brasil
e importancia del Mercosur en el comercio argentino*

El Mercosur y los beneficios tradicionales de las AMO

La teoría del AMO plantea que la eliminación de la moneda eliminará a su vez el riesgo cambiario dentro de la región, incentivando el comercio y la inversión, a la par que reducirá los costos de transacción. Estos beneficios serán mayores cuanto mayor sea el comercio potencial, más parejos en tamaños sean los países y mayor sea la volatilidad del tipo de cambio.

En esta sección mostramos que este tipo de beneficios puede tener alguna relevancia para los países de la Unión Europea, pero que es poco claro que el Mercosur, en particular el Brasil, encuentre en estos factores razones para la integración monetaria.

El comercio y la interdependencia

Los países de la Unión Europea presentan mayores niveles de interdependencia de demanda, definida como las exportaciones a la región en relación con el PBI de cada país, que sus pares del Mercosur. La figura 5.5 muestra la interdependencia de demanda en promedio en el Mercosur y la Unión Europea, así como las correspondientes a Alemania y al Brasil. Hacia 1970, momento en que la integración monetaria europea cobró fuerza al impulso del informe Werner, la interdependencia promedio de los países de Eurolandia se ubicaba en el 9% del PBI regional. La interdependencia promedio ha ido en aumento, y en el momento del Tratado de

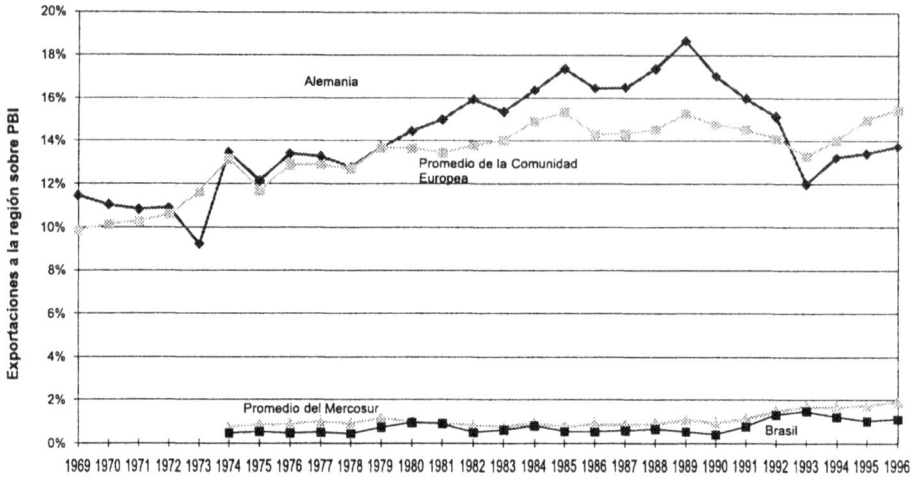

FIGURA 5.5. *Interdependencia de la demanda*
Exportaciones a la región sobre PBI

Maastricht alcanzaba el 14% del PBI regional. A todo lo largo del período de análisis, la interdependencia de demanda de Alemania con respecto a la región se ubicaba en guarismos casi idénticos al promedio. El Brasil también muestra valores
muy cercanos al promedio, pero estos ascendían en 1991, año de la firma del Tratado de Asunción, al 2% para el promedio del Mercosur y al 1% para el Brasil.

Mientras que todos los países de la UE exportan una proporción significativa
a la región, no ocurre lo mismo en el caso del Mercosur. Las figuras 5.6 y 5.7
muestran las exportaciones a la región en relación con el PBI para los cuatro países
más importantes de la UE. Mientras que Alemania mantenía una dependencia
promedio con la región, el resto de los países líderes mantienen valores levemente inferiores al mismo. En 1970, Francia e Italia exportaban el 7% de su producto a la región. El mismo año el Reino Unido presentaba la menor dependencia
de la entonces Comunidad con ventas que alcanzaban el 5%. En el momento de
la firma del Tratado de Asunción, el país del Mercosur que mostraba una inserción regional más clara era el Uruguay con un coeficiente de interdependencia
de demanda del 7%, mientras que los países más grandes no llegaban al 2%. Aunque estos coeficientes han ido en aumento, los valores para el Mercosur, en particular para el Brasil, no son significativos. Esto implica que, si bien la disminución de la incertidumbre y los costos de transacción pueden ser importantes para
los países chicos, incluso para la Argentina, no lo son para el Brasil.[13]

[13] En 1992, la Comisión Europea, en su informe "One Market One Money", calculaba que las
ganancias ascendían al 5% del PBI de la región.

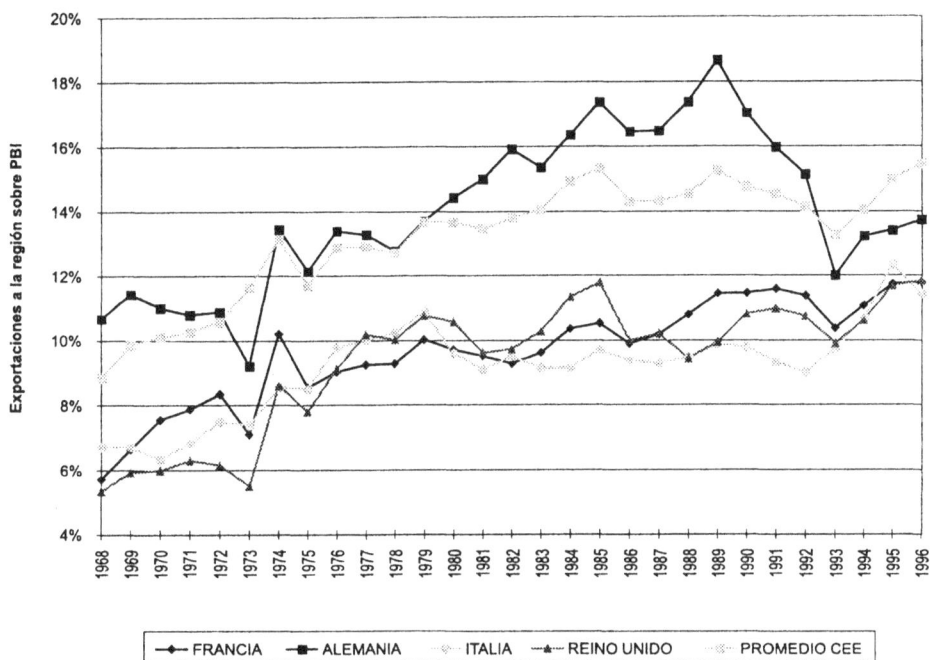

FIGURA 5.6. *Interdependencia de la demanda*
Exportaciones a la región sobre PBI

Variabilidad del tipo de cambio real

La variabilidad del tipo de cambio real puede ser una barrera al comercio y a la inversión. Como veremos en los párrafos siguientes, este puede ser un tema importante para los países del Mercosur.

De Grauwe y Vanhaverbeke (1993) analizan la variabilidad de los tipos de cambio bilaterales en Europa. De acuerdo con este estudio, el cambio anual absoluto promedio (CAAP) para los países de la entonces Comunidad Económica para el período 1977-1985 fue del 4,4%. El cuadro 5.10 presenta una estimación de ese parámetro para el Mercosur y el NAFTA. Esta última región presenta guarismos cercanos a los de la CE a pesar de la variabilidad que México introduce, lo que contrasta fuertemente con los altos niveles de variabilidad del Mercosur.[14] Esta mayor variabilidad es un argumento doble en favor de la moneda única. En primer lugar, tenemos los beneficios de eliminar la variabilidad, tradicionalmente entendida, del tipo de cambio real, que es a lo que aspiran los países

---

[14] Tres días después de la caída del plan Real en el Brasil, la devaluación del tipo de cambio nominal alcanzó el 50%.

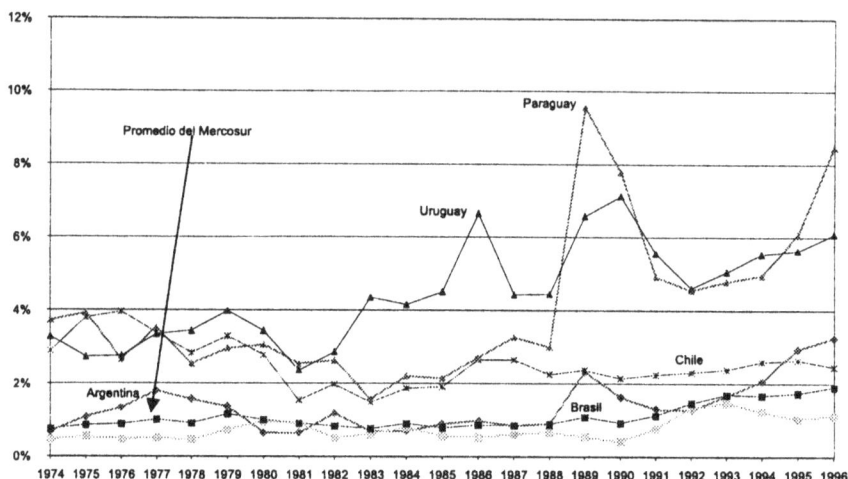

FIGURA 5.7. *Interdependencia de la demanda*
(exportaciones intrarregionales/PBI)

europeos. En el curso de un año, sea por shocks externos, sea por políticas domésticas, se pueden dar cambios en los precios relativos que afectan al comercio y la inversión. En segundo lugar, la moneda única eliminaría la capacidad de maniobra de los países en materia monetario-cambiaria, eliminando el riesgo absoluto de tipo de cambio. En efecto, más que al primer tipo de variabilidad, los países de la región temen a la maxidevaluación resultante de los mamarrachos macroeconómicos de sus vecinos. Luego del fracaso del plan Real es claro que los países menores de la región darían cualquier cosa con tal de asegurar la estabilidad del Brasil.

A pesar de que es indudable el mayor potencial de ganancias para el Mercosur en esta dimensión del problema, la mayor variabilidad del tipo de cambio real bilateral puede ser un indicador de mayor asimetría en los shocks regiona-

CUADRO 5.10. *Variabilidad de los tipos de cambio reales bilaterales* (CAAP)

	1974-1994
Mercosur Uruguay-Argentina Argentina-Brasil	35% 46%
NAFTA México-Estados Unidos Canadá-Estados Unidos	4% 19%

les. En verdad, uno de los efectos de los shocks asimétricos es que estos causan ajustes del TCR bilateral. No estamos en condiciones de establecer qué porción de esta variabilidad corresponde a asimetría real, ya que una de las principales explicaciones de esta variabilidad puede encontrarse en la variabilidad de las políticas monetarias de los países de la región, sin embargo es necesario tener en cuenta que alguna parte de esta variabilidad puede jugar en contra del objetivo de la unificación monetaria.

Simetría

Si un país domina una región en cuanto a tamaño, sus incentivos para avanzar hacia un acuerdo de coordinación de políticas o una unión monetaria disminuyen. Alemania no renunció a su política monetaria por realizar una unión con Grecia, sino porque lo hacía con toda la UE.

Los países de la UE no presentan las diferencias abismales de tamaño que se ven en el Mercosur. Las figuras 5.8 y 5.9 comparan la importancia en términos de PBI de Alemania y el Brasil en sus respectivos acuerdos de integración regional. Hacia 1968-1970 el PBI de Alemania era el 34% del PBI del resto de los países que hoy conforman la UE. Entre 1990-1992, el Brasil tenía un PBI 1,3 veces mayor que el de sus socios comerciales en conjunto. Esta asimetría no es tan evidente cuando se observa la relación con el socio principal. Mientras que el PBI de Alemania apenas superaba al de Francia en el momento de la firma del infor-

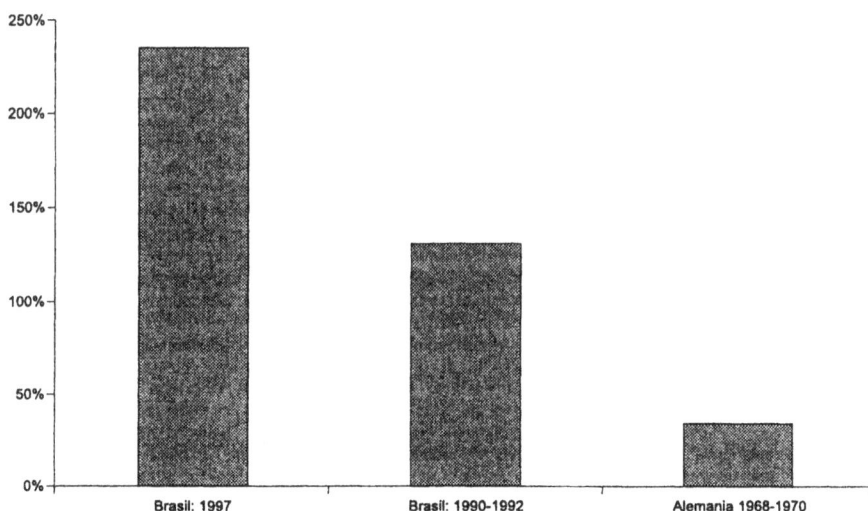

FIGURA 5.8. *Participación del PBI del socio más grande dentro del PBI regional*

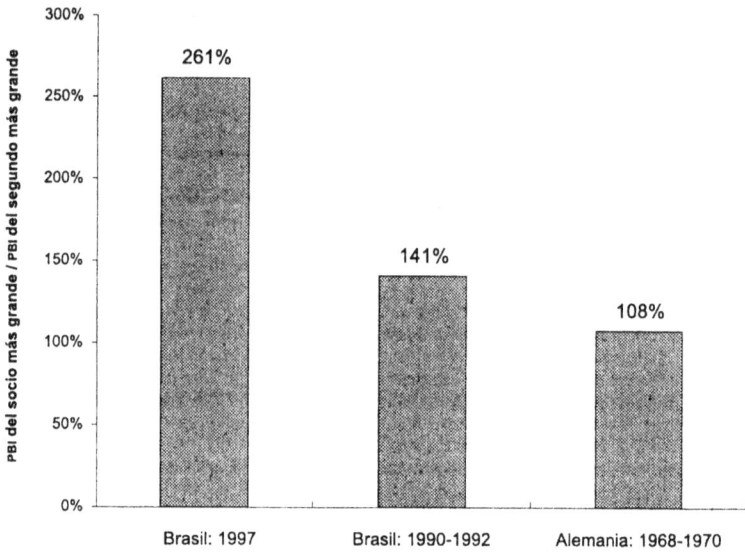

FIGURA 5.9. *Simetría entre los socios*

me Werner, el PBI brasileño era 40% más alto que el de la Argentina entre 1990-1992, y más que lo duplicaba en 1997-1998.[15]

A pesar de los bajos niveles de interdependencia al inicio en el Mercosur, la variabilidad extrema del tipo de cambio real puede generar grandes cargas en algunos países de la región. Los casos del Uruguay y el Paraguay, en los cuales la proximidad geográfica es crucial, son buenos ejemplos. Amjadi y Winters (1997) demostraron que los costos de transporte son mucho más bajos para estos países cuando comercian con la región, que cuando lo hacen con el resto del mundo. Para la Argentina y el Brasil, aun cuando los ahorros en materia de costos de transporte no son tan importantes en el estudio referido, no es posible descartar la influencia de la variabilidad cambiaria. En cada oportunidad en que estos dos países fijaron simultáneamente el tipo de cambio el comercio floreció. En 1998, la Argentina disputaba el papel de principal socio comercial del Brasil con los Estados Unidos, ambos con el 17% de las exportaciones brasileñas. Este guarismo es similar al de Alemania con sus principales socios comerciales. En años de alta variabilidad de la economía argentina estos valores se reducen a menos de la mitad. Aun cuando la integración regional tiene mucho que ver, es indudable la importancia de la variabilidad cambiaria en los bajos niveles de interdependencia.

[15] La comparación de los productos en dólares es problemática, principalmente en el caso del Mercosur. Las grandes variaciones que experimentaron los tipos de cambio en esta región tornan imposible la elección de un año base, por lo cual elegimos trabajar con promedios de tres años.

Soberanía, costo de la deuda, liderazgo y costo de reservas: ¿razones propias del Mercosur?

Aun sin tener en cuenta el grado de flexibilidad del mercado de trabajo, el costo de renunciar al manejo soberano de la política cambiaria puede no ser tan alto si los países de la región están seriamente comprometidos con la estabilidad en el largo plazo.

La reducción en los márgenes de manejo de la política monetaria

Un pro de la unificación monetaria, en realidad es más un no-contra, es el reducido margen de manejo de la política monetario-cambiaria en todos los países de la región. La Argentina tiene un *currency board*, el Uruguay tiene una *target zone* y el Brasil, hasta hace poco, tenía una *target zone* con controles de capital.[16] Más allá de diferencias anecdóticas, el tipo de cambio nominal es, o era, en el caso del Brasil, hasta hace poco, el ancla de los precios. Décadas de manejo macroeconómico inconsistente y de estabilizaciones fallidas han dejado un legado de desconfianza en la moneda local que se tradujo en grandes reducciones de los agregados monetarios domésticos, altos índices de dolarización y tecnologías de indexación. En este marco, la opción de estos países es: alta inflación o disciplina fiscal y monetaria.

¿Qué oportunidad tienen los países del Mercosur de llevar adelante políticas monetarias como las de los países desarrollados? En los próximos párrafos argumentaremos que esa posibilidad es muy baja.

Excepción hecha del Paraguay, los países del Mercosur son bien conocidos por sus problemas de inflación crónica y, en algunos casos, de hiperinflación. Los casos de la Argentina entre 1988 y 1989 o del Brasil en 1992-1993 son ejemplos de libro de texto de este tipo de fenómeno. Adicionalmente, el récord del Mercosur en estabilización de la inflación es muy pobre. Entre 1967 y 1990 el Uruguay tuvo dos intentos fallidos de estabilización con tipo de cambio fijo, la Argentina tuvo cuatro y el Brasil cinco. Aun el Paraguay, que tuvo en promedio en ese período las tasas de inflación más bajas de la región, fue más inestable que el país más inestable de la UE.

Como herencia de la inestabilidad pasada ha quedado la necesidad de recurrir a compromisos fuertes para lograr la estabilización de los precios. La Argentina tuvo que fijar el tipo de cambio por ley. En el Uruguay, después de alcanzar su inflación máxima en marzo de 1990, pasaron ocho años antes de tener un dígito de inflación en agosto de 1998. El Brasil, luego del fracaso del plan Real, firmó en 1999, por primera vez en su historia, un programa con el Fondo Monetario Internacional. Es más, incluso en los casos exitosos en los cuales ha habido un fuerte compromiso social en pos de la estabilidad (Argentina y Uruguay), esta es considerada frágil. Cuando el gobierno mexicano devaluó su moneda a

---

[16] El 14 de enero de 1999, el Banco Central del Brasil decidió dejar flotar el real.

finales de 1994 las tasas de interés reales de los depósitos en pesos argentinos aumentaron como resultado de la caída de la demanda de dinero. En 1998, luego de la crisis de septiembre, el Uruguay vivió un episodio similar. La crisis brasileña de 1998-1999 ocasionó grandes caídas en las bolsas de valores locales, y una fuerte restricción del financiamiento externo que se reflejó en el aumento de los *spreads* de deuda nacionales.

Las restricciones son aún más fuertes en la Argentina y el Uruguay por el portafolio de deuda del Estado y la dolarización del crédito. Una devaluación aumentaría fuertemente el costo del servicio de la deuda aumentando el déficit fiscal en impacto. El efecto sobre el déficit fiscal se vería agravado doblemente por el efecto de la devaluación sobre el sistema financiero. Como el crédito está dolarizado, la devaluación aumentaría la morosidad y esto deterioraría la cartera bancaria, alimentando posibles corridas de depósitos. Aun cuando la corrida no se produjera, la regulación prudencial obligaría a los bancos a reducir el crédito para evitar pérdidas por previsiones, lo que tendría un fuerte impacto contractivo sobre el nivel de actividad. El aumento de la tasa de interés sería aún mayor por la restricción de financiamiento causada por la crisis de confianza.

No es probable que, en este escenario, los países que opten por la estabilidad puedan abandonar el ancla cambiaria, ni disminuir su disciplina fiscal sin correr el riesgo de una corrida contra la moneda y la deuda domésticas. Aun cuando la estabilización sea un hecho, es difícil que ninguno de estos países vuelva a un manejo tradicional de sus políticas monetario-cambiarias si su compromiso con la estabilidad es fuerte. Como consecuencia es difícil ver una unificación monetaria como una pérdida de grados de libertad: estos no existen en el presente.

Una moneda regional puede tener ventajas

La moneda única, si se diseña en forma apropiada, puede llegar a aumentar los grados de libertad regional en el manejo de la política monetario-cambiaria. Un banco central diseñado correctamente puede responder en forma creíble a shocks observables. Beetsma y Bovenberg (1997) argumentan que una unificación monetaria sin coordinación fiscal puede reducir el sesgo inflacionario y el sesgo al aumento del gasto. La formación de un banco central regional oscurece las relaciones entre el financiamiento inflacionario y déficit fiscal. Como el banco central no es capaz de internalizar los beneficios del financiamiento inflacionario no recurrirá a la inflación de la forma que el banco central doméstico lo haría. Por otro lado, como las autoridades fiscales nacionales no pueden apropiar el financiamiento inflacionario se cuidarán más de incurrir en déficits. Algún sesgo inflacionario puede subsistir en la medida en que el banco central regional se preocupe por el lado real de la economía, pero esto se soluciona con un diseño de mecanismos apropiado.

Licandro (1998a) señala que solo un gobierno comprometido con el control de la inflación está dispuesto a avanzar hacia un acuerdo de coordinación de políticas cuyo objetivo sea la estabilización del nivel de precios. Aun cuando los países involucrados no tengan buenas reputaciones al inicio, la posibilidad de un acuerdo de coordinación genera expectativas de que el gobierno de turno esté comprometido con la estabilización de la inflación, lo que permite el funcionamiento de efectos de reputación. En el largo plazo, con una política básica de estabilidad, el banco central estaría en condiciones de acomodar shocks observables.

Adicionalmente, ya ha sido mencionado para el caso de la UE que la creación de un banco central regional permite economías en el manejo de las reservas. En el largo plazo hasta puede ser posible que una moneda estable del cuarto o quinto bloque comercial del mundo pueda formar parte de algún portafolio de reservas.

El liderazgo regional y la negociación en acuerdos externos

Se ha señalado que la inserción del Brasil en el Mercosur responde, entre otros motivos, a la búsqueda del liderazgo regional con vistas a las negociaciones en bloques económicos más grandes como el ALCA. En foros internacionales se ha vuelto común escuchar la posición del Mercosur en lugar de la de los países que lo integran. La estabilidad regional es una prioridad absoluta para los países pequeños. Si la moneda única es la precondición para lograr el liderazgo regional, un Brasil comprometido con la estabilidad puede no encontrar demasiado costoso el precio.

El costo de la deuda

El cambio a una moneda única controlada por un banco central regional independiente, con un fuerte mandato de estabilidad monetario-cambiaria, acompañado con acuerdos fiscales al estilo de los firmados por los países europeos en Maastricht, puede reducir notoriamente el costo de la deuda pública y el riesgo regional. En el cuadro 5.11 se ven los *spreads* de rendimientos históricos de la deuda en bonos a 30 años de la Argentina y el Brasil. El costo de la deuda regional es muy alto de acuerdo con estándares internacionales. En la base de estos *spreads* encontramos, junto a episodios de reestructuración y amenazas de moratorias unilaterales, la influencia de un historial de políticas inconsistentes con la estabilidad. Si el Mercosur creara un área monetaria, en forma conjunta con un acuerdo de estabilidad, el compromiso asumido mejoraría la calificación que los mercados le dan a la deuda pública regional, reduciendo el costo del financiamiento. Si consideramos que antes de la crisis el *spread* que pagaba el Uruguay era de 135 puntos básicos, no resulta ilógico pensar que una región estable pagará un *spread* poco mayor o similar a ese guarismo. Tomando en cuenta que en

CUADRO 5.11. *Costo de la deuda externa pública:* spreads *de rendimientos*

Promedio anual	Argentina 2027	Brasil 2027
1997	493,40	678,96
1998	509,98	686,66
1999	622,42	1.056,26

Nota: *spreads* con US 2027 T. bills medido en puntos básicos.
Datos desde fecha de emisión al 12/2/1999.

el Brasil la deuda pública llega a más del 30% del PBI, una reducción de largo plazo a un *spread* de menos de 200 puntos básicos representa un ahorro de más del 1,5% del PBI solo por reducción del riesgo país.[17]

¿Son suficientes estos motivos para que la región avance hacia una unificación monetaria? La respuesta parece clara en el caso de los países menores del acuerdo. La alta exposición comercial, aunada a los reducidos márgenes de manejo disponibles en la política monetaria, torna atractiva la idea de la unificación, teniendo en cuenta que esto ataría las manos del Brasil. Queda por ver si este último país encuentra atractiva la propuesta. Lo que queda claro es que los beneficios tradicionales no son un determinante en el caso brasileño. Como Licandro (1998a) señala, para que el Brasil ingrese en este tipo de integración es necesario que el acuerdo lo ayude a conseguir algún objetivo interno que el gobierno no pueda lograr sin la ayuda de la región. El gran desafío del Brasil es alcanzar la estabilidad, a eso ha abocado sus esfuerzos durante los últimos cinco años, y a eso parecen estar abocadas sus autoridades en el gobierno que comenzó en 1999: ¿necesitan la ayuda del Mercosur para lograr ese objetivo? Si la respuesta es sí, entonces la gran tarea del Mercosur es diseñar un acuerdo que garantice la estabilidad macroeconómica a largo plazo, lo que comienza por plantear las medidas que aseguren el equilibrio fiscal regional de largo plazo. ¿Eso implica necesariamente una moneda única? Probablemente no, aunque los países menores se sentirían más tranquilos sacando la moneda del camino.

Resumen y conclusiones

De acuerdo con los preceptos clásicos de la teoría del AMO, los países de una región encontrarán óptimo renunciar a sus monedas para avanzar hacia un área monetaria si los costos de abandonar las monedas nacionales son menores a los beneficios. Los costos pueden ser bajos si la región enfrenta shocks similares, si los precios relativos son flexibles y/o si existe libre movilidad de factores de producción dentro de la región.

---

[17] En el Brasil una gran parte de la deuda está denominada en reales, lo que introduce el riesgo moneda, que también se reduciría al pasar a un área monetaria estable.

Este trabajo analiza la primera de esas condiciones, comparando al Mercosur con el NAFTA y la Unión Europea. Usando cuatro metodologías diferentes se pudo establecer que, aun cuando no existe un umbral mágico que marque el pasaje a un AMO, el Mercosur está lejos en un tercer lugar en la comparación con el NAFTA y la UE. La UE presenta correlaciones positivas fuertes de shocks en promedio, con valores particularmente altos entre los países líderes del acuerdo. El NAFTA cumple con el requisito de mostrar correlaciones positivas entre el Canadá y los Estados Unidos, que facilitarían una poco probable unión monetaria.

En el caso del Mercosur, los shocks no presentan un patrón identificable. Esto quiere decir que, en promedio e históricamente, los shocks simétricos y asimétricos aparecen en forma pareja. Este resultado, que se corresponde intuitivamente con las diferencias de estructuras productivas entre la Argentina y el Brasil, es un enigma en el caso de la Argentina y el Uruguay.

Una forma de explicar este resultado contraintuitivo es considerar la influencia de los planes de estabilización. Sugerimos que, cuando se implementan planes de estabilización con tipo de cambio fijo en forma no simultánea en dos países, esto genera un sesgo negativo en la correlación de los shocks. Mostramos que el mínimo de correlación entre los shocks que afectan a la Argentina y el Uruguay ocurre en este caso. Por el contrario, cuando ambos países implementan estabilizaciones con ancla cambiaria en forma simultánea se observa la máxima correlación de shocks.

Existe evidencia que sustentaría la tesis de que los shocks se vuelven más parecidos con la integración regional. El aumento de la correlación en los últimos años en los cuales se da el desarrollo del acuerdo de preferencias tarifarias, sumado al aumento del comercio intrarrama y, en algunos casos, la desconcentración del comercio por tipo de bienes avalan esta teoría. Sin embargo, la influencia apuntada de los planes de estabilización y los valores bajos de las correlaciones son argumentos en contra de la unión monetaria.

Los países pequeños, aun cuando los shocks no estuvieran correlacionados positivamente, verían con buenos ojos el acuerdo. Ante el fracaso del plan Real, la moneda única parece una buena alternativa para atar las manos de la política monetaria y fiscal brasileña.

En el caso del Brasil, incluso admitiendo que los shocks que afectan a la región son similares, los bajos niveles de importancia del comercio regional hacen que una integración monetaria, desde el punto de vista tradicional, no resulte interesante. De avanzar a una unificación monetaria, el Mercosur lo haría por motivos propios.

En el trabajo se muestra que los reducidos niveles de maniobra en política monetario-cambiaria, el elevado costo país de la deuda pública y la oportunidad de asumir el liderazgo de la región en procesos de integración con el ALCA y la UE son motivos posibles para que el Brasil adopte la moneda única como su camino a la estabilidad. Sin embargo, qué tanto puedan pesar estos beneficios en la consideración del sistema político brasileño es una pregunta que aún espera una respuesta.

Apéndice A

Los datos y sus propiedades de series de tiempo

Los datos de origen y destino del comercio provienen de la Direction of Trade Statistics del Fondo Monetario Internacional. *Mercosur*: los datos de precios vienen del IFS. El PBI se obtiene de los institutos estadísticos nacionales: en Uruguay, el INE; en Argentina, el INDEC, y en Brasil el IBGE. NAFTA: todos los datos del Canadá y los Estados Unidos, del IFS. Los datos de México se extrajeron de la base de datos del Banco Central de México. *Unión Europea*: datos de la OCDE. En algunos casos se consiguieron actualizaciones de series de los institutos estadísticos nacionales.

Descripción de los datos

La muestra consiste de series trimestrales de PBI e IPC para los países del NAFTA, la UE y el Mercosur. Trabajamos con datos desestacionalizados. Aun cuando es posible perder información en el proceso de ajuste estacional, no fue posible proceder de otra manera. Los datos de la OCDE vienen desestacionalizados, lo que determinó la necesidad de desestacionalizar el resto de las series para mantener un criterio uniforme.

Cointegración y estimación por VAR

Se estudiaron las propiedades de series de tiempo de la muestra. Todas las series demostraron ser I(1) al 10% l, y la mayoría al 5%, con ambos el Dickey-Fuller aumentado y el test de Phillips-Perron. En el caso del ADF, comenzando de cuatro rezagos, se determinó el rezago óptimo de la prueba, y solo se consideró el resultado de la misma con el rezago óptimo.

Para determinar si las series correspondientes a cada país estaban cointegradas aplicamos el test de Johansen a los pares de series de PBI e IPC de cada país. En cada región hay por lo menos un país cuyas series de PBI e IPC se encuentran cointegradas. En el NAFTA, Canadá y México. En la Unión Europea, son varios los países con series cointegradas. Resaltan los casos de Austria, Reino Unido, Dinamarca e Italia, que presentan cointegración al 5%, mientras que Francia y Finlandia lo hacen al 10%. En el Mercosur, el PBI y el IPC argentinos están cointegrados al 5%.

En presencia de cointegración, la estimación de VAR de variables en diferencias proporciona parámetros sesgados asintóticamente. Para evitar caer en este problema se puede proceder de dos formas: estimar el VAR en niveles, o trabajar con un modelo de corrección de errores.

Selección del rezago óptimo

El número de rezagos se fijó en uno para todas las regiones. Se utilizaron dos métodos para determinar el rezago óptimo. Primero determinamos el rezago óptimo para la región y, a continuación, repetimos el ejercicio país a país. Por medio de este procedimiento intentamos determinar si fijar un mismo rezago era óptimo, o si era preferible establecer rezagos diferenciados país a país. En el caso de la Unión Europea, solo dos países de la muestra de once tenían rezagos óptimos diferentes del de la región, mientras que en las otras regiones solo uno de tres países tenía rezago mayor a uno. Dada la poca ganancia implícita en el empleo de diferentes modelos por país, se optó por uniformizar la estructura de rezagos, fijando el rezago en uno. En datos trimestrales es dable esperar que este valor sea mayor o igual a cuatro. Sin embargo, como trabajamos con datos desestacionalizados, un rezago de un período es aceptable. Como las interacciones entre países toman, en algunos casos, más de un período en desarrollarse, la elección de datos trimestrales típicamente reducirá las correlaciones entre variables reales.

Apéndice B. Estrategia de estimación

Este apéndice describe las alternativas propuestas al método de Bayoumi (1992). Una buena descripción del modelo de corrección de errores puede encontrarse en Hamilton (1994).

Nuestra estrategia de estimación es una modificación de la técnica de Bayoumi. En lugar de restringir la correlación de los shocks de oferta y demanda o la duración de los shocks de demanda, intentamos la incorporación de una variable adicional a la ecuación de oferta para lograr su identificación y poder obtener los residuos. Para la estimación usamos datos trimestrales de los logaritmos neperianos del PBI real y del IPC en niveles.

No buscamos la identificación de las ecuaciones de demanda. Como dijimos anteriormente, la presencia de políticas competitivas de demanda en la muestra contaminaría los resultados.

Con ecuaciones de oferta sobreidentificadas, la estrategia de estimación escogida son los mínimos cuadrados en dos etapas (MC2E). En la primera etapa corremos un VAR regional para estimar el modelo en forma reducida. De esa primera etapa extraemos los valores proyectados de todas las variables endógenas. En la segunda etapa se calculan MCO de las ecuaciones de oferta, sustituyendo las variables endógenas del lado derecho por los valores proyectados encontrados en la primera etapa. Los coeficientes encontrados en esta segunda etapa son los coeficientes estructurales, los cuales son asintóticamente eficientes e insesgados. Para obtener la serie de shocks proyectamos los valores de los logaritmos de PBI usando los valores reales de las variables endógenas del lado derecho y sustraemos esa proyección al valor real de las series de PBI.

En términos algebraicos:

$$(1) \quad Y\Gamma + X\,B + \mathrm{E} = 0$$

$$\Gamma_{mxm} = \begin{bmatrix} \gamma_{11} \cdots\cdots \gamma_{1m} \\ \gamma_{21} \cdots\cdots \gamma_{2m} \\ \vdots \\ \gamma_{m1} \cdots\cdots \gamma_{mm} \end{bmatrix}$$

$$B_{kxm} = \begin{bmatrix} \beta_{11} \cdots\cdots \beta_{1m} \\ \beta_{21} \cdots\cdots \beta_{2m} \\ \vdots \\ \beta_{k1} \cdots\cdots \beta_{km} \end{bmatrix}$$

Entonces, dado que la matriz de coeficientes Γ tiene orden m y no es singular, podemos expresar las variables endógenas del sistema en términos de las variables exógenas para llegar a la forma reducida:

$$Y = X\,\Pi + V \quad , \text{donde}$$

$$\Pi = -B\Gamma^{-1} = \begin{bmatrix} \pi_{11} \cdots \pi_{1m} \\ \pi_{21} \cdots \pi_{2m} \\ \vdots \\ \pi_{k1} \cdots \pi_{km} \end{bmatrix} \quad , y$$

$$V = -E\Gamma^{-1} = \begin{bmatrix} v_{11} \cdots v_{1m} \\ \vdots \\ v_{T1} \cdots v_{Tm} \end{bmatrix} ,$$

La matriz Y está compuesta por los logaritmos neperianos del PBI real e IPC para todos los países de la región. Cada ecuación incluye como variables contemporáneas solo a los logaritmos de PBI e IPC. La matriz X incluye los datos de PBI e IPC rezagados de todos los países, así como el salario real rezagado para cada país. Como la forma reducida no adolece de problemas de simultaneidad, esta puede ser estimada consistentemente por medio de mínimos cuadrados ordinarios.

Para recuperar los residuos de las ecuaciones de oferta y demanda deben seguirse otros pasos. En primer lugar debemos construir los instrumentos. En la estimación por MCO2E estos son los valores proyectados de las variables endógenas a través de la forma reducida $Y^{\wedge}$ de (2). La segunda etapa del procedimiento, dado que una ecuación está identificada exactamente o sobreidentificada, consiste en la regresión por MCO del modelo (1) sustituyendo en el lado derecho de la ecuación las variables endógenas por $Y^{\wedge}$. La introducción de los instrumentos elimina el problema de simultaneidad, y los coeficientes obtenidos en esta segunda etapa son los coeficientes estructurales. Para recuperar los errores se proyectan las variables endógenas utilizando los valores reales de Y para luego restar este valor a la serie original.

Identificación

En el caso de la Unión Europea, las ecuaciones del país i están identificadas exactamente ya que los logaritmos de los PBI e IPC nacionales solo aparecen en forma contemporánea en las ecuaciones del país i, porque la oferta de producto incluye el valor rezagado del salario real, y porque cada país incluye en su forma estructural variables rezagadas de su región de influencia. La región de influencia se compone de los cuatro mayores socios comerciales de cada país. Un par típico de ecuaciones de oferta y demanda para la UE puede representarse de la siguiente forma:

$$y_{t,i}^d = \gamma_{s,i} p_{t,t} + B_i^d X_t + \varepsilon_{i,t}^d \ , \ y$$

$$y_{i,t}^s = \gamma_{l+1,i} p_{i,t} + B_i^s X_t + \varepsilon_{i,t}^s \ ,$$

El esquema de identificación del NAFTA y el Mercosur es recursivo. En los modelos estructurales de ambas regiones se supone que, mientras el país más grande afecta al más chico (en variables rezagadas), lo inverso no se cumple. Las curvas de oferta están exactamente identificadas como resultado de la inclusión del logaritmo del salario real doméstico, pero la curva de demanda no lo está. La matriz de coeficientes estructurales del NAFTA puede expresarse como

$y_{US,t}$	$p_{US,t}$	$y_{CA,t}$	$p_{CA,t}$	$y_{MX,t}$	$p_{MX,t}$	$y_{US,t}$	$p_{US,t}$	$y_{CA,t}$	$p_{CA,t}$	$y_{MX,t}$	$p_{MX,t}$
-1	γ_{12}	0	0	0	0	β_{11}	β_{12}	0	0	0	0
-1	γ_{22}	0	0	0	0	β_{21}	β_{22}	0	0	0	0
0	0	-1	γ_{34}	0	0	β_{31}	β_{32}	β_{33}	β_{34}	0	0
0	0	-1	γ_{44}	0	0	β_{41}	β_{42}	β_{43}	β_{44}	0	0
0	0	0	0	-1	γ_{56}	β_{51}	β_{52}	β_{53}	β_{54}	β_{55}	β_{56}
0	0	0	0	-1	γ_{66}	β_{61}	β_{62}	β_{63}	β_{64}	β_{65}	β_{66}

$z_{US,t}$	$z_{CA,t}$	$z_{MX,t}$	
β_{17}	0	0	Oferta Estados Unidos
0	0	0	Demanda Estados Unidos
0	β_{38}	0	Oferta Canadá
0	0	0	Demanda Canadá
0	0	β_{59}	Oferta México
0	0	0	Demanda México

Para obtener la matriz de coeficientes estructurales del Mercosur solo es necesario sustituir Estados Unidos, Canadá y México por Brasil, Argentina y Uruguay, respectivamente.

Referencias bibliográficas

AMJADI, A., Winters, L. A. 1997. Transportation costs and natural integration in Mercosur. World Bank Policy Research Working Paper Series, núm. 1742.

BAYOUMI, T. 1992. The effects of the ERM on participating countries. International Monetary Fund Staff Papers, 39, junio, pp. 330-356.

BAYOUMI, T. 1994. A formal model of optimal currency areas. International Monetary Fund Staff Papers, 41, núm. 4, diciembre, pp. 537-554.

BAYOUMI, T., Eichengreen, B. 1994. One money or many? Analyzing the prospects for Monetary Unification in various parts of the World. Princeton Studies in International Finance, núm. 76, septiembre.

BAXTER, M., Stockman, A. C. 1989. Business cycles and the exchange rate system. *Journal of Monetary Economics*, vol. 23, June, pp. 377-400.

BEETSMA, R. M. W. J., Lans Bovenberg, A. 1997. Monetary Union without fiscal coordination may discipline policy makers. Paper presented to the conference Optimum Currency Areas: The Current Agenda for International Monetary and Fiscal Integration. Mimeo.

BERGARA, M., Dominioni, D., Licandro, J. A. 1995. Un modelo para comprender la "enfermedad uruguaya". *Revista de Economía del Banco Central de Uruguay*, vol. 2, Nº 2, pp. 39-75.

CARRERA, J., Féliz, M., Panigo, D. 1998. Economic integration and interdependence: The Mercosur case. CACES, Universidad de Buenos Aires.

CORDEN, W. M. 1972. Monetary integration. Essays in International Finance, Department of Economics, Finternational Finance Section, Princeton University.

DE GRAUWE, P., Vanhaverbeke, W. 1993. Is Europe an optimum currency area? En: Masson, P., Taylor, M. P. (eds.), *Policy issues in the operation of currency unions*. Cambridge University Press.

FRANKEL, J. A., Rose, A. K. 1997. Is EMU more justifiable ex post than ex ante? *Europea Economic Review*, núm. 41, pp. 753-760.

GROSS, D., Steinherr, A. 1996. Openess and the cost of fixing exchange rates in a Mundell-Fleming World. Paper presented to the conference Optimum Currency Areas: The Current Agenda for International Monetary and Fiscal Integration. Mimeo.

GRUBEL, H. G., Lloyd, P. J. 1975. k Londres, Macmillan.

HAMILTON, J. D. 1994. *Time series analysis*. Princeton, New Jersey, Princeton University Press.

KAMIL, H., Lorenzo, F. 1998. Caracterización de las fluctuaciones cíclicas en la economía uruguaya. *Revista de Economía del Banco Central de Uruguay*, vol. 5, Nº 1, pp. 83-140.

KENEN, P. B. 1969. The theory of optimal currency areas: An eclectic view. En: Mundell, Swoboda (eds.), *Monetary problems in the international economy*. Chicago, University of Chicago Press.

KENEN, P. B. 1995. *Economic and Monetary Union in Europe: Moving beyond Maastricht*. Cambridge University Press.

KIGUEL, M., Liviatan, N. 1992. The business cycle associated with exchange rate-based stabilization. *The World Bank Economic Review*, vol. 6, mayo, pp. 279-305.

KIM, S. 1998. Identifyng European monetary policy interactions: French and Spanish system with German variables. Banco de España, Servicio de Estudios, Documento de Trabajo, 9811.

KRUGMAN, P. 1991. *Policy problems in a Monetary Union*. MIT Press.

LAYARD, R., Nickell, S., Jackman, R. 1991. *Unemployment: Macroeconomic performance and the labour market*. Oxford University Press.

LAYARD, R., Nickell, S., Jackman, R. 1996. *The unemployment crisis*. Oxford University Press.

LICANDRO-FERRANDO, G. 1998a. Coordinating to stabilize. A model of monetary policy coordination with reputation spillovers. Paper presented to the meeting of the Latinamerican Chapter of the Econometric Society, Perú, agosto.

LICANDRO-FERRANDO, G. 1998b. Quién dijo que el Mercosur es malo. Banco Central del Uruguay, Serie Informes y Notas, núm. 19.

LORENZO, F. 1990. Determinantes del comercio intraindustrial. *Suma*, 8, pp. 49-80.

MASOLLER, A. 1998. Shocks regionales y el comportamiento de la economía uruguaya entre 1974 y 1997. *Revista de Economía del Banco Central del Uruguay*, vol. 5, Nº 1, pp. 141-214.

MASSON, P. Melitz, J. 1990. Fiscal policy independence in a European Monetary Union. Centre for Economic Policy Research Dicussion Paper: 414, abril, p. 32.

McKINNON, R. 1963. Optimal currency areas. *American Economic Review*, 53, septiembre, pp. 717-724.

MUNDELL, R. 1961. A theory of optimum currency areas. *American Economic Review*, 51, septiembre, pp. 657-664.

RICCI, L. 1997. A model of an optimum currency area. IMF. Working Paper, WP/97/76.

TALVI, E. 1994. A "Big Brother" model of a small open economy: The impact of Argentina on Uruguay's business cycle. Mimeo.

VEGH, C. 1992. Stopping high inflation. International Monetary Fund Staff Papers, 39, núm. 3, septiembre, pp. 626-695.

Capítulo 6
¿Para qué una unión monetaria?

*Aquiles A. Almansi**

"So much of barbarism, however, still remains in the transactions of most civilized nations, that almost all independent countries choose to assert their nationality by having, to their own inconvenience and that of their neighbors, a peculiar currency of their own."

John Stuart Mill,
Principles of Political Economy (1894)

"If the world can be divided into regions within each of which there is factor mobility and between which there is factor immobility, then each of these regions should have a separate currency that fluctuates relative to all other currencies. This carries the argument for flexible exchange rates to its logical conclusion."

Robert Mundell
A Theory of Optimun Currency Areas (1961)

Los políticos, los economistas y la integración regional

Los economistas solemos tener, casi independientemente de nuestra orientación política individual, una marcada vocación reformista. Las huellas intelectuales de nuestros colegas están claramente marcadas en casi todas las grandes reformas que se han discutido (y en varios casos ejecutado) en los últimos años (privatizaciones, comercio exterior, previsión social, legislación laboral, y otras). La integración económica con nuestros vecinos del Cono Sur ha tenido hasta ahora, sin embargo, más entusiastas entre los políticos que entre los economistas.

¿Qué problema tenemos los economistas con la integración económica regional? Quizá, no sorprendentemente, la respuesta a esta pregunta se encuentra en aquello que nos define como profesión: ese peculiar cuerpo de conocimientos que llamamos teoría económica.

Ningún texto elemental de teoría económica, por ejemplo, es particularmente caritativo con la idea de una unión aduanera entre países proteccionistas. Una vez que se acepta el argumento librecambista, se lo acepta para con todo el resto del mundo y no solo para con los amigos o los vecinos. Es verdad que los tratados de teoría económica más avanzados nos enseñan a lidiar con lo que llamamos externalidades, que generan múltiples e interesantes excepciones a los argumentos elementales, pero las externalidades son siempre difíciles de medir y, por tanto, siempre discutibles. La fuerza del argumento elemental, sin el complemento de sofisticados peros, es innegable.

* Director del Banco Central de la República Argentina (BCRA). El presente trabajo refleja exclusivamente los puntos de vista de su autor, los que no necesariamente coinciden con los del BCRA.

Con respecto a la idea de unión monetaria, nuevamente la teoría económica puede explicar, aunque por diferentes razones, el limitado entusiasmo de los economistas. No hay otro tema, en toda la historia del pensamiento económico, que nos haya dividido tanto, en tribus intelectualmente tan belicosas, como el tema del dinero en una economía de mercado. La resultante carencia de un paradigma analítico generalmente aceptado, por más que se preste a entretenidos debates entre economistas, no nos otorga demasiada, menos aún exclusiva, autoridad para opinar sobre este tema ante el resto de la sociedad. Pese a esto, me propongo ofrecerles aquí tres posibles respuestas a la pregunta del título: ¿para qué una unión monetaria?

La primera respuesta, que ocupa la segunda sección, es simplemente un pretexto para describir, seguramente en forma sesgada, lo que los economistas han dicho más frecuentemente acerca de las uniones monetarias. La segunda respuesta, en la sección tercera, enfatiza el papel de la unión monetaria como una institución capaz de mejorar el funcionamiento de las distintas economías nacionales que la integran. Finalmente, la tercera respuesta, en la sección cuarta, discute el peculiar caso argentino. En virtud de la ley de Convertibilidad, la Argentina ya funciona dentro de un esquema institucional que podría verse como un buen sustituto de la unión monetaria y, posiblemente, como una traba para adherir a la misma.

¿Para qué una unión monetaria?

Permítaseme simplificar la exposición de la primera respuesta con el siguiente texto de Robert Mundell (1961, p. 24), que incluye el belicoso párrafo de John Stuart Mill (1894) que encabeza el presente trabajo:

Se recordará que los más viejos economistas del siglo diecinueve eran internacionalistas y generalmente favorecían una moneda mundial. Así, John Stuart Mill escribió:
    "Tanto barbarismo, sin embargo, aún queda en las transacciones de las naciones más civilizadas, que casi todos los países independientes eligen afirmar su nacionalidad teniendo, para su propia inconveniencia y la de sus vecinos, una peculiar moneda propia".
    Mill, como Bagehot y otros, estaba preocupado con los costos de valuación y cambio del dinero, no con la política de estabilización, y es fácil ver que esos costos tienden a incrementarse con el número de monedas. Cualquier moneda *qua numeraire* o unidad de cuenta cumple esta función menos adecuadamente si los precios de los bienes extranjeros están expresados en moneda extranjera y deben luego ser traducidos a precios en moneda doméstica. Similarmente, el dinero en su rol de medio de cambio es menos útil si hay muchas monedas; aunque los costos de conversión monetaria están siempre presentes, ellos son excepcionalmente grandes bajo incon-

vertibilidad o tipos de cambio flexibles. [...] El dinero es una conveniencia y esto restringe el número óptimo de monedas. Considerando solo este argumento, el área monetaria óptima es el mundo, independientemente del número de regiones de que se componga.

Una moneda, para ser tal y no un simple objeto de colección numismática, debe funcionar como unidad de cuenta y medio de pago para un gran número de agentes económicos. A mayor número de usuarios, menores los costos de transacción para cada uno de ellos. Si tomamos exclusivamente este punto de vista, que es ciertamente el usual en la teoría económica, no hay duda de que lo ideal, es decir, lo más eficiente, es la existencia de una única moneda para todo el mundo. ¿Existe algún otro punto de vista?

Ciertamente está el emocional, históricamente importante punto de vista de los que John Stuart Mill llamaba bárbaros, a quienes, a los fines de este trabajo, podemos ignorar por no ser economistas. También está el punto de vista de los que Leonardo Auernheimer (1974) no llamaría "gobernantes honestos," de quienes nos ocupamos más adelante.

El citado texto de Robert Mundell, al mencionar los conceptos clave de política de estabilización y de área monetaria óptima, nos señala un punto de vista alternativo que, muy a pesar de Mundell (1996), Mundell (1961) contribuyó como pocos a popularizar. En ese notable escrito, precisamente titulado "Una teoría de las áreas monetarias óptimas", Mundell definía un área monetaria como un dominio geográfico dentro del cual los tipos de cambio son fijos y se preguntaba acerca del dominio apropiado para ella (Mundell, 1961, p. 17). La respuesta que encontró la describe en el texto del segundo encabezado del presente trabajo (Mundell, 1961, p. 25):

Si el mundo puede ser dividido en regiones dentro de las cuales hay movilidad de factores y entre las cuales no la hay, entonces cada una de esas regiones debería tener una moneda separada que fluctúe relativa a todas las otras monedas. Esto lleva el argumento por los tipos de cambios flexibles a su conclusión lógica.

Vemos que para Mundell (1961), contradiciendo los fundamentos de la teoría económica más elemental, existe tal cosa como un área monetaria óptima y su dominio geográfico se deriva de la elección óptima entre tipo de cambio fijo y flotante. ¿Qué puede llevarnos a pensar que tal elección óptima existe y que depende de la movilidad de factores? ¡Un conjunto de fundamentos diferentes a los de aquella teoría elemental, naturalmente! En particular, la rigidez keynesiana de algunas variables nominales, que es el fundamento de las políticas de estabilización a las que Mundell se refiere en el texto citado.

El análisis de Mundell de ninguna manera pone en duda los usuales beneficios de la moneda única y los tipos de cambio fijos entre diferentes monedas, que son exactamente lo mismo desde un punto de vista mecánico. Simplemente, muestra que cierta rigidez nominal puede imponer costos a las políticas de estabilización (desempleo de factores) y que un tipo de cambio flotante puede reducirlos. Dado que tales costos son menores a mayor movilidad de factores, a medida que la misma se incrementa los beneficios netos de la moneda única aumentan y, eventualmente, la hacen óptima.

La respuesta en Mundell (1961) a nuestra pregunta de para qué una unión monetaria es la misma de siempre, solo que restringida a áreas geográficas donde reina la movilidad de factores. En este sentido, la eventual transformación del Mercosur, de unión aduanera a mercado común, crearía las condiciones adecuadas para tener una moneda única.

Otro conocido punto de vista que merece ser citado, altamente favorable a la unión monetaria, se basa en la posibilidad, presente en el imaginario keynesiano, de usar la política monetaria o cambiaria de cada país como sustituto de las políticas comerciales tipo *"beggar-thy-neighbor"* que los tratados multilaterales de comercio prohíben. Desde este punto de vista, un tratado comercial sería letra muerta sin la protección de una moneda única entre sus adherentes.

Finalmente, podemos comentar un punto de vista altamente negativo a las uniones monetarias, que ha ganado gran popularidad en los últimos años. Tal punto de vista se centra en los límites que la unión monetaria impone al "prestamista de última instancia" de cada país miembro. Este enfoque pareciera estar fundamentado en dos supuestos que me cuesta mucho compartir. Primero, que la estabilidad monetaria es posible aun bajo la amenaza de una eventual emisión ilimitada, que inevitablemente se desencadenaría en una crisis general del sistema financiero. Segundo, que la certeza de cumplimiento nominal de los compromisos del sistema financiero contribuye significativamente a su estabilidad.

¿Coordinar políticas para llegar a la unión monetaria, o unificar la moneda para llegar a la coordinación de políticas?

Una característica común a todos los puntos de vista descriptos en la sección anterior, muy curiosa dada la naturaleza esencialmente institucional del dinero, es tomar las instituciones como datos inamovibles de la naturaleza.

Olvidarse de la soberanía monetaria "es bueno porque facilita el comercio", "puede ser malo si hay poca movilidad de factores", "es terrible porque nos deja sin prestamista de última instancia", etcétera. Todas estas opiniones, mejor o peor fundadas, parten del supuesto de que la soberanía monetaria es un dato de la naturaleza solo modificable por decisión del soberano. Esto equivale a suponer la existencia, en todos y cada uno de los países del mundo e independientemente de la personalidad de los respectivos soberanos, de una demanda estable por dinero local.

Siguiendo un conocido argumento de Kareken y Wallace (1981), he sostenido desde hace algunos años (Almansi, 1991) que un alto grado de sustitución de monedas puede hacer inevitable la adopción de un tipo de cambio verdaderamente fijo, tal como lo establece la ley de Convertibilidad en la Argentina. La alta sustitución de monedas, es decir, la posibilidad de usar como medios de pago, en un mismo espacio geográfico, monedas emitidas por diferentes soberanos, tal como la "dolarización" de la Argentina y Bolivia, elimina técnicamente la soberanía monetaria.

Dado que nos venimos preguntando para qué una unión monetaria, parece bastante oportuno preguntarnos también por qué Europa llegó a Maastricht.

Los frecuentes "ataques especulativos" contra distintas monedas europeas, incluidos el franco francés y la libra esterlina, nos revelan inequívocamente la existencia de intolerables fluctuaciones en la demanda por cada una de ellas. Parece razonable conjeturar que, desde hace ya varios años, la única política monetaria posible para la mayoría de los europeos ha sido el mantenerse pegados al marco alemán, dentro de las estrechas bandas fijadas por el Sistema Monetario Europeo (SME).

Desde un punto de vista estrictamente mecánico, el SME pareciera ser lo mismo que la Unión Monetaria Europea (UME), es decir, un sistema de tipos de cambio fijos pareciera ser lo mismo que una moneda única. ¿Entonces, para qué Maastricht?

Los sistemas multilaterales de tipo de cambio fijo, tal como los de Bretton-Woods y del SME, transmiten la idea de que las paridades pueden ser abandonadas unilateralmente, lo que de hecho ocurrió en reiteradas ocasiones, bajo ambos acuerdos monetarios internacionales. Por el contrario, una unión monetaria tal como la UME, que reemplaza a las distintas monedas nacionales con solo una nueva moneda, claramente transmite una imagen de mayor y posiblemente inquebrantable estabilidad institucional.

La Argentina llegó a su ley de Convertibilidad forzada por la inestabilidad de la demanda por dinero que produjo la dolarización, no por consideraciones sobre la identidad de nuestra área monetaria óptima. Europa, más lentamente, sin el poderoso empuje de nuestras dramáticas experiencias monetarias, llega a Maastricht también en la búsqueda de una institución capaz de preservar su frecuentemente amenazada estabilidad.

Maastricht es un gran ejemplo para el Mercosur pero, como todos los ejemplos, tiene sus limitaciones. Es un buen ejemplo de objetivo a proponerse en materia de instituciones monetarias, no necesariamente un buen ejemplo sobre el proceso para llegar a ese objetivo.

En particular, creo que establecer requisitos de admisión en función de complejas metas fiscales, tal como se ha hecho para llegar a Maastricht, es totalmente innecesario y acaso contraproducente en nuestro contexto político.

Para entender las razones por las que considero innecesario establecer metas fiscales como requisitos de admisión a una unión monetaria, hágase el lector la siguiente pregunta: ¿la (históricamente notable) disciplina fiscal de los argentinos de hoy se debe a la sanción de la ley de Convertibilidad, o esta última se debe a la primera?

Con una moneda local convertible, y más aún dentro de una unión monetaria, los gobiernos nacionales se ven sujetos a la misma disciplina a la que hoy están sujetos nuestros gobiernos provinciales. Sin posibilidad para emitir dinero, estos gobiernos solo pueden financiar sus gastos con impuestos o con endeudamiento en el mercado de capitales. La mayor o menor virtud con que administran sus finanzas, dada la necesaria estabilidad institucional, no tiene impacto alguno sobre la estabilidad monetaria. Solo se refleja en su acceso al mercado de capitales.

¿Cuáles son los pasos a dar en el camino que conduce a la moneda única? Los esenciales, que solo será posible dar mediante un arduo proceso de negociación entre nuestros países y dentro de cada uno de ellos, son los que se describen a continuación.

Cada país debe tomar la decisión política de renunciar formalmente a su soberanía monetaria. Este paso legal, que es el más importante, es extremadamente difícil aun cuando técnicamente la soberanía monetaria ya no exista, tal como es en el caso de la Argentina.

El Mercosur debe acordar una meta de estabilidad monetaria. Esto implica elegir, para la nueva moneda única, entre un esquema de tipo de cambio fijo o flotante contra otras monedas del mundo.

El Mercosur debe acordar un esquema de gobierno del Banco Central del Mercosur (BCM) que garantice el cumplimiento de la meta de estabilidad monetaria. La marcada asimetría en el tamaño de las economías del Mercosur ciertamente no facilita las cosas. Un BCM que fuera visto, por ejemplo, como un nuevo Banco Central del Brasil, con algunos representantes extranjeros en el directorio, no agregaría mucho a nuestros países, especialmente al mismo Brasil.

El Mercosur debe acordar una regla para la coparticipación del señoriaje recaudado por el BCM. Una regla de distribución "justa", sin efectos redistributivos, sería en proporción a la circulación de la nueva moneda en cada país. El problema práctico, desde luego, es que tal distribución regional no es perfectamente observable. ¿Quién sabe, por ejemplo, el porcentaje de dinero argentino que circula en la provincia de Córdoba? Cualquier otro criterio, al estilo del régimen de coparticipación federal de impuestos de la Argentina, sería extremadamente difícil de negociar y, posiblemente, de mantener a lo largo del tiempo.

¿Convertibilidad o unión monetaria?

Un cínico seguramente podría pensar que en nuestra región, desde hace varios años, ya hay una moneda única: el dólar de los Estados Unidos (USD). ¿Para qué hablar entonces de unión monetaria? La respuesta es simple y requiere una sola palabra: Maastricht. Es decir, siguiendo nuestro razonamiento de la sección anterior, hablamos de unión monetaria porque un sistema de tipos de cambio fijos, aun con las formalidades de un acuerdo multilateral como el SME, no tiene la estabilidad institucional de una moneda auténticamente única. Nótese que en el área del Mercosur ni siquiera tenemos hasta hoy una "serpiente" multilateralmente acordada, tal como fuera la del SME. No es inusual, por tanto, encontrar profetas de la próxima devaluación en tal o cual país vecino.

El título de esta sección es la versión argentina del título del trabajo: ¿para qué una unión monetaria? Esta pregunta es ineludible puesto que la República Argentina ha atado unilateralmente su peso al USD, uno a uno, mediante una compleja arquitectura legal. Esta incluye la ley de Convertibilidad y la Carta Orgánica del Banco Central y otorga una notable estabilidad institucional a la regla monetaria adoptada.

Ingresar a una unión monetaria equivale, en principio, a adoptar una nueva regla monetaria. Dada la estabilidad institucional de la actual regla, ¿será posible hacerlo sin experimentar una turbulenta transición? Creo, por las razones que expongo a continuación, que la respuesta es afirmativa.

Respecto de la disciplina monetaria, una moneda común con otros países no es una regla monetaria esencialmente distinta de la regla de libre convertibilidad de la moneda local en moneda extranjera, sino una versión extrema de exactamente la misma idea. Existen importantes diferencias, sin embargo, en los planos legal y administrativo. En tanto que la libre convertibilidad es un mecanismo unilateral, la moneda común es un mecanismo multilateral. Surge de un tratado internacional y es administrado por un organismo multilateral. Un Estado soberano siempre puede, en una situación percibida como límite por el soberano de turno, quebrar sus compromisos internacionales. Pero esto suma costos al cambio de reglas y, por tanto, reduce la probabilidad del cambio. Desde este punto de vista, no tengo dudas de que adherir a una unión monetaria sumaría estabilidad institucional a todos los países del Mercosur, la Argentina incluida.

Técnicamente, el problema delicado para la Argentina es la meta de estabilidad monetaria que el Mercosur fije al BCM.

Por supuesto que si este fuera organizado como una Caja de Conversión entre la nueva moneda y el USD, no existiría problema alguno en la medida en que el tipo de cambio entre el peso y la primera implicara el actual uno a uno con el USD.

Si el BCM fuera organizado como una Caja de Conversión entre la nueva moneda y alguna moneda extranjera diferente al USD, o una canasta de monedas extranjeras de composición inmutable, podría replicarse, con algún trabajo, el resultado anterior.[1] Desde luego, si a los argentinos no nos gusta demasiado la

---

[1] Denotemos con "a" la fecha del anuncio de los tipos de cambio de ingreso a la unión monetaria y con "b" la fecha de puesta en marcha de la misma. En la fecha "b" el peso argentino debería ser convertible en Fa,b unidades de la nueva moneda, suponiendo un tipo de cambio unitario entre ella y la nueva moneda extranjera de reserva, donde Fa,b representa el precio a futuro del USD en términos de la nueva moneda extranjera de reserva.

nueva moneda extranjera de reserva, es concebible que aumente la circulación de USD en la Argentina. Suponiendo una elección razonable (el euro, una canasta de USD y euro, etc.) no hay razón para esperar nada dramático.

Finalmente, si el BCM fuera organizado como un banco central monetarista, sin ataduras a un patrón monetario externo, estaríamos ante un escenario mucho más delicado. Asegurar a los tenedores de pesos que sus tenencias valdrán un USD en el momento del ingreso a la unión monetaria implicaría endogeneizar la oferta de la nueva moneda y esto dejaría indeterminado su valor.

Referencias bibliográficas

ALMANSI, A. 1991. Régimen cambiario y estabilidad monetaria. Reproducido en Ávila, A., Almansi, A., Rodríguez, C., 1997.

AUERNHEIRMER, L. 1974. The honest Government's guide to the revenue from the creation of money. *Journal of Political Economy*.

ÁVILA, A., Almansi, A., Rodríguez, C. 1997. *Convertibilidad: fundamentación y funcionamiento*. CEMA. Buenos Aires, Instituto Universitario.

BLEJER, Frenkel, Leiderman, Razin. 1997. *Optimun currency areas*. International Monetary Fund.

KAREKEN, Wallace. 1981. On the indeterminancy of equilibrium exchange rates. *Quarterly Journal of Economics*.

MILL, J. S. 1894. *Principles of Political Economy*, vol. 2. New York.

MUNDELL, R. 1961. A theory of optimum currency areas. *American Economic Review*. Reproducido en Blejer, Frenkel, Leiderman, Razin (1997), pp. 17-27.

MUNDELL, R. 1996. Updating the agenda for Monetary Union. Tel Aviv Conference on Optimum Currency Areas, diciembre de 1996. Reproducido en Blejer, Frenkel, Leiderman, Razin (1997), pp. 29-48.

Comentarios

Felipe de la Balze (CARI): Creo que mi conclusión más relevante es que una "moneda única" en el Mercosur no es ni recomendable ni conveniente en el momento actual. Los requisitos fundamentales (desde el punto de vista de la teoría económica y del sentido común) para que una moneda común cumpla su cometido con eficacia y funcionalidad no están aún presentes en la experiencia regional. Me refiero, en particular, a un alto porcentaje de comercio intrarregional, a un importante flujo de inversiones intrarregionales y al libre movimiento de capitales dentro de la región.

La primera limitación a la creación de una moneda común es el bajo nivel de comercio intrarregional. Las exportaciones de la Argentina y del Brasil a los países del Mercosur como porcentaje del PBI representan aproximadamente el 2% y el 1%, respectivamente. Asimismo, el comercio intraMercosur representa solo el 20% del comercio total de los países del área *versus*, aproximadamente, el 65% en el caso de la Unión Europea y el 45% en el caso del NAFTA y del Sudeste Asiático y el Japón. Además, si imaginamos la economía norteamericana como si fueran 52 estados en vez de un solo país, el índice de integración comercial de los Estados Unidos, mirado como el recíproco del coeficiente de apertura de la economía, estaría en el orden del 90%.

La segunda es el modesto movimiento de capitales intrarregional. Si uno suma el stock de inversiones extranjeras directas en el Mercosur, las inversiones intrarregionales como porcentaje del total suman solo el 6%. La mayoría de la inversión extranjera directa en la región se origina en los países del NAFTA (aproximadamente el 38%) y de Europa (aproximadamente el 40%). Además, tanto el Brasil como Chile (este último en menor medida) mantienen controles de cambio que afectan al libre movimiento de capitales dentro de la región.*

Ahora, ¿qué significado tiene esto para el futuro del Mercosur? En mi opinión, llegar a una conclusión negativa con respecto a la viabilidad actual de una "unión monetaria" no significa necesariamente que el Mercosur no tenga una importante agenda de acciones positivas a realizar para avanzar provechosamente en el proceso de integración regional.

Me parece que, en ese sentido, una gran parte del foco de la discusión actual se ha hecho mirando a Maastricht y a la experiencia en curso de unión monetaria en Europa asociada a la creación del euro. Se presume que la experiencia europea de unión monetaria sería significativa para las circunstancias actuales del Mercosur.

Sin embargo, esto no es así. La analogía relevante no es ni puede ser Maastricht, sino la experiencia europea de las décadas de 1950 y 1960. En otras palabras, si realmente queremos aprender algo de los europeos respecto de dónde estamos y de qué podemos hacer para avanzar en el Mercosur, no debemos mirar a Maastricht sino estudiar la experiencia de los países europeos que comenzaban a integrarse durante la posguerra.

---

* Estos controles fueron eliminados después de 1998. (Nota de los editores.)

Esa experiencia es relativamente concluyente. Las tres ideas más importantes que esos países instrumentaron fueron las siguientes:

1. La creación de la Organización para la Cooperación y el Desarrollo Económico (OCDE), que hoy en día tiene 22 miembros pero que inicialmente solo tenía nueve, como un foro donde se hizo un proceso acelerado de consolidación de estadísticas, de compatibilización de cuentas nacionales y de intercambio de información entre los equipos económicos de los diversos países. Este foro también fue sumamente útil para realizar estudios y, posteriormente, llegar a acuerdos sobre política de inversión, tratamiento de inversiones extranjeras, liberalización de mercado de capitales, etcétera.

Creo que lo primero que tendríamos que considerar, en el Mercosur, es la creación de una especie de OCDE del Cono Sur a la que deberían incorporarse como observadores, inicialmente, los Estados Unidos y la Unión Europea. Dicha OCDE del Cono Sur serviría como el foro donde podría avanzarse provechosamente en las cuestiones de armonización contable y estadística, cooperación macroeconómica, intercambio de ideas, lugar de discusiones reservadas, etcétera.

2. Profundizar la agenda inconclusa de liberalización comercial dentro de la región y avanzar hacia la creación de un genuino "mercado único".

El Mercosur es una unión aduanera imperfecta y una unión económica en proceso de formación. Por lo tanto, hay una agenda muy importante de acciones relacionadas con la liberalización intrarregional del comercio –que los europeos implementaron principalmente durante las décadas de 1960 y 1970– que nuestros países deben realizar en los próximos años.

Me refiero principalmente a acelerar la liberalización del comercio intrarregional, eliminar las numerosas restricciones paraarancelarias que distorsionan la asignación de recursos, consolidar y homogeneizar el arancel externo común, incorporar el área de servicios al proceso de liberalización comercial y desarrollar una verdadera política comercial regional respecto del resto del mundo.

3. Lo que yo llamo un "pacto de estabilidad". Con respecto al concepto del pacto de estabilidad pienso que la idea de coordinar estrictamente las políticas macroeconómicas entre el Brasil, la Argentina y los países más pequeños es, en las circunstancias actuales, voluntarista e irrealista. Simplemente, no existen aún los incentivos macroeconómicos nacionales para impulsar una coordinación estrecha.

En otras palabras, si el Brasil sufre un shock externo de magnitud (producto, por ejemplo, de una restricción severa del crédito internacional) no creo que su política macroeconómica vaya a estar definida principalmente por sus exportaciones al Mercosur (que representan solo el 14% de su comercio internacional y el 1% de su PBI). Creo que otras consideraciones (nivel de actividad, salud de su sistema bancario, etc.) van a primar en las autoridades brasileñas.

Por lo tanto, pedir una coordinación macroeconómica estricta y muy restrictiva es exigirle al Mercosur algo que hoy no puede dar. En este sentido, recordemos que los europeos recién en 1999 con el lanzamiento del euro inician una política monetaria común, y que este importante logro aún no está acompañado por una política fiscal común.

El "pacto de estabilidad" que propongo tiene un valor más general, se trata de consolidar y anclar objetivos macroeconómicos que fueron importantes para Europa en su proceso de integración durante las décadas de 1950 y 1960. Vale la pena recordar que Alemania venía de la hiperinflación en 1948, que Francia tuvo gravísimas crisis externas hasta 1956 (Plan Mendes France) y que Gran Bretaña tuvo una gran crisis externa, que resolvió con ayuda del Fondo Monetario Internacional, en 1963-1964. Así, ¿a qué se dedicaron los europeos durante los años cincuenta y sesenta? A consolidar la estabilidad macroeconómica y a fortalecer sus monedas nacionales.

Por eso sostengo que la gran prioridad de política macroeconómica de los países del Mercosur durante los próximos años es esa: consolidar la estabilidad macroeconómica y las monedas nacionales como bases fundacionales para avanzar en el futuro hacia una mayor coordinación macroeconómica y, probablemente, algún día, hacia una unión monetaria.

En ese sentido, un pacto de estabilidad podría definir una serie de pautas macroeconómicas compartidas; por ejemplo, niveles de inflación aceptables, tendencias respecto de la reducción del déficit fiscal, tendencias respecto de la relación deuda pública-PBI, procedimientos de supervisión bancaria, etcétera.

El pacto de estabilidad propuesto no sería obligatorio, pero contribuiría a reducir el riesgo-país y el riesgo-región, y representaría para los administradores de las políticas económicas un instrumento útil para moderar la presión de las clases políticas sobre el manejo de la política macroeconómica. (Es natural, en un sistema democrático, que las dirigencias políticas estén a menudo presionadas por objetivos que generan demandas de gastos y/o de asignación de recursos que entran en conflicto con un manejo fiscal y monetario prudente, y con una eficiente asignación económica de los recursos.)

Federico Sturzenegger (UTDT): En mis comentarios me referiré a los cuatro puntos del trabajo de Almansi que considero más cuestionables y que por eso necesitan una profundización mayor. Esos cuatro puntos son: la necesidad de coordinación de políticas fiscales; las asimetrías que se presentan en la confección de una unión monetaria en un ámbito como el Mercosur, donde los países tienen tamaños diferentes; la manera de definir la política monetaria de un área común y, finalmente, la función de prestamista de última instancia y cómo su efectividad puede verse afectada por una unión monetaria. También evaluaré si plantear el tema de la unión monetaria va a ayudar en los próximos años a profundizar el Mercosur o si, por el contrario, puede entorpecer el proceso.

El primer punto que sostiene Almansi es que para crear una unión monetaria no es necesaria la coordinación de políticas fiscales. Sin embargo, la literatura enfatiza este punto como un requisito muy importante de toda unión monetaria. La idea es que con un presupuesto federal se puedan compensar los shocks regionales que se produzcan, ya que al no tener política cambiaria o monetaria una región no puede ajustarlos mediante la utilización de esos instrumentos.

En particular, Sachs y Salà-i-Martin (1990) estudian el rol del presupuesto federal en los Estados Unidos como un mecanismo de ajuste a los shocks regionales. Por cada dólar de caída en la recaudación de un estado, el gobierno federal incrementa su transferencia neta en aproximadamente cuarenta centavos. Es decir, el presupuesto federal de los Estados Unidos actúa como un mecanismo compensador de los shocks regionales.

Este ha sido un requisito importante aun en la experiencia de la Comunidad Económica Europea. Allí también se ha desarrollado un presupuesto común que, aunque no tiene la jerarquía ni el tamaño del presupuesto federal norteamericano, permite la transferencia de recursos entre los países. En el caso de la Argentina, si quisiéramos considerarla como otro ejemplo de unión monetaria, existe por medio del sistema de coparticipación federal de impuestos un mecanismo por el cual el Estado federal puede transferir recursos entre provincias.

Asociada a la necesidad de coordinar políticas fiscales, probablemente sea necesaria la creación de un presupuesto federal y de entidades supranacionales. En el caso de que uno intentara la implementación de una moneda única, no solo son necesarios estos mecanismos de redistribución sino que se requiere también una armonización de las estructuras tributarias, ya que si la integración se acompaña con una creciente apertura del mercado de capitales y de trabajo los impuestos entre jurisdicciones no pueden diferir demasiado sin inducir costosos movimientos de los factores entre jurisdicciones.

Finalmente, recordemos que con una unión monetaria el déficit del sector público deberá ser similar para todos los Estados, dado que el nivel de señoriaje y el nivel de endeudamiento para las distintas jurisdicciones deberán ser relativamente similares. Como los impuestos no pueden diferir significativamente, el nivel de gasto agregado del sector público en las economías también tiende a converger.

El segundo punto es el de la simetría. Esta es importante porque, en términos del tamaño de las economías, en el Mercosur hay un país que es predominante, por lo que el mecanismo con el que se dividirá el señoriaje de un posible Banco Central del Mercosur es un problema que se debe considerar. Si tuviéramos entidades federales en el Mercosur, los fondos del señoriaje se podrían canalizar a toda la zona a través de ellas. Esto nuevamente indica que la coordinación de políticas fiscales es un requisito para la unión monetaria. Es necesario, sin embargo, aclarar que en el caso de Europa la creación de las entidades federales devino de un interés político de unificación que iba más allá de la necesidad o conveniencia económica. Como en el caso del Mercosur esta motivación política no existe, la concreción de estas entidades supranacionales será mucho más difícil.

El tercer punto es la regla monetaria que usaría el Mercosur, la que resulta más difícil de visualizar que la que se suponía usaría el Banco Central Europeo. En Europa, todos los países querían apropiarse de la credibilidad del Bundesbank, con lo que había un consenso básico sobre cuál era la política monetaria que se debía tener. Esta circunstancia aglutinaba y facilitaba la elección de una política común. En el caso del Mercosur, este consenso no existe. El Brasil tiene una política monetaria que es mucho más activa que la de la Argentina; la Argentina no está pensando en resignar su política monetaria actual, ni el Brasil desea incorporarse a la convertibilidad. Existe, entonces, una incompatibilidad de difícil resolución.

Finalmente, el punto de prestamista de última instancia. Aquí Almansi argumenta que perder la posibilidad de actuar como prestamista de última instancia como resultante de la implementación de una unión monetaria no tiene costo. Es cierto que puede accederse a alternativas que se financian con el sector privado o anticipar la conformación de un fondo fiscal, y que por ello no es esencial que esta función esté en manos de la autoridad monetaria. Sin embargo, el ejemplo argentino durante la crisis del Tequila enseña que tener un prestamista de última instancia responsable y limitado puede representar un activo para la política monetaria.[2]

El Mercosur está muy lejos de alcanzar las condiciones mundellianas para una unión monetaria. Los mercados de capital, trabajo y bienes todavía distan de estar plenamente integrados entre los cuatro socios. Falta aún un importante trabajo para profundizar la integración comercial entre los países aunque existe el consenso de dirigirse en esa dirección. La pregunta que corresponde hacerse es si plantear el tema de la moneda única ayuda a estos objetivos intermedios. Se puede argumentar que la moneda única es un norte que ayuda a coordinar y a avanzar. Mirando la experiencia europea, se podría concluir que el proyecto de la moneda común les permitió consensuar un número de reformas en términos de integración del mercado de bienes, de capitales, etc., que de otra manera no hubieran sido posibles.

¿Se puede utilizar esta analogía para el caso del Mercosur? Probablemente no, y básicamente por dos motivos. El primero es que no hay consenso sobre la política monetaria óptima que debería tener el Mercosur, con lo que plantear el problema de la moneda común en realidad agrega un tema de conflicto en vez de permitir mayor coordinación o consenso. El caso de Europa, donde existía consenso sobre la política monetaria, es diametralmente opuesto. Segundo, en el ca-

---

[2] Durante una crisis el multiplicador monetario se contrae para recuperarse rápidamente al poco tiempo. El uso de la política monetaria puede constituir el mecanismo más directo e idóneo para contrarrestar estos movimientos transitorios en la oferta de dinero.

so europeo existen otros objetivos de política que de alguna manera motivan la implementación de la moneda común. Estos otros objetivos tampoco existen en el ámbito del Mercosur.

Si es así, plantear en la agenda el objetivo de la moneda única probablemente introduzca fricciones que reduzcan la posibilidad de trabajar en las otras áreas en las que sí se debería avanzar y que representan de por sí una agenda muy importante y difícil: la integración de los mercados de bienes, trabajo y capital.

Referencia bibliográfica

Sachs, J., Salà-i-Martin. 1990. *Federal fiscal policy and optimun currency area*. Harvard University.

Capítulo 7
Hacia la creación de una moneda común.
Una propuesta de convergencia coordinada de políticas macroeconómicas en el Mercosur*

*Roberto Lavagna*** y *Fabio Giambiagi*****

Introducción

Este artículo analiza las perspectivas para la coordinación de políticas macroeconómicas en el ámbito del Mercosur y, especialmente, entre sus fundadores: el Brasil y la Argentina.[1] El tema de la coordinación estuvo presente, formalmente, desde las primeras reuniones de los países que luego formaron ese acuerdo regional (que incluye al Uruguay y al Paraguay junto con los dos países ya citados), aunque hasta ahora, objetivamente, no hubo motivos para que fuese priorizado en la agenda de negociaciones. La razón para ello era doble. Primero, porque el Brasil y la Argentina tenían situaciones macroeconómicas que no favorecían la coordinación, sea por la alta inflación del primero hasta 1994, sea por las diferencias de objetivos perseguidos por las autoridades de uno y otro país. Y segundo, porque la necesidad de concentrarse en la negociación de temas de comercio prácticamente monopolizaba la agenda de los negociadores. En las etapas tempranas de los procesos de integración el solo hecho de levantar la "represión comercial" propia de economías semicerradas genera suficientes estímulos para sostener el proceso, y ello es precisamente lo que ocurrió desde 1986, especialmente entre la Argentina y el Brasil. Por el contrario, en etapas más avanzadas

* La versión original de este capítulo fue presentada en junio de 1998 en la Conferencia sobre Coordinación de Políticas Macroeconómicas en el Mercosur. Por consiguiente, ciertos datos aportados son válidos para esa fecha. (Nota de los editores.)

** Economista. Universidad de Buenos Aires, ex ministro/secretario de Industria y Comercio Exterior (1985-1987). Fax 54.1.325.6165 / e-mail:ecolatina@impsat1.com.ar.

*** Economista. Gerente de Macroeconomía del Departamento Económico del Banco Nacional de Desarrollo Económico y Social - (BNDES-Brasil). Fax 55.21.220.1397 / e-mail:fgiambia@bndes.gov.br.

[1] El artículo pone énfasis en la coordinación macroeconómica entre el Brasil y la Argentina, en primer lugar, porque obviamente la coordinación de políticas en el ámbito del Mercosur no tiene sentido sin que ambos países se pongan de acuerdo entre sí ya que representan más del 90% del poder económico y, en segundo lugar, porque esos países tienen cuestiones específicas que tratar, lo cual es conveniente, en términos prácticos, que se discuta en negociaciones bilaterales. En una etapa posterior, sin embargo, los esquemas de coordinación, en el caso de que llegasen a fructificar, se ampliarían a otros países, incluyendo no solamente a los otros dos socios originales del Mercosur, sino también se podrían extender a otros como, por ejemplo, Chile. Por eso, en la mayor parte del artículo se tratan específicamente las relaciones entre el Brasil y la Argentina, pero una serie de reflexiones generales hechas a lo largo del texto se aplican al futuro del Mercosur como un todo.

aumenta la demanda del sector privado y parcialmente la del sector público de coordinación de políticas macro. Si la oferta –que es de carácter público– no responde, el proceso tiende a encontrar sus límites (Lavagna, 1995).

Sin embargo, transcurridos varios años desde el comienzo del Plan de Convertibilidad de 1991 en la Argentina, con los dos países disfrutando de una inflación relativamente baja (aunque mayor en el Brasil) y con cierta convergencia de las políticas respectivas de ambos, el primero de los dos problemas se atenuó bastante. Paralelamente, el descongestionamiento de la agenda de discusiones, al haberse definido el Arancel Externo Común (AEC), permite y exige que se empiece a pensar cuáles son los pasos que el Mercosur debe dar para ir más allá del AEC y cumplir con las etapas restantes destinadas a la formación de un mercado común, más aún cuando la aparición de otras propuestas tales como el ALCA (Área de Libre Comercio de las Américas) crean el riesgo de una "dilusión" del Mercosur.

Por otro lado, el *know how* y la reputación de políticas de coordinación crecieron no solo en el plano teórico sino también en el de las políticas efectivas, en función de la decisión de un grupo de 11 países de la Unión Europea (UE) de unificar sus monedas –por lo menos, contablemente– ya a partir de 1999, en el marco de un gran esfuerzo conjunto en pro de la convergencia de sus respectivos indicadores macroeconómicos. En efecto, tanto el *know how* como la reputación crean una base de credibilidad para que otros países o regiones empiecen a discutir propuestas similares.

En este contexto aparece claramente la pregunta de cuánto tiempo demorará el Mercosur para requerir una iniciativa semejante, si no de unificación monetaria, por lo menos de coordinación de las políticas macroeconómicas nacionales.

¿Por qué coordinar?

Hay por lo menos cuatro cuestiones a resaltar:

a) los "tiempos" de la necesidad de coordinación;
b) la interdependencia estructural y estratégica;
c) los efectos sobre la reputación y credibilidad, y
d) el avance de otras propuestas de integración.

a) A diferencia de los efectos de la globalización que determinan políticas "adaptativas", los procesos de integración requieren en determinado momento la coordinación de políticas, tanto macro como microeconómicas.

Si los beneficios de la coordinación pueden ser claramente sostenidos es conveniente no ignorar que pueden tener altos costos de información y de transacción y que, por tanto, no en todos los casos ni en todos los momentos conducen a soluciones óptimas. En ese sentido, la coordinación no debe considerarse ni obvia ni un requisito, sino más bien, en muchos casos, la resultante de la creación de una mayor interdependencia.

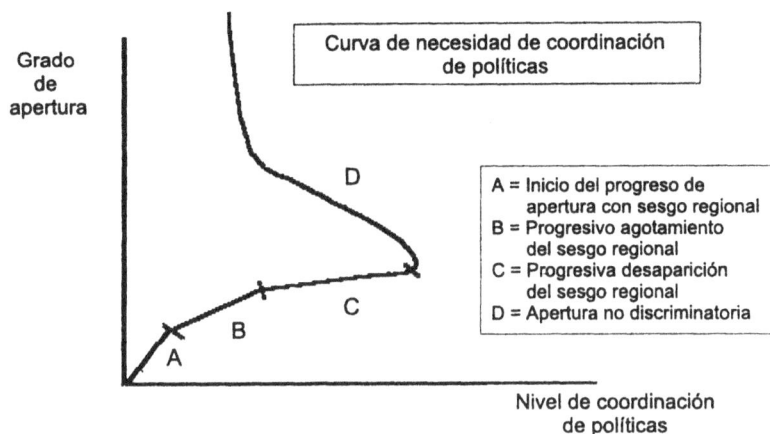

Grado de apertura

Curva de necesidad de coordinación de políticas

D

A = Inicio del progreso de apertura con sesgo regional
B = Progresivo agotamiento del sesgo regional
C = Progresiva desaparición del sesgo regional
D = Apertura no discriminatoria

C

B

A

Nivel de coordinación de políticas

FIGURA 7.1.

Ese es precisamente el caso del Mercosur, donde no solo faltó una coordinación macroeconómica, e incluso una relativa coordinación en temas puntuales, sino que también existieron coyunturas políticas, sociales y económicas particularmente agudas y diferentes entre los países miembros. Esta expansión del comercio intrarregional –que se ha multiplicado por 11 en once años– ha ido generando una mayor interdependencia y por consiguiente actúa como estímulo para formas de coordinación mayores.

La relación entre grado de apertura y nivel de coordinación puede sintetizarse en la figura 7.1 que presenta una curva de "necesidad de coordinación".

En el segmento A la sola remoción de barreras regionales en forma discriminatoria basta para expandir el comercio.

En el segmento B la progresiva remoción de las excepciones dan impulso adicional, pero empieza a requerirse como nuevo estímulo algún mayor grado de cooperación. En el segmento C la demanda de coordinación se transforma en un elemento diferencial en términos de expandir el comercio intrarregional. El sesgo ya no proviene del grado de discriminación hacia terceros sino del grado de coordinación interna.

El segmento D implica la etapa de licuación de las preferencias regionales en acuerdos más amplios o en aperturas generalizadas que hacen que la demanda de coordinación explícita se reduzca. De hecho, países no centrales se ven sometidos, en esta etapa, a una adaptación a las condiciones vigentes en los mercados internacionales.

En ese sentido, la apertura vía acuerdos regionales es diferente de las formas de apertura unilateral, ya que tiene un contenido de interdependencia que implica que las acciones de los países miembros tienen derrames o, si se quiere, capacidad de influir sobre los otros socios. La capacidad de preservar grados de libertad es mayor que en los casos de apertura unilateral, en la cual los países no centrales lo único que hacen es adaptarse, bien o mal, a los impactos exógenos.

b) La idea de que la cooperación económica entre un grupo de dos o más países es importante está ligada a la noción de interdependencia entre esos mismos países. Esta interdependencia puede ser de dos tipos:[2]

  i) interdependencia estructural, e
 ii) interdependencia estratégica.

En el primer caso, la interdependencia puede ocurrir cuando dos o más economías son muy abiertas entre sí y se transmiten los efectos de sus respectivas coyunturas, cuando están sujetas a choques exógenos que las afectan de la misma forma, o cuando la eventual crisis en uno de los países altera objetivos estratégicos del otro.

La interdependencia estratégica ocurre cuando dos países comparten una misma visión política, social, económica e internacional.

La relación Brasil-Argentina puede ser encuadrada en más de una de dichas situaciones. Si bien el coeficiente de apertura hacia el otro país es estructuralmente diferente entre los dos países –en el sentido de que la proporción de las exportaciones argentinas al Brasil en el total de las exportaciones argentinas es bastante mayor que la proporción de las exportaciones brasileñas a la Argentina en el total de las exportaciones brasileñas–, en ambos casos el porcentaje es creciente y significativo.[3] Más aun, si se toma en consideración no el comercio total sino el de bienes con mayor incorporación de valor agregado, la interdependencia mutua es incluso mucho más marcada.

Por otro lado, la situación de ambas economías se caracteriza –y seguirá siendo así durante bastante tiempo– por un déficit en cuenta corriente elevado, que debe ser financiado mediante el ingreso de capitales extranjeros o financiamientos internacionales. Por lo tanto, las dos economías están sujetas a sufrir el mismo tipo de influencia de la situación de la economía mundial, bajo la forma de alza de las tasas de interés o menor liquidez internacional (choques negativos) o de una baja en las tasas de interés o mayor liquidez internacional (choques positivos).

Al mismo tiempo, la interdependencia entre el Brasil y la Argentina es clara si se considera que, al tener ambos países estrategias similares para cubrir la brecha ahorro-inversión –basadas en la existencia de flujos importantes de ahorro externo–, la crisis de uno de ellos, en particular una eventual crisis externa, afectaría inevitablemente al otro.

Por otro lado, en la acepción estratégica de la interdependencia, una crisis de cualquiera de los dos países podría causar problemas –por ejemplo, derivados de una restricción externa y/o del aumento de las presiones proteccionistas– a un objetivo estratégico de ambos, que es la consolidación del Mercosur.

---

[2] Sobre estas cuestiones, con algunas diferencias, puede verse el enfoque de Strauss-Kahn (1997).

[3] Las exportaciones brasileñas a la Argentina alcanzaron el 13% de las exportaciones totales del Brasil, en 1997. La Argentina es actualmente el segundo país de destino de las exportaciones brasileñas, después de los Estados Unidos. Las exportaciones argentinas al Brasil, su primer cliente, representan el 31,9 % (datos de 1997).

Esas consideraciones justifican que el Brasil y la Argentina se empeñen en establecer entre sí mecanismos de cooperación macroeconómica que les permitan tener algún grado de participación en las decisiones que afectan a sus respectivos destinos. Esa mutua influencia puede significar la adopción de un intercambio regular de opiniones e informaciones entre las autoridades de uno y otro país, y también, en última instancia, alguna forma de "soberanía compartida", en la cual se ceden algunos grados de autonomía en beneficio de los objetivos mayores de la integración (Araújo, 1992).[4]

c) Por otro lado, si la importancia del comercio intrarregional es creciente para cada uno de los países que forman el Mercosur (véase el cuadro 7.1), no es menos cierto que los países no están cumpliendo con lo acordado en Asunción.

El primer elemento es que el artículo 1 del Tratado de Asunción que amplió el acuerdo Argentina-Brasil y adoptó la denominación Mercosur establece que:

CUADRO 7.1. *Composición del comercio de los cuatro socios originales del Mercosur (%)*

País	Exportaciones			Importaciones		
	1986	1990	1996	1986	1990	1996
Argentina						
A Mercosur (*)	10,2	14,8	33,2	14,6	21,5	24,3
A resto del mundo	89,8	85,2	66,8	85,4	78,5	75,7
Brasil						
A Mercosur (*)	3,0	4,2	15,5	5,2	11,2	15,5
A resto del mundo	97,0	95,8	84,5	94,8	88,8	84,5
Paraguay						
A Mercosur	–	39,6	61,9	–	30,8	48,7
A resto del mundo	–	60,4	38,1	–	69,2	51,3
Uruguay						
A Mercosur	–	34,7	42,3	–	39,6	44,1
A resto del mundo	–	65,3	57,7	–	60,4	55,9
Total Mercosur						
A Mercosur (*)	4,7	8,9	22,6	7,6	15,1	20,2
A resto del mundo	95,3	91,1	77,4	92,4	84,9	79,8

(*) En 1986 se trata del comercio Argentina-Brasil.
Fuente: INTAL y datos de Argentina (INDEC) y Brasil (Banco Central).

[4] Esta etapa, sin embargo, por el momento está aún relativamente distante.

Los Estados-partes deciden constituir un Mercado Común, que se denominará "Mercado Común del Sur" (Mercosur). Este mercado común implica:

- la libre circulación de bienes, servicios y factores productivos entre los países;
- el establecimiento de una tarifa externa común y la adopción de una política comercial común en relación a terceros Estados [...];
- la coordinación de políticas macroeconómicas y sectoriales entre los Estados-partes de comercio exterior, agrícola, industrial, fiscal monetaria cambiaria y de capitales.

En ese sentido, el hecho de que, tras haber dado los dos primeros pasos establecidos en el cronograma de acción de aquel artículo, o sea, la formación de un Área de Libre Comercio y la definición del AEC, los países hayan avanzado poco en las etapas intermedias para la formación de un mercado común (política comercial común, movimiento de factores, servicios) o nada (coordinación de políticas macro y sectoriales) está indicando cuál es la agenda futura e inevitable si se quiere eludir el riesgo de "estancamiento" en el proceso de evolución del Mercosur.

d) El cuarto elemento importante que hay que tener en cuenta es la perspectiva emergente de otros procesos de liberalización, en particular el ALCA. La posibilidad de que, en algún momento futuro, los países de las tres Américas puedan intercambiar bienes entre sí, sin pagar impuestos aduaneros, trae asociado el riesgo de que el Mercosur sea "diluido" en el ALCA, "una vez que por sus efectos sus socios pierdan la preferencia que actualmente gozan en el acceso a sus respectivos mercados" (Peña, 1997).

Frente a tales circunstancias es natural concluir que, para que el Mercosur conserve su carácter distintivo después del surgimiento del ALCA, este debe ser más que un área de libre comercio con una tarifa externa común.[5]

Si bien es cierto que el Mercosur se caracteriza no solo por ser un área de libre comercio, sino también por tener una estructura arancelaria común, el hecho es que, tras la formación del ALCA, habrá un desvío del comercio de las tres Américas con Europa y Asia para el mismo continente americano, en cuyo caso el AEC se mantendría, pero aplicado a una parte decreciente del comercio de los países del Mercosur.

Es importante tener en cuenta que esta posibilidad es en cierto grado independiente de la cohesión que revelen los países del Mercosur al negociar como un todo las reglas para y hasta llegar al ALCA. En efecto, el desafío que se plantea para el Mercosur es qué destino tendrá el mismo después de que el acuerdo

---

[5] Como señala Lavagna (1996a), "el Mercosur debe ser repensado si sus objetivos estratégicos han de ser efectivamente alcanzados. Si el Mercosur elige un curso de mínima, la agenda actual, compleja, cargada y seriamente tratada, probablemente sea suficiente. Si, por el contrario, se elige el curso de los objetivos estratégicos esta agenda no basta y el ejercicio de repensarlo es una tarea esencial". El mismo Lavagna agrega: "Repensar [el Mercosur] significa, en síntesis, hacer del Mercosur un proyecto más denso que permita sacarle la máxima potencialidad que tiene".

del ALCA haya sido eventualmente alcanzado y, específicamente, dentro de 20 años, cuando se espera que el cronograma de rebajas arancelarias a ser definido hasta 2005 haya sido completado y el intercambio de bienes desde Tierra del Fuego hasta Alaska sea totalmente libre.

Otra posibilidad es la reacción de las posiciones "multilateralistas" opuestas al regionalismo que lleven a una liberalización comercial generalizada, en cuyo caso el AEC del Mercosur desaparecería. En cualquiera de los dos casos, el Mercosur, tal como es hoy, perdería su razón de ser.

En estas reflexiones entran en juego consideraciones políticas y el tipo de proyecto de país/región que se tenga. Si el Mercosur conserva una actitud pasiva ante los cambios que están ocurriendo en el mundo, su futuro se tornará incierto, a largo plazo, una vez que se llegue al libre comercio dentro del continente americano. Si, por el contrario, Brasil, Argentina, Paraguay y Uruguay –y, eventualmente, otros nuevos miembros del mismo acuerdo regional– desean que el Mercosur sea un referencial económico, comercial y político, la región tendrá que caminar hacia la formación de un verdadero mercado común, con todo lo que ello implica en materia de concesiones y pérdida de algunos grados de autonomía decisoria.

La discusión de la coordinación en el ámbito del Mercosur: antecedentes

La preocupación por la necesidad de coordinar se manifestó desde el inicio del proceso de integración. Conscientes del desconocimiento mutuo, la Argentina y el Brasil se propusieron en 1986 cumplir con los dos pasos iniciales de toda coordinación, esto es, intercambio de información y análisis de los modelos implícitos o explícitos de razonamiento y evaluación. Para ello y "para facilitar medidas que tiendan a la armonización de las políticas económicas de los dos países" se firmó el Protocolo No. 10 de Estudios Económicos, el que se cumplió luego de una forma diferente de la establecida pero igualmente eficaz para los objetivos que se había propuesto. Asimismo, en 1987 se firmó el Protocolo No. 20. En este se estableció "la necesidad de iniciar un proceso de creación de esa unidad monetaria común" donde "esa" se refiere a la creación de una unidad monetaria ("gaucho") que debía ser "emitida y respaldada por un Fondo de Reserva" binacional y que debía servir para cursar pagos interregionales y asegurar la expansión comercial.[6]

---

[6] R. Lavagna transmitió en nombre del gobierno argentino, por primera vez, la idea a Rubens Ricupero quien actuaba en el tema integración como asesor estratégico del presidente Sarney. La reunión se realizó en Brasilia en la casa del embajador argentino y continuó luego con la presencia de Jorge Romero y Leopoldo Tetamantti (Argentina) y Thompson Flores y Samuel Guimarães (Brasil) en Itamaraty. De allí surgió el Protocolo sobre moneda y financiamiento. El nombre "gaucho" (quizás no del todo feliz), lo eligieron los presidentes, algunas semanas después.

Más allá de estas etapas tempranas de búsqueda incipiente de puntos de referencia comunes, recién en las discusiones de 1993 se volvió a buscar una forma concreta de cooperación. En dicha ocasión, las autoridades brasileñas propusieron informalmente que, a partir de enero de 1995, cuando fuese creado el Mercosur, se instituyese un régimen de bandas cambiarias alrededor de paridades centrales determinadas a partir de los tipos de cambio reales bilaterales (Ministerio da Fazenda, 1993).

El borrador discutido entonces definía un período experimental para establecer reglas y procedimientos mínimos para el sistema, teniendo como base: (i) la creación de una Unidad de Referencia Cambiaria (URC) para fijar las paridades centrales entre las monedas, y (ii) la existencia de dos bandas: una reducida para los países grandes y otra mayor para los pequeños. El objetivo del esquema sería el de evitar devaluaciones competitivas, previéndose un *ranking* de penalidades en ese caso, bajo la forma de un arancel extra aplicado a los productos del país que devalúe, por parte de los demás miembros del Mercosur. Para evitar que ocurriesen devaluaciones "excesivas", se preveía la existencia de un Fondo Regional de Intervención, que, dada la escasez de recursos de la región, beneficiaría apenas a los dos países menores del acuerdo (Ministerio da Fazenda, 1993).[7]

El problema central para llevar adelante ese tipo de ideas específicamente, en aquel momento, fue la combinación de dos elementos. Por un lado, la elevada inflación del Brasil, antes del Plan Real de 1994, lo cual afectaba a la posibilidad de discutir profundamente políticas cambiarias adoptadas en conjunto con cualquier otro país. Por otro, la diferencia de objetivos macroeconómicos perseguidos por el Brasil y la Argentina, el primer país buscando defender el buen desempeño de sus cuentas externas, y el segundo otorgando prioridad máxima al éxito de su política antiinflacionaria, para la cual la paridad cambiaria entre el peso y el dólar era una pieza clave. Como señaló, oportunamente, Echegaray, el problema podía resumirse al hecho de que

la coordinación macroeconómica implica conexiones entre los problemas de preferencias de políticas y los problemas reputacionales. Una coordinación macroeconómica y, en particular, cambiaria, entre monedas de los países del Mercosur sería realizada por bancos centrales que no pueden asumir ninguno de ellos un rol hegemónico. Brasil propondría su política cambiaria que resulta ser un instrumento de política comercial y de amortiguación de shocks externos. Argentina, en cambio, propondría una política cambiaria atada a la política antiinflacionaria. En otras palabras, Brasil prestaría su reputación de "buen administrador del frente externo" y Argentina prestaría su reputación basada en la "disciplina antiinflacionaria". Y esto parece irreconciliable (Echegaray, 1994, p. 167).

---

[7] Los problemas de este tipo de esquemas serán discutidos con mayores detalles en la sección siguiente de este trabajo.

Concretamente, y nuevamente en palabras de Echegaray (1994, p. 162), lo que ocurrió entonces fue que la Argentina aceptó

> estudiar la posible aplicación de un régimen de coordinación cambiaria; sin embargo, advirtió que este debería constituirse sobre los tipos de cambio nominales y no sobre los reales. Más detalladamente, las autoridades argentinas señalaron que solo admitirían un régimen por el cual la tasa de devaluación del tipo de cambio de los socios de Argentina en el Mercosur no superase la diferencia entre la tasa de inflación local y la inflación argentina.

En la práctica, sin embargo, la dimensión de las diferencias de enfoque prevaleció y las conversaciones no tuvieron ningún desenlace concreto. Posteriormente, el Plan Real en el Brasil aproximó la situación a la de la Argentina, en el sentido de que las tasas de inflación de los dos países pasaron a ser mucho más cercanas entre sí que antes de 1994 y, principalmente, debido al rol jugado por el tipo de cambio nominal como "ancla" de la política de estabilización brasileña. Sin embargo, persistieron diferencias de fondo, que serán luego analizadas en este mismo trabajo.

Alternativas para la profundización de la integración y sus problemas

En materia de coordinación macroeconómica entre los países del Mercosur y, particularmente, entre el Brasil y la Argentina, hay tres posibilidades teóricas que cabe contemplar. La más ambiciosa es –como ocurrió en Europa– la unificación monetaria. Otra es un sistema de bandas para la paridad relativa peso/real. La restante es lo que aquí llamaremos de "convergencia coordinada" con "institucionalización blanda" de los mecanismos de coordinación, mediante la definición conjunta de ciertos parámetros y metas macroeconómicas para ser seguidos por el Brasil y la Argentina, sin llegar a alcanzar el grado de compromiso de las otras dos alternativas.

Lo que en teoría puede ser interpretado como alternativas excluyentes, en la práctica pueden ser leídas como secuencias posibles de un mismo proceso. En esta sección se exponen las primeras dos alternativas y los problemas que presentan, mientras que en la sección siguiente se sugieren algunas ideas acerca de las características que debería tener dicha "institucionalización blanda".

Unificación monetaria

La alternativa de crear una unión monetaria, como paso final de un proceso de integración entre dos o más países, tiende a ser una meta que surge naturalmente, asociada a la formación de un mercado común. En pocas palabras, es así que se puede resumir la aspiración de los países de la UE –o, por lo menos, de la mayoría de ellos– de ir más allá de la coordinación cambiaria y de formar una unión monetaria, mediante la creación del euro:[8]

> An integrated market, where goods and services are allowed to circulate freely and information is readily available, but where the value of commodities is expressed in separate currencies, is therefore necessarily suboptimal and could disintegrate again if distortions turn welfare gains into losses (Collignon, Bofinger, Johnson y De Maigret, 1994, pp. 89-90).

En términos más específicos, las justificativas teóricas para la formación de un espacio geográfico con una única moneda son las siguientes:[9]

a) la mayor garantía de estabilidad inflacionaria, asociada a la fuerza del marco institucional en el cual la unificación monetaria se debe establecer, lo cual incluye un banco central unificado y el compromiso internacional de los países miembro, ante los demás socios del acuerdo, de conservar la situación fiscal bajo control;

b) la caída en las tasas reales de interés, particularmente las de largo plazo asociada a la disminución del riesgo-país y del riesgo-devaluación dada la pérdida parcial del poder de discrecionalidad de las autoridades nacionales;

c) la reducción de la incertidumbre cambiaria, intrínsecamente asociada a la desaparición de las monedas nacionales. Estas quitan transparencia y disminuyen grados de competencia en el mercado común subiendo además los costos de operaciones de protección contra el riesgo cambiario en el comercio regional, y

d) la eliminación de costos de transacción en las relaciones económicas entre los países que unifican sus monedas.

Asociado a ello debería computarse el mayor estímulo a la inversión productiva que se espera que estaría ligado a la estabilidad económica y cambiaria. Habría una mejora de los niveles de ahorro y de la asignación de los recursos de inversión.

Por supuesto a los argumentos de orden económico deben agregarse los de tipo político, como la muy fuerte manifestación de una "voluntad" común y, consecuentemente, una mayor influencia en la escena internacional.

Nótese que, en el caso de una eventual unificación monetaria entre el Brasil y la Argentina, y posiblemente con otros países del Mercosur, algunas de las ven-

[8] Para una explicación, anterior al acuerdo de Maastricht, del porqué del escepticismo de algunos especialistas en cuestiones monetarias acerca de la necesidad de establecer una unificación monetaria en Europa, véase Eichengreen (1990). Para una crítica posterior a dicho acuerdo, véase Eichengreen (1993). Para un análisis bastante amplio del proceso de unificación monetaria europeo, véase Gretschmann (1997a).

[9] Para la defensa de la idea de unificar las monedas de los países del Mercosur, a largo plazo, véase Giambiagi (1997). Para la discusión de los pros y contras de una propuesta para formar un "dollar-based fixed exchange regime" entre algunos países de América Latina y los Estados Unidos, véase Cardoso y Klein (1993).

tajas representadas por dicha unificación –más específicamente, los puntos a) a c) arriba mencionados– podrían inclusive ser mayores que en el caso europeo. En particular, el hecho es que, con o sin euro, nadie duda de que la inflación en Francia o Alemania, dentro de 10 años, será similar a la inflación de los Estados Unidos y de los demás países industrializados, mientras que en el caso de los países del Mercosur es difícil, por el momento, prever eso en forma categórica. La nueva institucionalidad asociada a la unificación monetaria funcionaría entonces, en la práctica, como una forma de quitarle importancia al *track record* histórico negativo asociado a la imagen latinoamericana en el panorama internacional. Ayudaría además a enfatizar los éxitos estabilizadores recientes de las políticas económicas de la Argentina y el Brasil, disminuyendo la posibilidad de que estas sufran una reversión y abriendo paso a políticas de desarrollo y equidad.

Hay tres grandes críticas que se le hacen desde diferentes sectores a la propuesta de la unificación monetaria en Europa. La primera es la pérdida de soberanía implícita en el fin de la moneda nacional. Sin embargo, como señala –correctamente, en nuestra opinión– Gretschmann, los Estados nacionales "long ago lost a large share of their political sovereignty and parts of their economic power of control over liberalized and unrestricted global markets" (Gretschmann, 1997b, p. 18).

Si esa observación se aplica a los países europeos, es evidente que, en mayor medida, es válida para países como el Brasil o más aún la Argentina –dada la existencia de un *currency board*–, mucho más dependientes de los flujos internacionales de capital y con menor peso en el panorama económico mundial.

La segunda crítica es el costo social supuestamente asociado al cumplimiento de las metas fiscales impuestas por el Tratado de Maastricht. Sin entrar en los méritos acerca de si la crítica es justa o no, el hecho es que el debate sobre lo que genéricamente se podría llamar los "costos sociales del ajuste" es algo que ya está planteado, tanto en el Brasil como en la Argentina. Por lo tanto, al combinarse lo que se mencionó en el párrafo anterior con esto, se puede decir que no solamente la eventual unificación monetaria en el ámbito del Mercosur, en algunos aspectos, tendría más ventajas para sus países miembro que la unificación monetaria europea, sino también que sus costos serían comparativamente menores o ya se están viviendo, con o sin unificación.

Por último, la tercera crítica importante es que en Europa no estarían dadas las condiciones que definen un "área monetaria óptima" (AMO) y que incluyen, entre otras cosas, la flexibilidad y la libre movilidad de factores en el mercado de trabajo, una alta proporción de comercio intrarregional y las semejanzas de los posibles shocks a los cuales las economías están sujetas (Schweickert, Zahler y Jessen, 1997).[10] En otras palabras, no están dadas las condiciones de conver-

---

[10] Por otra parte, el hecho de que un área geográfica no sea óptima, en el sentido de tener todas las condiciones para la unificación de las monedas de los países que la integran, no quiere decir que una unificación monetaria no vaya a funcionar. Aparentemente, el de Europa será un

gencia real en las estructuras económicas y sociales de los países que entran en un acuerdo monetario. En ese sentido, no cabe duda de que el Mercosur está mucho más rezagado con respecto a Europa en lo que se refiere a las condiciones que caracterizan un área monetaria óptima. El comercio intrarregional, si bien aumentó mucho en los últimos años –como indica el cuadro 7.1–, aún es bastante menos importante, en términos relativos, cuantitativa y cualitativamente, que el elevado porcentaje del comercio intraeuropeo, porcentaje ese que es uno de los motivos que indujeron a los países de Europa Occidental a caminar hacia la moneda única.

La unificación monetaria entre los países del Mercosur, en ese contexto general, empieza a discutirse como una posibilidad de la evolución de la integración regional y, en particular, de la relación bilateral entre el Brasil y la Argentina, aunque a largo plazo.[11] Sin embargo, esa posibilidad enfrenta algunas barreras importantes. La primera y la principal es la ausencia de condiciones para que la iniciativa prospere en los próximos años, debido fundamentalmente a la falta de criterios de convergencia en el área real de la economía e incluso a la falta de un proyecto de país/región similar. El Brasil y la Argentina distan mucho, por volumen de comercio, por legislaciones sociales, por la estructura institucional que rige la relación nación-provincias/estados, por regímenes de in-

---

showcase de cómo se puede llegar al paso final de la unificación, aun en condiciones no ideales. Una justificativa que nos parece adecuada acerca de la existencia de un proceso de unificación monetaria en tales condiciones es la de Dyson (1994), repetida por Gretschmann (1997a), para quien "it is beliefs which to a large extent determine the preference and the political will to pursue economic and monetary union (EMU). The key beliefs are both of an economic and a political character: the economic belief that the long-term costs of devaluation to competitiveness outweight the benefits; the economic belief in the significance of the gains from elimination transaction costs of a multiple currency regime; the economic belief in the superior benefits of economic policy coordination; the political belief in the advantage of tying the hands of national monetary policy; the political belief that EMU can provide an efficient means of controlling the power of a united Germany; [and] the political belief that the blueprint for EMU can be implemented without any unintended or counterproductive political side-effects or social costs" (Gretschmann, 1997a, pp. 28-29). Aunque algunos de los argumentos se refieren específicamente al caso europeo –especialmente en lo que atañe a la relación entre Alemania y el resto de Europa–, la mayoría de ellos se podrían aplicar o adaptar a otros acuerdos regionales.

[11] En el encuentro de los presidentes del Brasil y la Argentina de abril de 1997 eso fue discutido oficialmente, llegando a ser mencionado en la conferencia de prensa posterior a la entrevista de ambos presidentes. En dicha conferencia, el presidente argentino, Carlos Menem, declaró que "tenemos que comenzar a pensar en una moneda común", afirmación apoyada por su colega brasileño, Fernando Henrique Cardoso, quien dijo que "llegará el momento, más adelante, para una moneda común y la convergencia de políticas macroeconómicas" (*Gazeta Mercantil*, 28 de abril de 1997). Luego, en declaraciones dadas en la Argentina, el ministro de Economía de ese país, Roque Fernández, declaró: "Gran parte de los asuntos de la agenda comercial ya fueron resueltos. Para el futuro, vamos a concentrarnos en la integración del mercado de capitales y del mercado financiero, lo cual apunta directamente a la moneda única. Si pudiésemos llegar a una forma de integrar nuestros mercados de capitales, el avance de la moneda única dependería solamente de la coordinación fiscal de los distintos países" (*Gazeta Mercantil*, 29 de abril de 1997).

centivos a la inversión, de formar un mercado común, algo en general entendido como un paso previo para que se pueda pensar, de forma realista, en una unificación monetaria.

La segunda barrera, a su vez, es el predominio de las "agendas nacionales" en el debate de cada uno de los dos países, lo cual concentra la mayor parte de las atenciones de sus respectivas autoridades y hace difícil que se encaren con mayor dedicación las tareas necesarias a la profundización de la integración, vistas como parte de una agenda aún distante por los gobiernos. En realidad, para algunos sectores el Mercosur y las cuestiones que plantea son vistos como "parte del problema" que distrae y son *time-consuming* respecto de otras tareas de orden interno. Un requisito mínimo para hablar de unificación monetaria es tener, precisamente, una actitud opuesta, esto es, considerar al Mercosur "como parte de la solución".

La tercera, finalmente, es una alta dosis de desconocimiento público y cierta dosis de escepticismo de los agentes privados tomadores de decisiones y del público informado con respecto a una meta como la de la unificación monetaria. La mayoría de la gente ve al tema como algo que no está en la agenda económica de los próximos 10 o 15 años. Muchos, además, prefieren ver cómo funcionará, las exigencias que planteará y las asimetrías de resultados de la experiencia europea.

Banda cambiaria intrarregional

Como fue destacado en la sección anterior, la propuesta de unificación monetaria entre los países del Mercosur enfrentaría algunos problemas importantes que pueden resumirse en la idea de considerarlo un paso excesivamente ambicioso. Al mismo tiempo, partiendo del supuesto de que la coordinación de políticas macroeconómicas sea considerada importante para continuar avanzando en el camino de la integración regional, la alternativa natural en la cual se tiende a pensar es la de tener una banda cambiaria intrarregional, similar a la que mantienen los países integrados en el sistema monetario europeo. Eso implicaría una coordinación de las políticas cambiarias tal que las cotizaciones entre las monedas de los países que integrasen el acuerdo pudiesen flotar dentro de un margen, pero sin exceder los límites definidos por un piso y un techo de flotación. Obviamente, en este caso se está hablando de valores "nominales", por ende se trata de algo totalmente diferente de lo insinuado en 1993.

Aunque esta postura puede ser considerada como una solución "intermedia" entre el *statu quo* y la unificación monetaria, en la práctica plantea requisitos difícilmente alcanzables en el corto plazo. De hecho, es posible dirigirle alguna de las mismas objeciones que al esquema de moneda única.

Contra la formación de una banda cambiaria intrarregional se podrían mencionar los siguientes argumentos generalmente utilizados en el debate reciente sobre el euro por parte de algunos de sus críticos:

a) La pérdida de soberanía. No se trata de juzgar aquí si el argumento es correcto o no. La cuestión central es que, al entrar en un acuerdo cambiario, los países restringen el poder de discrecionalidad sobre la política cambiaria. En ese sentido puede ser similar al costo que asumen los gobiernos empeñados en la unificación monetaria.

b) El riesgo de inconsistencia macroeconómica. Esto resultaría de tener una estructura de precios relativos "incorrecta". En un país con tipo de cambio flotante ello se corrige mediante movimientos en las paridades cambiarias. En países que abandonan esa alternativa y que al mismo tiempo tienen algunas rigideces de mercado –por ejemplo, en el mercado laboral–, se puede generar una recesión, necesaria para ajustar los niveles salariales en el interior de la región sujeta a una misma paridad cambiaria. En otras palabras, una vez más se habla del costo social del ajuste.

Puede alegarse que, en caso de necesidad, cada país puede denunciar el acuerdo, romper el compromiso de paridad intrarregional y modificar unilateralmente la política cambiaria, como por ejemplo hicieron Italia y Gran Bretaña al abandonar el mecanismo de la "serpiente" europea en 1992. Ocurre que, en ese caso, estamos frente a otro tipo de problema, asociado a la falta de credibilidad de una política. Por lo tanto, o bien se asume un sistema de bandas por entero –con los costos arriba mencionados, similares a los de una eventual unificación monetaria–, o bien cada país sigue su propia política cambiaria, como ha ocurrido hasta ahora en el Mercosur. Plegarse formalmente a un nuevo esquema, para romperlo a la primera señal de dificultad, tendría un costo muy alto de pérdida de credibilidad. Dicho de otra forma, una banda cambiaria intrarregional solo tiene sentido si los países que son parte del acuerdo están dispuestos, o bien a defender la paridad relativa de las monedas a cualquier costo, o bien a decidir en forma conjunta y consensuada los eventuales "realineamientos" cambiarios.[12]

La comparación entre una alternativa de política económica basada en una moneda única y una de banda de flotación cambiaria es compleja. Como ya se dijo, una banda cambiaria dentro del Mercosur

- tendría atenuados algunos de los costos de la unificación monetaria;
- tendría eventualmente, si el compromiso es fuerte, algunos beneficios de la coordinación combinada con un mayor grado de flexibilidad frente a los ajustes reales necesarios, y

[12] El "realineamiento concertado" de las paridades es desde ya más gradualista en los ajustes reales que genera y menos costoso en términos de reputación que el abandono puro y simple de la "serpiente" cambiaria. Francia (devaluando) y Alemania (revaluando) recurrieron en varias oportunidades a este mecanismo. No es causal que la primera ruptura del compromiso fuera desencadenada en 1992 por Gran Bretaña cuyo grado de adhesión al proyecto europeo es mucho más bajo que el del "núcleo duro" franco-alemán.

- finalmente tendría también algunos inconvenientes como son el riesgo de reversibilidad, la ausencia de institucionalidad y la falta de un actor dominante que genere un "anclaje" creíble.

Una unificación monetaria puede presentar problemas hasta concretarse, generar desocupación en algunas regiones, etc., pero, una vez alcanzada, tiene una ventaja: nadie duda de su permanencia, y su grado de reversibilidad relativa es bajo. La ventaja del sistema de bandas al proveer más flexibilidad lo hace más "reversible" y como contrapartida más propicio a alimentar ataques especulativos.

Por otro lado, la unificación monetaria debe formar parte –como ocurre en Europa– de un "paquete" que incluye, entre otras cosas, un tratado internacional con compromisos rígidos de reducción del déficit público y un banco central unificado.

Por último, la ausencia de un actor dominante combinado con la flexibilidad que dan las bandas cambiarias y la falta de institucionalidad aumentan los riesgos de especulación. En el caso europeo, el Bundesbank alemán asumió un liderazgo durante la vigencia del mecanismo monetario europeo de bandas de flotación y tiene poder para incidir decisivamente sobre las paridades cambiarias intrarregionales. Eso es una especie de compensación por la asimetría de los costos de mantener las paridades cuando se trata de países de dimensiones muy diferentes.[11] En cambio, si los países del Mercosur adoptasen un mecanismo semejante, el banco central del mayor país –o sea, el Brasil– no llegaría a tener la misma fuerza determinante sobre la paridad cambiaria de los otros y, al mismo tiempo, tendría que asumir el costo de estabilizar el valor de la moneda de estos países, en caso de un ataque especulativo, cosa que ni la Argentina ni mucho menos el Uruguay o el Paraguay podrían hacer si la moneda atacada fuese el R$ brasileño. Por lo tanto, los incentivos para que el Brasil, en particular, adhiera hoy a un esquema de banda cambiaria intrarregional no parecen ser muy grandes. El país no dispondría de poder adicional y, además, podría tener que enfrentar costos específicos, como "avalista" del acuerdo, que los demás países no enfrentarían. Desde el punto de vista de estos otros países, tampoco hay un reconocimiento de la posibilidad por parte del Brasil de cumplir este papel aunque tuviera la voluntad de hacerlo. En otros términos, no se considera que, más allá del tamaño, pueda cumplir un rol estabilizador.

Agenda para la coordinación

Admitiendo que sea prematuro que el Brasil y la Argentina se comprometan a unificar sus monedas o aun a adoptar un sistema de banda cambiaria intrarregional, pero reconociendo al mismo tiempo los riesgos de no hacer nada, creemos

---

[11] Nos referimos al hecho de que el Banco Central de Alemania puede determinar, por ejemplo, la cotización entre las monedas de Alemania y Luxemburgo, lo cual no ocurre, evidentemente, con el Banco Central de Luxemburgo.

que vale la pena analizar las perspectivas de una alternativa de "convergencia coordinada", representada por la definición conjunta entre aquellos dos países de algunos parámetros macroeconómicos básicos.

Esa filosofía puede ser entendida tanto como un primer paso para, más adelante, pensar seriamente en hipótesis más avanzadas que terminen en una unificación monetaria, o simplemente como la única forma de coordinación posible. Es compatible aun con una visión relativamente escéptica sobre el futuro del Mercosur, como la de Bevilaqua y Abreu (1995, p. 21):

> It is to be expected that lack of coordination of macroeconomic policies will continue to play an important role in puting Mercosur under strain. It is unlikely that any institutional arrangement envisaging such coordination will be successful. The best form of coordination is that which would emerge from the adoption of sustainable fiscal and monetary policies in all Mercosur economies which at place high priority on price stability.

O con versiones más optimistas, como la de Lavagna (1995):

> La variable coyuntural interna será esencial en la medida en que no hay coordinación posible cuando un gobierno no tiene capacidad para controlar sus propios desequilibrios. Los niveles actuales de interdependencia no son tales como para que la variable coordinación juegue un papel central en términos de estabilizar situaciones internas.

El marco institucional de la coordinación

En esta sección se formula una propuesta acerca del tipo de "institucionalización blanda" requerido para avanzar en la "convergencia coordinada" macroeconómica entre el Brasil y la Argentina, en contraposición al marco institucional asociado, por ejemplo, a la unificación monetaria europea. La diferencia fundamental es la ausencia de instituciones con poderes supranacionales con capacidad de *enforcement*. La duda natural, ante eso, es saber hasta qué punto la coordinación podría funcionar.

Aunque la Argentina y el Brasil, en otras oportunidades, ya dejaron de cumplir con metas establecidas en acuerdos con agentes sin capacidad de *enforcement*, es razonable admitir que los "costos de reputación" asociados hoy en esos dos países a eventuales desvíos con respecto a los objetivos macroeconómicos serían más importantes con el consecuente impacto que podrían tener en los flujos financieros internacionales del resto del mundo hacia esos países.

Lo que se propone, con sentido de la realidad pero también de la necesidad, es la creación de algunas instancias binacionales de coordinación entre el Brasil y la Argentina, sin poder formal sobre los actos de los dos países y que se limiten a definir metas comunes para ciertos parámetros macroeconómicos. Pese a eso, consideramos que los compromisos mutuos entre los dos gobiernos podrían tener efectividad y servir como un primer paso importante hacia una coordinación más estrecha. Las mencionadas metas cumplirían el papel de ser un "plan de vuelo", al cual las respectivas autoridades tratarían de que ambos países se adecuasen.

Nos parece necesario y posible operar de la siguiente manera:

i) Crear tres comisiones, de las cuales las dos primeras estarían subordinadas a la tercera. La primera comisión, de Asuntos Fiscales, estaría compuesta por los secretarios de Ingresos, de Presupuesto y de Hacienda –en el caso brasileño, del Tesoro– de los dos países, para tratar temas fiscales y tributarios. La segunda comisión, de Asuntos Industriales y Comerciales, estaría compuesta por las autoridades de cada país que estén ligadas a los esfuerzos de reestructuración y a la reducción del "costo-país", con vistas a mejorar el resultado de la balanza comercial y reducir el déficit en la cuenta corriente. El objetivo de esta segunda comisión sería el de intercambiar información, identificar eventuales problemas en el relacionamiento bilateral antes de que alcancen mayores grados de gravedad y definir estrategias comunes que atañan a las políticas industrial y comercial de ambos países. Finalmente, la tercera comisión, de Coordinación Macroeconómica –a la cual las otras dos estarían subordinadas–, estaría integrada apenas por los ministros de Economía o Hacienda de cada país y por los presidentes de los respectivos bancos centrales y tendría como funciones básicas:

a) definir metas macroeconómicas acordadas dentro del concepto de "convergencia coordinada";

b) realizar un acompañamiento sistemático de las informaciones macroeconómicas de ambos países, y

c) accesoriamente (y eventualmente sin la participación de los bancos centrales) intentar arbitrar eventuales conflictos identificados en las otras dos comisiones.

ii) Cada comisión se reuniría dos veces por año, alternadamente en la Argentina y en el Brasil, y las reuniones de las dos primeras serían intercaladas con las de la tercera. Las dos primeras comisiones se reunirían entonces en el primer y en el tercer trimestre del año, mientras que la Comisión de Coordinación Macroeconómica se reuniría en el segundo y en el cuarto trimestre de cada año.[14]

---

[14] En el caso europeo, el Comité de Gobernadores, creado en 1964 y constituido por los gobernadores de los bancos centrales de los Estados miembro de la Comunidad Europea, tras una larga tradición de encuentros y con una pauta de trabajos muy extensa y un número grande de miembros, se reúne con periodicidad mensual. En el caso del Brasil y la Argentina, dado el actual avance de las comunicaciones y ya que no hay una pauta tan extensa y son solamente dos países, parece posible reducir la frecuencia.

En la primera reunión anual –a realizarse en el segundo trimestre de cada año– esta última comisión realizaría una evaluación del desempeño macroeconómico de ambos países en el año anterior y establecería la eventual necesidad de ajustes a las metas acordadas. A su vez, en la segunda reunión anual –a realizarse en el último trimestre de cada año–, se definirían las metas de largo plazo, hasta el año 2006 –las cuales podrían ajustarse marginalmente, hacia arriba o hacia abajo, en presencia de eventuales desvíos–, con especial cuidado en el trazado de las metas para el año siguiente.

iii) La fecha de 2006, propuesta para el alcance de las metas a ser establecidas, busca simultáneamente, primero, dar tiempo a los países para que se ajusten y, segundo, dejar abierta la posibilidad de discutir la coordinación y cooperación en nuevas bases, después del año 2006.

En los términos de nuestra propuesta, los gobiernos del Brasil y la Argentina deberían comprometerse mutuamente a alcanzar cuatro metas referentes a los siguientes indicadores: la inflación, el déficit fiscal, el déficit en cuenta corriente y el porcentaje de crédito interno a ser absorbido para el financiamiento del Estado.

- El porqué de la primera meta se encuentra en que tener tasas de inflación similares es la mejor forma de mantener precios relativos solo influidos por las productividades relativas sin necesidad de requerir modificaciones "correctoras" de las políticas cambiarias. En otros términos, es la mejor manera de armonizar las políticas cambiarias.
- La segunda meta responde al hecho de que con un desequilibrio fiscal permanente –entendido como una situación donde la relación deuda pública/PBI es sistemáticamente creciente–, a largo plazo, la estabilización tiende a fracasar.
- La tercera meta se debe a que un déficit externo permanentemente elevado, de largo plazo, es igualmente insostenible tanto si se origina en un déficit de ahorro privado o en un exceso de inversión privada en bienes no transables, como, aun peor, si se origina en una insuficiencia de ahorro público. Actualmente, la relación déficit en cuenta corriente/PBI es entendida como un síntoma de fragilidad por parte de la mayoría de los analistas e inversores internacionales.
- Por último, la cuarta meta se explica porque, al existir ya un amplio stock de deuda pública que debe ser refinanciado más una eventual necesidad de financiar el nuevo déficit público, se corre el riesgo de que las tasas de interés dependan exclusivamente de la acción pública sobre los fondos prestables y se afecte al nivel de actividad –producción e inversiones– del sector privado. Por ello la fijación de un criterio de "participación descenden-

te" del sector público juega en favor de la eficiencia en la asignación de recursos y de la solidez del sistema financiero.

Por lo tanto, los países deben tener como meta alcanzar una inflación similar a la internacional –logro que la Argentina ya conquistó–, reducir las relaciones déficit fiscal/PBI y déficit en cuenta corriente/PBI, y limitar la participación del Estado como tomador de fondos en el mercado interno de crédito.

Como paso previo a una mayor coordinación, los gobiernos del Brasil y la Argentina deberían homogeneizar las informaciones referentes a la situación fiscal, al déficit en cuenta corriente y a la asignación global de crédito interno, de manera tal de generar informaciones lo más parecidas entre sí, en lo que se refiere al tipo de datos publicados oficial y regularmente. Esto no es un problema en materia de las informaciones sobre la inflación, pero sí lo es para los datos fiscales, del sector externo y del crédito. Básicamente, al margen de que el Brasil debería tener metas referentes al déficit nominal y no al operativo, este país tiene estadísticas mensuales que alcanzan al universo de las provincias/estados y municipalidades y a las empresas estatales, mientras que la Argentina no dispone de estadísticas regulares y frecuentes sobre la situación de las provincias y municipalidades. Sería deseable, por lo tanto, que los indicadores de desempeño fiscal fuesen ajustados, de manera que ambos países contasen con estadísticas homogéneas –en lo que se refiere a los criterios de cálculo– sobre el resultado primario y sobre el pago de intereses, desglosados de la misma forma y con igual periodicidad.

Con el mismo principio, es importante que ambos países ajusten las respectivas contabilidades de la balanza de pagos, especialmente en el rubro del pago de intereses.[15]

En lo que hace al crédito interno y a la absorción pública caben las mismas reflexiones respecto de la diferente forma de presentar las cuentas y las deudas del sector estatal.

Paralelamente a la formación de las tres comisiones anteriormente mencionadas, los países deberían –ya con la participación de Uruguay, Paraguay y si fuera posible de Chile y Bolivia– acelerar los trabajos de Armonización Legislativa.

El objetivo final es que, en el año 2005, el Brasil y la Argentina tengan:

a) una situación macroeconómica caracterizada por una relativa convergencia de los indicadores macroeconómicos más importantes;

b) indicadores macroeconómicos cualitativamente homogéneos en lo que se refiere a la calidad, frecuencia y alcance de los mismos, y

---

[15] La Argentina contabiliza como ingresos de intereses una hipótesis de intereses recibidos por los depósitos de residentes en el exterior, lo cual, como no afecta a las reservas, es compensado por una salida contable en la cuenta de capitales. El Brasil, en cambio, no adopta ese criterio. En caso de homogeneización de procedimientos, la Argentina debería adoptar la metodología internacional.

c) legislaciones nacionales que hayan removido las asimetrías más marcadas y con capacidad de introducir distorsiones y causar "daño" al objetivo integrador en los campos tributario, laboral y financiero.

En el caso de que un escenario como ese se pueda concretar en 2005, el Brasil y la Argentina podrían llegar a aspirar en última instancia, así como lo hicieron los países europeos al firmar el Tratado de Maastricht en 1992, a tener una moneda única, tal vez a finales de la década de 2000 o en la década de 2010, pudiendo incorporar a otros países del Mercosur.

Los parámetros y las metas para la integración: una propuesta

Uno de los problemas básicos en la fijación de metas cuantitativas es el valor que se asigna a las mismas y la metodología de cálculo. La experiencia europea muestra a las claras estas dificultades. Por un lado, muchos han objetado la inclusión de un criterio relativo a la proporción máxima entre deuda y PBI, otros han criticado el nivel y la rigidez del déficit fiscal total admitido. Por otro lado, las metodologías de cálculo de los diversos indicadores están sometidas en un grado relativamente alto a *"creative accounting"*, incluso en los países que, como Alemania, parecían ser los más estrictos. En todo caso, estas dificultades son similares a las que enfrenta cualquier gobierno y, por ende, cualquier sociedad cuando se fijan metas. Hay siempre algún grado de discrecionalidad que indica precisamente el margen de decisión de las autoridades públicas y/o refleja diferencias tanto en la forma de apreciar la realidad económica en cuanto a las relaciones causales o en la difusión de los impactos, como en los "valores" en que se basan las decisiones.

Una forma posible de fijar parámetros pasa por identificar un problema central de nuestras economías y fijarse ciertos objetivos en torno del mismo. El ejercicio aproximado de simulación para los casos de la Argentina y el Brasil que se hace más adelante responde a dos ideas básicas:

- El déficit público y el grado de absorción de crédito interno por parte del Estado están fuertemente influidos por el stock de deuda total acumulado que es relativamente modesto respecto del PBI pero que es alto respecto del gasto total de los Estados y de la base monetaria.
- Uno de los límites más estrictos de largo plazo e introductor de volatilidad que enfrentan nuestras economías es la dependencia de recursos de orden externo.

Por supuesto que a través del déficit fiscal, la tasa de interés y/o el precio de las divisas, los problemas se transmiten a la tasa de inflación.

Partiendo de este punto se formula una simulación con datos aproximados de ambos países. En primer lugar se considera al déficit público (DP), en términos nominales, como una fracción f del PBI, asumiendo que f sea un parámetro determinado exógenamente por el gobierno:

$$DP = f . \text{PBI} \qquad\qquad (1)$$

Ese déficit puede ser financiado por medio de un aumento de la deuda neta del sector público o de la base monetaria –en ambos casos, también en términos nominales–, respectivamente denominados P y B:[16]

$$DP = \Delta P + \Delta B \qquad\qquad (2)$$

donde el símbolo Δ (delta) indica variación. La expresión ΔB corresponde al flujo de emisión nominal de base monetaria ("señoriaje"). Admitiendo que la relación deuda neta del sector público/PBI (p) sea una constante, el numerador de la fracción crece a la misma tasa nominal (θ) que el PBI, de modo que

$$\Delta P = \theta . P(-1) \qquad\qquad (3)$$

donde el símbolo (–1) indica desfasaje de un período.

Por definición, el PBI es

$$\text{PBI} = \text{PBI} (-1) . (1+\theta) \qquad\qquad (4)$$

Reemplazando (3) en (2), se tiene

$$DP = \theta . P(-1) + \Delta B \qquad\qquad (5)$$

e, igualando (1) y (5) y dividiendo por (4) se llega a la ecuación de la relación déficit público/PBI como función de p y θ, dado un cierto nivel del señoriaje como proporción del PBI (s)

$$f = p . \theta/ (1+\theta) + s \qquad\qquad (6)$$

Si el gobierno fija el parámetro (relación deuda pública/PBI) en el 0,3% y hay un señoriaje del 0,1% del PBI –asociado a la muy baja meta de inflación–, tasas de crecimiento real del PBI del 4,5% al 5,0% al año, combinadas con una inflación del 1,5% al 2,0% al año, implican un techo de déficit público del 1,8% al 2,1% del PBI. Como medida de seguridad y como forma de ganar reputación teniendo una relación deuda pública/PBI declinante –lo cual es una forma de reducir la per-

---

[16] Por definición, en este caso, P excluye a la base monetaria. La aclaración es importante porque en las estadísticas oficiales del Brasil, la base monetaria es considerada parte de la deuda pública. Sin embargo, en este trabajo la deuda, también en el caso brasileño, es neta de la base monetaria.

cepción de riesgo-país y las tasas de interés–, optamos por asumir una postura estricta y sugerir un techo fiscal de largo plazo de déficit nominal del 1,5% del PBI. Este valor es inferior al que sería compatible con la estabilidad de p, para que la relación deuda pública/PBI vaya cayendo gradualmente a lo largo del tiempo.[17]

La deuda P es afectada, por un lado, por el déficit público y, por otro, por las privatizaciones y por el señoriaje, que tienden a reducirla.[18] Los intereses nominales son función de la tasa de interés. El resultado primario corresponde a la diferencia entre el déficit nominal –meta fiscal que, por hipótesis, se admite que se cumpla– y el pago de intereses nominales sobre la deuda neta.

Teniendo en cuenta los valores esperados para 1998 de la relación deuda pública/PBI y del déficit público en la Argentina y en el Brasil en 1999 –cuando comenzarían a ser fijadas las metas fiscales–, la Argentina tendría una deuda superior a la del Brasil, en términos relativos, excediendo inclusive el límite fijado del 30% del PBI. Debido a eso y al hecho de tener un déficit inferior al del Brasil, las metas fiscales de déficit en la Argentina serían menores que las del Brasil, como forma de alcanzar la convergencia de la relación deuda/PBI. En el Brasil, a su vez, la deuda no llegaría a aumentar significativamente, a pesar del déficit elevado de los primeros años, debido a la hipótesis de continuidad de las privatizaciones en 1999 y el año 2000.[19]

Se supone que la tasa de crecimiento del PBI en el Brasil variará lentamente hasta el año 2002, aunque partiendo de un nivel relativamente bajo, del 3,0%, en 1999 (Além, Giambiagi y Pastoriza, 1997). Luego, se estabilizaría en el 5,0% al año. Las tasas de interés del Brasil son las mismas que en el cuadro 7.2. La inflación utilizada en el caso brasileño es la del Índice General de Precios (IGP), con peso de 2/3 del Índice de Precios Mayoristas (IPM) y de 1/3 del Índice de Precios al Consumidor (IPC). La heterogeneidad en la evolución de los índices explica el número de la inflación en el Brasil. Las hipótesis de tasas de interés se basan en Giambiagi y Mesquita (1997).

En el caso argentino, se supone que la inflación (IPC) sería igual a la internacional desde el comienzo –lo cual implicaría un pequeño margen de aumento de la inflación local, con respecto al nivel actual– y se considera que las privatizaciones ha-

---

[17] La relación deuda/PBI de 0,3 es inferior a la existente actualmente tanto en el Brasil como en la Argentina, más aún si se tiene en cuenta que ambos países cuentan, en mayor o menor medida, con pasivos ocultos que ampliarían algo esa relación. De cualquier forma, nótese que, para un valor de p > 0,3 por (6), el valor del déficit público de equilibrio es más grande cuanto mayor sea el valor de la deuda. Cualquiera que sea el valor de la deuda pública aún no reconocida, cuanto mayor sea dicha deuda, más rápida va a ser la caída de la relación deuda/PBI (ya que mayor sería la distancia entre el déficit observado, relativamente bajo, y el déficit que sería consistente con la preservación de la relación deuda/PBI).

[18] El mayor nivel inicial del señoriaje en el Brasil está asociado al hecho de que la inflación sería aún cercana al doble de la argentina por un cierto período.

[19] Como la deuda externa neta del sector público en el Brasil es pequeña, se consideró que toda la deuda pública es interna. En el caso argentino, como ocurre lo contrario, se consideró que toda la deuda es externa. No obstante, cabe recordar que los conceptos de deuda son diferentes en ambos países y, como se dijo, requieren homogeneización.

CUADRO 7.2. *Simulación de los datos macroeconómicos básicos*
para Argentina y Brasil (1999-2006)

	1999	2000	2001	2002	2003	2004	2005	2006
Brasil								
Crecimiento real PBI (%)	3,0	4,0	4,5	5,0	5,0	5,0	5,0	5,0
Inflación (%)	3,8	2,7	1,7	1,7	1,7	1,7	1,7	1,7
Tas. nominal doméstica (%)	21,3	18,9	15,7	12,6	9,4	9,4	9,4	9,4
Privatización (% PBI)	2,0	1,0	0,0	0,0	0,0	0,0	0,0	0,0
Señoriaje (% PBI)	0,2	0,2	0,1	0,1	0,1	0,1	0,1	0,1
Déficit nominal/PBI (%)	4,5	3,5	2,5	1,5	1,5	1,5	1,5	1,5
Interés. nominales/PBI (%)	6,0	5,3	4,5	3,7	2,7	2,6	2,6	2,5
Superávit primario/PBI (%)	1,5	1,8	2,0	2,2	1,2	1,1	1,1	1,0
Deuda neta s. públ. (% PBI)	30,0	30,4	31,0	30,4	29,9	29,4	28,9	28,5
Argentina								
Crecimiento real PBI (%)	5,0	5,0	5,0	5,0	5,0	5,0	5,0	5,0
Inflación (%)	2,0	2,0	2,0	2,0	2,0	2,0	2,0	2,0
Tasa interés (%)	8,0	8,0	8,0	8,0	8,0	8,0	8,0	8,0
Señoriaje (% PBI)	0,1	0,1	0,1	0,1	0,1	0,1	0,1	0,1
Déficit nominal/PBI (%)	1,0	0,5	0,0	0,2	0,4	0,6	0,8	1,0
Interés. nominales/PBI (%)	2,0	2,1	2,0	1,8	1,7	1,6	1,5	1,4
Superávit primario/PBI (%)	1,0	1,6	2,0	1,6	1,3	1,0	0,7	0,4
Deuda bruta s. públ. (% PBI)	34,0	32,1	29,9	28,0	26,5	25,2	24,2	23,5

brían concluido hasta 1999. El PBI, a su vez, crecería el 5,0% al año, en régimen de *steady state*. La tasa de interés sería similar a la internacional, del 8,0% al año.

Todos los valores de 1999 son exógenos. De ahí en adelante, las hipótesis de crecimiento real, inflación, tasas de interés, privatización y señoriaje y la meta de déficit nominal generan endógenamente el resultado primario y la deuda neta de cada período.

Se parte de un nivel de déficit nominal del 4,5% del PBI en el Brasil y del 1,5% del PBI en la Argentina y de una deuda neta del 30,0% del PBI en el Brasil y bruta del 34,0% del PBI en la Argentina. Se supone que en 1999 el Brasil aprobaría medidas de ajuste fiscal, con efecto a partir del año 2000, que reducirían el déficit en 1,0 punto del PBI por año, durante tres años. En el caso argentino, después de un equilibrio fiscal estricto en el año 2001, se admite un modesto aumento del déficit.

Tales hipótesis generan los resultados que se muestran en el cuadro 7.3. En este, el superávit primario del Brasil aumenta del 0,7% del PBI entre 1999 y 2002, tras lo cual vuelve a caer, lo cual sería no obstante compensado por la reducción en el pago de intereses. La deuda pública, medida como proporción del PBI, crecería ligeramente por un par de años, mientras el déficit público es aún igual o superior al 2,5% al año, para caer luego lentamente. En la Argentina, el superávit primario aumentaría inicialmente y la deuda como proporción del PBI caería continuamente, debido al bajo nivel del déficit.[20] En el año 2006, por lo tanto, ambos países tendrían una deuda pública inferior al 30% del PBI y, de conservar el déficit que habrían alcanzado, tendrían de ahí en adelante una relación deuda/PBI declinante.

En lo que se refiere al sector externo, hay que considerar que el déficit en cuenta corriente (DCC) genera un aumento del pasivo externo neto ampliado (D), entendido como la suma de la deuda externa neta del país más el stock de activos extranjeros en el país. A su vez, es posible fijar exógenamente una relación pasivo externo neto ampliado/PBI constante lo cual implica suponer que dicho pasivo crece a la misma tasa de crecimiento nominal (y) que el PBI medido en US$.[21] Por lo tanto,

$$DCC = \Delta D = y . D(-1) \qquad (7)$$

y

$$PBI = PBI(-1) . (1+y) \qquad (8)$$

Dividiendo (7) por (8), se llega entonces a la condición de equilibrio de la relación DCC/PBI (c) que genera un valor D/PBI (d) constante:

$$c = DCC/PBI = d . y / (1+y) \qquad (9)$$

Para coeficientes de d de 0,4 y 0,5, los resultados de (9) se presentan en el cuadro 7.3.

Eso significa que, para un crecimiento real del PBI del 4,0% a 5,0 % al año, el déficit en cuenta corriente como proporción del PBI tendría que ser limitado a algo entre 2,1% y 3,1% del PBI. Tal vez una meta apropiada sería reducir el déficit en cuenta corriente al 3,0% del PBI y analizar entonces una nueva meta a ser establecida de ahí en adelante.

En síntesis, fijados los objetivos de coordinación y estimados los valores a converger en cada una de las metas resulta el siguiente cuadro de objetivos:

a) tener una inflación similar a la internacional, aceptando que esta sea del 2,0% al año en términos de precios al consumidor y del 1,5% a nivel mayorista;

b) reducir el déficit público a un nivel que permita tener una relación deuda neta del sector público/PBI no muy alejada del 30% y decreciente, y

c) disminuir la relación déficit en cuenta corriente/PBI.

Las metas se plantean para el período 1999-2006 y podrían revisarse anualmente.

---

[20] Cabe notar que la dinámica de la relación deuda/PBI sería favorecida por el crecimiento de ambas economías.

[21] Naturalmente, la tasa de crecimiento nominal del PBI en US$ tiene que estar asociada al valor de θ.

CUADRO 7.3. *Déficit en cuenta corriente como función del crecimiento del PBI (% PBI) (Inflación externa: 1,5 % a.a.)*

Tasa crecimiento real PBI (% a.a.)	Déficit en cuenta corriente (% PBI)	
	d = 0,4	d = 0,5
4,0	2,1	2,6
5,0	2,5	3,1
6,0	2,8	3,5

Cuestiones clave de la coordinación macroeconómica brasileño-argentina: ¿quién cede?, ¿cuánto? y ¿cuándo?

En el pasado, los eventuales intentos de coordinación entre el Brasil y la Argentina enfrentaban dos tipos de problemas. En primer lugar, la alta inflación, inicialmente de ambos países y luego del Brasil. Y, en segundo lugar, los diferentes regímenes cambiarios existentes en uno y otro país entre 1991 y 1994. En el Brasil, el tipo de cambio era entonces visto como instrumento de política comercial, mientras que en la Argentina se convirtió en un elemento clave de la política antiinflacionaria. Después del Plan Real, las situaciones de los países pasaron a ser más cercanas, en la medida en que el Brasil dejó de priorizar el objetivo relativo a las cuentas externas y pasó a priorizar el papel de "ancla" del tipo de cambio nominal.

No obstante este cambio, persiste un problema básico, dado por el hecho de que el tipo de cambio nominal de la Argentina es fijo, mientras que en el Brasil es flexible. Actualmente, en el Brasil, el tipo de cambio nominal se mueve dentro de los límites de una banda que también es móvil. Si el país consigue conservar la trayectoria de inflación descendente de los últimos años, es razonable imaginar que en algún momento la devaluación nominal podrá acercarse a cero y, en ese caso, la banda sería rígida con respecto al dólar y el R$ podría flotar en un intervalo a ser definido. El reemplazo de una banda móvil por otra rígida aproximaría el régimen brasileño al argentino, ya que la paridad nominal R$/peso dejaría de subir sistemáticamente como lo ha hecho desde 1994. Se mantendría la diferencia en el sentido de que la Argentina tendría un *currency board* y el Brasil una banda fija.

La Argentina y el Brasil tendrían entonces ante sí las posibilidades explicitadas en el cuadro 7.4. Si el Brasil alcanza una inflación similar a la internacional y su banda deja de moverse a intervalos discretos, los países quedarían en una situación como la de la célula B de la matriz. Por otro lado, una situación como la de C, en la cual la Argentina abandona el cambio fijo y el Brasil lo adopta, no tiene en el contexto y las perspectivas actuales ningún sentido, de modo que se trata de un espacio de posibilidades "vacío".

La duda que cabe es si los países se mantendrán en B o irán evolucionando hacia una unificación de sus prácticas cambiarias, mediante la adopción de un cambio fijo por parte del Brasil –situación A– o de un sistema de bandas por parte de la Argentina –situación D–.

En principio, si bien no es imposible, parece difícil que el Brasil adhiera a un sistema de *currency board* como el argentino, a no ser que el prestigio intelectual de ese sistema y el número de países que lo adoptan en el mundo aumenten. Esta no parece ser la tendencia actual en el mundo ni en los países importantes ni en los organismos multilaterales de crédito que aconsejaron a Indonesia en contra de la adopción de un sistema de este tipo.

A las dudas que las autoridades brasileñas tenían ya desde que se discutían las alternativas de estabilización, antes del Plan Real, se suma la satisfacción por los resultados de la flexibilidad asociada al sistema de flotación. Se supone que precisamente esta flexibilidad le permitirá al Brasil mejorar el tipo de cambio real en los próximos años, motivo por el cual, en los medios oficiales, no se ven mayores incentivos para cambiar de régimen. En consecuencia, la duda sobre el futuro a mediano plazo pareciera limitada a saber si los países quedarán en la situación B como la actual o si la Argentina adoptaría una banda y pasaría a una situación como la de D.

En el caso argentino es claro que la rigidez y el creciente déficit externo están planteando algunas alternativas duras. En Lavagna (1996b, c) se analizó el sentido profundo de la convertibilidad definiendo sus efectos como más complejos y positivos que los que pueden emerger de un mero ajuste pero que no han producido cambios esenciales de la realidad macro, de largo plazo, argentina. Al mismo tiempo, se analizaron los cuatro caminos posibles de salida:

1) modificación de la política cambiaria;
2) "ajuste automático" de los desajustes externos vía recesión;
3) "ajuste hacia abajo" consistente en forzar la flexibilidad hacia abajo de salarios y de todos los regímenes de cobertura social, o
4) "ajuste selectivo" que permita ganar competitividad sin seguir deteriorando la distribución del ingreso y las ›portunidades de movilidad social.

CUADRO 7.4. *Alternativas de compatibilización de regímenes cambiarios*

		Brasil	
		Cambio fijo	Banda rígida
Argentina	Cambio fijo	A	B
	Banda rígida	C	D

El hecho cierto es que al no haber sido cambiada la relación esencial entre nivel de actividad y equilibrios externos, es difícil que la situación pueda simplemente mantenerse sin modificaciones en el largo plazo.

No obstante, es perfectamente viable que la dualidad de políticas de B se mantenga dentro de un horizonte de mediano plazo. Por otra parte, si la convergencia de indicadores macroeconómicos es entendida como un primer paso para caminar hacia una coordinación de políticas en un sentido más amplio, la persistencia de dicha dualidad no dejaría de darle a la coordinación un carácter de proyecto truncado e incompleto. Resta saber, entonces, si en algún momento el Brasil admitiría adherir a un tipo de cambio fijo o si, por el contrario, la Argentina encontrará precisamente en el marco de políticas regionales –con el Brasil o con el Mercosur– formas más flexibles de relacionamiento de su economía con el mundo. En todo caso es prematuro, por el momento, adelantar conclusiones al respecto.

Comentarios finales: los riesgos de una impasse

Hay dos motivos para que los países del Mercosur avancen hacia un mayor grado de coordinación macroeconómica y, consecuentemente, hay dos tipos de amenaza en caso de que esos avances no se concreten. El primer motivo es que los análisis empíricos para el Mercosur no permiten rechazar la hipótesis de que exista una relación inversa entre la variabilidad de los tipos de cambio real bilaterales y los flujos de comercio en la región (Bevilaqua y Abreu, 1995; Lavagna, 1995a). En ese sentido, la coordinación macroeconómica es una manera de consolidar la integración comercial y evitar un riesgo de retroceso en este tema.[22]

El segundo motivo es la necesidad de ir más allá de la existencia de un área de libre comercio regional con una unión aduanera, debido a la perspectiva de creación del ALCA o incluso a la simple expansión de las normativas internacionales en materia de comercio en la Organización Mundial del Comercio.

El Mercosur puede dejar de tener sentido en caso de no tener una diferenciación específica y de pasar a formar parte de un área o áreas de libre comercio superpuestas y, por cierto, de tamaño mucho mayor.

Al mismo tiempo, la interdependencia entre las principales economías del Mercosur es cada vez más estrecha, en el sentido de que el rumbo, el éxito y los problemas de una afectan directamente a la otra.[23] Por lo tanto, si la conservación del *statu quo* puede ser fatal para que el Mercosur sobreviva y, al mismo

---

[22] En este sentido es sintomático que en el episodio de pérdida de reservas en el Brasil, en octubre de 1997, el entonces presidente de la Unión Industrial Argentina (UIA), Carlos Sebastiani, haya manifestado que "si Brasil devalúa en algo como lo que se especula, de 20 a 25%, Argentina tendrá que reaccionar, imponiendo alguna compensación. Veremos la posibilidad de adoptar un derecho compensatorio" (declaraciones a la *Gazeta Mercantil*, 31 de octubre de 1997, sección de Finanzas y Mercados, p. 1).

[23] El impacto de la reciente crisis asociada a los países de Asia, en octubre de 1997, es un ejemplo claro de eso.

tiempo, si propuestas ambiciosas como la de la unificación monetaria para crear un "euro del Sur" están aún distantes, hay una pregunta que surge naturalmente para el futuro del Mercosur a mediano y largo plazo: ¿qué hacer?

Este artículo intentó responder a ese planteo. El *statu quo* en materia de coordinación de políticas macroeconómicas implica los riesgos arriba mencionados. Las otras tres alternativas de cambio son:

- Postular una unión monetaria, idea que, aunque podrá concretarse en el futuro, es aún bastante prematura.
- Definir una banda cambiaria intrarregional igualmente prematura en estos momentos.
- Plantear que los países se propongan una "convergencia coordinada" y definan en conjunto una serie de indicadores y de metas macroeconómicas, como paso previo a cualquier intento más avanzado de coordinación de políticas.

En síntesis, nuestra propuesta es que el Brasil y la Argentina se comprometan mutuamente a alcanzar las siguientes metas mediante un cronograma anual revisto periódicamente:

a) la homogeneización de sus estadísticas fiscales, monetarias y de balanza de pagos, de modo de establecer una uniformidad de metodologías, para que los dos países midan las mismas variables con criterios contables similares;

b) un nivel de inflación similar al internacional, con un pequeño margen de tolerancia –a lo cual la Argentina ya llegó–;[24]

c) un déficit nominal del sector público no mayor al 1,5% del PBI;

d) una captación de crédito interno por parte del sector público acotada, y

e) un déficit externo en cuenta corriente no superior al 3,0% del PBI.

Eso permitiría a ambos países alejarse de la posibilidad de sufrir una crisis externa, asociada al riesgo de una trayectoria ascendente de la relación déficit en cuenta corriente/PBI, al mismo tiempo que, con parámetros fiscales bastante más rígidos que los de Maastricht, los países podrían exhibir a mediados de la próxima década una situación fiscal sólida, una perspectiva de endeudamiento declinante como proporción del PBI y tasas de interés menores. Todo ello tendría efectos inequívocamente favorables sobre el nivel del riesgo-país y de las tasas de interés; y, por supuesto, sería plenamente compatible con un contexto de crecimiento sustentable de la economía.

---

[24] Eichengreen formuló recientemente una propuesta para la coordinación de políticas en el Mercosur con fundamentos algo similares a los del presente trabajo, aunque limitada a la definición conjunta de metas inflacionarias y en una perspectiva explícitamente escéptica con respecto a la posibilidad de ir más allá de ello: "The least ambitious and most realistic option for harmonizing policies is to harmonize the rules guiding their formulation. This could involve the adoption of common inflation targets for monetary policy" (Eichengreen, 1997, p. 33).

Referencias bibliográficas

ALÉM, A. C., Giambiagi, F., Pastoriza, F. 1997. Cenário macroeconômico: 1997-2002. Banco Nacional de Desenvolvimento Económico e Social-Departamento Económico, Brasil. Texto para Discussão, núm. 56.

ARAÚJO, J. T. Jr. 1992. A opção por soberanias compartidas na América Latina: o papel da economia brasileira. *Revista de Economia Política*, vol. 12, núm. 1, pp. 90-106, São Paulo.

BEVILAQUA, A., Abreu, M. P. 1995. Macroeconomic coordination and economic integration: lessons for a Western Hemisphere free trade area. Texto para Discussão, núm. 340, Pontificia Universidade Católica-PUC, Rio de Janeiro.

CARDOSO, E., Klein, M. 1993. An exchange rate union for the Americas? Trabajo preparado para la CEPAL, marzo.

COLLIGNON, S., Bofinger, P., Johnson, C., De Maigret, B. 1994. *Europe's monetary future*. New Jersey, Rutherford, Fairleigh Dickinson University Press.

DYSON, K. 1994. *Elusive Union: The process of EMU in Europe*. Londres, Longman.

ECHEGARAY, R. 1994. Coordinación de políticas cambiarias en América Latina. Una perspectiva desde el Mercosur. En: Centro de Formación para la Integración Regional-CEFIR, *La coordinación de las políticas macroeconómicas en los procesos de integración*, Montevideo, marzo 1997, Documento Final, pp. 159-174.

EICHENGREEN, B. 1990. Currency Union. *Economic Policy*, abril, pp. 117-187.

EICHENGREEN, B. 1993. European Monetary Unification. *Journal of Economic Literature*, vol. 31, septiembre, pp. 1321-1357.

EICHENGREEN, B. 1997. Free trade and macroeconomic policy. Trabajo presentado para la Conferencia Anual Latinoamericana sobre el Desarrollo Económico, Banco Mundial, Montevideo, 30 de junio.

GIAMBIAGI, F. 1997. Uma proposta de unificação monetária dos países do Mercosul. *Revista de Economia Política*, São Paulo (octubre-diciembre).

GIAMBIAGI, F., Mesquita, M. 1997. A recuperação da taxa de câmbio real. Um exercício de consistência. Banco Nacional de Desarrollo Económico y Social-BNDES, Departamento Económico, Rio de Janeiro.

GRETCSHMANN, K. 1997a. European monetary integration: EMU between the common good, national interests and regime formation. Thorkil Kristensen Institute-TKI, Working Papers on European Integration and Regime Formation, 18/97.

GRETCSHMANN, K. 1997b. Vision or revision: Managing Europe's way to EMU. University of Technology, Aix-la-Chapelle.

LAVAGNA, R. 1995a. Coordinación macroeconómica, la profundización de la interdependencia. Oferta y demanda de coordinación. *Desarrollo Económico*, julio-septiembre 1996, núm. 142, IDES.

LAVAGNA, R. 1996a. Mercosur: consistencia densa o leve? *Archivos del Presente*, julio-septiembre 1997, núm. 9, y O Mercosul e a Integraçao Sul Americana: Mais do que a Economia. FUNAG.

LAVAGNA, R. 1996b. Precios relativos, el dilema de la economía argentina. *Mercosur Journal*, núm. 5.

LAVAGNA, R. 1996c. Conversibiladade argentina, ajuste profundo o mero ajuste? RBCE/ Funcex, diciembre.

MINISTERIO DA FAZENDA. 1993. Bandas de flutuação cambial nos países do Mercosul. Texto preliminar para discusión, Ministerio da Fazenda, Brasil, octubre.

PEÑA, F. 1997. Triángulo natural: Mercosur, NAFTA y UE. Gazeta Mercantil Latino-Americana, 8, septiembre, p. 13.

SCHWEICKERT, R., Zahler, R., Jessen, A. 1997. European Economic and Monetary Union: Recent progress and possible implications for Latin America and the Caribbean. Trabajo presentado en el seminario Single Currency of the European Union-Euro, Barcelona, España, 18 de marzo, Encuentro Anual de los Gobernadores del Banco Interamericano de Desarrollo-BID.

STRAUSS-KAHN. 1997. Coordinación monetaria y el papel de los bancos centrales: ¿por qué?, ¿cuándo? y ¿cómo? En: Centro de Formación para la Integración Regional-CEFIR, Armonización bancaria, liberalización financiera y movimientos de capitales en el marco de un área integrada, Montevideo, octubre de 1997, Documento Preliminar, pp. 1-22.

Comentarios

Marta Bekerman (UBA): Mi primera observación respecto del trabajo se refiere a la importancia de no analizar el tema de las políticas macroeconómicas en forma independiente de lo que sucede en términos del sector real. Sería enriquecedor ligar el tema de la armonización de las políticas macroeconómicas al de la armonización de las políticas micro. En la armonización de las políticas microeconómicas se puede y se debe avanzar antes porque, primero, afecta a aspectos parciales de las relaciones entre los países y los gobiernos tienen más grado de libertad para poder armonizar en el campo micro; y, segundo, para impedir el desarrollo de asimetrías irreversibles o de fuertes pujas por la localización de las inversiones. Si se crean estas asimetrías micro esto podría trabar la coordinación de las políticas macro. En otros términos, en la medida en que se avanza en la reducción de las asimetrías microeconómicas, se puede ayudar mucho a la coordinación de políticas macro.

Por otro lado, aun si aceptamos esta idea de que las políticas macro no son un requisito sino una resultante, el problema es que, si bien son una resultante, pueden llegar a trabar el proceso de integración si no se avanza en la coordinación de estas políticas. Esto es porque tenemos un aumento de la interdependencia, que requiere una mayor coordinación de políticas.

Sin embargo, este aumento de la interdependencia que se da en el proceso de integración regional a partir del aumento del comercio no ha sido simétrico. Tenemos un problema de diferencia de tamaño de los países y la interdependencia del Mercosur afecta mucho menos al Brasil que lo que puede afectar al Uruguay, al Paraguay o incluso a la Argentina. Esto hace que pueda haber actitudes muy distintas frente a la alternativa de armonizar, o que exista una necesidad muy diferente para el país mayor que para el país más pequeño.

Entonces creo que cobra importancia la decisión política de avanzar en la interdependencia, especialmente en la interdependencia estratégica. ¿Qué significa esto? Creo que estamos viendo ejemplos muy diferentes de actitud de integración. Un ejemplo es el de Europa implementando la unión monetaria. ¿Por qué Europa hace esto? Porque Europa ha vivido dos guerras y porque tiene claro que si no avanza hacia la integración puede sufrir hasta su propia disolución. Al mismo tiempo que vemos el ejemplo europeo, estamos viendo el ejemplo de la India y el Pakistán, dos países pobrísimos, que sin embargo hacen gastos tremendos en armamentos atómicos, en un ejemplo de desintegración.

Yo creo que el Mercosur no responde a ninguno de estos dos ejemplos extremos. No somos ni Europa ni somos India o Pakistán. Pero sí creo que la formación del Mercosur respondió claramente a un objetivo político. Dicha decisión política de integración tuvo un rol muy importante porque evidentemente redujo los problemas de armamentismo en nuestra zona, por ejemplo en la relación de la Argentina con Chile. Por eso el tema de la decisión política es clave.

Sobre la base de esta idea de decisión política, el trabajo nos propone la remoción de asimetrías en los campos tributario, laboral y financiero, y una serie de metas que algunas de ellas se parecen a las de Maastricht.

Primero está el tema de la homogeneización de estadísticas fiscales monetarias y de balanza de pagos. Creo que esto es un primer paso, que no es fácil, pero no podemos plantearnos metas de armonización de la cuenta corriente si estamos estadísticamente contabilizando distinto lo que es la balanza de pagos, o lo que es el tema fiscal. Esto requiere una primera etapa pero también tiene que haber una etapa de armonización de instrumentos. ¿Qué significa esto? Significa que en lo inmediato nosotros necesitamos mecanismos de ajuste en reemplazo de devaluaciones o criterios para ahorrar situaciones de emergencia de balanza de pagos de un país; que necesitamos la armonización de las regulaciones bancarias (requisitos de capital en el nivel de los bancos y de regulación de los movimientos de capitales) y la armonización de las normas tributarias. Este problema parece más difícil en el Brasil, porque este país lo maneja en el nivel estadual-municipal-federal. También existe la necesidad de armonizar la imposición directa lo más posible, el tema de las bases imponibles del IVA (donde tenemos un problema concreto en la Argentina, ya que el IVA de las compras de bienes de capital tiene desgravación automática, mientras que en el Brasil no, por lo cual se recurre a otros incentivos, como es el tema de la amortización acelerada).

El trabajo también plantea el tema de la posible disolución del Mercosur frente a áreas económicas más extensas. Yo creo que la armonización de políticas macro puede ayudar; sin embargo, para evitar esta disolución son más importantes los temas que se refieren a las resistencias al comercio. Estas resistencias pueden ser objetivas, dadas por problemas de transporte, de comunicaciones, o pueden ser institucionales y sociales, por ejemplo por falta de información o problemas de transacción. En la medida en que avancemos en el proceso de integración para tratar de resolver esto, aumenta la relación entre los empresarios y esto es una forma de evitar la disolución que se plantea como una preocupación en el trabajo.

También es clave asegurar el cumplimiento de lo pactado. Nosotros tenemos demoras en la implementación de las decisiones acordadas y también incumplimiento de las mismas. En la medida en que podamos avanzar en resolver estas resistencias al comercio, creo que también vamos a poder avanzar en el tema de la resolución de la coordinación de políticas macroeconómicas.

Finalmente, sobre la idea de relacionar el tema de la coordinación macro con la coordinación micro, quiero señalar que algunas de las metas de carácter macro propuestas en el documento, como por ejemplo la meta del 3% del déficit de cuenta corriente para los dos países, para el año 2005, están relacionadas también con políticas microeconómicas. Me estoy refiriendo al tema de que esta meta requiere por parte de ambos países políticas agresivas de aumento de la competitividad externa, en lo posible que sean potenciadas por medio de la armonización de tales asimetrías y de la eliminación de incentivos distorsivos de la competencia. Porque hay dos formas de reducir el déficit en cuenta corriente: una es reduciendo las importaciones, esto requiere reducción de la absorción y caída del producto; la otra es aumentando las exportaciones sin que caiga la absorción. Alcanzar un déficit del 3% en la cuenta corriente con una tasa de crecimiento del 5%, como plantea el documento, requiere un fuerte crecimiento de las exportaciones y políticas de desarrollo de la competitividad.

Jorge Carrera (UNLP): Mi opinión general es que el trabajo de Lavagna y Giambiagi sirve para la elaboración por parte de los ejecutores de política económica de una agenda concreta para el análisis del tema. Sin embargo, deseo hacer algunos comentarios que creo complementan el mismo.

El primero tiene que ver con un marco más amplio de análisis en lo que se refiere a la conformación futura del sistema monetario internacional. Este aspecto es relevante para contextualizar la elección que deben realizar países como la Argentina y el Brasil sobre cómo colocarse en el mismo. Dado que el mundo no es un área monetaria óptima parece difícil pensar que se pueda reproducir un régimen como el de Bretton Woods con paridades fijas y baja movilidad de capitales. El escenario más probable para las próximas décadas es el de una competencia de monedas, con tres grandes jugadores –el dólar, el euro y el yen (al margen de sus actuales problemas)– y con la potencial irrupción de un jugador como China. En este contexto qué rol les cabe a las restantes monedas. Qué sucederá con la libra esterlina, con el franco suizo o, en otro ámbito, con las monedas del Mercosur.

La "producción" de moneda en el sistema monetario internacional marcha, como el mercado financiero, hacia grados mayores de concentración porque, evidentemente, en la producción de la misma se presentan economías de escala relevantes.

Seguramente, la teoría del comportamiento estratégico en la economía internacional es muy útil para entender cómo se comportan las monedas (y los bancos centrales) entre ellas y con el resto. De este modo se podrá explicar desde la competencia entre las monedas hasta la coordinación (o colusión) que evita los grandes shocks. O también qué política adoptar frente a los ataques especulativos.

Una moneda apetecible combinará tamaño con calidad, esto es, pertenecer a un país o área suficientemente grande y, a la vez, ser confiable como reserva de valor. El tamaño de la estructura económica subyacente cuenta, porque en caso contrario el franco suizo sería la moneda excluyente del mundo. El tamaño de la economía de base para la moneda es lo que justifica la liquidez como virtud de una moneda.

En lo que concierne a la credibilidad, si se mantiene el creciente protagonismo de los flujos de capitales financieros la credibilidad monetaria será crucial en la competencia entre monedas. Esto explica que en el plano internacional haya decrecido el rol de la política monetaria como instrumento para afrontar problemas reales y se privilegie su rol financiero de asegurar la estabilidad de las variables nominales. En este contexto, países como la Argentina, el Brasil y el resto de América Latina deben encontrar el sistema cambiario óptimo para insertarse en el futuro sistema monetario internacional.

Por lo tanto, es claro que si el mundo no se transforma en una única área monetaria, nuestros países deben plantearse: o pertenecer a alguna de las tres áreas posibles (la europea, la asiática y la americana) o jugar independientemente respecto de estas. Esta decisión se puede tomar en forma independiente o en conjunto con otros países vecinos. Para las dos decisiones la teoría de las áreas monetarias óptimas (AMO) nos brinda un aporte importante.

La teoría en su visión más tradicional dice que se deben cumplir los siguientes requisitos: 1) alta integración comercial (criterio de McKinnon); 2) elevada movilidad de factores (criterio de Mundell); 3) flexibilidad de precios y salarios, y 4) comercio poco basado en las ventajas comparativas. Todos estos requisitos inciden en cómo los shocks externos afectan a las economías y en las posibilidades de usar la política cambiaria para compensarlos.

Pero hay una gran diferencia entre estar integrados y formar un AMO. Una secuencia en la que naturalmente ocurren los eventos se inicia con dos países que tienen de entrada un alto grado de independencia y realizan acuerdos (comerciales) de integración que los lleva a una mayor interdependencia. Aquí debemos plantearnos si los países forman un área monetaria óptima o si solo hay una gran integración de las economías. Si la respuesta es afirmativa se debería profundizar la integración con acuerdos monetarios; caso contrario, lo conveniente es coordinar con otros países o diversificar la integración. Por lo tanto, la teoría económica más asentada solo justificaría la coordinación entre países sobre la base de los criterios de las AMO.

Claro que, difícilmente, se pueda afirmar que los once países del euro hayan cumplido o estén cumpliendo los requisitos de las áreas monetarias óptimas, y lo mismo vale para la etapa anterior del Sistema Monetario Europeo; sin embargo, los países se han embarcado en un proceso de unificación monetaria sin precedentes (y de final incierto).

Una justificación alternativa es la de carácter estratégico, el objetivo final de hacer un mercado común también necesita y empuja hacia una moneda común o cambios fijos irrevocables que den certidumbre a las inversiones y al comercio. Pero sobre todo que nos cuide del vecino.

De hecho, al integrarse los países abren canales de interdependencia que significan perder control sobre sus políticas macro y asociarse a los problemas o éxitos del socio. El problema es que el tener estos amplios canales de interdependencia podría ser una tentación para que un socio descargue en el otro sus problemas internos, por ejemplo, por medio de las devaluaciones competitivas, como el caso de México con los Estados Unidos en 1995 o de Asia con el resto del mundo actualmente. Por ende, si los países están integrados aun no cumpliendo los requisitos de las AMO, resulta necesario coordinar o fijar reglas de juego mínimas que garanticen las decisiones intertemporales de los agentes (inversión, ahorro, incentivos fiscales, etc.), que eviten el riesgo de usar al socio como válvula de escape de los problemas domésticos y que impidan que, ante un shock externo común, se termine jugando no cooperativamente, lo que lleva a que todos estén peor (Carrera, 1995).

El asegurarse contra el vecino es una buena justificación de por qué países con alta credibilidad (antiinflacionaria) como Alemania negocian con países de credibilidad menor como Francia o Italia.

Proponer un proceso de coordinación monetaria no se acaba en analizar cómo se comportan las dos economías entre sí. Importa ver qué papel desempeña el resto del mundo, o sea, las otras áreas monetarias y en especial para nuestro caso: el dólar.

En realidad, ya que analizamos con tanto detalle si conviene una coordinación entre la Argentina y el Brasil, debemos preguntarnos si conviene una "coordinación" entre la Argentina y los Estados Unidos, donde la Argentina tiene un rol absolutamente pasivo y ajusta su política monetaria a la que realizan los Estados Unidos. Obviamente, dada nuestra historia en los años ochenta y noventa, parece apabullante la ventaja estabilizadora que nos trae esta "coordinación" con los Estados Unidos, pero, cuando la estabilidad sea un patrimonio adquirido, habrá que preguntarse por el rol que tiene el régimen cambiario cuando nos obliga a absorber los shocks norteamericanos y a comportarnos de acuerdo con el ciclo de dicha economía que, con alta probabilidad, es bastante asimétrico respecto del nuestro.

Sirva de ejemplo la actual situación respecto del dólar, mientras se devaluaba respecto del yen y del marco, al peso silenciosamente le ocurría lo mismo. Esto, sumado a los aumentos de productividad, ayudaba a corregir el tipo de cambio real sobrevaluado de 1991-1992, sobrevaluación que junto a la convertibilidad frenó la inflación. Pero a partir de la reducción del déficit fiscal que impulsa la caída de las tasas de interés y de la mayor productividad de los factores, la economía norteamericana se encamina hacia una revaluación del dólar que hará más difícil nuestro contexto externo.

Pasando a cuestiones puntuales del artículo, se señalan en el mismo cuatro cuestiones que vale la pena discutir. Respecto de la primera, los tiempos de la coordinación, observo que la curva de necesidad de política parece tener implícito (y habría que remarcarlo) que la integración regional se realiza *pari passu* con una apertura unilateral que, si bien sigue atrás, sería inexorable. Por el contrario, no queda claro por qué decae la necesidad de coordinación. Se podría plantear que la necesidad de coordinación solo decae si el ritmo de crecimiento del comercio intrarregional es menor que el del comercio extrarregional.

Tampoco queda claro en el artículo qué se entiende por grado de apertura. Habría que considerar que aunque el país se abra unilateralmente es posible que el comercio principal se realice con los vecinos (bloque natural a la Krugman) y que esto igual mantenga una necesidad de coordinación entre los países. Sería interesante realizar una simulación de equilibrio general computable para tener una intuición de cómo hubiera sido el comercio intrarregional sin acuerdos discriminatorios.

La interdependencia estructural pasa no solo por el comercio, como se remarca en el trabajo, sino también por las inversiones que se están realizando. En cierto modo, el patrón de las inversiones hoy nos marca la interdependencia futura.

Otro aspecto fundamental que tiene que ver con la similitud de la situación de ambas economías es el efecto de los shocks externos. Esto no está suficientemente remarcado. Como hemos visto en un trabajo reciente que utiliza la técnica de vectores autorregresivos con corrección de error (Carrera *et al.*, 1998), los shocks en la Argentina y el Brasil son, además de comunes, simétricos (es decir que son los mismos shocks que golpean las economías y los efectos tienen el mismo signo). Esto vale sobre todo en el caso de la tasa de interés internacional siendo más diferenciado el rol de los precios internacionales sobre las economías.

También en este trabajo encontramos que los shocks externos no superan el 20% como explicación de la variabilidad del PBI o de los precios. Al mirar las correlaciones entre el ciclo de los productos de ambos países, se ve que a partir del Real se ha pasado a una mayor correlación (0,55).

Un punto muy interesante es el que diferencia entre interdependencia estructural y estratégica. Esto es muy importante, sobre todo si vemos que la mayor parte de los procesos de unificación monetaria en la historia moderna están apoyados en la política (o la guerra). En este sentido la opción por el Mercosur como política de Estado nos lleva a preguntarnos cuánto nos parecemos y en qué medida tenemos los mismos objetivos. Ciertos objetivos de largo plazo no parecen estar tan claros en los factores decisorios argentinos como sí lo están en los brasileños.

Otro aspecto estratégico que justifica la coordinación es que los problemas en un país repercuten en el otro y, a la vez, que las políticas hechas en un país (como incentivar inversiones) tienen altos efectos derrame en el otro.

En el punto referido a la reputación y la credibilidad, yo dejaría el título pero cambiaría el fondo en lo que se refiere a la credibilidad y lo centraría en la credibilidad de los hacedores de política tanto para hacer acuerdos como para cumplir en general con una política prometida. La credibilidad de los gobiernos es la parte más débil de nuestras economías y una coordinación exitosa, tenga la profundidad que tenga, debe asentarse en un patrimonio común de credibilidad. En este sentido habría que ver los acuerdos internacionales como restricciones voluntarias que se imponen los gobiernos para no ceder a presiones sectoriales distorsivas. Esto es coherente con la propuesta final de los autores.

Con respecto al punto que trata acerca del avance de otras propuestas de integración, creo que la liberalización total del comercio procederá en los próximos años más lentamente, no tanto porque se haya agotado el impulso liberalizador sino porque: 1) al corporizarse algunos de sus costos de impacto, los gobiernos serán más cautos en la apertura de sus economías; 2) el juego de negociación se ha convertido en más simétrico con actores de poderes similares; 3) Estados Unidos, que es el máximo propulsor de la apertura de los otros mercados, no logra articular internamente el apoyo a esta política para el propio (véase el fracaso del *fast track*), y 4) la reciente ronda de devaluaciones competitivas y los saldos exportables del Japón harán que los países sean muy cuidadosos con la apertura hasta que no haya entre las instituciones internacionales alguien que pueda evitar dicho tipo de práctica "desleal", en cierto modo, algo parecido a lo que ocurre con el *dumping*.

Por lo tanto, si el Mercosur continúa avanzando en la desregulación de servicios y en la mayor movilidad de factores puede generar una estructura de comercio que justifique que siga siendo importante coordinar, aun cuando se alcance la apertura total al mundo. Si se toma el caso nacional como paradigma, dado el nivel de interdependencia alcanzado, si la coordinación macro es fructífera para Córdoba y Santa Fe por qué no lo sería entre Santa Catarina y Córdoba.

Es muy interesante el *racconto* de la historia de ideas sobre moneda única o coordinación en el ámbito del Mercosur. Resulta atractiva la idea teórica de una paridad real y el esquema de aranceles compensatorios para castigar al socio que se aleje del cambio fijado. Sin embargo, el TCR es una variable de difícil control y depende en el largo plazo de los fundamentales de la economía, por lo que podríamos estar sometiendo a la política económica a excesivas tensiones. Tampoco parece apropiado usar los aranceles porque quitaría previsibilidad ya que el cambio en el TCR puede provenir de un shock permanente; si así fuera, el mayor arancel sería permanente y la estructura entre países sería muy poco previsible. Sí se sostiene la idea de que ante cambios inesperados en el TCR (producto de una devaluación, por ejemplo) existan mecanismos de salvaguardia automáticos entre los socios de carácter temporario. Pero esto en un contexto donde se use la tasa nominal como parámetro y, eventualmente, la diferencia ente las tasas de inflación de los socios como regla devaluatoria.

En el análisis sobre los costos de la unificación monetaria se afirma que los beneficios de estabilidad de una moneda única serían mayores que en el caso europeo al hacer olvidar el mal *track record* histórico gracias a la constitución de un ente monetario nuevo. Creo que esto es erróneo. La suma de dos historias de no credibilidad monetaria no tiene por qué generar algo creíble. Todo depende de dos elementos: 1) cómo se construye el ente coordinador, es decir, el banco central unificado, y 2) las condiciones externas e internas para ser creíble (o sea, que no haya shocks insuperables que obliguen a romper las reglas). Visto en perspectiva significa que cuando se haga esta unificación la historia de credibilidad anterior a la misma debe ser la adecuada.

En lo que concierne a la construcción del banco central, esta debería basarse en un grado de independencia mayor que el que tiene hoy el Brasil, por ejemplo. Las reglas de votación en el mismo no son un problema menor. En el mundo parece que prevalece una idea de retornar a la era anterior a Bretton-Woods donde los bancos centrales solo tenían la tarea de estabilizar el valor de la moneda y no atendían otros problemas que luego fueron cubiertos por la política monetaria. Es más, el caso europeo actual es el cabal ejemplo de "delegación" de la política monetaria en un organismo con vínculos nulos con las decisiones fiscales (o sociales). No creo que, como se dice en el trabajo, las ventajas de unificación en este caso serán mayores que las de Europa. El banco es único pero los votantes son de los países miembro. Puede existir el riesgo de que los agentes piensen que unidos y al ahorrarse los efectos intraMercosur los directores van a estar más libres para hacer política cambiaria respecto del resto del mundo. Por cierto, el hecho de que esto sea un riesgo o no depende del gusto del que juzga.

Cuando se habla del costo social de la unificación el artículo lo liquida con excesiva rapidez, no parece que fuera tan simple ni que en la actualidad se estén adelantando ajustes que hagan el costo social futuro menor. Justamente una de las críticas a Maastricht tiene que ver con la no consideración de los costos del ajuste. Y esto aun cuando la UE tiene los fondos estructurales y los de cohesión para empujar a la convergencia. En nuestro caso las transferencias fiscales interregionales son más improbables y sin embargo serían un punto necesario.

Respecto del uso de una moneda única o de bandas cambiarias nominales como forma de coordinación, creo que no está suficientemente resaltado en el trabajo que la principal cuestión para determinar su viabilidad es la estructura de los shocks que golpean a las economías. Si estos tendiesen a ser externos, comunes y simétricos, la coordinación es adecuada. Evita el peligro de jugar Nash, queriendo ambos jugadores descargar en el otro el ajuste y terminando ambos peor.

Descartada la coordinación dura en el artículo, los autores optan, con argumentos razonables, por una forma de coordinación más precaria pero también más realista, la fijación de metas macroeconómicas comunes entre 1999 y 2006. Este esquema se realizaría con una estructura muy simple por medio de tres comisiones de las cuales la principal sería la encabezada por los ministros de Economía y los presidentes de los bancos centrales. Es criticable aquí la decisión de centrar el acuerdo en la Argentina y el Brasil, habría que evaluar si la exclusión inicial de los otros socios es necesaria.

Los indicadores elegidos son la tasa de inflación, el déficit fiscal, el de cuenta corriente y el porcentaje de crédito interno a ser absorbido por el Estado. Sin duda los indicadores parecen relevantes. Claro que en la determinación del número está realmente lo crucial del tema. Por ejemplo, ¿qué inflación tomar como referencia?, ¿la internacional o la del socio con la menor tasa regional? Subyace, sin embargo, respecto de la inflación la idea de su independencia en relación con los fenómenos (tensiones) reales, o sea que es una variable bajo absoluto control de las autoridades. O, dicho en otras palabras, que se ajustará la parte real a aquella monetaria.

Respecto del déficit en cuenta corriente, considero que es adecuado como objetivo, pero muchos economistas remarcarían que un alto nivel del mismo no es un indicador de problemas (por ejemplo, Chile y Nueva Zelanda). Si aceptamos que los inversores y los organismos internacionales miran este indicador, se justifica su coordinación entre los socios porque el problema en uno arrastraría al otro. Todavía establecer un criterio muy bajo podría ser contradictorio con las propias expectativas favorables que el Mercosur provoca en la inversión extranjera directa. El punto de fondo en esta discusión sobre la cuenta corriente es cómo estar seguro de que las inversiones privadas son intertemporalmente viables y por lo tanto generan posibilidades de repago de la deuda.

El otro tema es que la contracara de ese déficit es cambio en la propiedad de activos y que allí importa la estructura temporal de la misma para evaluar la vulnerabilidad externa ante un shock (menor con inversión extranjera directa y deuda de largo plazo y mayor con deuda de corto plazo). Por lo tanto, un número para el déficit en cuenta corriente no es demasiado indicativo, importa su origen y la variación de activos que genera. Pero además este indicador nos lleva a pensar qué deberían hacer los países para corregirlo. ¿Debería plantearse una política común respecto del flujo de capitales? Como cuestión principal subyace el problema con el nivel de ahorro de la economía.

Respecto de la política para ajustarse al objetivo del déficit en cuenta corriente se sobrestima la capacidad de las autoridades para corregirlo. Adicionalmente, la restricción externa parece actuar en forma diversa en los dos países, y es más intensa en el caso argentino.

En fin, todas las metas, salvo la última, tienen cierto aroma a Maastricht. Lo paradójico es que, a pesar de haber sido criticadas por no tomar en cuenta indicadores reales, las mismas parecen haber inducido la convergencia de tasas actuando sobre las expectativas de los agentes.

En lo que atañe a la deuda externa privada no queda claro qué ocurre, pero esto es muy relevante para el sector externo y el nivel del PBI, sobre todo si se fija un nivel máximo de pasivos externos netos.

Considero que la simulación es un ejercicio adecuado pero puede tener mayor utilidad un modelo de interdependencia donde se tengan en cuenta los canales de interdependencia comercial y financiera. Caso contrario, esta sería una simulación del Mercosur que no toma en cuenta al Mercosur. No se explica en los resultados por qué la menor inflación en el Brasil respecto incluso de la internacional y por qué la Argentina converge en esta última. Creo que si se introdujeran algunas funciones de comportamiento la simulación ganaría en realismo.

La pregunta es cómo se procesa en este tipo de simulaciones la ocurrencia de un shock externo o de un cambio de política. Justamente en el trabajo se analizan los cuatro caminos posibles de salida de la convertibilidad y se afirma que, dada la relación entre nivel de actividad y equilibrios externos, es difícil que la situación pueda mantenerse sin cambios en el mediano plazo. Esto es contradictorio con las simulaciones que asumen una continuidad de la actual situación. Habría que simular entonces esta, que parece según los autores la posibilidad más probable.

Comentarios finales

Observo que no se define en todo el trabajo qué rol se le asigna al sistema cambiario. La estrategia es charlemos de otra cosa mientras uno o los dos países se deciden por esquemas más vecinos. Sin embargo, sería interesante discutir cuál es el rol del régimen cambiario; tal vez se piense que con los indicadores propuestos como restricción incluso es posible vivir con los actuales regímenes diferenciados donde la Argentina tiene un objetivo de estabilidad nominal y el Brasil uno de estabilidad real de la paridad.

Es cierto, como dice el artículo, que de continuar la baja inflación en el Brasil la banda móvil podría convertirse en una banda fija, pero al no existir consenso en no hacer nada, como sí existe en la Argentina, la cláusula antishock sigue estando. El problema allí es la diferencia en la concepción de la política económica de los que construyen los instrumentos. A los diseñadores del Brasil no les da miedo la posibilidad de tener instrumentos de discrecionalidad, es más, les agrada. Por lo tanto, la crítica respecto del esquema de coordinación propuesto es que no hay una política para los shocks externos que son la fuente principal de perturbaciones en economías abiertas.

El caso interesante no es cuando vivimos en el estado estacionario, la diferencia se hace relevante cuando ocurre un shock externo. Imaginemos uno negativo: la Argentina se encaminaría a una recesión que generase saldos exportables y redujese, en lo posible, las importaciones y estimulase la baja de salarios y precios. O sea, el típico ajuste recesivo del cual en el Tequila tuvimos un breve aperitivo porque la tasa internacional rápidamente volvió a bajar. El Brasil, por el contrario, dado que cuenta con un grado de libertad mayor, podría acelerar la tasa devaluatoria y aumentar la inflación. ¿Cómo se retransmite esto en el modelo?

No se discute qué sistema sería el que subyace a la coordinación entre la Argentina y el Brasil respecto del resto del mundo, automático (caja de conversión para los dos) o administrado. En Carrera (1995) se muestra que, bajo ciertas condiciones en los efectos de transmisión de las políticas, un acuerdo entre socios iguales y jugar independientemente respecto del resto del mundo puede ser una política superior a la coordinación global (todos fijo) o a jugar independientemente (todos flexible).

Por lo tanto, creo que este tipo de trabajo es un buen punto para iniciar el análisis, pero se deben realizar investigaciones que determinen: cómo el ciclo económico internacional afecta a las economías del Mercosur, cuáles son los shocks relevantes, cómo se transmiten del centro hacia nuestros países y cómo entre los socios, y qué canales de interdependencia son relevantes entre los socios. Esto dará una base más precisa para plantear qué régimen cambiario y monetario es el más apto.

El trabajo no usa la teoría de las AMO y se basa solo en la integración existente y en la decisión de aumentarla, pero la teoría de las AMO también da una indicación de qué política impulsar para favorecer la coherencia de la coordinación.

Por lo tanto, creo que se deberían generar dos recomendaciones de política:

1) El fomento de una mayor competencia en los mercados, mayor movilidad de los factores, mayor transparencia, uniformidad de la información económica y reglas de coordinación fiscal. O sea, ir hacia el mercado único.

2) La creación de un área de estabilidad macro y el compromiso de no descargar shocks negativos en el socio son las bases para incrementar aún más el éxito del Mercosur en términos de crecimiento.

Creo que el trabajo de Lavagna y Giambiagi es muy estimulante y la propuesta es muy útil como punto de partida, y que a su manera busca con audacia y equilibrio salir del inmovilismo inercial con una propuesta viable y constructiva.

Referencias bibliográficas

CARRERA, J. 1995. Efecto precio y comercio en un área monetaria asimétrica. *Revista Económica*, año XLI, núm. 2, octubre-diciembre.

CARRERA, J., Feliz, M., Panigo, D. 1998. Integration and interdependence: The case of Mercosur. CACES.

Capítulo 8
La política de las uniones monetarias: reflexiones para el Mercosur

Benjamín Cohen

En este capítulo quiero hacer algunos comentarios acerca del aspecto político de proyectos de uniones monetarias y en particular ver cuáles son los aspectos esenciales en su aplicación al Mercosur. La pregunta que quiero responder es: ¿cuáles son los beneficios políticos de la unión monetaria en el Mercosur? Pero en primer lugar, creo que deben discutirse dos temas: cooperación monetaria y unión monetaria.

Sobre la cuestión de la cooperación o coordinación monetaria quisiera subrayar que, de hecho, hay dos significados distintos que se le pueden dar a este término (Kenen, 1988). Primero, la coordinación de las políticas en relación con las amenazas o con las crisis. Esto a veces se llama preservación del régimen o gestión de la crisis, y nadie estará en desacuerdo con que ese tipo de cooperación es vital. Hay otro tipo de coordinación, implícitamente el tipo que discutiré, que es lo que podría llamarse una política de optimización.

Hay una razón económica para lograr una optimización en las políticas. Sabemos que las políticas monetarias en el nivel del Estado nacional individual pueden tener repercusiones externas o retroalimentación en las externalidades. La coordinación o cooperación monetaria logra internalizar las externalidades. Esto es, nos ayuda a tratar el hecho de que cuando cada uno de nosotros actúa por separado puede crear problemas a los vecinos, y ellos pueden crearnos problemas a nosotros. Si existe esa razón para la política de optimización, ¿por qué no sucede más a menudo? La respuesta a ello es lo que los economistas llaman inconsistencia temporal, o sea, el compromiso de uno o dos gobiernos de cooperar en políticas monetarias quizá no sean creíbles en el futuro y quizás impliquen eventualmente desconocer los compromisos asumidos (o quizá modificarlos o invertirlos). En este sentido, la cooperación monetaria es como el amor apasionado, es algo muy bueno pero difícil de mantener.

Esta es la clave, que los compromisos pueden cambiarse. Porque estamos hablando de Estados soberanos. Si la soberanía significa algo, significa que en última instancia el gobierno puede hacer lo que desee, incluso romper un compromiso. La formalidad de una moneda única permite asegurar los compromisos de los Estados soberanos separados. Los compromete de manera que es difícil rever-

* Universidad de California, Santa Barbara.

tirlo desde el punto de vista institucional. Este es el argumento político fundamental si se compara la unión monetaria con la mera cooperación.

Se puede argumentar que uno no tiene ni siquiera que reflexionar sobre ello,
porque en cierto sentido los países del Mercosur ya tienen una moneda común:
el dólar. El primer artículo que publiqué en una revista académica hace 35 años
era sobre este mismo punto, pero en el contexto de Europa occidental, en lo que
se llamaba entonces el Mercado Común (Cohen, 1963). En el artículo decía que
este Mercado Común ya tenía una moneda común, que es el dólar, o el eurodó-
lar (porque el mercado de euromonedas se estaba desarrollando en ese entonces). Pero yo decía que esto no era necesariamente bueno para Europa porque
significaba que no tenía control sobre su destino monetario y que por eso, aun
cuando uno pudiera argüir que de facto Europa tenía una moneda común, era
posible decir por razones políticas, y no económicas, que debían pensar en una
unión monetaria formal y propia.

Y esto es lo que puede decirse hoy para el Mercosur. Creo que hay una moneda común para los países del Mercosur y creo que es el dólar, no solo en términos de vinculación formal o informal al dólar, sino que también en términos
del otro fenómeno que se llama la dolarización o la sustitución de la moneda.[1]
Si uno viaja a Buenos Aires puede tomar un taxi o pagar un almuerzo sin con-
vertir los dólares. En la medida en que el dólar es la moneda común de facto, la
política monetaria está siendo decidida en Washington y no en el Mercosur. Entonces, se puede discutir el tema de la unión monetaria, aun cuando de facto ya
existe una moneda común en el Mercosur. Podemos pensar que desde el punto
de vista político uno querría que la política monetaria se hiciera en su propio
país y no en América del Norte.

Todos reconocemos las claras desventajas políticas de una unión monetaria.
El país individual abandona el control de dos instrumentos fundamentales de
política, la política monetaria y el tipo de cambio, que son instrumentos íntimamente vinculados pero que muy a menudo se usan por separado. Desde el punto de vista de los Estados soberanos, este tipo de sacrificio puede ser considerado como un sacrificio muy importante. Compensando esa gran desventaja, podríamos decir que hay dos razones importantes por las cuales los países del
Mercosur querrían, sin embargo, avanzar hacia una unión monetaria.

Primero, una unión monetaria eliminaría el riesgo de la competencia de tipo
de cambio entre países del Mercosur. Esta es una de las motivaciones en Europa
para la unión económica y monetaria. Por ejemplo, los franceses han sido muy
claros respecto de la recuperación británica e italiana (desde 1992) sobre la base de devaluaciones respecto de sus socios. Este ha sido un tema de preocupación
en Europa y me imagino que los países del Mercosur que quieren crear un mercado único también deben preocuparse por eso.

---

[1] Para más datos sobre el tema de sustitución de monedas y sus implicaciones, véase Cohen (1998).

El otro argumento político muy importante de una unión monetaria está vinculado con las relaciones externas. Está ligado al poder de negociación cada vez mayor que una unión monetaria puede tener en discusiones monetarias internacionales si se lo compara con el de los miembros individuales. Yo no creo que sería una exageración decir que cuando los integrantes del Grupo de los 7 se reúnen no prestan gran atención al Brasil y a la Argentina porque tienen monedas separadas y débiles. Pero podría decirse que si el Mercosur creara una unión monetaria con una moneda única, que representaría una entidad mucho mayor que las monedas internacionales por separado, entonces quizás los G7 o los G8 les prestasen más atención y quizás también les den un asiento en la mesa.

Otro aspecto a tratar es la sustentabilidad de una unión monetaria. En términos generales, ¿qué es lo que hace a las uniones monetarias sustentables? Partiendo de la premisa de que no se puede utilizar el razonamiento deductivo para contestar esa pregunta, quizás ayude ver los antecedentes históricos, estudiar otros intentos que se han hecho, y preguntar qué es lo que hizo al éxito o al fracaso de esos otros intentos de una unificación monetaria (Cohen, 1993). El primer punto que quiero subrayar al respecto es que el número de intentos es mucho mayor que el que uno supone. Generalmente pensamos que cada país tiene su propia moneda, pero esto no es necesariamente así, y hace 150 años tampoco era cierto. De las muchas excepciones a la regla de una moneda por país, algunas no son apropiadas como modelos para el Mercosur. Estoy pensando en pequeñas soberanías que utilizan la moneda de otro país. Mónaco, que utiliza el franco francés, Liechtenstein el franco suizo, San Marino la lira italiana, y hay varios ejemplos semejantes en el mundo, como Liberia y Panamá, que utilizan el dólar americano. Estos evidentemente no se pueden comparar al Mercosur.

También tenemos algunas lecciones en la historia de federaciones que se han desintegrado. El imperio austro-húngaro después de la Primera Guerra Mundial, la Unión Soviética después de la Guerra Fría y el derrumbe del Muro de Berlín, y más recientemente, el derrumbe de la Federación Yugoslava y Checa. En esos casos vimos cómo un número de Estados soberanos que compartían la misma moneda decidieron reemplazar la moneda común por monedas nacionales individuales. Pero tampoco estos ejemplos se adecuan al caso del Mercosur, porque el Mercosur no supone la desintegración de una anterior federación ni involucra los fragmentos de un antiguo imperio, sino que en él participan Estados que han existido como Estados políticamente independientes y plenamente institucionalizados.

Si se observa la historia reciente, de los últimos 150 años, hay pocos ejemplos que corresponden a lo que el Mercosur podría emprender. A finales del siglo XIX, encontramos una unión monetaria de Francia con algunos de sus vecinos, conocida como la unión monetaria latín; y otra entre Suecia, Noruega y Dinamarca, conocida como la unión monetaria escandinava. En el siglo XX observamos la unión económica de Bélgica y Luxemburgo (ahora en el proceso de ser absorbidos por la nueva unión económica y monetaria de Europa), la del área del dólar del Caribe, la zona del franco CFA y la del área monetaria común que combinan Sudáfrica y sus tres vecinos. Algunos de estos ejemplos no son comparables pero colectivamente brindan algunas lecciones sobre las cuestiones que contribuyen al éxito o al fracaso de ese tipo de proyectos.

Mirar las variables económicas, las que se identifican en la teoría de las áreas monetarias óptimas (apertura de las economías; esquemas de comercio; distribución, simetría y naturaleza de los shocks; flexibilidad de precios y salarios; integración financiera; etc) para ver si una unión monetaria tendrá o no éxito puede no ser lo correcto.[2] De hecho, uno podría sugerir que, por el contrario, no hay correlación entre estas variables económicas y el éxito o el fracaso de uniones monetarias anteriores. Aquellas que han tenido éxito, como por ejemplo el área del Caribe o la zona del franco CFA, tienen bajos niveles de integración y en la zona del franco hay baja correlación de shocks, pero sin embargo han tenido economías estables desde hace mucho tiempo. Podríamos discutir cada uno de los casos por separado, pero las variables económicas no parecen tener mucha pertinencia en relación con la sustentabilidad.

Otra cuestión relevante es cómo se organizan las variables legales e institucionales. Al respecto, se me ocurren dos preguntas. Primero, ¿habría acaso una autoridad única monetaria para la unión, o bien existirían bancos separados? Segundo, ¿habría una moneda única o quizás monedas nacionales separadas que estén de algún modo vinculadas? Tenemos ejemplos históricos que relacionan estas variables jurídicas e institucionales en distintas combinaciones. Bélgica y Luxemburgo tenían dos autoridades nacionales por separado y dos monedas separadas. Solo una vez en la existencia de esa unión hubo un cambio de paridad, pero desde ese episodio han decidido y jurado que nunca más volverían a hacerlo. En los dos ejemplos del siglo XIX, había autoridades nacionales separadas y monedas nacionales separadas. En el área del Caribe hay una única moneda y una única autoridad. En África, en la zona del CFA, hay dos autoridades regionales y en una de las regiones hay monedas separadas, mientras que en la otra hay monedas vinculadas. O sea que el arreglo puede ser bastante complicado. Si vemos la combinación de estas características institucionales y jurídicas, no hay correlación alguna que pueda mostrarnos que el arreglo institucional es el resultado del fracaso o del éxito de estas políticas.

En particular, creo que de los antecedentes históricos surge que las políticas entre Estados son muy importantes para evaluar el éxito de las uniones monetarias. Cuando hablo de las políticas entre Estados me refiero a lo siguiente: o bien la presencia de una potencia dominante local (un país que tenga la suficiente influencia para prevenir que un acuerdo no se derrumbe), o bien, alternativamente, una red de vínculos institucionales y un sentido de comuni-

---

[2] Para más datos sobre la teoría de áreas optimas de moneda, véase Tavlas (1993).

dad que sea suficiente como para hacer valioso el sacrificio de la unión monetaria. La primera de estas dos características de la política entre Estados, la presencia de un país dominante local, es la reflexión directa de algunos episodios históricos donde un país tenía suficiente poder para utilizar castigos y compensaciones o sanciones y pagos. Por ejemplo, este fue el caso de la unión monetaria latín, que duró unos 40 años, primordialmente por el uso coercitivo del poder por Francia. La zona del franco CFA también usa a Francia como guardián de la unión.

Otra posibilidad es la de establecer lazos institucionales, tener un sentido de la solidaridad comunitaria que pueda unir al grupo, haciendo que el sacrificio de la unión monetaria sea conveniente. Este es el caso de la unión monetaria escandinava, que duró más de 40 años, y una de las razones para creer que también la unión monetaria europea podrá ser exitosa. El punto político fundamental es que los Estados, por ser soberanos, tienen que tener incentivos para poder cumplir con sus compromisos internacionales. Los incentivos pueden llegar o por parte de las sanciones y de los pagos de un poder local fuerte, o debido a las vinculaciones institucionales que hay entre ellos. Pero aun cuando existan esos incentivos, no hay garantía de que la unión monetaria tendrá éxito durante mucho tiempo.

Entonces pregunto, ¿está al menos una de estas dos características políticas presente en el caso del Mercosur? El Mercosur tiene un poder dominante local, alguien podría decir que tiene dos, el Brasil y la Argentina; claramente son los pesos pesados en este arreglo específico. Pero es difícil imaginar que uno de ellos lidere al otro. Y el duopolio es generalmente muy inestable y difícil de manejar. Una base más duradera, me parece, podría ser proporcionada por una red de vínculos institucionales que creen un verdadero sentido de solidaridad y de comunidad, como el que ocurrió en los últimos 40 años en Europa. La pregunta es saber si esto ya se ha logrado en el Mercosur, o si puede lograrse en un horizonte previsible. Como alguien de afuera, me atrevo a decir que el Mercosur todavía se encuentra en una etapa inicial de construcción. No me parece que el Mercosur haya logrado esa densidad de vínculos y compromisos necesarios y, por ello, mi evaluación es que pensar en una unión monetaria del Mercosur es algo prematuro. No pienso que sea poco realista, ni que sea peligrosa. Pero aunque hay argumentos políticos poderosos a favor de una unión monetaria en el Mercosur, también hay que ser conscientes de que las circunstancias actuales del Mercosur distan de ser las apropiadas aunque se deba trabajar para edificar esa red de vínculos y lazos institucionales identificados por la historia como críticos para el éxito de la unión.

El sentido de comunidad e identidad proporcionará la base política para lograr una unión monetaria exitosa. Tratar de avanzar rápidamente hacia una unión monetaria sin esa base me parece que sería muy riesgoso y que podría perjudicar el proyecto del Mercosur en su conjunto.

Referencias bibliográficas

COHEN, B. J. 1963. The Euro-Dollar, the Common Market, and Currency Unification. *Journal of Finance* 18:4 (diciembre), pp. 606-621.

COHEN, B. J. 1993. Beyond EMU: The problem of sustainability. *Economics and Politics* 5:2 (julio), pp. 187-202.

COHEN, B. J. 1998. *The geography of money*. Ithaca, NY, Cornell University Press.

KENEN, P. 1988. *Managing exchange rates*. New York, Council on Foreign Relations.

TAVLAS, G. 1993. The "new" theory of optimum currency areas. *The World Economy* 16:6 (noviembre), pp. 663-685.

Capítulo 9
Coordinación de políticas en el Mercosur: la visión de los *policy-makers*

Afonso Bevilacqua (PUC, Río de Janeiro)

"La moneda única puede sacar la atención de la profundización de la integración comercial..."

El primer tema que considero importante destacar es que a pesar de todas las dudas sobre la introducción de una moneda única, la coordinación de políticas macroeconómicas en el contexto del Mercosur puede aumentar el bienestar de los países.

Las variaciones excesivas en los precios relativos, que surgen en respuesta a políticas macroeconómicas no coordinadas, afectan al comercio internacional por medio de dos mecanismos bien conocidos. El primer efecto es el impacto indirecto de las fluctuaciones del tipo de cambio real sobre los flujos del comercio. Las desviaciones sostenidas en el tipo de cambio real respecto de supuestas paridades de equilibrio aumentan la penetración de las importaciones y producen un incremento en la demanda por protección. Eventualmente este aumento de demanda por protección es atendido y los flujos comerciales son más bajos que los correspondientes sin variabilidad del tipo de cambio. El segundo efecto (también muy conocido en la literatura) surge cuando las fluctuaciones de corto plazo en el tipo de cambio real afectan negativamente al comercio al aumentar el riesgo asociado con las actividades exportadoras.

Existe evidencia de que los dos efectos han generado impactos negativos en el comercio de la región del Mercosur. La dinámica del comercio bilateral entre el Brasil y la Argentina en los últimos años estuvo en gran medida influida por la diferencia de implementación de políticas macroeconómicas en los dos países. En el período 1991-1994, las importaciones argentinas aumentaron el 56% anual, mientras que las importaciones del Brasil provenientes de la Argentina subieron menos de la mitad: el 25% anual. Por su parte, en el período 1995-1996 las importaciones argentinas provenientes del Brasil subieron el 12% anual promedio, mientras que las importaciones del Brasil llegaron al 46%. Obviamente, los movimientos pronunciados en el comercio bilateral de los dos países han generado tensiones comerciales importantes. La rápida penetración de las importaciones del Brasil a la Argentina en el período anterior a 1994 llevó a la introducción de algunas medidas de carácter comercial, como por ejemplo la elevación de la tasa estadística de 1992. A partir de 1995 la situación se invirtió y fue el Brasil quien tomó medidas que generaron considerable tensión comercial entre los países de la región; ejemplos claros son la situación del régimen automotor brasileño introducido en 1995 y las restricciones al financiamiento de importaciones de 1997.

También existe evidencia de que la volatilidad del tipo de cambio real afectó a los flujos comerciales de la región. Resultados econométricos de una ecuación tradicional de oferta de importaciones (controlada por variables tradicionales del comercio como el nivel del tipo de cambio) muestran que la volatilidad del tipo de cambio es una variable significativa en la explicación de los flujos comerciales. Por lo tanto, las diferencias significativas en la implementación de las políticas macroeconómicas en los dos principales países, en términos de tamaño, de los últimos años han causado tensiones comerciales y han tenido impactos negativos sobre los flujos comerciales en la región. Dado que la reducción en los flujos comerciales implica un menor grado de especialización, la reducción de la variabilidad del tipo de cambio real, por medio de alguna forma de coordinación macroeconómica de los países, seguramente tendrá un impacto positivo sobre el bienestar de la región.

Otro tema importante en el debate es que la intención de adoptar una moneda única es una decisión política: las consideraciones de orden económico no son suficientes para justificar la introducción de la moneda única. Los países de Europa, por ejemplo, están lejos de tener las condiciones necesarias para ser un área monetaria óptima, pero decidieron implementar una moneda única, y lo hicieron por una decisión política que ha llegado al final de un largo proceso de integración y armonización de los procedimientos, las reglas, las estadísticas y todo el aparato institucional de la región. De la misma forma, el proceso de adopción de una moneda única tiene que ser la última etapa del proceso de integración económica entre los países, y es una decisión eminentemente política que requiere un alto grado de integración económica (un proceso que en los países de Europa duró casi 40 años).

El tercer punto importante en la discusión es que todavía no hay condiciones obviamente para que se discutan fechas o metas específicas de convergencia hacia una moneda única en el Mercosur. El Mercosur no funciona como una unión aduanera y está lejos de ser un mercado común; es importante mantener la atención, durante los próximos años, en formas de cooperación macroeconómica que puedan promover los objetivos de corto plazo del comercio. Promover estos objetivos permite profundizar el proceso de integración comercial entre los países. La fijación de metas para la convergencia a la moneda única puede causar problemas y puede sacar la atención de la profundización de la integración comercial de la región, que es el hecho más importante.

Miguel Ángel Broda (Fundación Gobierno y Sociedad)

"Sugerimos la creación de un instituto supranacional."

A continuación desarrollaré cinco puntos: primero, el diagnóstico de dónde está el Mercosur; segundo, dado ese diagnóstico, cómo se sigue; tercero, cuál es la experiencia histórica y qué hemos aprendido de estos procesos; cuarto, y ahí viene la audacia, una propuesta de cómo seguir; quinto, lo que no se debería hacer.

En primer lugar, el diagnóstico del Mercosur. El Mercosur está muy lejos de mostrar una integración que lo aproxime a un mercado común o de mantener (o estar cerca de cumplir) las condiciones de áreas monetarias óptimas: flexibilidad de precios, movilidad de factores y sincronicidad de shocks. Ni siquiera es una unión aduanera imperfecta. Se puede considerar que es una unión aduanera virtual. El Mercosur languidece, contra todos los números del extraordinario éxito que ha tenido hasta ahora, y no puede avanzar solucionando los conflictos que están presentes especialmente en el perfeccionamiento de una unión aduanera. El diagnóstico implica dos caminos: o dejamos que siga el eventual retroceso o tratamos de dinamizar una mayor cooperación.

El segundo punto es que no debería persistir en esta lenta agonía ni permitir que se siga retrocediendo. Las ganancias que ha dado el Mercosur son espectaculares, significativamente mayor creación de comercio (*trade creation*) que desviación de comercio (*trade diversion*) y, sobre todo, reputación y credibilidad para atraer inversores. Mi opinión respecto del segundo punto es que no debemos permitir el languidecimiento.

Entonces la tercera pregunta es ¿cómo se hace para dinamizarlo? Y sobre este punto Benjamín Cohen (véase el capítulo 8) dice que "no usemos más razonamiento de destino, miremos la historia", y la historia dice que cualquier proceso dinámico de incremento de cooperación necesita una red de instituciones para poder proseguir. Ahora, nadie puede pensar que una red se inicia sin, por lo menos, una institución (sin olvidar el síndrome del exceso de burocracia de Bruselas). Y la falta de instituciones para resolver el conflicto también es un dato que nos hace languidecer. Por lo tanto, frente a las experiencias históricas y el método histórico de incremento de cooperación, la pregunta clave es ¿cómo rompemos el círculo vicioso de "no institución"?

Cuarto punto, la propuesta. El escepticismo es el catalizador para hacer algo. Lo que implica que debemos desarrollar algún estímulo al incentivo de instituciones. Pero ¿cómo se empieza? En realidad, se trata de una propuesta de retroalimentación entre dos elementos: la coordinación de políticas macro y estar seriamente preocupados por los factores reales que hoy impiden generar credibilidad en el resto del mundo para tener un desarrollo del comercio (por lo menos más acelerado) dentro de la región. Entre estos últimos, los problemas son las protecciones no arancelarias, los regímenes especiales de localización de inversión en los Estados, no resolver los problemas a tiempo (régimen automotor común, azúcar, falta de competencia en algunos sectores que han hecho acuerdo entre los países grandes del Mercosur).

Respecto de la coordinación de políticas, entonces, la propuesta es muy simple. Tratando de evitar el síndrome de la burocracia de Bruselas, sugerimos la creación de un instituto supranacional que tenga dos objetivos: hacer el inventario de los problemas de la unión con alguna capacidad de resolución de conflictos y empezar como los europeos: con transparencia y estándares en políticas fiscales y monetarias. Y, claramente, no podemos empezar la red de instituciones sin empezar con una.

Termino preguntándome ¿qué es lo no puede hacer el instituto? Lo que no puede hacer es discutir criterios a lo Maastricht, porque eso es prematuro. No sabemos ni entendemos las cuentas fiscales, ni la situación en la cual están las políticas macroeconómicas de todos los socios. ¿Qué otra cosa no se puede hacer? Gastar tiempo en discutir si la moneda única es convertible a tasa fija al dólar o al euro o si es una canasta de monedas. No podemos hacer esas dos cosas todavía, pero es importante hacer algo, porque si no hacemos nada el Mercosur languidece. Supongamos que sea cierto el argumento de que el Mercosur languidece porque falta vocación política para perfeccionarlo. Mi posición es diferente: el Mercosur languidece porque con el envión inicial no basta y por eso, cuando se discuten conflictos, no se presenta el secretario de Estado, sino el cuarto o quinto funcionario de la burocracia que nunca resuelve nada porque no tiene poder político.

Por último, ¿cómo podemos generar incentivos para que un pequeño avance institucional sea la maximización del bienestar del Brasil, el socio más importante del Mercosur? ¿Cómo se puede avanzar en alguna institución sin que el Brasil no entienda que está disminuyendo su grado de discrecionalidad para el manejo de las políticas económicas agregadas? Realmente creo que este es el desafío. Pero quedan más preguntas que soluciones.

Vittorio Corbo (Universidad Católica de Chile)

"Queda mucho por hacer antes de avanzar a la etapa que sigue."

Me gustaría abordar primero algunos puntos macro; luego, algunos puntos sectoriales, y terminar con ciertas consideraciones relacionadas con el aspecto de la transición hacia mayores niveles de coordinación.

En los últimos diez años se ha producido un cambio radical en América Latina con respecto al rol de la política macroeconómica. En el pasado, pensábamos que las políticas macro resolvían todos los problemas, pero ahora hemos entendido la contribución más valiosa que puede hacer la política macro al crecimiento a largo plazo: la estabilidad. La estabilidad no solo es positiva para la asignación de recursos, sino también para el crecimiento a largo plazo, por su efecto en la inversión. Aun así, si bien la estabilidad es necesaria para el crecimiento, también necesitamos políticas de oferta. En América Latina pensábamos que todo se resolvía con políticas de demanda. Cuando era estudiante de economía en la década de 1960, en la Universidad estatal de Chile me enseñaban que la inflación era buena para el crecimiento porque permitía movilizar recursos para inversión a través del ahorro forzoso, es decir, estropeábamos al ahorrista y de esa forma invertíamos.

América Latina cambió, y ya se invirtió en crear estabilidad. Si bien faltan cosas por hacer, hay una inversión notable en crear bancos centrales independientes que permitan crear estabilidad (Argentina, Chile, Bolivia) y se van a seguir desarrollando instituciones.

Aunque la parte monetaria es una cosa muy importante, también es necesaria una política fiscal sana, y aquí también se han ido creando instituciones. En Chile, el Parlamento no tiene autoridad en gastos, lo único que puede hacer es vigilar que lo que está en el presupuesto se gaste bien, o bajar gastos, pero no puede subirlos. El presupuesto que llega al Congreso puede salir con un superávit mayor o igual, pero no puede tener un superávit menor o un déficit mayor. Chile tiene superávit fiscal todos los años desde 1986, y no hay ningún ministro de Hacienda que se atreva a ir al Congreso con un presupuesto con déficit fiscal. Chile llegó a tener un déficit del 25% del producto en 1973, Bolivia tenía uno del 25% en 1985. Hoy en día, sin embargo, en América Latina la mayor parte de los países satisfacen los criterios de Maastricht en la parte fiscal. No hay duda de que ocurrió un cambio radical, y eso permite pensar en la estabilidad como condición para seguir progresando. Pero en esto queda mucho por completar, y el caso más complicado es el del Brasil, que es el país más grande, donde en 1998 el déficit fiscal oscilará entre el 7,5% y el 8% del producto, con lo cual es muy difícil pensar que la estabilidad está asegurada.

La segunda área en la cual se produjeron cambios radicales en América Latina es en la comprensión de que la mejor política industrial es la estabilidad, una mejor educación, y no tratar de elegir ganadores. Durante 40 años tratamos de elegir ganadores y nos quedamos siempre con los perdedores. Hoy día, cuando le preguntan al ministro de Hacienda, al ministro de Economía en mi país, que es del Partido Socialista, si no tiene política industrial, él responde: claro que tengo política industrial: estabilidad macroeconómica, porque así la gente puede pensar a largo plazo. En el pasado siempre pensábamos que había que promover una determinada industria, o en una determinada región. El cambio radical hace posible empezar a pensar que los precios pueden comenzar a asignar recursos, y que lo macro está mucho más protegido porque no es necesario preocuparse por qué industria promover. También la apertura de América Latina ha generado una gran ganancia de eficiencia y permitió introducir las políticas de oferta que son las que posibilitaron el crecimiento.

El siguiente tema que quiero tocar es el de cómo seguimos. No hay duda de que todavía queda mucho por avanzar en el esquema de una unión aduanera. No solamente hay un problema de áreas y sectores que aún están excluidos, sino que el Mercosur tiene una estructura de tarifas tremendamente diferenciada y muy alta. Es mucho más moderna que la que tuvimos en los últimos 20 años, pero con aranceles del 0% al 20% con sectores excluidos, todavía tenemos muchos elementos que mejorar: tener un sistema mucho más general y una estructura tarifaria mucho más uniforme incorporando a los que no están en el sistema.

Queda mucho por hacer antes de avanzar a la etapa que sigue: facilitar movilidad, sí, pero antes hay que hacer más por flexibilizar los mercados laborales domésticos, y allí nos podemos remitir a los problemas europeos. Europa está eufórica porque las tasas de interés de los países periféricos, los mediterráneos, se han ido moviendo hacia el nivel de Alemania. Irlanda está creciendo al 11% anual; Finlandia, al 7%; Portugal, España e Italia, casi al 4%. El problema va a ser cuando haya un shock en un país grande. Mientras no liberalicen los mercados laborales en Europa, no sabemos qué va a pasar. Si bien vamos a tener la ventaja de observar eso, no hay duda de que nosotros vamos a necesitar hacer mucho más en términos de reforma laboral. Si mañana vamos a estar renunciando, en forma correcta, al ajuste cambiario, mucho más aún.

También queda mucho por hacer desde el punto de vista de los sectores financieros. De una forma u otra, yo creo que el *lender of last resort* va a tener que estar en las autoridades fiscales, porque ya sabemos que los problemas reales se resuelven en forma real, no inventando. Esto va a requerir ser mucho más cuidadoso de la supervisión y regulación bancaria e ir creando sistemas financieros mucho más robustos, aquí la enseñanza de Asia es dramática. Si pensamos en Asia, una causa importante del colapso asiático es que los bancos habían quebrado mucho antes. La cartera vencida en Corea, en Tailandia y en Indonesia era más del 10% de las colocaciones antes de la crisis (hoy día son del 20%). En el peor momento de la crisis en América Latina en la década de 1980, la cartera vencida era el 9% de las colocaciones (antes era el 1%). O sea, si queremos consolidar todo esto, vamos a necesitar también un sistema financiero bien regulado, bien supervisado, con información correcta, porque si no estamos juntando los problemas importantes para mañana.

A lo mejor necesitamos una institución supranacional, que se encargue en las primeras etapas de la información, que sea una secretaría que vaya intercambiando información en todas estas áreas. Eventualmente, a medida que vayamos pasando etapas, que tengamos sistemas contables más comparables, que tengamos cuentas fiscales comparables en estos países y que definamos cómo tratar a aquellos en los cuales hay indexación o dolarización, podremos seguir en la etapa siguiente, que es pensar en llegar a una mayor convergencia de políticas.

Me gusta tener un norte, yo creo que América Latina ha cambiado radicalmente, que ahora podemos pensar en forma seria, y nadie se ríe de que queremos tener una moneda única. Pero esto lo hizo posible el avance que se realizó en estos años, y espero, para poder seguir en esta dirección, que no nos apuremos, que vayamos construyendo un edificio de 22 pisos, piso por piso. Vamos a llegar al 22, si lo hacemos todo bien.

Enrique Folcini (ex presidente del BCRA)

"Progresar sin precipitarnos."

Mis reflexiones se referirán a los tiempos necesarios para una integración basándome para ello en mis sucesivas experiencias en la función pública argentina e internacional, y al rol de las administraciones regionales en la formulación de políticas macroeconómicas.

Con respecto a los tiempos de integración económica e institucional, mi primera observación es que no deberíamos precipitarnos por el aparente éxito reciente del euro como nueva moneda y tratar de imitarla de forma absoluta. Este trascendente logro culmina, no sin dificultades, un largo proceso de coordinación de políticas. Lo que comenzó hace poco más de medio siglo como un profundo esfuerzo de entendimiento político para evitar nuevas guerras que habían sangrado al Viejo Continente, siguió primero con acuerdos sectoriales, con la Unión Europea de Pagos y recién entonces dio paso al Mercado Común Europeo. Desde entonces se trató de un proceso de cuatro décadas en el que las instituciones económicas y financieras parecen haber avanzado con mayor profundidad que las políticas (a pesar de la institucionalización de organizaciones como el propio Parlamento europeo que evidencian una madurez democrática, no fácil de producir a corto plazo en nuestros países).

El éxito del euro nos debe motivar a progresar en el camino, pero el riesgo es que nos induzca a buscar atajos que en definitiva nos hagan perder el rumbo o frustrarnos. No deberíamos repetir el intento de los años sesenta de seguir el ejemplo del tratado de Roma del cincuenta. Tampoco deberíamos precipitarnos para atenuar nuestras angustias coyunturales buscando efectos inmediatos sobre nuestra reputación y credibilidad. Una definición trascendente sobre coordinación de políticas puede resultar impactante como anuncio pero también genera desconfianza a corto plazo si no es seguida por hechos relevantes que la confirmen. En consecuencia, mi mensaje es progresar pero no precipitarnos.

Mi segunda observación se refiere a la coordinación de políticas. Mi primer recuerdo de la función pública en altos niveles fue de sorpresa cuando en mis años jóvenes me costó aceptar, como subsecretario de Economía y Trabajo de la Nación, que no bastaba para avanzar sustancialmente en la integración económica con la fuerte vocación del ministro por la apertura de la economía y por la estabilización macroeconómica. Faltaba apoyo institucional en un mundo donde se vivían aún épocas de fuerte proteccionismo.

El mismo temor a la apertura lo palpé a principios de los años setenta cuando, como director del Banco Interamericano de Desarrollo, traté de convencer a mis colegas argentinos y latinoamericanos de que (aun en un mundo no tan globalizado como el actual) la incorporación de socios europeos y japoneses al BID fortalecería tanto a la institución como a la región. Un lustro después, ya como miembro del directorio del Banco Central, pude experimentar una creciente comunicación con autoridades monetarias del Brasil y de otros países vecinos, y así pudimos llegar a acuerdos como los de amplios créditos recíprocos entre nuestros bancos centrales para fortalecer nuestra posición externa en épocas de fluida financiación bancaria internacional, previa a la crisis de la deuda externa. Dichos progresos no pudieron extenderse a la coordinación política macroeconómica por la alta inflación que sufrían nuestros países.

La conclusión obvia es que no basta con las buenas relaciones. La coordinación solo es posible en un entorno mínimo de estabilidad, al que por suerte estamos arribando. Por ejemplo, durante mi presidencia del Banco Central a principios de los años noventa, estábamos preparando el programa que paró la última hiperinflación argentina y, en ese contexto, nuestros esfuerzos estaban exclusivamente concentrados en la vorágine previa a la implementación de esas fuertes medidas, lo que hacía impensable la coordinación de políticas.

Por último, voy a referirme al rol de las instituciones regionales. El Mercado Común Europeo creció con nuevas instituciones regionales que lo administraron y ese mismo modelo, con la debida distancia, se intentó implementar en el Mercosur aunque con reducido éxito. La razón posiblemente se encuentre en que partimos de distintas realidades y con diversas experiencias. Aun así, el Mercosur ha tenido un exitoso progreso sin dichas instituciones. Se trata de un tema difícil que requiere un análisis particular. Pero sí deseo plantear el problema y resumir una experiencia poco conocida, que no está relacionada con el comercio, sino con las finanzas.

Entre nuestras buenas intenciones integracionistas, con anterioridad al Mercosur, se creó el Fondo Financiero para el Desarrollo de la Cuenca del Plata, que cubre gran parte del área geográfica de nuestro mercado regional. Este fue creado por una vieja resolución de los cancilleres de la Cuenca del Plata, pero la demora en su constitución ya indicaba que su creación no fue seguida por hechos conducentes (se discutía más su sede que la urgencia de contribuir al desarrollo de la infraestructura regional). Resuelta nominalmente su sede en Sucre, me tocó como director del Banco Central ser su primer presidente y como tal organizarlo. A casi dos décadas de su implementación, aunque se puedan dar múltiples explicaciones, el Fondo Financiero para el Desarrollo de la Cuenca del Plata aún no satisface las expectativas de su creación. Esta experiencia del campo financiero nos debe alertar sobre cómo la ansiedad puede superar la necesidad real de creación de instituciones específicas regionales.

Lo delicado de la problemática que tratamos nos exige prudencia pero no inacción. Quisiera concluir explorando algunos caminos que parecen ser viables, además de los propios de la integración comercial, que incluyen instituciones clave como el sistema de solución de controversias que garantizaría la plena vigencia de lo ya negociado. Es decir, defender lo que ya hemos avanzado para no retroceder en materia comercial.

En materia financiera existen múltiples posibilidades. Considero conveniente que se realicen acuerdos bilaterales de créditos recíprocos para fortalecer las reservas de nuestros bancos centrales, máxime en un mundo volátil como el que vivimos. Estos acuerdos bilaterales darían flexibilidad sin generar riesgos de contagio si sus montos no resultan exagerados. De ninguna manera apoyaría fondos monetarios regionales como intentaron recientemente los países de la Cuenca del Pacífico. Segundo, los mecanismos de pagos domésticos están en explosiva modernización y su coordinación, aunque difícil, puede dar resultados trascendentes. Tercero, la idea de que nuestro mercado de capital priorice todo intento de integración y coordinación. Cuarto, en materia bancaria, no basta con nuestra experiencia reciente con cumplir o intentar cumplir las normas de Basilea. La concentración de nuestros sistemas bancarios y su mayor extranjerización también requieren una coordinación, aunque esta resultará más difícil si se incluyen aspectos como el encaje obligatorio, el prestamista de última instancia y las garantías de depósitos.

Por último, no solo por ser fiel a mi paso por la Secretaría de Hacienda de la Nación sino por la importancia intrínseca de la integración económica de nuestros países, también son imprescindibles progresos sustantivos en convenios de doble imposición, e incentivos a ciertas inversiones. La exitosa experiencia europea indica que la compatibilización de impuestos tipo IVA requiere una gran decisión política y una compleja coordinación administrativa que aún hoy no ha concluido en Europa.

En conclusión, metas ambiciosas como una moneda común deberían seguir como objetivos a largo plazo, pero para su logro es imprescindible avanzar hoy en la profundización de nuestras golpeadas instituciones políticas, en el crecimiento de nuestro comercio exterior y en la coordinación de políticas sectoriales como las que hemos citado.

Winston Fritsch (DK Benson)

"Es importante empezar el debate para recalentar la agenda del Mercosur."

Pienso que hay cinco cuestiones principales para comentar. La primera se refiere al régimen monetario del tipo cambiario común. En el Brasil tenemos un sistema cambiario *crawling-peg* que sigue una política de devaluaciones temporales contra la inflación relativa.* Dentro de un área completamente integrada la devaluación bilateral es totalmente inconsistente, por lo cual hay que tratar el problema. Aún más importante es que hay que tener un régimen monetario cambiario común.

El segundo problema en la cuestión de la transición hace a la supranacionalidad, es decir, a la necesidad de instituciones supranacionales. Esa fue una cuestión que en Europa pusieron, como se dice en el Brasil, "por abajo de la alfombra". Los negociadores sabios dejan las cuestiones de importancia para el fin y esto es algo que no se podía tratar claramente en el ámbito de la discusión donde la gran victoria era el mercado común. Pero la creación de un único banco central regional, la coordinación fiscal, los presupuestos del Mercosur para facilitar la integración, los elementos básicos de la moneda común, exigen supranacionalidad, y esta es una cuestión importantísima que se debe tratar antes de que se pueda dar una discusión sobre la moneda común.

El tercer punto concierne a los requisitos institucionales para la cooperación y coordinación de políticas: la creación de estadísticas y del instituto que se ha sugerido, que la gente importante converse, se conozca y se mire a los ojos. Después de la crisis de Asia hubo un progreso: ya nos saludamos por el primer nombre, pero todavía estamos lejos.

Los últimos dos requisitos son más psicológicos que políticos; uno, la credibilidad, que viene con el tiempo, y otro, especialmente importante en la transición hacia la moneda común, el liderazgo claro de una o dos instituciones hermanas absolutamente coherentes en los principios de política, que formen el liderazgo en la transición entre independencia monetaria y unión monetaria. En Europa este período duró por lo menos 20 años.

Si estos son los requisitos, podemos entender que la unión monetaria no es una cuestión para mañana, porque las condiciones uno y dos, el régimen monetario cambiario común y la supranacionalidad, no están dadas hasta por lo menos el año 2001. Están en la agenda para ser discutidas. Pero, ¿se puede adelantar algo para la preparación de las condiciones? Mi respuesta es que sí. La credibilidad en los requisitos institucionales puede ser creada antes de 2001. La cuestión difícil es la del liderazgo único, pero si se siguen las políticas, el liderazgo

---

* Se refiere al año 1998. (Nota de los editores.)

también se va a ir creando. Pero ¿valdrá la pena intentar poner el tema en el nivel en que lo está poniendo la Argentina ahora? Yo pienso que vale la pena intentar, porque es esencial mantener el debate abierto por lo menos por dos razones. Una es que el Mercosur se ha enfriado, nos perdimos, los avances no se ven, hubo hasta involuciones, y una discusión en serio sobre la implementación de los primeros pasos de los requisitos para la moneda única es importante para revitalizarlo. La segunda razón es que la moneda es algo emblemático, después de la bandera es lo más nacional que hay. Entonces, si uno empieza una discusión sobre la moneda única, es algo que pone la discusión del Mercosur en un nivel simbólico muy importante. Eso les gusta a los políticos, se recalienta el debate y se vuelve a discutir en serio.

Pero hay una razón adicional que es aún más importante, que son las ventajas de las disciplinas multilaterales, especialmente para las grandes federaciones. Entonces hay que hacer una digresión sobre una paradoja que es ¿por qué los Estados Unidos, Alemania y el Brasil, tres grandes federaciones, fueron líderes de procesos de integración multilateral? Por dos motivos, primero, porque el liderazgo les permite controlar la irracionalidad de la acción parlamentaria en grandes federaciones y, al mismo tiempo, limitar el poder nacional, ya que cuando se hace algo multilateral, por más importante que el país sea, es el grupo el que tiene que negociar, y el club tiene intereses más o menos parejos con los de él. Esto es significativo porque cierra el avance de temas que no se pueden resolver en el Parlamento de la capital nacional y tiene un papel importante para consolidar avances desde el punto de vista de la razonabilidad política.

Como conclusión pienso que deberíamos tener una agenda de tres bloques, o tres pasos: la cooperación, la coordinación de políticas y la integración monetaria. El paso de la cooperación, que puede empezar ayer o mañana, iría hasta 2001 y llevaría a la creación de instituciones de cooperación, de estadísticas comunes, de calidad, comparabilidad, corrección del régimen cambiario y a la discusión conclusiva sobre la creación de instituciones supranacionales. Ese es el período básico, el año 2001, porque está esa fecha mágica para la discusión de las supranacionales. El segundo es la coordinación de políticas, que empezaría a partir de 2002, y la tercera comenzaría con la unión monetaria. Pero es importante empezar el debate, un debate válido, que va a servir para recalentar la agenda del Mercosur que se ha congelado.

Javier González Fraga (ex presidente del BCRA)

"Es un camino largo pero no tanto como el europeo."

En primer lugar quiero mencionar una condición para la unidad monetaria: necesitamos más información mutua. Nuestros respectivos matutinos, aun los especializados, tienen mucha más información sobre otros mercados que sobre los mercados de los países vecinos. Nosotros sabemos más sobre cómo está la inflación en los Estados Unidos que sobre cómo está la inflación en Chile, Uruguay, o Paraguay. Al Brasil, como tenemos nuestros temores y nuestras expectativas, últimamente lo seguimos un poco más, pero tenemos que intensificar mucho estos conocimientos mutuos y transitar una integración cultural para que pueda darse la unidad monetaria.

¿Qué significa esto, en última instancia? Significa compartir una inflación, compartir una política monetaria, compartir una política fiscal. Y además creo que este largo camino que podemos querer recorrer juntos estará lleno también de retrocesos. No es un camino lineal, no es un progreso simple, vamos a tener retrocesos, pero tengamos claro que no tenemos por qué esperar que sea tan largo como el que recorrió Europa.

O sea, es un camino largo pero no tan largo como el europeo, podemos tomar atajos y podemos aprender de las lecciones europeas. Además, está de moda. A partir del euro se está perdiendo la moda de tener políticas monetarias independientes y se está más dispuesto a perder soberanía en materia monetaria.

Por supuesto que tenemos que tener nuestro Maastricht, no cabe duda. Nuestro Maastricht debería incluir también metas fiscales y metas de endeudamiento, porque no podemos tener monedas únicas entre países con distinto nivel de endeudamiento. También debería tener eso que a veces en la Argentina soslayamos, que es la otra condición de Maastricht que la Argentina nunca cumplió, es decir, tener muy bajos *spreads* internacionales.

Creo que esto no es una condición más difícil, pero es una condición importante porque habla de la credibilidad de los países. No podemos unir monetariamente a países no confiables porque la falta de confiabilidad hace a la volatilidad. Entonces, no es que se pueda hacer una unidad monetaria clase A en Europa, y otra clase C en el Mercosur, entre países inestables, porque la inestabilidad hace al fracaso de la unidad monetaria. Tenemos que tener economías predecibles para poder pensar en que puedan compartir una moneda.

Por supuesto que también hay otras condiciones. La coordinación financiera, la coordinación bancaria y la coordinación de los mercados de capitales. A veces esto está implícito, pero yo querría explicitarlo. ¿Pueden los mercados de capitales, las bolsas, las bolsas de futuros, tener una posibilidad de integración mucho mayor que la que tienen hoy en día? Hoy es mucho más fácil entrar y salir de inversiones en algunos de los países del Mercosur para extranjeros fuera de la región que para otros de la región. Creo que esto es muy importante.

No quiere decir que esto está bien o está mal, tenemos que entender por qué esto es así, y tenemos que entender por qué queremos un sistema bancario más o menos abierto a la banca extranjera o sin restricciones a la banca extranjera o a la apertura de sucursales. Son temas donde nos vamos a pelear mucho porque está claro que los países tienen políticas distintas, y no podemos decir que una es mejor que otra, pero claramente cada una de ellas responde a, y genera a su vez, intereses creados.

Por lo tanto, tenemos que entender que esta no es solo una discusión de economistas sino que hay que involucrar a los que van a ser ganadores y perdedores por la integración de estas políticas. Solamente miremos cómo es la estructura de la banca en el Brasil y cómo es la estructura de la banca en la Argentina.

Por supuesto que tenemos previamente que perfeccionar la unidad aduanera actual, quizá transitar por un mercado común, por el libre tránsito de recursos y personas. No soy especialista en el tema, pero me parece que es obvio que tenemos que transitar por todo esto, que ya de por sí involucra etapas muy ambiciosas. Creo que hay otro tema que no es tan claro, y es el de tener confianza en nuestras instituciones, confianza que no tenemos todavía. O sea, todavía existen estructuras que no se tienen mutua confianza a través de cada frontera y esto también hace a la integración cultural.

Un tema que creo fundamental para esta cuestión de tener una moneda única en la transición es que cada país desarrolle un banco central independiente. Considero que es sumamente importante que quienes estén conduciendo la convertibilidad o que quienes estén conduciendo la transición hacia el Maastricht del Mercosur sean funcionarios independientes de los poderes políticos; el avance en esta dirección no es igual en los cuatro países, o en los cinco incluido Chile.

Dos últimos comentarios. ¿Convertibilidad para toda la región o moneda nueva? Yo me inclino por moneda nueva. Es más, me cuesta pensar cuál sería el sentido de una unidad monetaria si no es justamente para desarrollar una moneda regional fuerte. Este es un tema abierto al debate, pero creo claramente que el sentido es recuperar la posibilidad de política monetaria a escala regional, o por lo menos que sea una alternativa; esto es lo que hace que el Maastricht tenga que ser muy serio y muy prolongado. Simplemente atar una convertibilidad parece más sencillo, pero elimina muchos de los objetivos más grandes. Finalmente, la convertibilidad es un recurso utilizado para transitar o bien salidas de situaciones hiperinflacionarias, o bien circunstancias de alta turbulencia política, como el cambio de soberanía de Hong Kong. Pero en el mundo no hay convertibilidades que se hayan decidido para consolidar situaciones de equilibrio fiscal y monetario. Si tenemos estabilidad con equilibrio fiscal y monetario, muy pocos van a aceptar además la convertibilidad, a no ser que piensen que va a ocurrir una turbulencia mayúscula. Por lo tanto, me inclino claramente por una moneda nueva y fuerte.

Y, finalmente, me parece que es importante tener objetivos más cortos y factibles en materia de información, de coordinación de políticas, y de coordinación de política bancaria, financiera y de mercado de capitales. Creo que hay que tener objetivos cortos, a la vista y parciales para que esta integración sea lo más rápida y provechosa posible.

Miguel Kiguel (MEyOSP *de la República Argentina*)

"Lo importante es que las políticas macroeconómicas y financieras sean consistentes con el esquema cambiario adoptado."

Fundamentalmente, quiero referirme al tema de la vulnerabilidad; si algo hemos aprendido en estos años, en el mundo globalizado, es que los países emergentes son vulnerables, así sea un país o un grupo de países. Y nuestro desafío como economistas y como funcionarios públicos es generar sistemas que minimicen esa vulnerabilidad.

La pregunta que debe hacerse es ¿en qué medida es necesario llegar a una coordinación de medidas macroeconómicas para poder tener una moneda única exitosa? Algunos creen que hay que coordinar políticas y hay quienes no consideran que eso haga falta, ya que si se adopta una moneda única con convertibilidad de por sí asegura la coordinación. Pero pensando desde el punto de vista de la vulnerabilidad de la moneda (y acá no sabemos si la moneda única va a ser una moneda con convertibilidad, si va a ser un sistema de tipo de cambio fijo, o bajo qué tipo de régimen cambiario funcionará), lo importante es que las políticas macroeconómicas y financieras sean consistentes con el esquema cambiario adoptado.

¿Por qué me parece central el tema de la coordinación? Porque somos varios países que vamos a estar juntos, y si cada uno va a seguir una política individual en cuanto al déficit fiscal, en cuanto al manejo de deuda, en cuanto a políticas bancarias, existen riesgos. Déjenme simplemente darles algunos casos que están relacionados con el tema de la inconsistencia temporal. Por ejemplo, en el manejo de la deuda, que es el tema que sigo más de cerca, existe la posibilidad de aplicar políticas inconsistentes. Para ello miremos las diferencias en las políticas de endeudamiento de los vecinos del Mercosur, que son ciertamente distintas. Unos tienen mucha deuda interna a corto plazo, otros tienen mucha deuda en moneda extranjera de largo plazo, y cada estrategia genera incentivos diferentes para su cumplimiento. El mercado reconoce estas diferencias y requiere ser compensado por el riesgo asumido.

Pensemos en otros países, o en nosotros mismos en el pasado, y veamos los distintos tipos de políticas de endeudamiento y sus posibles inconsistencias. Al mirar la Argentina de los años ochenta, ¿cuál era nuestro problema para frenar la inflación? Uno de los problemas, además del déficit fiscal, era la excesiva deuda de corto plazo. Esa deuda que debía ser refinanciada día a día y a tasas cada vez más altas, de repente se transformaba en una bola de nieve. La gente sabía que de alguna forma no iba a poder pagarse, y lo cierto es que se pagó por medio de una devaluación o por medio de una reestructuración forzosa. Entonces, si la solución es mediante la devaluación, claramente necesitamos tener una coordinación de políticas entre los socios del Mercosur. Debemos asegurar que en ningún caso vamos a llegar a modificar el tipo de cambio para poder salvar a algunos de los países participantes.

Creo que el tema no es trivial. Europa es interesante en este sentido porque tiene países con distintas estructuras de endeudamiento. Y ahí, dependiendo un poco de cómo evoluciona el sistema, hay que ver la tendencia de los países frente al endeudamiento. Supongamos que un país grande como Alemania decide poner todo su endeudamiento en corto plazo, afectando a las tasas de corto plazo y, por ende, al costo de la deuda italiana, de la deuda francesa y de la deuda de los otros países europeos. En este ejemplo el tema surge claramente: es necesario coordinar políticas. No solo hay que acordar sobre los niveles de deuda, sino también sobre la estructura de la misma. Hay que establecer normas sobre su composición, es decir, qué porcentaje se va a emitir en moneda local y cuánto en moneda extranjera, lo cual se convierte en un tema bastante complejo.

La otra área de vulnerabilidad surge por el sistema bancario, ¿qué política tendremos ante la caída de un banco? La Argentina tiene una posición clara al respecto, no quiere realizar salvataje indiscriminado de bancos, quiere que el prestamista de última instancia sea limitado y yo no sé si esta política será compartida por otros países. Seguramente sacaremos puntos de análisis cuando quiebre un banco en Europa. Tenemos, en ese sentido, dos temas separados. Los que surgen desde el punto de vista monetario y desde el punto de vista fiscal. El primero es el caso del prestamista de última instancia que significa simplemente proveer liquidez. Los pasos son: un banco tiene problemas, no tiene liquidez por el retiro de fondos, hace redescuentos con el banco central y hasta ahí estamos todos bien. Suponiendo que la entidad financiera mejora, se recuperan las deudas y el banco central recupera la plata. Ahora, ¿qué pasa si este banco no puede repagar sus créditos? Ahí hay un problema porque no sabemos quién se hace cargo de la pérdida. Estamos frente al segundo punto, la pérdida fiscal. En este caso, probablemente cada autoridad fiscal tendrá que hacerse cargo, con lo que cada país tendrá que hacerse cargo de las pérdidas de sus propios bancos.

Quiero concluir con los siguientes conceptos. Creo que el tema de coordinación de políticas macroeconómicas es central; hoy vivimos en un mundo en el que estamos bastante de acuerdo en cuanto a conceptos básicos, en cuanto a la necesidad de tener déficits fiscales chicos, en cuanto a la necesidad de tener baja inflación y políticas macroeconómicas adecuadas. Estamos en una etapa de gran nivel de acercamiento global. Sin embargo, los países emergentes siguen siendo vulnerables. Recientemente vimos en Asia que las grandes vulnerabilidades no vienen de déficits en cuenta corriente, sino que provienen de la cuenta de capital. Es decir, son la consecuencia de sistemas bancarios débiles y deudas de corto plazo. Encontramos un punto donde seguramente hay que trabajar, asegurando que las condiciones estén dadas para que la moneda única, cuando se cree, sea una moneda fuerte.

Ricardo López Murphy (FIEL)

"La coordinación es una gran oportunidad para dar lugar al fenómeno de creación institucional."

Deseo centrarme en tres aspectos; el primero, ¿por qué creo que debe haber coordinación macroeconómica? Segundo, ¿por qué coordinar macroeconómicamente ayuda en nuestros países a crear instituciones? Y tercero, ¿qué hacer para ello? La respuesta al primer punto es, básicamente, para evitar asimetrías generadas por las políticas públicas. Con respecto al segundo punto, vale notar que uno de los grandes problemas que tienen nuestros países es la debilidad (o la ausencia) de instituciones, la falta de convicción del gobierno de la ley, y me parece que, en ese sentido, la coordinación y el Mercosur son, además de sus méritos en sí, una gran oportunidad para dar lugar al fenómeno de creación institucional, lo que mejora nuestra transparencia y nos permite obtener ganancias inmediatas. En ese aspecto, cuando se trata de la coordinación, lo que corona el proceso es la unificación monetaria. Ese es un proceso que veo lejano, quizás en décadas, pero no quiere decir que uno no tenga que empezar a trabajar ahora.

Es allí donde comienza el tercer punto de mi exposición, ¿qué hacer para ello? El primer paso es mejorar la unión aduanera, esto es, finalizar el proceso inconcluso del Mercosur y evitar las discriminaciones no arancelarias. En ese sentido, creo que una reunión de presidentes debería lanzar un esfuerzo muy significativo. Yo señalaría que el arancel del 20% es demasiado alto, o que es una extravagancia que tiene nuestra nostalgia de los años cincuenta y sesenta; Chile está anunciando que va a bajar el arancel hacia el 6%. No sé si es el 6% lo que necesitamos, pero una reducción tendencial hacia el 10% o el 15% iría en la dirección correcta y sería muy sano.

El segundo punto consiste en coordinar los estándares, o sea, me parece que en el esfuerzo de la transparencia asumir estándares únicos para las cuentas fiscales, monetarias, para las reglas del mercado de capitales, para la contabilidad de las corporaciones, nos ayudaría enormemente. Cuando digo estándar único me refiero incluso a la metodología del índice de precios. Para ello deberemos contar con una institución que tenga la obligación de producir estadísticas en determinadas fechas y con determinadas características. Esto nos ayudaría a entender bien el proceso y nos generaría información que nos daría un beneficio inmediato, porque al hacernos transparentes bajamos nuestro riesgo externo. Una gran parte del riesgo externo es que acá muchos de nosotros vivimos escudriñando los números, no para agregar nada, sino para descubrir lo que los números dicen, porque son extremadamente opacos.

Creo que Maastricht sigue siendo un modelo para la región. Sugerir políticas sensatas para nuestros países, en la reunión de presidentes, sería muy positivo y ayudaría a lidiar con nuestro Parlamento. Por ejemplo, yo diría que no nos equivocamos si apuntamos a un superávit primario de alrededor del 2% corregido por el ciclo. Nunca vi que en América Latina tuviésemos un problema fiscal de tipo keynesiano (que nos sobrase ahorro). Siempre recuerdo un cuento que me hacía Raúl Presbisch; él me decía: "en el '20 me puse a estudiar el impuesto a los réditos porque teníamos problemas fiscales, en el '31 fui subsecretario del Tesoro y teníamos problemas fiscales, tuvimos problemas fiscales toda la década del treinta. Volví en el '56 y ¿cuál era el problema?: que teníamos problemas fiscales; volví en el '83, ¿cuál era el problema?: que teníamos problemas fiscales". Bueno, no creo que nuestros vecinos sean diferentes en este sentido, de modo que una regla para la temática fiscal nos ayudaría a coordinar.

Y ¿qué quiere decir coordinar? En última instancia, poner reglas más consistentes. Sin duda, los problemas de crisis en nuestros países harán mucho más difícil lo que tenemos que hacer hacia adelante, y la mejor forma de evitar la crisis es poner una regla fiscal sensata y con el mayor margen de maniobra posible. Entonces, para finalizar, ¿qué es lo que se puede hacer y que sería muy sano? Con la excusa de trabajar a 20 años en la institucionalidad monetaria, lanzar una segunda ronda de negociaciones y de fortalecimiento institucional. Reconozco que en este caso los argentinos tenemos una demanda inusual de fortalecimiento institucional, es allí donde siempre hemos tenido problemas (fíjense que ahora en la Argentina estamos discutiendo si hay artículos en la Constitución que son inconstitucionales). Dada esa circunstancia, lo que necesitamos son entidades supranacionales que no nos induzcan a estas tremendas patologías.

Daniel Vaz (Banco Central del Uruguay)

"El Mercosur es mucho más que la unión aduanera."

En mis comentarios quiero explotar mi ventaja comparativa de estar todavía activo en la organización del Mercosur. Para hacer las cosas bien breves, creo que lo más importante a tener en cuenta es que el Mercosur, primero que nada, es mucho más que la cuestión comercial. Cuando hablo con los inversores, o me mandan al Japón o a China, siempre empiezo mostrando un mapa. Cuando uno mira un mapa se da cuenta de lo que significa el Mercosur. Cuando uno habla con autoridades chilenas se da cuenta de que para Chile es pasar de dos pasos fronterizos a doce pasos fronterizos, que hay una cantidad de obras de infraestructura, de cambio en la geografía básica de la región (como la hidrovía), que están asociadas íntimamente con el Mercosur. Entonces, hay un Mercosur que está en los órganos formales y un Mercosur que trasciende lo institucional.

De las cosas que han avanzado fuera de los órganos, está por ejemplo la infraestructura. Lo que no ha avanzado, en parte prodigado por cosas mayores (lo aclaro y me quejo), es por ejemplo el tener un banco del Mercosur.

Entre las cosas que pasan en los órganos del Mercosur, yo creo que es importante la internacionalidad. Pero si uno es realmente realista en estas cosas, en vez de mirarse tanto en el espejo europeo, yo creo que habría que examinar a fondo la experiencia que tenemos del propio Mercosur. ¿Cómo marchó el Mercosur? ¿Cómo llegó el Mercosur a ser lo que es? En realidad, se armó, no en las discusiones de los grupos administrativos del Mercosur, sino en pequeñas reuniones de lo que se llamó "la reunión de viceministros". Allí estaban Winston, Sánchez, García Pelufo y un ministro paraguayo, rodeados de un pequeño *staff*, donde realmente se cocinó aquello en un período brevísimo de tiempo, porque el Mercosur se cocinó, básicamente, entre fines de abril y mayo de 1994 y en Ouro Preto. Ahí había voluntad política que se juntaba con la decisión política. Después de Ouro Preto, ocurrió que todos pasamos de la cuestión ética de crear el Mercosur y el arancel externo común a tener que administrar una cosa que es enorme, y entonces el problema es que la creación es una cosa y la administración es otra.

Se le pide al administrador que haga todo, y no lo hace porque no lo puede hacer, y ahí viene el segundo error. La gente se asusta mucho por la burocracia supranacional, pero no se reconoce que tenemos a la burocracia nacional metida en el Mercosur y que esta funciona a *full*. Así que no hay que asustarse demasiado porque haya grupos supranacionales o burocracias vinculadas específicamente al Mercosur: ya existen hoy en cada uno de los países. Una burocracia común no tiene por qué ser mucho más grande de lo que es hoy.

Creo que el problema no es que los conflictos tienen que resolverse en el ámbito de la administración del Mercosur; el problema es que las administraciones políticas que llegaron después de 1994 tienen menos énfasis en el Mercosur, lo entienden menos, le tienen menos cariño y, además, no han tenido la decisión política de resolver los problemas estratégicos. Ahí se juega el partido, nada más que ahí; es más, la proliferación de conflictos que ha habido es fruto, en parte, de una política específicamente pensada, que de algún modo privatiza la discusión política. Este asunto fue ampliamente discutido en el Grupo Mercado Común, en el Consejo de Ministros de Fortaleza en 1996, porque el tema central es que se quiere sustituir la discusión política de las autoridades políticas por arbitrajes. Eso no existe, las uniones aduaneras se construyen políticamente, hay que discutir políticamente, hay que fijar estrategias políticamente y eso no lo pueden delegar los Estados. Hasta ahora, en el período posterior a Ouro Preto, todo esto se ha delegado.

Toda la discusión sobre coordinación me parece fantástica viniendo de un país chico. Un país chico se define en el Mercosur como un país que solo puede decir no en algunas discusiones, en algunas pocas cosas, y solo entonces es cuando lo escuchan los grandes. En los países chicos uno tiene muy pocas políticas que no son condicionales a lo que hacen los demás. Todo lo que hacemos en lo macroeconómico es condicional a lo que hacen la Argentina y el Brasil. Por ello, para nosotros, la cooperación macroeconómica, más estadística y más discusión, son avances que apoyamos con entusiasmo. Lo que hay que preguntarse es por qué los otros querrán avanzar en la misma dirección, especialmente por qué el socio mayor puede querer entrar en esto. Bueno, esa es una discusión que uno no puede entenderla.

Sí creo que uno puede, viendo la historia del Mercosur, pensar que es hora de reflotar el grupo de viceministros para que se tome en serio la resolución de los problemas pendientes, especialmente en la unión aduanera, y además utilizar los bancos centrales más o menos independientes para empezar a estudiar más en serio la cuestión de la coordinación de políticas. Se podría hacer con organismos independientes y nuevos, supranacionales, o lo que fuere, pero lo que importa es la decisión de que los presidentes de los bancos centrales se junten. Yo creo que tuvieron más o menos dos reuniones desde 1996 hasta la fecha, y ninguna de 1992 a 1994; y en ellas, los presidentes de los bancos centrales no hicieron nada porque no tenían nada que hacer. Entonces, hay que ser sensato, tenemos que armar una agenda para los presidentes de los bancos centrales, hay lugares para hacerlo, solo falta la decisión política para empezar a trabajar sobre esto. Y repito, todo esto pasa por el lugar que el Mercosur tiene en la economía. Creo que parte del lugar que se le ha dado al Mercosur es porque se ha pensado solamente en la unión aduanera, pero el Mercosur es mucho más que la unión aduanera y el día que captemos eso va a cambiar también la decisión de algunos gobiernos.

Roberto Zahler (ex presidente del Banco Central de Chile)

"El Mercosur en su actual estado de desarrollo no es de una institucionalidad comparable con la Unión Monetaria Europea."

En primer lugar, me gustaría destacar que la coordinación macroeconómica entre países, a diferencia de la cooperación, casi nunca se ha presentado en la práctica. Y creo que es extraordinariamente difícil que se concrete en los países del Mercosur, dada la realidad actual de la subregión. Sin embargo, el principal avance al que se puede aspirar en estadios más perfeccionados y completos de un proceso de integración consiste en acordar y comprometerse a lograr una convergencia de objetivos de política macroeconómica.

En los últimos años se ha evidenciado una importante convergencia de resultados macroeconómicos no solo en el Mercosur sino también en casi toda América Latina. Así lo demuestran la reducción de la inflación y del déficit fiscal, la preocupación por mantener acotado el stock de deuda como porcentaje del producto y la evolución de otros indicadores macroeconómicos usualmente asociados a reducir la vulnerabilidad del sector externo de las economías de la región. Se alcanzaría un avance significativo en el proceso de integración financiera y monetaria, si se pudieran acordar rangos de objetivos de política macroeconómica, dejando que cada país decida en forma libre, independiente y autónoma los instrumentos o mecanismos para lograr dichos objetivos.

En consecuencia, estimo demasiado ambicioso y complicado intentar desarrollar una institucionalidad y un instrumental técnico apropiados para el logro de una coordinación internacional de políticas macroeconómicas.

Por otra parte, el intercambio de información es un aspecto fundamental en materia de cooperación macroeconómica. Para que sea funcional a un proceso de creciente integración, dicha cooperación requiere cierta voluntad por parte de las autoridades económicas de los países tanto en cuanto al tipo y a la frecuencia de las reuniones (para generar una rutina de trabajo y los correspondientes lazos de confianza), como para acordar, mantener y actualizar los formatos y el contenido de la información compartida. Si como mínimo se lograra contar con estadísticas similares en cuanto a definición, cobertura de variables y frecuencia y oportunidad en la entrega de la información para los distintos países de un esquema subregional, se avanzaría significativamente en el proceso de integración económica.

Adicionalmente, estimo necesario reconocer que previo a cualquier proceso de integración monetaria, conducente a la creación de una moneda única, corresponde llevar a cabo adecuadamente la etapa de la integración financiera. Y para ello se requiere, como mínimo, que los países compartan ciertos principios regulatorios necesarios para dicha integración financiera. Y en la región, y en el Mercosur, la regulación y la supervisión son bastante disímiles, no solo en cuanto a su institucionalidad sino también a que no se aplican los mismos criterios, ni con la misma fuerza y rigor, en los distintos países. Sin un avance en este campo, que debe incluir acuerdos internacionales de supervisión y regulación, se estaría hablando de cuestiones muy teóricas o utópicas, tanto en relación con la integración financiera como, sobre todo, con la integración monetaria.

Otro aspecto que quisiera destacar es que para que una unión monetaria contribuya eficazmente al desarrollo y bienestar de sus miembros se debe avanzar en relación con el movimiento internacional de los factores. Aquí cabe reflexionar acerca de las leyes y normativas laborales nacionales, que algún impacto deben tener en las muy disímiles tasas de desempleo que registran, por ejemplo, los países del Mercosur. Pero además, deben tenerse presente las condiciones de la movilidad laboral entre los distintos países, que pueden estar constreñidas por la legislación sobre inmigración o por cuestiones culturales y políticas. Y también porque los ahorros forzosos asociados a la seguridad social, o al stock acumulado de ingresos futuros de los trabajadores, hoy en día no son fácilmente trasladables de un país a otro en el Mercosur. Y eso limita fuertemente la movilidad laboral internacional. En cuanto a la movilidad de capitales dentro del Mercosur, si bien se ha incrementado, sobre todo con relación a la inversión extranjera directa en el sector "real", persisten diferencias de importancia respecto de la movilidad del capital "financiero" dentro de la subregión.

Siempre en relación con la eventual moneda única subregional, la cuestión de cuál sería dicha moneda es fundamental. Por ejemplo, se podría pensar que la unión monetaria sea una amplificación del caso argentino, utilizando paridades nacionales irrevocablemente vinculadas al dólar de los Estados Unidos. Sin embargo, dicha proposición, siendo muy respetable, es ciertamente discutible, pues si bien para la Argentina puede ser una condición necesaria, conveniente y hasta indispensable, no es necesariamente la mejor solución para los demás países del Mercosur.

En particular, el desarrollo de la Unión Monetaria Europea y la realidad del euro, primero como unidad de cuenta y luego como medio de cambio, van a dar la oportunidad para que los países de la región, en caso de querer adoptar una fijación cambiaria con monedas extrarregionales, evalúen si les conviene tener una fijación a una sola moneda (y cuál sería esta) o a una canasta de monedas. Para eso hay un ejercicio interesante y fácil, que puede servir como un primer elemento de la discusión. El ECU, que es una suerte de precursor del euro, existe desde hace muchos años como unidad de cuenta, y se puede conocer cuál habría sido la evolución del valor de las monedas de los países individuales del Mercosur, en función, por ejemplo, de la trayectoria del dólar y del ECU. Ello probablemente pondrá en la mesa de discusión la conveniencia de ligar las monedas nacionales a una o a varias monedas internacionales, cuestión fundamental, ya que puede poner en tela de juicio la idea o el proyecto mismo de unión monetaria en el Mercosur.

La otra opción, mucho más utópica, es que los países del Mercosur creen una nueva moneda común, similar a lo que fue la creación del euro en la Unión Monetaria Europea. Creo que ahí sí estamos hablando de economía-ficción, ya que me parece que nuestros países todavía necesitan muchos años de credibilidad, reputación y confianza en el manejo de bancos centrales independientes como para realmente tener alguna posibilidad mínimamente realista de introducir monedas nuevas con características tales que pasen a tener peso regional y, posteriormente, gravitación internacional.

Puesto en otros términos, en mi opinión, el Mercosur en su actual estado de desarrollo no es de una institucionalidad comparable con la Unión Monetaria Europea. Considérese que hoy en día se cuestiona si el euro va a llegar a ser una moneda de curso internacional, mas allá de llegar a ser una moneda regional, es decir, que exceda a Europa, Europa del Este y a los países de África tradicionalmente vinculados con los países europeos. Considerando la dimensión económica de Europa, que es muy similar a la de los Estados Unidos, y la historia de casi medio siglo de estabilidad y fortaleza del marco alemán que está "detrás" del euro, el hecho de que haya serios interrogantes sobre cuál va a ser el grado de aceptación del euro como moneda internacional sugiere las dificultades que tendría intentar crear una unidad monetaria regional o subregional en América Latina en el futuro cercano.

En síntesis, para avanzar hacia la coordinación macroeconómica y la creación de una moneda única en los países del Mercosur, me parece que hay que ser muy realistas en cuanto a las significativas dificultades para el logro, en el corto plazo, de ambos objetivos. Los países miembro podrían, en cambio, concentrar sus esfuerzos en el futuro cercano para comprometerse con la estabilidad macroeconómica global y con la estabilidad y solvencia de sus sistemas financieros domésticos. Adicionalmente, podría avanzarse en el intercambio de información macroeconómica y financiera homogénea, oportuna, completa y transparente, así como en el acuerdo de criterios comunes de aplicación en las legislaciones y normativas financieras y bancarias nacionales. Lo anterior, unido a lograr acuerdos de convergencia en cuanto a objetivos macroeconómicos entre los países miembro del Mercosur, significaría dar un paso muy decidido, factible y efectivo hacia una integración económica y financiera de la subregión.

Índice

Se terminó de imprimir en el mes de setiembre de 2000
en Grafinor S.A., Lamadrid 1576,
Buenos Aires, Argentina.
Se tiraron 2000 ejemplares.